THE ANATOMY OF MOTIVE:

The FBI's Legendary Mindhunter Explores the Key to Understanding and Catching Violent Criminals

THE ANATOMY OF MOTIVE: The FBI's Legendary Mindhunter Explores the Key to Understanding and Catching Violent Criminals
Copyright © 1999 by John Douglas and Mark Olshaker
All rights reserved.
This Korean edition was published by Geulhangari Publishers in 2025 by arrangement with the original publisher, Scribner, an Imprint of Simon & Schuster, LLC through KCC(Korea Copyright Center Inc.), Seoul.

이 책은 (주)한국저작권센터(KCC)를 통한 저작권자와의 독점계약으로 (주)글항아리에서 출간되었습니다. 저작권법에 의해 한국 내에서 보호를 받는 저작물이므로 무단 전재와 복제를 금합니다.

동기의 해부

The Anatomy of Motive
이상한 자들의 이유

존 E. 더글러스·마크 올셰이커 지음
김현우 옮김

글항아리

일러두기
본문에서 원서의 기울임체는 진하게 표기했다.

돌로레스 더글러스, 셀마 올셰이커, 몰리 클레멘테에게

사랑을 담아

작가의 말

언제나처럼, 이 책을 가능하게 했던 '첫 번째 팀'에게 대단히 깊고 지대한 감사를 전한다. 통찰력 있고 예민하며 배려심 있는 편집자 리사 드루, 그녀의 조수 제이크 클리시비치, 이 책 전체의 틀을 잡고 구성한 조사 책임자 앤 헤니건, 우리의 대리인이자 매니저, 절친한 친구인 제이 액턴 그리고 우리 내부의 상담자이자 마인드헌터 팀의 팀장인 마크의 아내 캐럴린에게 감사를 전한다.

스크라이브너 출판사의 수전 몰도우에게 감사를 전해야 할 것이다. 그녀는 이 책의 주제를 제안했고, 개발 과정에서 핵심적인 역할을 했으며, 매 단계 지지하고 이끌어주었고 늘 신뢰를 유지했다. 그녀와 같은 출판인은 드물며, 그녀의 영향권에 든 우리는 대단히 운이 좋았다고 생각한다.

법 집행, 감식, 피해자 권리 및 관련 기구에 있는 우리의 많은 친구와 동료에게도 감사를 전한다. 그들의 작업은 아주 중요하며 그들이 끼친 영감도 막대했다.

바비 액턴, 계속 열심히 하시길. 액턴은 마인드헌터 팀의 다음 세대이며 거기에 있어야 하는 사람이다.

션 리 헤니건, 그의 확고한 사랑과 유머, 흔들림 없이 밝은 성품은 우리의 기운을 북돋고 동기를 부여하는 끊임없는 원천이었다.

마지막으로, 우리는 수전 콜린스와 스테파니 슈미트, 데스티니 수자를 비롯한 우리의 천사들을 기억하고 싶다. 우리의 작업이 가치가 있다면 그들이 우리를 칭찬해줄 것이다.

존 더글러스, 마크 올셰이커
1999년 2월

차례

서문 던블레인 012

1장 나쁜 자들을 보며 알게 된 것 026
2장 불장난 068
3장 매그넘 포스 118
4장 무슨 독을 드시겠습니까 154
5장 부러지는 사람들 214
6장 도주 262
7장 총잡이의 그림자 326
8장 무차별 범죄 382
9장 여러분의 판단 440

옮긴이의 말 469

이 시대의 핵심은 정신이 스스로를 의식하게 되었다는 점인 것 같다.
젊은이들은 뇌에 칼을 지닌 채, 내향적이면서 자기 해부적이고
동기 분석의 경향을 지닌 채 태어났다.

─랄프 왈도 에머슨, 『뉴잉글랜드에서의 삶과 편지』

서문
던블레인
Dunblane

그는 왜 그랬을까?

마침 스코틀랜드에 있는 동안 그 집단살인에 대해 들었다.

1996년 3월 13일 목요일 오전에 나는 글래스고에 있는 텔레비전 스튜디오에 있었는데, 영국 출판사의 초청으로 이루어진 나의 책 『마인드헌터』 홍보 투어의 일부였다. 직전 1시간 동안, 나는 대단히 단정한 공동사회자 리처드 매들리와 주디 피니건이 진행하는 ITV의 텔레비전 프로그램 「디스 모닝」에서 범죄 프로파일링에 대한 인터뷰를 했다. 어떻게 이 일을 시작하게 되었냐고 그들이 물었다. 어떻게 지금의 지식을 얻었고, 누구를 통해 알게 되었는가? 버지니아 콴티코에 있는 나의 수사지원부가 어떻게 미상의 인물, 즉 FBI와 법집행기구에서 미상범UNSUB이라고 부르는 인물의 프로파일을 만들어내고 활용하게 되었는가? 투어 내내 이 주제에 대해 그리고 살인범과 강간범, 폭파범, 인간의 상상력을 넘어서는 사악하고 타락한 행동을 하는 사람들을 연구하고 쫓아온 나의 경력에 대해 영국인들이 보여준 열광적인 관심에 진정 큰 기운을 얻었다. 다행스럽게도 영국 사회는 미국 사회만큼 폭력적이지 않지만, 그들이 그렇게 열광적인 태도를 지니게 된 것은 이해할 만했다. 최초의 연쇄살인범으로 알려진 잭 더 리퍼는 소름 끼치는 범죄로 런던 이스트엔드를 공포에 빠뜨렸고, 그 사건은 100년이 지난 지금까지도 풀리지 않고 있다. 이번 투어에서, 질문자들은 그 살인자에 대한 프로파일링을 통해 사건을 종결시킬 수 있을지 물었다. 나는 이렇게 늦은 시점에 리퍼라는 인물을 특정하는 것은 어렵지만, 한 세기가 지난 지금에도 미상범에 대해 이치에 맞는 프로파일을 작성하고, 그의 **개인적 유형**을 합리적으로 확정하는 것은 할 수 있다고 했다. 사실, 나는 리퍼 살인자에 대한 작업을 해본 적도 있었는데, 콴티코의 훈련 프로그램과 몇 년 전 피터 유스티노프와의 국제 생방송에서였다.

분장실에 돌아왔을 때 프로듀서가 들어왔다. 나는 출연 감사 인사를 위해 온 걸로 짐작했지만, 그녀의 표정이 심각했고 목소리는 다급했다.

"존, 다시 방송에 나와주실 수 있을까요?"

방금 1시간 동안 출연했는데 더 궁금한 게 뭐가 있을까? "왜요, 무슨 일이 생겼습니까?" 내가 물었다.

"던블레인에서 끔찍한 살인 사건이 일어났습니다."

들어본 적 없는 곳이었다. 알고 보니 글래스고와 에딘버러 중간쯤에 있는, 중세시대부터 형성된 인구 7300명의 전통적이고 평화로운 마을이었다. 다시 녹화장에 들어갈 때까지 약 5분의 시간이 있었고, 프로듀서는 재빨리 통신사의 뉴스 복사본을 건넸다.

기사에 따르면 던블레인 초등학교에서 아이들에 대한 집단살인이 있었다. 기사는 혼란스러웠고 세부사항은 일부밖에 없었지만, 범인이 학교에 걸어 들어가 운동장에 있던 네 살, 다섯 살, 여섯 살 아이들에게 총을 쏘기 시작한 것 같았다. 여러 번의 사격이 있었고 아이들 중 몇 명은 죽은 것이 확실했다. 다른 아이들도 다쳤고 교사도 치명상을 입었다. 기사에는 이름이나 나이가 나오지 않았지만, 범인은 하나 이상의 무기(고성능의 군사용 무기)를 지니고 있었던 것으로 보였다.

이 짧은 속보들만으로도, 그곳은 완전히 끔찍한 공포의 현장일 것 같았다. 그동안 수많은 사건을 봐왔지만, 세 아이의 아버지로서 나는 어린 아이들이 자신들의 학교 운동장에서 학살당했다는 생각에 속이 불편해지지 않을 수 없었다.

몇 분 후 다시 방송이 시작되었을 때 우리가 아는 정보는 그게 전부였고, 여전히 뉴스가 흘러나오고 있었다. 리처드 매들리가 나를 돌아보며 "존, 이게 무슨 일입니까?"라고 물었던 것 같다.

"네. 우선, 집단살인범입니다." 나는 그렇게 말하고, 연쇄살인범과 다중살인범이 어떻게 다른지 설명했다. 연쇄살인범은 살인이 주는 성적인 흥분을 위해 인간을 사냥하고, 자신이 경찰보다 뛰어난 고수이기 때문에 잡히지 않을 거라 생각하며 그런 행동을 반복한다. 다중살인범은 몇 시간 혹은 며칠이라는 짧은 기간 서로 다른 장소에서 여러 명의 피해자를 살해한다. 하지만 집단살인범은 끝장 전략을 택한다. 일단 행동 단계에 접어들면, 그는 살아서 그 상황에서 벗어날 걸 기대하지 않는다. 일반적으로는 그는 **자신의 할 말**을 한 다음 자살하거나 **경찰에 의한 자살**을 택한다. 즉, 대치 상황으로 끌고 가 경찰 혹은 특수기동대가 발포할 수밖에 없게 만드는 것'을 택한다. 나는 얼마 후면 이 범인이 현장에서 사망했다는 소식이 들려올 거라고 예상했다. 이런 살인범들은 지극히 부적격자이고 지극히 패배자들이기 때문에, 스스로 그 상황에서 빠져나갈 수도 없고, 다른 사람이 자신을 통제하거나 재판에 세움으로써 만족감을 느끼게 해주지도 않는다.

하지만 어떤 종류의 인간이 이런 짓을 하는 걸까? 주디 피니건은 정말 당혹스러워하며 그걸 알고 싶다고 했다.

"네, 가장 먼저 이해해야 하는 것은 동기입니다. 그리고 거기서 핵심은 피해자 조사이고요." 범인이 자신의 피해자로 누구를 골랐는가, 이유는 무엇인가? 피해자들은 무작위 피해자들인가 아니면 신중하게 의도적으로 선택된 사람들인가?

"일반적으로 집단살인범은 백인 남성이고, 삼십대 중후반에서 사십대 중후반입니다. 여러분의 나라에서 흑인 인구의 비율은 높지 않으니까, 백인 남성일 가능성이 꽤 높겠네요. 하지만 흑인이 훨씬 더 많은 우리나라에서도, 여전히 백인 남성일 가능성이 높고, 비사회적 외톨이일 가능성이 있습니다. 아마 이번 총기 사건 범인도 그런 인물로 밝혀질 겁니다."

하지만 이런 일이 진공 상태에서 벌어지는 것은 아니다. 지금 시점에서 세부사항은 거의 없다는 것을 잘 알고 있지만, 더 많은 정보를 얻자마자 어떤 패턴이 드러날 테고, 그 패턴이 어떤 것이 될지 나는 이미 감지하고 있다. 이 범죄를 저지른 범인의 정체가 밝혀져도, 그가 속한 공동체에게는 놀라운 소식이 아닐 것이다. 이 자는 지역 내에서 이미 소란을 일으킨 전력이 있는 누군가다. 그리고 목표가 된 곳이 학교이기 때문에, 그 학교의 아이들이나 학교 자체 혹은 학부모와의 관계에서 문제가 있었던 사람임에 틀림없다. 분명 관계가 있는 사람일 것이다.

"이런 사건에서 범인이 학생들을 고른 데는 분명 이유가 있다는 것을 알 수 있습니다." 내가 말한다. "그의 인생에서 어떻게든 학교 아이들과 연결되는 지점이 있습니다. 그는 자신이 친숙한 곳, 편안함을 느끼는 장소를 골랐을 겁니다."

아이들이 종종 집단살인의 희생자가 되기도 하지만, 일반적으로는 우연한 희생자거나(누군가 패스트푸드 식당에서 총을 쐈을 때처럼), 주된 목표가 되었던 희생자의 가족인 경우가 많다. 이 사건은 완전히 다른 유형의 범죄다. 나는 범인이 정해진 행동 패턴에 집착하는 사람이라고 예측한다. 범죄에 이르기까지 이런 사람들은 대단히, 아주 대단히 낙담한 상태이며, 대단히, 아주 대단히 화가 나 있는 상태다. 던블레인의 범인은 교장 선생님이나 지역신문 혹은 자치단체장에게 편지를 썼을 가능성이 있다. 이런 유형의 범죄자는 글로 소통하는 것을 훨씬 더 편안해 한다. 그렇기 때문에 일기에서 자신을 표현하거나, 자신을 괴롭히는 것에 대한 증오나 화를 표현할 것이다. 자신들이 만족을 얻지 못한다고 느낄 때에는, 불만은 더욱 고조되고, 더 높은 사람에게 자신의 불만을 전할 수도 있다. 미국에서는 그 대상은 대통령일 것이다. 영국에서는 여왕이나 총리일 것이다. 그러다가 아무도 자신에게 관심을 갖지 않는다고 느끼는 단계에 이른다. 그래서 스스로 이런 유형의 범죄를 실행에 옮기는 역할을 맡는 것이다.

나는 이 사건은 일종의 복수처럼 보인다고 사회자들에게 말한다. 희생자들이 아주 어린 아이들이기 때문에, 실제로든 상상 속에서든 범인에게 가해진 어떤 부당함에 대한 보복이지 않을까 의심한다. 아이들 자체는 너무 어리기 때문에 개별적인 목표물이 될 수 없고, 너무 어리기 때문에 아이들이 자신에게 잘못을 저질렀다는 생각을 범인이 했을 거라고 말하기도 어렵다. 그렇다고 목표물이 교사였던 것도 아니다. 만약 그랬다면 범인은 교사만 쏘고 자리를 떴을 것이다. 살해당한 교사는 아마 영웅적으로 아이들을 지키려 했을 것이고, 범인은 단지 주된 희생양에 접근하기 위해 그녀를 제거했을 뿐이다. 내 생각에는, 순수함 자체가 목표물이었던 것 같다. 범인은 학부모나 학교 관계자 혹은 양쪽 모두에게서 아주 소중한 뭔가를 앗아가려고 결심했던 것이다.

그는 독신이고, 또래 여성들과 의미 있게 관계하지 못할 거라고 나는 말한다. 그는 어린 아이들과 어떤 식으로든 관련이 있었을 텐데, 교사였을 수도 있고, 스카우트 지도자나 자원봉사자였을 가능성이 더 크다. 그것이 그가 유일하게 편안함을 느끼는 성적 관계이며, 그는 또래 상대와는 그런 관계를 만들 수 없고 상대들도 마찬가지다. 그는 동성애자이거나 여자아이에 비해 남자아이를 선호하는 사람일 수 있지만, 꼭 그런 것은 아닌데, 왜냐하면 희생자들이 아직 성적으로 발달하지 않았기 때문이다. 하지만 부모나 교사들이 그를 의

심하고 경계할 수 있고, 그런 이유로 그는 어린 아이들을 책임지는 자리에서 쫓겨났다. 그는 그것이 부당하고, 바람직하지 않은 처사라고 생각하는데, 자신이 한 일이라고는 아이들에게 사랑과 관심을 준 것뿐이기 때문이다. 그의 편지에는 그런 내용들이 담겨 있을 것이다. 자신의 명예가 실추되었다는 불만 말이다.

아무도 자신의 말에 귀를 기울이지 않자, 그는 삶에서 중요한 건 아무것도 남지 않았음을 깨닫는다. 이 소중하고 순수한 존재들을 자신에게서 빼앗아간다면, 자신에게 이런 슬픔을 안긴 이들에게서도 앗아버릴 것이다. 그는 책임 있는 자리의 사람, 자기 또래 사람들에게 벌을 내리는 임무를 스스로 떠안는다. 오늘 아침 던블레인 초등학교에서 있었던 남자아이와 여자아이들이, 그의 불만을 야기한 당사들인지 아닌지는 중요하지 않다. 지역사회 전체의 책임이며, 그의 또래들 전부가 잘못한 것이다. 학부모나 학교 지도자들은 아무도 그를 신뢰하지 않았기 때문에, 그들 모두가 그의 분노를 받아내야 마땅하다. 이것은 보복이다. 이 사건은 우리의 분류에 따르면 개인적 원인의 살인이다. 또한 그가 직접 행동에 나서게 만든, 그것을 촉발한 구체적인 스트레스 요인이 있었을 가능성이 크다.

이 범인은 한 번도 공동체에 섞여본 적이 없는 인물이다. 미국에서 어떤 연쇄살인범이 체포되었을 때, 그들의 이웃이나 지인 혹은 직장 동료들이 충격을 받는 경우가 종종 있는데, 그들은 범인이 흉악한 살인범과는 가장 거리가 멀었던 사람이라고 말한다. 그는 아주 매력적이거나 아주 평범한 사람처럼 보였다. 아내나 여자친구와도 아주 잘 지내는 것처럼 보였다.

이 자는 아니다. 집단살인범은 연쇄살인범과 다르다. 주변 사람들은 그가 괴상하거나 이상하다고 생각한다. 사람들은 그에 대해 불편한 감정이 있는데, 그 감정에 정확한 자리를 찾아주거나 이름을 붙일 수 없는 경우도 있다. 미국이었다면 나는 무기 선택에는 큰 의미를 두지 않았을 것이다. 거기서는 총을 구하는 것이 너무나 쉽기 때문에, 살인자는 총기광일 수도 있고, 이번만을 위해 최근에 총기를 확보한 인물일 수도 있다. 하지만 이곳 영국에서는 권총이나 장총이 훨씬 엄격하게 관리된다. 만약 범인이 군대나 경찰의 특별조직에 속한 것이 아니라면, 그런 무기에 접근할 수 있는 모종의 총기 모임 회원이어야 했다. 그리고 그의 **기이한** 인성을 감안하면, 총에 대한 이러한 몰두는 그 자체로 어떤 경각심을 불러일으켰어야 한다. 이 자는 폭발을 기다리는 압력솥이었고, 이 순수한 아이들이 그 대가를 치른 것이다.

최종 정보가 발표되었을 때 나는 이미 스코틀랜드를 떠난 상태였다.

네 살에서 여섯 살 사이의 아이들 열여섯 명이 사망했는데, 열다섯 명은 현장에서, 한 명은 병원에서 사망했다. 아이들의 선생님이었던 마흔다섯 살의 그웬 메이어도 사망했는데, 그녀는 학교에 들어와 체육수업이 진행 중이던 체육관(처음 알려진 것처럼 운동장이 아니었다)으로 향하던 범인을 막으려고 용감하게 노력했다. 열두 명의 다른 아이들이 부상을 당했다. 한 명만이 다치지 않고 탈출할 수 있었고, 다른 두 명은 다행히 그날 몸이 아팠다. 살인범은 수백 명이 체육관에 모여 조회를 하는 시간에 학교에 들어가려 했지만, 어떤 학생에게 그날의 일정을 물었을 때 잘못된 정보를 들었다. 그래서 체육관에 도착했을 때는 한 학급밖에 없었던 것이다. 총은 네 자루였는데, 권총 두 정과 9밀리미터 반자동 소총 두 정이었다. 교장인 로널드 테일러가 긴급 상황에 불려 나와, 건물에 총성이 울리는 동안 700명의 학생들을 진정시키고 안전을 확보하는 책임을 맡았다. 살육은 3분 동안 이어졌다.

　범인인 토머스 와트 해밀턴은 마흔세 살에 백인이고 미혼이었으며, 전직 스카우트 지도자였다. 남자아이들에게 빠져 있었고, 지역사회에서 거부당한 것에 대해 씁쓸한 감정을 품고 있었다. 과거 1973년 7월에 스카우트 지도자가 되었지만, 그의 행동에 대한 불만이 제기되자 이듬해 3월 조직을 떠나야 했다. 다시 돌아가려고 여러 번 시도했지만 성공하지 못했다. 어린 남자아이들 외에 그의 또 다른 주요 관심사는 총기였다. 그는 지역 총기모임의 회원이었고, 모임의 지원 아래 총기를 발포할 수 있는 적법한 허가를 받은 상태였다.

　이웃들은 키가 크고 머리가 벗겨진 해밀턴이 고독한 외톨이였다고 했다. 어떤 이들은 그를 「스타트랙」의 스포크 씨에 비유했고, 모두들 그가 괴상하다고 생각했다. 기사에 따르면 그는 언제나 흰색 셔츠와 파카 차림이었고, 줄어드는 머리숱을 가리기 위해 플랫 캡을 쓰고 다녔다고 한다. 원래는 '우드 크래프트'라는 공구점을 운영했지만, 그러다가 전문 사진가가 되기로 결심했다. 두 이웃 여성에 따르면 스털링 인근의 베어헤드 지구에 있는 침실 두 개짜리 그의 집 벽에는 옷을 거의 입지 않은 남자아이들 사진이 가득 붙어 있다고 했다.

기성 스카우트 조직에 돌아갈 수 없게 되자 해밀턴은 스털링 로버스라는 자신만의 소년단을 만들었는데, 여덟 살에서 열두 살 사이의 소년들을 데리고 소풍이나 당일 여행을 다니며, 사진과 가정용 영화, 나중에는 비디오를 광범위하게 찍었다. 두 이웃 여성 중 한 명은 언젠가 그의 초대를 받아 남자아이들이 수영복을 입은 채 야단법석을 떠는 가정용 영화를 본 적도 있었다.

1988년 그는 다시 한 번 스카우트에 돌아가려 시도했지만, 이번에도 성공하지 못했다. 1993년과 1994년 사이 지역 경찰은 동성애자들의 매춘 구역에서 해밀턴을 발견한 후, 스카우트 조직에 그에 대한 정보를 요청했다. 비슷한 시기에 그는 던블레인 학부모회에 편지를 보내 자신이 아이들에게 성희롱을 했다는 소문을 부인했다. 학살이 있기 몇 주 전에는 던블레인 초등학교에 자원봉사를 신청했다가 거절당했다. 그는 언론에 편지를 써서 경찰과 던블레인의 교사들이 자신에 대한 거짓말을 퍼뜨리고 있다며 불만을 제기했고, 여왕에게도 편지를 써서 스카우트가 자신의 명예를 망가뜨렸다고 했다.

전반적으로 내 프로파일은 모든 중요한 세부사항에서 유효했다. 몇몇 스코틀랜드 신문에 다음과 같은 제목의 기사가 실렸다. "FBI 수사관이 미치광이의 정신세계에 대한 통찰을 공유하다, 잠재적 살인범을 알아보기 위해 경찰을 훈련시켜야 한다, 전문가 왈."

그렇다면 나는 어떻게 이렇게 할 수 있었을까? 어떻게 그의 최종적인 폭발적 행동을 제외하고는 전혀 아는 것이 없는 남자를, 그것도 내가 살고 일하는 곳에서 수천 킬로미터 떨어진 곳에서 특정할 수 있었을까? 범죄와 범죄자에 관해서는 내가 무당 같은 재능이 있기 때문일까? 그랬으면 좋겠지만, 아니다. 내겐 그런 재능이 없고 과거에도 없었다. 내가 그렇게 할 수 있는 것은 지난 20년 동안 FBI에서 전문가들, 즉 살인자와 기타 강력범들을 직접 상대하며, 그들을 쫓고, 그들의 프로파일을 작성해왔기 때문이다. 그 과정에서 알게 된 것에 모두 담겨 있다.

또한 그런 일이 가능한 것은, 행동이 인성을 반영하기 때문이다. 이런 부류의 사람들을 오랫동안 집중적으로 연구하다보면, 비록 모든 범죄는 다르지만 행동은 특정 패턴에 부합한다는 것을 깨닫게 된다. 토머스 와트 해밀턴 같은 남자가 아이들을 죽이는 집단살인범이 되는 것은 놀랍지 않다. 하지만 그가 연쇄살인범이나 폭파범이 되는 것은 꽤 놀라운 일이 되는 이유는 무엇일까? 종종 두 부류에 공통적으로 '반사회적 외톨이'라는 요소가 연관되어 있음에도 말이다.

그러한 패턴의 중요한 조각들을 골라낼 수 있을 만큼 충분히 보고, 충분히 경험하면, 무슨 일이 벌어지고 있는지 알아볼 수 있고, 더 중요하게는 **왜?**라는 질문에 답할 수 있다. 그러고 나면 궁극적인 질문 **누가?**로 이어진다. 그것이 모든 형사와 FBI 요원들이 알고 싶어 하는 바다. 그것이 모든 소설가와 독자가 알고 싶어 하는 것이다. 사람들이 자신들이 저지른 그 방식대로 그 범죄를 저지르게 만드는 것은 무엇인가?

1930년대 폭력단 영화의 오래된 주제 같다. 왜 어떤 사람은 범죄자가 되고 다른 사람은 성직자가 되는가? 혹은 나의 관점에서는, 왜 누군가는 연쇄살인범이 되고, 누군가는 저격범이 되고, 누군가는 폭파범이 되고, 누군가는 독살범이 되고, 또 다른 누군가는 아동학대범이 되는가? 그리고 이러한 범죄 부류 안에서 왜 각각의 범인은 정확히 자신이 했던 방식으로 악행을 저지르는가? 대답은 그 범죄들 각각에 적용되는 하나의 근본적인 질문에 담겨 있다.

그는 왜 그랬을까?

누가?라는 질문이 곧장 이어진다.

그것이 우리가 풀어야만 하는 수수께끼다.

1장 나쁜 자들을 보며 알게 된 것

What I Learned From the Bad guys

Motive

누가 한 짓인가? 그리고 **왜?**

이것이 우리가 알고 싶어 하는 것이다.

상대적으로 간단하고 단선적인 두 범죄 사건을 살펴보자. 겉보기에 두 건은 유사하지만 실제로는 아주 다르다. 심지어 발생 장소도 가깝고, 나는 그중 한 사건의 피해자였다.

내가 FBI에서 퇴직하고 오래 지나지 않았을 때, 집을 수선하던 중이었다.

우리는 말 그대로 야영 생활을 하며 몇 주 째 마룻바닥에서 자고 있다. 나는 아내와 아이들에게 맨슨 패밀리가 어떻게 살았는지 알게 될 거라고 농담한다. 대부분의 가구와 거의 모든 가재도구가 차고에 들어가 있다. 마지막으로 마루 공사를 할 때가 되면 근처 모텔로 가야 한다. 어느 날 밤 FBI에 지역 경찰의 전화가 온다. 그들은 특수요원 존 더글러스를 찾고 있다. 내 연락처를 받은 경찰이 전화를 걸어 말한다. "여기서 범인 체포 중에 선생님 물건이 나왔습니다."

"무슨 물건이요? 무슨 이야기를 하는 겁니까?"

"그게, 도둑맞으신 물건을 전부 가지고 있는 건 아닙니다. FBI 도장이 찍힌 나무 상자인데요."

"네, 제 겁니다." 내가 확인해준다. 상자에는 내 인증번호가 새겨진 스미스 앤 웨슨 357 매그넘 권총의 특별판이 들어 있었는데, FBI 요원의 총기 소지 50주년을 기념하는 물건이었다. 다수의 특수요원이 그 총을 갖고 있었다. "총은 있습니까?" 초조해진 내가 묻는다.

"아니요." 경찰이 말한다. "총은 없습니다."

이런 젠장, 나는 생각한다. 기념 모델이긴 했지만 그 총은 여전히 발포가 가능했다. 『마인드헌터』를 읽은 독자라면, 내가 디트로이트에서 거리 요원으로 FBI 일을 시작한 직후에, 스미스 앤 웨슨 모델 10 권총을 잃어버린 사건을 기억하고 있을 것이다(나의 폭스바겐 비틀 글로브박스에서 그대로 도둑맞았다). 신입요원으로서는 최악의 일이었고, 특히 존 에드거 후버가 여전히 살아 있을 당시에는 더욱 그랬다. 그리고 지금 이게 내 상황이다. 스스로 생각하기에 뛰어난 25년의 경력을 보내고 퇴직했는데, 여전히 생각 없이 적에게 무기를 제공한 것이다!

나는 뭔가 사라졌다는 것도 모르고 있었다. 용의자의 이름을 들으니 즉시 두세 명이 떠오른다. 집 공사를 하는 두 인부의 십대 아이들이다. 한 명은 잘 모르는 친구이고, 다른 한 명은 열아홉 살의 대학 신입생, 고등학교 시절에는 뛰어난 운동선수였다. 나는 놀라고, 실망하고, 화가 난다.

경찰은 집에 가서 사라진 물건들을 확인해보라고 한다. 총 이외에 사라진 물건들은 텔레비전, 전축, 그런 것들이다. 용의자들이 잡히진 않았지만, 훔쳐간 물건들을 볼 때 하찮은 좀도둑임을 알 수 있다. 체포는 경찰이 패턴을 파악한 다음에 이루어졌다. 내가 당한 것과 비슷한 유형의 절도를 신고한 사람들은 서로 아는 사이였다. 이번 사건의 범인 셋은 자신들이 잘 알고 편안함을 느끼는 곳에서만 물건을 훔쳤다. 경찰이 그들이 함께 살고 있는 곳을 수색했을 때 다른 장물도 많이 나왔다.

동기: 그들은 자신들의 아파트에 넣을 가구가 필요했다.

나는 화가 났다. 하지만 열아홉 살짜리의 아버지만큼은 아니었다. 그가 아들에게 퍼부었다. "바보 같은 놈아! 이 분은 고객일 뿐 아니라 FBI 요원이야. 총기 소지 허가도 있고 쏠 줄도 안다고. 네가 거기 있을 때 집에 돌아오셨으면 어떻게 됐겠니? 뒈질 수도 있었다고!"

"아무 생각 없었어요." 청년이 주저하며 대답했다. 셋 중에 가장 나이가 많은 청년이 대장이었고, 내가 보기에 이 친구는 그냥 따라간 게 분명했다.

경찰 심문에서 그는 내 357 권총이 걱정돼 강에 버렸다고 맹세했다. 나머지 물건들은 되돌아왔다. 그는 유죄 판결을 받고 손해 배상을 했다. 내 생각에 혼쭐이 났을 것이다.

가택 침입 절도를 수사할 때 가장 먼저 해야 할 일은 무엇일까.

범죄 프로파일러의 관점에서 볼 때 이 사건의 경찰이 그랬던 것처럼 없어진 물건이 무엇인지 확인하는 것이다. 훔친 물건이 일상적인 것(현금·신용카드·보석 등이 한 부류이고 텔레비전·전축·VCR이 다른 한 부류다)이면 사건은 단선적인 범죄 계획에 따른 절도. 피해 당사자가 할 수 있는 일은 없어진 물건이 무엇이며, 절도범의 솜씨가 어떤지, 경험이 많은 이들인지 등을 판단해보는 것뿐이다. 잡기는 힘들다. 신원을 알아낸 게 아니라면, 내 경우처럼 다른 절도 사건으로 표면에 떠오를 때까지는 잡지 못할 것이다.

이와 대조적으로, 몇 킬로미터 떨어진 곳에서 발생한 또 다른 가택 침입 사건을 한 번 보자.

어떤 여인이 자신의 아파트에 누군가 침입했다고 신고했다. 경찰이 사라진 물건이 뭐냐고 묻자, 확실한 건 자신의 속옷 몇 점이라고 했다. 얼마 전에는 같은 아파트 단지의 여성들이 누군가가 훔쳐보는 것 같은 느낌을 받았던 적이 있었다. 그중 몇몇 경우를 경찰이 조사했고, 문제의 창문 바깥에서 누군가 자위한 증거를 발견했다.

두 건의 가택 침입. 첫 사건의 범인은 총과 몇 점의 값나가는 물건들을 갖고 갔다. 그다음 사건의 범인은 그러지 않았다. 대부분은 두 번째가 더 위험하다는 걸 직감적으로 느낀다. 어떻게 그걸 아는 걸까? 바로 **동기** 때문이다.

체포하여 그의 정체를 낱낱이 파악하지도 못한 상태에서, 어떻게 그가 더 큰 위험을 발생시킬 수 있다는 것을 알 수 있을까? 다른 유사한 범죄자들을 연구한 데이터가 경험으로 쌓여 있으면 가능하다. 이윤을 바라거나 아니면 단순히 타인의 물건을 소유하고 싶다는 욕구에 가택 침입 절도를 범한 이들은 이후에도 불법 행위를 이어갈 수 있지만 그렇지 않을 수도 있다. 우리 집에 들어온 청년의 경우가 그렇다. 그는 체포돼버렸고 그건 결코 자신이 원했던 삶의 방향은 아니었다.

한편, 경찰은 팬티 도둑이나 페티시 절도범들을 그저 성가신 놈들로 치부해버리는 경우가 너무 많다. 이 두 번째 범인이 여성들의 속옷을 훔친 건 팔기 위해서이거나 속옷을 살 여유가 없어서가 아니다. 그의 동기는 틀림없이 그 속옷이 전하거나 불러일으키는 성적인 이미지에 숨어 있다. 그 동기는 환상과도 연관이 있다. 이 자가 이미 관음증의 단계를 넘어섰다는 점, 가택을 침입하고 (훨씬 위험한) 절도 단계에 접어들었음을 보여주는 증거를 고려해볼 때, 그가 여기서 만족할 거라고 가정할 수는 없다. 페티시 절도범이 스스로 그만둘 것 같지는 않다.

종종 거의 동일한 범죄에서, 예를 들어 같은 절도 종류에 속하는데 개개 범인의 동기는 그 성격이 너무 다를 때가 있다. 이러한 여러 동기를 파악하는 일은 해당 범죄와 범죄자를 이해하고 사회적 위험성을 평가함에 있어 매우 중요하다. 내가 현장에서 만났던 어떤 절도범이 있었다. 편의상 그를 드와이트라고 하자. 그는 열여섯 살에 절도로 체포되었고, 동기는 분명 돈에 대한 욕심이었다. 하지만 드와이트는 최근에는 폭행으로도 체포되었다. 사실 그가 처음 체포된 것은 열 살 때였고 이유는 가택 침입이었다. 열네 살이 될 때까지 그의 전과 기록에는 추가적인 가택 침입 절도, 폭행, 차량 절도가 더해진다. 처음 차를 훔쳤을 때 그는 운전면허는커녕 수습 면허를 받을 자격도 없는 나이였다. 소년원에 들어간 후 지속적으로 행실에 문제가 있다는 평가를 받았다. 치료사와 상담사들은 그가 적대적·공격적·충동적이고 자기 조절과 반성 능력이 결여되어 있다고 평가했다. 그는 자신의 문제와 잘못된 행동에 대해 끊임없이 남을 탓했다. 술과 마리화나를 했다고 인정했다. 그는 반사회적 성격이라는 판정을 받았다.

우리 집에 들어왔던 절도범은 양친이 있는 안정적인 가정 출신이었고, 아들의 범죄를 알고 놀란 부모가 자식을 되돌리기 위해 즉시 개입했다. 반면, 드와이트의 가정은 훨씬 더 문제적이었다. 그의 할아버지는 공군이었고, 그 때문에 가족은 자주 이사를 다녔다. 하지만 조부모는 그가 아홉 살이었을 때 이혼했다. 이후 드와이트는 할머니와 지냈고 그런 이유로 남성 역할모델이 없었다.

그는 학교에서 자주 문제를 일으켰고 중학교에서 여러 차례 정학을 당했다. 슬프게도 그의 경우, 어린 시절 그를 보았던 사람들의 예측이 시간이 지나면서 들어맞았다. 오랫동안 법과 충돌하는 시기를 보낸 후 그는 결국 끔찍한 강간살인으로 사형 판결을 받게 된다.

같은 절도, 하지만 대단히 다른 실행범들.

한쪽은 그 일이 쉬워 보이고 진지하게 생각하지 않았기 때문에 저지른다. 다른 한쪽은 다른 사람들은 전혀 중요하지 않다고 생각하기 때문에 그 일을 저지른다.

범죄 현장에서 벌어진 일을 알아내려면 그 드라마의 주역, 즉 범인의 머릿속에서 벌어진 일을 파악하는 수밖에 없다. 이 생각을 한 것은 1978년 초였다. 그리고 그것을 밝혀내는 유일한 방법, 그래서 그 지식을 다른 현장과 범죄에 적용할 수 있는 방법은 당사자에게 물어보는 것이었다. 놀랍게도 수많은 범죄학 연구에서 투박하고 엉터리였던 것들을 제외하면, 아무도 그 방법을 시도하지 않았다.

당시 나는 서른두 살의 FBI 행동과학부 교관이었다. 디트로이트, 밀워키 등의 길거리와 현장을 돌다 콴티코(FBI 아카데미가 위치한 도시—옮긴이)로 복귀한 상태였다. 당시 신입 요원과 경찰 교육원 교육생들에게 응용범죄심리학을 가르치고 있었다. 신입 요원은 일반적으로 큰 문제가 되지 않았다. 그들은 젊었고 나보다 아는 것이 적었다. 경찰 교육원 사람들은 이야기가 달랐다. 이들은 모두 경험 많은 경찰 관료들이거나, 콴티코의 11주 고급 훈련 과정에 참여하기 위해 미국 전역과 외국에서 선발된 형사들이었다. FBI의 권위를 등에 업은 채, 나보다 훨씬 오랫동안 일을 했고 더 많은 사건을 다루어왔던 노련한 사람들 앞에서 이야기하는 일에 겁을 먹지 않았다고 한다면 거짓말일 것이다. 방어기제의 일환으로, 나는 특정 사건을 다루기 전에 수강생들 중 해당 사건을 직접 다루었던 사람들이 있는지 물었다. 그런 식으로 나는 그 당사자가 사실을 이야기하게 했고, 덕분에 엉뚱한 말을 하지 않을 수 있었다.

그러던 중 이런 질문이 떠올랐다. 내가 하는 이야기 중 그들이 모르는 게 있을까?

먼저, 폭력적인 범죄자들이 **어떻게** 실제로 범죄를 저지르기로 결심하는지, 그리고 **왜** 그들이 자신들이 저지른 범죄를 선택하게 되었는지, 즉 그 동기가 **어디**에서 왔는지, 그 과정과 내적 논리에 대한 통찰을 법 집행기구 사람들에게 제공할 수 있다면, 수사관들의 최종적인 질문, 즉 **누가?**라는 질문에 이르는 유용한 도구를 제공할 수 있을 거라고 생각했다. 간단하게는 **왜? + 어떻게? = 누가?** 라고 명시할 수 있다.

어떻게? 왜? 어디서? 누가? 이는 소설가와 정신과 의사들, 도스토옙스키와 프로이트가 던지는 질문이며, 『죄와 벌』과 『쾌락 원칙을 넘어』에 공통되는 내용이다. 이는 철학자와 신학자, 자신의 사례를 평가하는 사회복지사, 심리 후에 판결을 내리는 판사들이 던지는 질문이다. 사실 이는 우리가 ― 더 나은 표현이 없어서 그대로 쓰자면 ― 인간적 조건이라고 부르는 것의 핵심적인 문제를 구성한다.

하지만 우리는 이 문제를 우리 자신의 관점에서, 법 집행과 범죄 탐지라는 일에서 **유용**하게 쓰일 수 있도록 다루어야 했다. 검사가 유죄를 증명할 수 있는 압도적인 증거를 확보하고 있는 한, 판결을 위해 동기를 드러낼 필요는 없다. 하지만 실제 현장에서 대부분의 검사는 배심원에게 범행의 논리적인 동기를 보여주지 못하면 적절한 판결, 예를 들어 과실치사가 아닌 살인 판결을 받아낼 수 없다고 말할 것이다.

명확하게 밝히든 아니든, 응용범죄심리학 연구는 모두 이 핵심적인 질문으로 요약된다. 왜 범죄자는 자신이 저지른 범죄를 자신의 방식으로 저지르는가?

내게는 그것이 풀어야만 하는 수수께끼처럼 느껴졌다.

당시 나는 '원정 교육'도 꽤 많이 다녔다. 로버트 레슬러와 짝을 이루었는데, 그는 FBI 특수요원이 되기 전 헌병 장교로 활동했던 경험 많은 교관이었다. 원정 교육은 말 그대로였다. 콴티코의 교관이 교육원에서 가르치는 과정을 출장 지역 경찰서와 보안관서 직원들에게 1주일로 압축해서 가르치는 것이다. 교관들은 보통 주말을 쉰 다음, 다음 주에는 다른 곳에서 수업을 하고 세탁물로 꽉 찬 여행 가방을 든 채 집으로 돌아왔다.

출장은 폭력적인 범죄로 복역 중인 자들의 이야기를 직접 듣겠다는 계획을 실천해볼 수 있는 완벽한 기회였다. 어디를 가든 나는 근처에 있는 주립교도소 혹은 연방교도소를 확인했고, 거기 어떤 흥미로운 수감자가 지내고 있는지 알아보았다. 이어진 몇 년 동안 나는 미국의 감옥이나 교정시설에서 50명 이상의 폭력범들과 인터뷰했다. 거기엔 성적인 동기로 사람을 죽인 살인자 36명도 포함된다. 이 내용들을 기반으로 하여 나는 법무성 산하연구소 지원을 받아 연구를 진행했고 그 결과물은 1988년에 『성적 살인, 패턴과 동기』라는 책으로 출간되었다. 공동저자인 앤 버지스는 펜실베이니아대학 정신건강간호학 교수로, 시작 단계에서 합류해 우리가 수집한 방대한 자료를 체계적으로 분석하고 의미를 찾아내는 작업을 도와주었다. 앤은 또한 어둠의 심연을 파편적으로 파고 들어갔던 우리의 작업을, 실제적이고 유용한 연구로 변모시키는 데 도움이 되었던 규칙과 엄격한 기준을 개발하기도 했다.

인터뷰 중에는 기록할 수 없었기 때문에, 교도소를 나오자마자 호텔로 달려가 복기를 하며 질문지 사이의 빈틈을 채워 넣어야 했다. 사건 기록을 검토하고 대상자의 기록을 연구하는 것만으로도 사전에 질문지의 많은 부분을 채울 수 있었다. 하지만 핵심적인 세부사항, 즉 유의미한 차이를 만들어내는 것들은 대상자 본인에게서 직접 얻어내는 것들이었다.

처음에 내가 애썼던 것은 그들이 내게 말을 하도록 하는 것이었다. 진짜 응용범죄심리학에 대해 더 많은 시사점을 주는 질문들을 던지려고 노력하는 일이었다. 학문적인 의미에서가 아니라 현장에서 도움이 되는, 진짜 범인을 찾고 진짜 사건을 해결하는 데 도움이 되는 방식으로 말이다.

심지어 이렇게 오랜 시간이 흐른 지금도, 그렇게 많은 냉혹한 수감자들(대부분은 장기수였고, 얻을 것이 거의 없었다)이 우리와 이야기하는 것에 동의했을 뿐 아니라, 자신의 개인적 성장 과정과 폭력적인 범죄자로 진화해온 경위에 대해 분명하게 밝혔다는 점이 놀랍고 신기하기만 하다. 그들은 왜 대화에 동의했을까? 나는 몇 가지 이유가 있다고 생각하는데 개인에 따라 다르다. 호기심, 지루함, 가책 때문이기도 했지만 그 약탈적인 범죄, 몇몇에게는 인생 최고로 만족스러운 경험이었던 그 범죄를 감정적으로 다시 살아볼 수 있는 기회를 누리기 위해서였다. 개인적으로는 대단히 자기중심적인 어떤 자아에 호소했기 때문이라는 느낌이 들었다. 그들은 시간이 많았고, 표면적으로는 자신의 삶이나 바깥세상에서 온 사람의 관심사에 큰 흥미가 없었다.

모든 사람이 이런 종류의 조사를 수행하기에 감정적으로 적합한 것은 아니다. 소름 끼치는 범죄의 세부사항에 흠뻑 젖어들지만, 놀라는 모습을 보이거나 판단하듯 끝내면 안 된다. 그렇게 하면 아무것도 얻을 수 없다. 좋은 청자가 되어야 하고, 좋은 연기자가 되어야만 한다. 게임을 잘 하는 법을 알기 위해서는 그렇다.

그렇게 많은 수감자가 그토록 우리를 사적으로 대하면서 많은 날 것을 보여준 이유는, 우리가 아주 깊고 철저하게 각각의 인터뷰에 임했기 때문이라고 생각한다. 폭력적인 범죄로 수감된 남자라면, 보통은 그때까지 수많은 인터뷰에 직면한다. 형사의 심문, 법률가의 조사, 판결 전의 평가, 교도소에서 정신분석학자나 심리학자와의 상담. 최초의 상황, 그러니까 조사관이 진술의 불일치나 사실과 다른 면을 발견할 때마다 매섭게 추궁하는 그런 상황을 제외하면 대체적으로 그들이 하는 이야기는 **자기 보고**다. 범인들이 인터뷰어에게 하는 말은 실제 자신의 머릿속에 있는 것이 아니라, 자신의 유리함이나 이익을 위해 강조해야 할 필요가 있는 이야기들이다.

우리는 두 가지 차별화를 시도했다. 먼저, 대상자가 저지른 일이나 저지른 방식과 관련해 속거나 혼동을 겪지 않기 위해 사건 파일을 완전히 숙지했다. 범죄의 세부사항과 함께, 정신분석학자의 보고서와 교도소 평가서, 지능 테스트 등 대상자와 관련해 구할 수 있는 자료는 모두 검토했다. 이런 범인들에게서 진실을 얻으려면 가령 이런 질문을 던질 수 있어야 한다. '잠깐만! 어떻게 피해자에게 애정과 동정심이 있었다고 말할 수 있습니까? 그녀를 스물일곱 번이나 찔렀잖아요.' 그렇게 할 수 있으려면 해당 범죄와 관련한 사실을 철두철미하게 알아야 한다.

두 번째 차별화는 인터뷰를 가능한 한 오래 끌고 가는 것이다. 매우 헌신적인 태도다. 그래서 실제로 그의 머릿속에 있는 것을 찾아낼 때까지 사소한 이야기나 쓸데없는 소리, 대상자를 무너뜨리는 가짜 감정을 견디는 것이었다. 때로는 그들이 곧장 이야기를 해주는 경우도 있다. 때로는 그들이 준 단서들을 통해 우리가 짐작해야만 하는 경우도 있었다. 하지만 더 많이 들으면 들을수록, 더 많은 것들을 연결할 수 있었고 더 많이 파악할 수 있었다.

우리가 쫓는 자는 누구였을까? 찰스 맨슨 같은 **유명 범죄자**가 있었다. 제럴드 포드 대통령을 살해하고 미국 역사의 흐름을 바꾸려 시도했던 사라 제인 무어와 맨슨의 추종자였던 리넷 '쨱쨱이' 프롬도 있었다.(제럴드 포드는 미국 대통령 중 유일하게 두 번이나 암살을 당할 뻔했다. 첫 번째 범인은 자신이 추종하던 살인범 찰스 맨슨의 석방을 주장하던 리넷 프롬이고, 두 번째 범인은 정신 병력이 있는 가정주부 사라 제인 무어였다. 암살은 미수에 그쳤고 포드는 93세까지 장수했다.—옮긴이) 우리는 아서 브레머와도 이야기했다. 리처드 닉슨을 암살하겠다며 그를 따라다니다가, 결국 좌절하고는 1972년에 자신의 강박적인 에너지를 대통령 후보였던 조지 월러스에게 돌리지만, 그 앨라배마 주지사를 죽이지는 못하고 평생 마비와 고통 속에 살게 한 인물이었다. 또한 소위 샘의 아들 '44구경 살인자'로 알려졌으며, 1977년 7월 체포 전까지 1년 동안 뉴욕을 공포로 몰아넣었던 데이비드 버커위츠도 만났다. 빈민가의 도둑이었다가, 1966년 간호학원 학생들이 살고 있던 시카고 시내의 연립주택에 침입해 그 중 여덟 명을 살해하면서, 전국의 신문 헤드라인을 장식한 리처드 스펙과도 이야기를 나누었다.

마찬가지로 사악하지만 잘 알려지지 않았던 사람들도 있었는데, 이들은 다른 사람을 죽이거나 다치게 하는-혹은 내가 현역 때 여러 번 말했듯이 조종하고, 지배하고, 통제하는 – 일이 인생의 주된 목표인 사람들의 인성이 내적으로 어떻게 작동하는지에 대해 많은 것을 알려주었다. 자신이 미워했던 어머니를 자신의 침대에서 죽이고 머리를 잘라버린 에드 켐퍼 같은 사람도 있었다. 그 일을 저지를 용기를 낼 때까지 그는 자신의 분노와 좌절감을 조부모에게 발산했고, 6년 후에는 산타크루즈의 캘리포니아대학 주변에서 여섯 명을 살해했다. 제롬 브루도스는 어릴 때부터 여성의 신발에 페티시가 있었는데, 결혼 후 오리건에서 두 아이의 아버지로 지내던 중에 여성 네 명을 살해하고, 자신이 수집한 여성복을 입힌 다음 그들의 발과 가슴을 잘라냈다. 리처드 마켓트는 강간 시도, 가중 폭행, 절도 등을 거쳐 오리건주 포틀랜드의 술집에서 만난 여성을 살해하고 시신을 해체했다. 12년 후 가석방이 된 그는 여성 두 명을 더 살해하고 시신을 토막낸 후에 체포되었다.

이들의 범죄는 대단히 무시무시하지만, 우리가 이들의 말과 행동을 해석하는 방법만 알아낸다면 이 남자들 – 이들은 모두 남자다. 여자들은 이런 유형의 범죄를 거의 저지르지 않는다 – 이 우리에게 뭔가를 알려줄 수 있다.

이런 자들을 인터뷰하겠다고 결심하는 것과, 실제로 이들과 얼굴을 맞대고 앉는 것은 다른 일이다. 에드 켐퍼는 키 205센티미터에 몸무게는 136킬로그램이 족히 넘는다. 원하기만 하면 – 어느 시점에는 그럴 수 있음을 암시하기도 했다 – 그는 우리 머리를 비틀어 뽑아서 교도관이 볼 수 있게 탁자 위에 내려놓을 수도 있었다. 볼티모어 시립교도소에서 아서 브레머를 인터뷰할 때는 폭력적인 수감자들이 자유롭게 돌아다니는 운동장을 걸어서 통과해야 했는데, 마치 단테의 **지옥**을 떠올리게 하는 광경이었다. 그리고 이런 교정시설에 들어가기 전에는 업무용 권총을 풀어놓고, 우리가 어떤 피해를 입더라도 교도소 측에 책임을 묻지 않겠다는 포기 각서에 서명해야 했다. 만약 인질로 잡히더라도 우리 자신밖에 없었다. 에드 켐퍼가 말했듯이, 그는 종신형이었고 우리 둘 중 한 명을 죽인다고 해서 교도소 측에서 뭘 할 수 있었겠는가? 디저트를 안 주는 정도? 어떤 처벌을 받든 FBI 요원을 살해했다는 이유로 동료 수감자들에게 받게 될 영예에 비하면 상대적으로 적은 비용이었다.

따라서 처음 시작할 때 우리는 계획했던 것들 중 어떤 것을 얻게 될지는 몰랐지만, 그 계획이 실행되면 어떤 상황에 빠지게 될지는 분명 알고 있었다. 계획이 진행되면서 우리도 수법 modus operandi을 조정하고 조율해 완벽하게 만들어나갔다. 우리가 간소한 복장을 하면 대상자도 더 빨리 우리를 편안해한다는 것을 알게 되었다. 범인이 자신의 범죄에 대해 이야기를 시작하고, 마치 황홀경에 빠진 것 같은, 자신의 몸에서 벗어나는 경험을 하고 있는 것 같은 눈빛을 띠면, 내가 그에게서 원했던 것을 곧 얻을 수 있겠다고 감지했다. 그 범죄, 즉 그가 다른 인간에게 한 일, 그가 자신의 힘과 통제력을 발휘했던 방식은 그의 인생에서 가장 밀도 있고, 자극적이고, 기억할 만한 경험이었다. 이런 식으로 그 경험을 되살리는 동안, 그는 절정의 감각을 풀어놓으며 나를 자신의 머릿속으로 데리고 들어갔다.

더 많이 알게 되면 알게 될수록 더 많은 것을 얻을 수 있었다. 예를 들어, 우리는 암살범 유형은 편집증 경향이 있으며 눈을 마주치지 않는다는 점을 발견했다. 맨슨처럼 거드름피우는 유형은 상대를 지배하려 하기 때문에 우리의 위치를 낮게 하고(맨슨은 탁자 위에 앉았다), 그가 내려다보며 이야기하게 했다. 그저 공감을 원하는 자들도 있었다. 앞서 말했듯이 감정은 닫아두고 연기를 해야 한다. 우리는 자기 인생이 망가졌다며 눈물을 흘리며 비탄에 빠지는 남자들과 함께 안타까워하곤 했다. 자신들이 망가진 건, 그들 생각에는, 자신들이 저지른 일이 아니라 자신들이 잡혔다는 사실 때문이었다. 그 점 또한 많은 것을 알려주었다.

이 인터뷰들을 통해 흥미롭고 시사점이 있는 공통점들도 밝혀냈는데, 이러한 공통점은 내가 FBI 경력 후반기에 프로파일을 작성하고, 검거에 도움을 주고, 수사하고, 기소한 폭력범들을 다루는 과정에서 드러났다. 가장 흔하게 발견되는 기본적 요소를 알아보는 것이 첫 단계라는 것이 나의 지론이었다. 다음 단계는 개성이나 솜씨, **동기**의 차이가 누구는 강도로 만들고, 다른 누구는 집단 살인자로 만드는 과정을 이해하는 것이었다. 먼저, 나는 그들이 공유하고 있는 자질이나 경험들을 알아내야 했다. 그들은 어디에서 튀어나왔을까. 말 그대로든 비유적으로든 말이다.

정도의 차이는 있지만 그들은 모두 망가진 성장배경을 지니고 있었다. 신체적 학대, 성적 학대, 자신의 의지와 상관없이 알코올 중독인 부모나 후견인, 위탁가정들을 전전해야 했던 생활들이 노골적으로 드러났다. 다른 경우에는 애정 있고 성장에 도움이 되는 환경의 부재, 규율이 들쭉날쭉하거나 아예 없는 상황, 특별한 이유 없이 적응하지 못하거나 주변과 어울리지 못하는 등 미묘한 상황도 있었다.

에드 켐퍼의 부모는 그의 어린 시절 내내 폭력적으로 싸우다 결국 이혼했고, 이후 알코올 중독자가 된 어머니는 사춘기의 아들을 조롱하고 지배했는데, 여동생에게 무슨 짓을 할지 모른다며 그를 지하실에서 자게 하고 문을 잠그는 일도 있었다. 데이비드 버커위츠는 사생아로 태어났고 양부모는 그의 어머니가 그를 낳다 죽었다고 이야기했다. 나중에 생모와 누나가 살아 있다는 소식을 들은 그는 그들을 찾아갔지만, 두 사람은 그에게 아무 볼일이 없다고 했다. 그는 망연자실했고 결국 우리가 아는 연쇄살인자로 만개했다.

나중에 FBI 교육원에서 다른 폭력범과 연쇄 범죄자의 성장배경을 연구하면서, 우리는 그들 모두가 우리가 인터뷰 프로젝트를 통해 구성한 모델에 부합하는 경향이 있음을 알아냈다. 1960년대 초반 '보스턴 교살자'로 알려졌던 앨버트 드살보에게는 알코올 중독자였던 아버지가 역할모델이었다. 그 아버지는 화가 나서 앨버트 어머니의 손가락을 부러뜨렸고, 그를 포함해 여섯 명의 형제자매를 정기적으로 구타했고, 집에 매춘부를 데리고 오기도 했다. 시카고 지역의 건축업자이면서 광대 옷을 입고 병원의 어린이 환자들을 위해 공연했던 존 웨인 게이시는, 다른 시간에는 서른 명 이상의 남자아이들과 젊은이들을 강간하고 살해했다. 그 역시 알코올 중독자였던 아버지에게 정기적으로 구타와 무시를 당했다. 이런 예는 끝도 없이 제시할 수 있다.

왜 어떤 남자아이는 자라서 강간범이나 살인자가 되고, 다른 아이는 폭파범이나 강탈범이 되며, 똑같이 나쁜 성장배경을 지닌 또 다른 아이는 존경을 받고 사회에 기여하는 구성원이 되는가 하는 문제는, 앞으로도 계속 연구하며 밝혀내야 할 수수께끼다. 하지만 불안정하고 학대가 있고 불우한 가정환경은 당연히 심각한 자존감 결핍과 자신감 결여를 낳는다. 그 외에 우리는 판결을 받은 성범죄자 대부분이 상대적으로 지능지수가 높다는 점도 발견했다. 일반적인 범죄자 집단에서 예상되는 지능지수보다 훨씬 높았다.

교도소 인터뷰는 또한 표면적으로는 유사한 유형의 범죄처럼 보이는 사건들 사이의 의미심장한 차이도 드러내주었다. 이 장 도입부에 언급한 두 건의 아주 다른 절도 사건을 떠올려보시라.

또 다른 예가 있다. 우리 사회에서 젊은 여성에 대한 강간과 살인은 너무나 흔한데, 모든 강간범은 분노에 차 있고 공격적인 사이코패스처럼 보일 것이다. 어떤 측면에서는 나도 이런 평가에 동의하지 않을 수 없다. 하지만 그런 평가는 범인이 **왜** 그 특정한 범죄를 저질렀는지에 대해선 알려주는 게 별로 없다. 그의 특징에 대한 프로파일을 작성하려는 우리에게도 큰 도움이 되지 않는다. 그러니 사건 현장에서 찾을 수 있는 **행동과 관련한 단서들**을 살펴보는 것부터 시작해보자.

먼저, 발견 당시 시신은 어떤 상태였는가? 부패 상태를 말하는 게 아니다.(물론 이것도 당연히 많은 것을 말해주지만) 여기서는 살인자가 시신에게 무슨 짓을 했는지를 말하는 것이다. 사인이 자상이고 칼에 찔린 자국이 특히 얼굴 주변에 집중되어 있다면 이는 **과잉살인**overkill이라고 부르는 경우인데, 살인범이 피해자를 잘 알고 있는 사람일 경우가 높다. 따라서 개인적 원인에 따른 범죄다. 그리고 그 점이 우리를 동기인 **왜?**로 이끈다. 만약 시신이 시트나 담요에 쌓여 있거나, 사후에 명백히 보살핌을 받은 흔적이 있다면, 이는 살인범이 피해자에 대해 부드러운 감정을, 어쩌면 가책을 느꼈음을 암시하는 것이다. 반면 시신이 훼손되거나 쉽게 눈에 띄는 곳에 방치되었다면 혹은 아무렇게나 길가에 버려졌다면, 이는 살인자가 피해자를 경멸했다는 것, 심지어 여성 일반을 혐오하고 있다는 것을 말해준다.

   내가 어떻게 이 모든 것을 알 수 있을까? 프로파일러인 내가 심령술사이기 때문이 아니라 범인들 자신이 우리에게 말해줬기 때문이다. 그리고 같은 이야기를 몇 번 반복해 들은 후에는, **우리가 그들**에게 말해줄 수 있게 된다. 만약 강간살인의 피해자가 바닥에 누운 채 시트로 덮여 있다면, 우리는 그것이 시신을 가리기 위한 시도가 아니라는 것을 안다. 적어도 정신이 온전한 범인이 한 짓은 아니다. 그것은 피해자의 품위를 지켜주려는 미약한 시도였거나 혹은 자신이 방금 저지른 행동에 대해 좋지 않은 감정을 느끼는 누군가가, 그녀가 물리적으로 자신의 눈에 띄지 않게 하기 위한 행동이다. 우리는 희생자들의 시신을 가렸던 살인자들에게서 그 사실에 대해 충분히 들을 수 있었다.

   최근, 살인자의 생각을 **예측**하는 우리의 능력을 확인하는 경험을 했다. 2년 전 FBI에서 퇴직한 나는 동부의 한 주립 가석방위원회에서, 주립교도소에 수감된 살인자들을 인터뷰하는 일을 하고 있다. 위원회에서는 대상자가 가석방 후보가 될 수 있을지에 대해 내 의견을 구하고 있다. 내가 보기에 그건 – 나의 고객들에게도 이 점을 말했는데 – 만약 그 대상자가 풀려났을 때 또 다른 폭력적인 행동을 저지를 것인가? 하는 의미밖에 없다. 나는 대상자와 몇 시간을 보내며 그의 저항을 무너뜨리고, 그를 점점 진실에 가깝게 끌어가고, 다음의 두 가지 면에 대해 만족스러운 대답을 찾아보려 노력한다. 첫째, 그가 자기 행위의 도덕적 차원에 대해 어느 정도 감지하고 진정으로 회개하는가. 둘째, 그는 여전히 다른 사람을 조종하고, 지배하고, 통제하며, 생사를 좌우하는 권력을 발휘하는 데서 압도적인 감정적 만족감을 찾고 있는가. 그가 하는 말은 내가 그동안 그와 같은 상황에 처한 다른 남자들에게서 많이 들어왔던 패턴에 부합한다. 나는 그런 자들의 생각과 범죄, 동기를 20년 넘게 연구해왔다. 덕분에 가석방위원회에 나의 의견을 전할 때면, 나는 그들에게 확고한 정보를 주고 있다고 확신한다. 범죄학이나 범죄심리학 분야에서 활동하는 사람들이 앞으로 있을 폭력을 예측할 수 없다고 말할 때, 그 말이 의미하는 바는 **자신들은** 직접적 연구를 하거나 직접적인 경험이 없기 때문에 앞으로 있을 폭력을 예측할 수 없다는 것이다. 나는 과거에 폭력적인 범죄를 저지른 자들 한 명 한 명이 기회가 생기면 다시 그런 행동을 할지에 대해 말해줄 수 있다고 주장하지 않는다. 하지만 나는 가석방이 감수해볼 만한 위험인지 아닌지는 확실히 말해줄 수 있다.

우리의 연구를 통해 알게 된 바에 따르면, 대부분의 폭력범은 내부에 갈등하는 두 가지 요소를 지니고 있었다. 그중 하나는 우월감 혹은 거만함인데, 그들에게 사회적 관습은 아무런 의미도 없다. 그들은 지나치게 똑똑하거나 영리해서 바닥에서부터 시작해 차근차근 올라갈 필요가 없거나, 관계를 지배하는 평범한 규칙을 따를 필요가 없다. 마찬가지로 강렬한 또 하나의 감정은 자신이 부적격이라는 느낌, 기대에 부응할 수 없고, 뭘 하든 자신은 패배자라는 느낌이다. 첫 번째 감정 때문에 일반적으로 그들은 공부하지 않고, 일하지 않고, 자신의 몫을 하지 않는다. 그걸 뭐라고 부르든 상관없이 그들은 종종 평범한 사람들에게 진정한 만족을 주는 직업이나 관계를 준비하기에는 부적격이다. 이 점은 아웃사이더로서 그들의 지위를 더욱 강화시킬 뿐이다.

대부분은 아니라고 하더라도, 이런 부류 중 많은 이에게 동기를 부여하는 것은, 권력과 통제에 대한 욕망이다. 이는 무력함을 느끼게 하는 환경, 통제할 수 없는 환경에서 기인하는 것이다. 학대를 받거나 방치된 어린 시절을 보낸 사람들이 대부분 힘들었던 성장기를 극복할 기술이나 전략을 발전시키는 반면, 그렇게 하지 못하는 이들은 종종 분노가 가득하고, 적대적이고, 좌절한 성인으로 자라고, 폭력범이 된다. 어린 시절 학대를 당했던 사람들에게는 감정적인 상처나 짐이 계속 남는다는 점은 아무도 부정하지 않는다. 하지만 자신의 좌절감과 상처, 분노를 이를테면 경쟁적인 운동에 쏟아 붓는 아이는 탁월한 운동선수가 되고, 자신의 기사가 실린 지역신문으로 가득한 스크랩북과 자신의 업적을 기록한 졸업앨범을 갖게 된다. 그런 아이는 출구를 발전시키지 못한 아이에 비해 훨씬 건강하고 온전한 성인이 될 것이다. 후자는 다른 사람을 다치게 하는 것으로 자신의 부정적 감정을 달래려 하고, 작은 동물들을 고문하다가, 성인 범죄로 옮겨가고, 결국 자신의 스크랩북을 산혹한 내용들로 채우게 된다.

피해자를 조종·지배하고 통제할 수 있게 되면, 피해자를 죽일지 살릴지 혹은 어떻게 죽일지를 결정할 수 있게 되면, 이런 부류 중 일부는 일시적으로나마 자신이 부적격이라는 느낌에 맞설 수 있고, 그렇게 심리학적 등식이 성립된다. 그들은 거만함과 우월감을 느끼고, 그건 그들 생각에 자신들이 느껴 마땅한 감정이다. 다른 말로 하자면 강간과 살인은 그들에게는 세상을 바로잡는 행위인 것이다.

여러분은 내가 남성들의 특징에만 한정해 말하고 있다는 것을 분명 알아차렸을 것이다. 정의상, 이는 성차별적이지만, 또한 정의상 남성들이 문제다. FBI 행동과학분과와 앤 버지스의 연구진 양쪽 모두, 우리의 교도소 프로파일 프로젝트에 포함된 남성들과 똑같이 학대받고 방치된 배경을 지닌 여성들을 연구했다(버지스 쪽이 더 많이 했다). 하지만 어떤 복잡한 이유들 때문인지, 여성들은 좌절과 감정적 피해를 똑같이 공격적인 방식으로 드러내지 않는다. 그들은 자기 파괴적이 되거나, 약물이나 과도한 알코올에 의존하거나, 자신들을 더 많이 괴롭힐 남성들에게 이끌리기도 한다. 그런 괴롭힘에 익숙해져 있고, 무의식적으로는 자신들이 그런 대접을 받아 마땅하다고 느끼고, 아마도 매춘이나 자살 시도에 빠져들 수 있다. 심지어 자신들의 자식을 학대할 수도 있다. 하지만 아주 극소수의 예외를 제외하면, 여성들은 남성들 같은 약탈자가 되지는 않고, 낯선 사람에게 감정적이 되거나 성적인 분노를 표출하지 않는다. 이런 차이의 일부는 남성 뇌와 여성 뇌의 선천적인 '배선' 차이에서 기인하는 것일 수도 있고, 테스토스테론이 아닌 에스트로겐이 미치는 압도적인 호르몬 영향에서 오는 것일 수도 있다. 물론, 범죄자로의 발전과 그 동기에 관해 우리가 하는 이야기 대부분이 남성들과 관련이 있기는 하지만, 이러한 과정과 문제점에 대해 여성들이 더 잘 이해할수록, 이러한 행동들을 더 잘 알아보고 맞설 수 있을 것이다.

여기서 한 가지, 나의 법 집행기구 경력과 글쓰기 활동을 관통하는 개념을 분명히 밝혀야겠다. 우리의 연구 대상이 되었던 남성들은 모두 본질적으로 이런저런 종류의 정신적 문제를 안고 있었다. 그들이 한 짓을 근거로 여러분은 그들이 미쳤다고 말하고 싶을 것이다. 하지만 '미쳤다'는 건 주관적인 용어다. '정신이상'은 구체적인 법적 정의를 지닌 법률용어다. 콴티코에 있는 내 수사지원부에 속한 남녀 직원들의 관점에서 보자면, 핵심적인 단어는 '선택'이다. 정말로 정신 이상인(보통은 망상에 빠져 있기도 하다) 극소수의 개인을 제외하면, 이 남자들은 자신들이 한 짓을 하기로 선택한 것이다. 그들이 여성을 해치는 강박에 빠져 있었을 수도 있다. 자신들의 강박을 행동으로 옮기려는 동기가 있었을 수도 있다. 하지만 사실, 그들이 꼭 그런 식으로 행동**해야**만 했던 것은 아니다. 그들은 **강요받지** 않았다. 그들이 그런 짓을 저지른 것은 자신의 기분을 좋게 해주기 때문이었다. 나는 어린 시절에 매를 맞거나, 성적으로 학대를 받거나, 사랑을 받지 못했던 사람들에게 깊이 공감한다. 그런 사람이 성인이 되어 왜 심각한 심리적 문제에 빠지는지도 이해한다. 하지만 그런 배경을 가진 결과 그가 어쩔 수 없이 다른 사람들, 특히 여성과 어린이를 납치하거나, 다치게 하거나, 심지어 죽였다는 것은 받아들일 수 없다. 우리가 어떤 사람인가에 대해 책임을 져야 하느냐 마느냐 하는 문제는 논쟁이 될 수 있지만, 압도적일 정도로 대다수의 사건에서 우리는 분명 우리가 한 행동에 대해서는 책임을 져야 한다.

그렇다면 이 폭력적인 행동은 어디에서 기인하는가? 많은 수의 연쇄 약탈 범죄자들을 인터뷰한 후에, 우리는 소위 '성적 살인의 동기 부여 모델'을 만들 수 있었다. 환경과 감정 양쪽의 영향을 받는 이 모델이 제시하는 발전 단계에 따라 이 남성들의 삶과 범죄 경력이 진행되는 것처럼 보인다. 말하자면 폭력적인 행동을 하는 동기에 공통적으로 기여하는 요소들 이야기다. 각각의 경우마다 대상자 중 몇 명이 그런 요소들에 영향을 받았는지, 그 결과로 누가 어떤 행동들을 실천에 옮겼는지 기록했다. 예를 들어, 놀랍게도 50퍼센트는 강간에 대한 첫 환상을 열두 살과 열네 살 사이에 가졌다고 이야기했다! 이 사실 하나만으로도 초기의 유의미한 개입이 결정적으로 중요함을 알 수 있다. 단순히 이 아이들을 구할 기회를 갖기 위해서뿐 아니라, 더 중요하게는 그들이 멈추지 않음으로써 일으킬 파멸로부터 자신과 사랑하는 사람들을 지키기 위해서 말이다.

많은 아이가 반사회적으로 해석될 수 있는 기질을 보이지만, 그들 중 대다수는 자라서 점잖고 법을 준수하는 사람이 된다. 인터뷰에서 우리가 찾으려 했던 것은 범죄라는 최종 결과와 연관을 지을 수 있는 **행동 패턴**이었다. 우리는 이들이 일찍부터, 종종 아주 어린 시절부터 다른 사람을 조종할 수 있는 권력이 뭔가에 대한 통제력을 주는 것임을 깨달았다는 점을 알게 되었다. 그런 통제력은 자신들의 삶에는 결여되어 있던 것이었다.

이러한 권력에 대한 인식 다음에 이어지는 건 환상이며, 우리는 이 단계가 성적 착취자의 발전 단계를 이해하는 데 있어 엄청나게 중요하다는 것을 알게 되었다. 처음에는 자신의 삶의 문제, 즉 고통과 실패를 극복하는 환상이 있다. 이 환상에는 본인을 아프게 하고,

얕보고, 제대로 존중해주지 않았던 사람들을 성공 후에 다시 찾아가는 일이 포함된다. 그리고 이와 함께 성적 환상이 등장한다. 우리가 분명히 확립할 수 있었던 것들 중 하나는, 성과 관련이 있는 모든 약탈적 범죄에서는 언제나 환상이 실제 행동에 선행한다는 사실이었다. 그러니 누군가 열두 살에 이미 강간에 대한 환상을 가졌다면, 그 환상이 그를 어디로 이끌지는 상상할 수 있다.

이 점 역시 기억해야 하는데, 특정 범죄가 표면적으로는 성적인 것으로 보이지 않는다고 해서 그것이 성적 환상에 기반하고 있지 않다는 뜻은 아니다. 방화와 폭파(범인과 피해자 사이에 직접적인 신체적 관계가 없는 경우) 역시 종종 도착적인 성적 과시일 수 있다. 데이비드 버커위츠는 연인들이 주로 찾는 도로가 있는 뉴욕시 지역들을 돌아다니며, 주차된 자동차 안에 있는 연인들의 머리를 44구경 반자동 총으로 날려버렸는데, 적당한 피해자를 찾지 못한 밤이면 과거에 범행을 저질렀던 장소로 가서 자위를 했다고 내게 말했다. '차터 암스 불도그' 권총의 방아쇠를 당겼을 때 느꼈던 성적인 자극과 극도의 권력감을 회상하면서 말이다.

인터뷰 대상자들이 청소년기부터 가졌던 성적 환상은 전 영역에 걸쳐 있지만, 그중 많은 것이 폭력과 새도마조히즘, 속박, 기타 지배-통제와 관련한 시나리오를 포함하고 있다는 점은 주목할 만하다. 초기의 징후적 행동과 관련해서, 연구 대상 남성들 중 79퍼센트가 자신들 표현에 따르면 강박적으로 자위를 했다고 했고, 72퍼센트는 적극적으로 훔쳐보기(관음증)를 했다고 했고, 81퍼센트는 활발히 그리고 규칙적으로 포르노그래피를 접했다고 했다.

포르노그래피 이야기가 나올 때마다, 원인과 영향에 대한 문제가 불가피하게 제기된다. 1989년 플로리다에서 처형되기 직전에 시어도어 '테드' 번디는 인터뷰에 응했는데, 거기서 자신의 모든 문제(워싱턴주에서 플로리다까지 전국을 돌며 아름다운 젊은 여성을 납치 살해한 일)를 도착적으로 빠져 지냈던 포르노그래피 탓으로 돌렸다. 포르노그래피, 특히 폭력적인 포르노그래피에 노출되는 것이, 남성으로 하여금 폭력적이거나 성적으로 공격적인 행동을 하도록 동기를 부여하는 걸까? 아니면 이미 그 방향으로 동기 부여가 된 자들이 자연스럽게 그런 자료에 끌리게 되는 걸까? 이 질문에 대해서는 간단하고 확실한 대답이 없겠지만, 나는 폭력적인 약탈자들과의 경험과 연구를 바탕으로 자신 있게 일반화할 수 있다.

먼저, 나는 **포르노그래피가 없었다면** 테드 번디가 연쇄살인범이 되지 않았을 거라는 주장에 단호하게 '아니오!'라고 말할 수 있다. 이는 테드 번디 같은 자들이 자신의 행동을 다른 사람 혹은 다른 대상 탓으로 돌리려 애쓰는 명백한 예일 뿐이다. 번디가 자신이 한 짓을 한 것은 자신이 **원했기** 때문이며, 그 행동이 삶에서 얻을 수 있는 그 어떤 것보다 만족감을 주고 자신을 기분 좋게 해주었기 때문이다. 이것은 추측이 아니다. 이는 우리가 그와 비슷한 남성들을 많이 인터뷰하고 나서 얻은 결론이다.

그러니까 내 말은 포르노그래피가, 심지어 가장 폭력적이고 여성혐오적이며 새도마조히즘적인 포르노그래피라고 해도, 평범한 남성을 폭력적인 성 약탈자로 변모시키지는 않는다는 것이다. 하지만 이미 그런 식의 생각이나 환상에 기울어 있는 개인들, 즉 연구에서 인터뷰했던 유형의 남성들은 이런 종류의 포르노그래피 자료를 접하면서 열정을 불태우고 아이디어를 얻기는 한다는 점도 알게 되었다. 처음에는 인터뷰 대상자들의 말을 통해서 알게 되었고, 나중에 범인들이 실제로 행동에 옮긴 시나리오를 그들이 읽고 있던 자료와 연관시키는 과정에서 확정할 수 있었다. 내가 아는 평범한 남성들 중에, 성장기의 어느 시점에 여자 나체 사진이 실린 잡지나 자극적이지 않은 포르노그래피에 빠져들지 않았던 사람은 없다(나는 근사하고 반듯한 시민들을 꽤 많이 알고 있는 편이다). 그러니까, 그들은 그 영향을 조절할 수 있었고 지금도 할 수 있는 것이다. 오래된 표현 중 남성의 90퍼센트는 자위를 해본 적이 있다고 시인하고, 나머지 10퍼센트는 거짓말쟁이라는 말도 있다. 하지만 다른 모든 만족을 사실상 차단할 만큼 강박적으로 몰두하게 되면 적신호가 켜져야 한다.

대상자들의 경험에 따르면 다음 단계는 강박을 다양한 방식으로 표출하는 것이다. 이들 사이에서 강박적인 자위, 관음증, 포르노그래피 접촉만큼이나 보편적이었던 것은 페티시즘이다. DSM-Ⅳ(『미국정신의학회 정신장애 진단 및 통계 편람』 4판)에 따르면, 페티시즘은 무생물이나 인간이 아닌 대상에게서 환상이나 성적 충동을 느끼는 것 혹은 그 밖의 행동을 하게 되는 것을 말한다. 그리고 이제 막 싹을 틔운 살인자의 경우, 발전 단계의 차원에서 볼 때 이는 사태가 위험해지기 시작하는 시점이다.

페티시즘은 정신의학계에서는 성 도착, 성적 대상에 대한 이상 장애로 분류된다. 성 도착에는 다양한 종류가 있는데, 일부는 무해하며 본질적으로 취향의 문제인 반면, 일부는 해롭고 잠재적으로 치명적일 수 있다. 가령 소아 성애(어린이를 대상으로 한 성적 행위)나 성적 사디즘이 그렇다. 대부분의 성 도착은 반복해서 일어나며 페티시즘이 좋은 예다. 아마도 가장 흔한 페티시의 대상은 여성의 속옷일 것이다.

인터뷰 대상자 중 72퍼센트는 성장기 동안 일종의 페티시즘에 강박적으로 빠져들었다. 여기서도 다시 한 번, 연속성이 중요하다. 아마도 평범한 미국 남성 중 꽤 많은 사람이 검은색 레이스 팬티나 (일정한 나이가 되고 나면) 그물 모양 스타킹에 흥분한다고 말할 수 있을 것이다. 나의 친구이자 동료인 파크 디츠 박사 같은 정신분석 전문가에 따르면, 좀 더 식상한 팬티스타킹 같은 물건에도 비슷한 영향을 받는지 여부는, 시간과 주변 환경, 당사자의 성적 자각 및 성숙도에 따라 달라진다고 한다.

다시 강조하지만 범죄 동기 검토에서 염두에 두어야 할 중요한 점은, 성적인 생각이나 행동의 강도 및 강박성, 전반전인 패턴이다. 다시 말해 페티시가 순간적으로만 흥분시키는가 아니면 삶을 갉아먹는가의 구분이 중요하다는 것이다. 또한 레이스 팬티에 대한 페티시가 그렇게 특이한 것이라고 할 수 없는 반면, 발 페티시는 상당히 드물다. 그 자체로만 보면 그것은 무해하다. 하지만 앞에서 언급한 제롬 브루도스, 여인들을 살해한 후 발을 잘라내고, 거기에 자신이 수집해둔 여성 신발을 신겨서 전시했던 그의 경우를 보면, 이러한 환상들이 진정 사이코패스적인 기반을 가지고 있음을 깨닫게 된다. 어린 시절 혹은 십대에 갖는 발에 대한 무해한 관심이나 가치 부여에 숨은 동기와, 제롬 부르도스의 동기를 구분하는 것이 이 책에서 알아볼 핵심적인 주제 중 하나다.

우리의 인터뷰 대상자들이 늘어놓은 그 밖의 행동이나 관심은 부적절한 노출, 음란 전화 걸기, 동물과의 성적 접촉 등이었다. 모두 해서 25퍼센트 정도의 대상자들에게 그런 일이 있었다. 복장 도착, 매춘, 프로타주(공공장소에서 낯선 사람에게 몸을 비비며 성적 만족을 얻는 행위)는 10~20퍼센트 사이로 발생했다. 다시 연속성 이야기를 하자면, 이런 행동들 중 어느 것도 그 자체로 특별히 의미심장하지는 않다. 하지만 모두 폭력적인 약탈자의 발전과 동기에 대해 알려준다는 점에 있어서는 의미심장하다.

이러한 성적인 관심이나 행동들과 함께 이런 사람들이 스트레스 요인을 처리하기 위해 택하는 외면화된 방식을 보게 된다. 잘 적응한 남성들이나 자신의 문제와 좌절을 내면화하는 경향이 있는 여성들과 달리, 공격적이거나 약탈적인 인물로 자라게 되는 남성은 동료들을 공격적으로 대하게 된다. 그는 절도나 방화, 부모나 다른 가족 구성원의 물건 훔치기, 동물 학대, 학교에서 거짓말하기 같은 반사회적 행동에 빠진다. 지적 능력이 있음에도 고등학교에서 낙제할 가능성이 있고, 스트레스에 대처하기 위해 약물이나 알코올을 사용한다. 그는 자신의 행동에 담긴 함의를 고려하지 않은 채, 자신을 위해서든 타인을 위해서든 충동적으로 행동할 것이다. 그리고 점점 더 동료와 사회 일반으로부터 고립감을 느끼게 되고, 따라서 어느 방향으로 돌진하든 그건 자신의 머릿속에서는 정당화된다.

그렇다면 우리 집 차고를 턴 청년들과 아직 어려 발전 단계에 있는 미래의 약탈자들은 어떤 차이가 있을까? 어떤 아이들은 한 번의 어리석은 경험 후에는 겁을 먹고 그만두지만, 대조적으로 자신의 공격적인 행동이 더 큰 흥분 상태를 가져다준다는 것을 아는 아이들도 있다. 그는 자신의 행동에서 즐거움과 만족을 발견하고, 자신의 행동을 수치스러워하거나 후회하는 대신 더욱 강화할 방법을 찾게 된다. 우리가 '반응 필터'라고 부르는 것이다. 그는 권력감과 만족감을 주는 행동을 더 많이 실행하게 되고, 그러한 경험에 방해가 되는 요소나 행동을 정리한다. 타인에 대한 지배와 통제를 실행할 수 있는 더 넓은 영역이나 상황을 발견한다. 그리고 자신의 경험을 통해, 감시나 처벌을 피할 수 있는 기술을 완성시켜간다. 성공할 수 있는 방법을 알아가는 것이다. 더 많은 성공과 만족을 경험할수록 반응의 속도도 더 빨라진다.

이 점이 앞에서 언급한 페티시나 다른 성 도착이 점점 더 위험해지는 이유다. 자신을 기분 좋게 하는 것에 대해 대상자가 더 많이 알게 될수록 성 도착도 더 고조된다. 관음증에 특별히 흥미가 있는 젊은이는 자신이 훔쳐보던 여인의 물건을 훔치는 페티시 절도범으로 옮겨간다. 가택 침입에 편안함을 느끼고 잡히지 않는 방법을 알게 된 후에는, 더욱 고조되어 강간을 시도하게 될 수도 있다. 상황에 따라 피해자가 자신을 알아볼 가능성이 있음을 깨닫고 나면, 그런 상황을 피할 수 있는 조치를 취하지 않았다면, 강간이 살인으로 끝날 수도 있다. 그리고 만약 살인이 훨씬 큰 흥분과 더 큰 권력감을 느끼게 해준다는 것을 발견한다면, 그는 새로운 차원의 통제력을 발휘하는 영역에 들어서고 살인이 계속 이어질 것이다. 이는 우리가 제롬 브루도스의 사례에서 본 것과 비슷하다.

훔쳐보기를 하는 소년이 대부분 연쇄살인범이 된다는 게 절대 아니다. 내가 하는 이야기는 성적 약탈자들 중 가장 폭력적인 자들을 연구하다보면, 사실상 모든 사건이 상대적으로 순수한 시작에서부터 점점 고조되어왔다는 것을 알게 된다는 것이다.

그렇다면 그 외에 다루어야 할 다른 단서들은 어떤 것이 있을까? 성인 범죄자들이 특정한 범죄를 저지르는 이유를 알아내기 위해 노력하는 것처럼, 아직 어리고 발달 단계에 있는 반사회적 범죄자들의 동기도 이해할 필요가 있다.

어린 시절의 행동 중 살인으로 이어지는 삼총사로 알려진 것이 있다. 적절한 나이가 지난 후에도 이어지는 야뇨증(자면서 오줌을 싸는 것), 불장난, 동물이나 더 어린 아이를 상대로 한 잔인한 행동이다. 이런 특징을 보이는 남자아이들이 모두 자라서 살인자가 되는 건 아니지만, 이 세 가지 행동의 조합이 연구 대상자들에게서 너무나 뚜렷이 드러나 우리는 이 중 두 가지가 어떤 패턴(각각의 개별적인 사건이 아니라)을 보인다면, 부모와 교사가 각별히 주의해야 한다고 조언하기 시작했다.

전체적으로 봐야 한다. 만약 예닐곱 살 된 남자아이가 규칙적으로 도로변에서 돋보기로 개미를 태워 죽인다면, 하지만 그 아이가 제대로 기능하는 가정에서 지내며 다른 징후를 전혀 보이지 않는다면 아마 부모의 간단한 개입만으로도 해결할 수 있을 것이다. 혹은 소년이 정기적으로 밤에 오줌을 싸지만 경고가 될 만한 다른 행동은 보이지 않는다면 생리적인 검사를 받으면 될 것이다. 그리고 검사결과가 부정적이라면 그 문제만 별도로 해결하면 된다. 하지만 이

두 가지 요소가 모두 있고 자신보다 훨씬 어린 아이들과 어울려 다니며 그들을 괴롭히고 나쁜 말을 한다면 혹은 형제자매들을 공격적으로 대한다면 혹은 그 누구와도 잘 어울리지 못한 채 불장난을 하고, 개미 다음에는 개·고양이·햄스터를 괴롭힌다면 진짜 문제라고 할 수 있다. 여러분은 소시오패스적 행동의 시작을 보고 있는 것이다. 저절로는 절대 바로잡히지 않는다. 이는 '지나가는 시기'로 그치지 않을 것이다.

교사도 역할을 할 수 있다. 그런 학생에 대해 이야기할 때 교사들은 학교에서의 괴롭힘이나 수업 방해 외에 지적 능력은 있지만 노력하지 않는 것 같다고 할 것이다. 아마도 그 아이는 똑똑한 바보일 테고 동기 부여가 없는 상황으로 교사에게 인식된다. 하지만 실상은 다르다. 그 아이는 뭔가에 동기를 부여받고 있다. 다만 그 방향이 교사가 살피고 싶어 하지 않는 방향일 뿐이다.

전국의 다양한 공동체를 찾아가 인터뷰나 강연을 한다. 내 경험에서 연쇄살인범은 태어나는 것이 아니라 만들어지는 것 같다고 말하면, 사람들은 종종 어떤 아이들은 '타고난 살인자' 아니냐고 묻는다. 다른 말로 하면 '나쁜 종자'가 있는 것 아니냐는 질문이다. 그들은 명백히 사악한 존재인 걸까? 이것은 나로서는 답을 할 자격이 없는 신학적인 질문이지만, 어떤 아이들이 사람들이 지켜볼 수 있는 아주 어린 시절부터 다른 아이들에 비해 훨씬 공격적이고, 충동 조절 능력이 훨씬 떨어지고, 눈에 띄게 반사회적이라는 건 틀림없는 사실이다. 그렇다고 해서 그 아이들이 범죄자가 될 운명이라는 뜻은 아니다. 하지만 우리의 연구나 전국의 선도적인 심리학 연구자들이 볼 때, 시작부터 이런 기질을 가진 아이가 있고 그 아이가 심하게 망가진 환경에 던져진다면, 그리고 어떤 개입도 하지 않는다면 우리는 나중에 폭력적 성향을 가진 성인을 만나게 될 가능성이 꽤 높다. 특정한 가정에 둘 혹은 그 이상의 남자아이가 있지만, 그중 한 명만 자라서 약탈자나 기타 범법자가 되는 경우가 빈번한 것도 이런 이유 때문이다. 세 아이는 아마도 똑같은 영향들을 받았겠지만 한 명은 다른 두 명에 비해 더 취약하게 태어난 것이다.

이건 아주, 아주 중요하기 때문에 여기서 멈추고 한 번 더 이야기하고 싶다. 내가 어떤 행동을 설명할 수 있다고 해서 그것들을 용인한다는 뜻은 아니다. 우리는 누군가를 범죄와 폭력이 있는 삶으로 이끌어간 영향들을 이해할 수 있지만, 그 누군가는 어쩔 수 없이 다른 사람들을 해친 것이 아니다. 그 어떤 환경적 결핍이나 학대도 개인이 이런 종류의 유혹에 저항할 수 없게 만들지는 않으며, 사실상 그 누구도 모든 유혹에 굴복할 정도로 충동 통제 능력이 손상된 채 태어나지는 않는다. 만약 그렇다면 그는 아주 잡기 쉬운 범인일 테지만, 내가 현역에서 쫓았던 자들은 법정에 세우기가 대단히 어려웠다. 30년 가까이 법 집행기구에서 일했지만, 제복을 입은 경관이 있는 곳에서도 어쩔 수 없이 폭력 범죄를 저지를 수밖에 없었다는 범인은 한 명도 보지 못했다. 이는 거의 신념에 가까워서 '바로 옆의 경관' 원칙이라는 이름이 붙기도 했다.

돌아가서 드와이트의 예를 생각해보자. 이 장 초반에 제시한 절도 시나리오에 등장했던 화려한 경력의 범죄자다. 그가 결국은 다른 사람에게 잔인한 짓을 하고 목숨을 빼앗은 대가로 처형될 거라고 예측한 사람은 아무도 없었을 것이다. 하지만 지금 이 글을 읽고 있는 여러분은 사실상 그건 분명하다고 말할 것이다. 그는 단지 터지기를 기다리고 있던 시한폭탄이었다.

그럼에도 그는, 터질 수 있게 허용된 것이다. 초기 개입, 치료, 수감, 그가 받았던 기타 행동 교정들의 조합도, 지금 돌아보면 피할 수 없었던 그 여정에서 그를 벗어나게 할 수 없었다. 이는 쉽게 알 수 있는 점이다. 그들 중 일부는 시간이 흐르면서 좀 더 교묘해진다.

어린 시절의 지표들이 문제를 예측할 수 있게 해주듯이 성인들의 몇몇 행동 역시 그 자체로 반드시 범죄라고는 할 수 없지만, 이제는 드와이트의 초기 범죄 행위들처럼 경고 신호로 받아들여야 한다. 몇몇 사건들 - 모두 똑같은 페티시 대상을 포함하고 있다 - 을 살펴보고, 노련한 프로파일러가 그 사건들을 통해 동기를 이해하고, 약탈적인 범죄행위의 가능성을 예측하는 방법을 알아보자.

20세기 후반 미국 사회의 변함없는 아이콘 중의 하나가 바비 인형이었다. 두 딸을 키운 나로서는 집안 곳곳에 다양한 옷을 입은 혹은 입지 않은, 여기저기 손을 보거나 손을 보지 않은 바비 인형들이 굴러다니는 광경에 익숙하다. 여러 세대의 여자아이들이 바비와 켄, 그들의 친구들과 함께 성장했다. 대단한 일은 아니다. 내가 직업적인 관점에서 흥미를 갖게 되는 건, 이 세련됨과 매력, 아름다운 여성성에 대한 잠재적인 상징물이 덜 순수한 사람의 손에 떨어졌을 때다.

1980년대 후반, 이십대 후반에서 삼십대 초반의 남자가 맡긴 사진을 현상한 후 사진관에서 FBI에 신고를 했다. 남자는 위장용 군복을 갖춰 입고 숲속에 세워둔 자신의 SUV 차량 트렁크에 앉은 채 바비 인형을 고문하고 학대하는 사진을 찍었다. 남자는 얼굴에 검은 칠을 했고, 옆에는 털이 북슬북슬한 흰색 허스키가 있었다. 나중에 찍은 사진들을 보면 금발과 갈색 머리의 바비 인형들은 머리가 잘려 있고, 몸에는 피가 칠해져 있었다. 이 남자는 전과가 없었고 인형의 팔다리를 자르는 것이 위법도 아니었지만, 나는 그를 유심히 지켜봐야 한다고 했다. 사진들을 찍기 위해 그렇게 공을 들였다는 사실은 그 일이 그의 삶에서 중요한 일임을 말해주었다. 인형을 가지고 노는 성인이라는 사실은 또래 환경에 잘 적응하지 못했거나 섞이지 못했음을 말해준다. 그리고 자동차와 사냥 장비를 소유하고 있다는 사실은, 그가 어느 정도의 피해를 입힐 수 있는 기동성과 재정적 수단, 무기를 지니고 있다고 말해주었다. 당시 그는 단지 역할놀이를 하고 있을 뿐이었다. 그가 여성들을 대상으로 심각한 범죄를 저지를 거라고 아직은 예상할 수 없었다. 그건 상식이다. 강간과 살인을 하다가 인형을 들고 하는 가학적인 연극놀이로 건너가지는 않는다.

하지만 기억해야 한다. 폭력적인 행동이 벌어지기 전에는 늘 환상이 선행한다. 인형으로는 더 이상 만족할 수 없는 순간이 쉽게 찾아올 수 있다. 그는 실제 경험을 갈망하고 그에 대한 환상을 키운다. 그러다 기회가 펼쳐지면 그 기회를 활용하는 것이다. 예를 들면, 숲속에서 촬영을 막 마친 그가 대단히 흥분한 상태인데, 우연히도 주변에 캠핑을 나온 두 명의 매력적인 여성이 서성이고 있는 상황 같은 것이다. 충동적으로, 이런 남자는 갑자기 자신의 환상을 현실로 둔갑시킬 수 있다. 사진기도 갖고 있기 때문에, 어쩌면 자신의 범죄를 사진으로 찍어서 인형을 가지고 생각했던 시나리오와 얼마나 비슷하게 되었는지 확인할지도 모른다.

나는 이 자가 우려되었다. 그가 심각하게 동기 부여가 된 상태라고 느꼈다. 하지만 법 집행기구에서 그에 관해 할 수 있는 일은 하나도 없었다. 나는 지역 경찰에게 그를 염두에 두고 있으라고, 우리가 앞에서 살펴본 고조되는 과정을 따라 다른 범죄가 발생하면, 그가 유력한 용의자가 될 거라고 조언했다. 이상적으로는 경찰이 그를 체포하고 정말로 심각한 무슨 짓을 저지르기 전에 사람들 사이를 돌아다니지 않게 할 수 있다면 좋을 것이다.

또 한 명, 중서부 정신병원의 운동장에서 발가벗은 바비 인형에 수백 개의 바늘을 꽂은 남성은, 분명 첫 번째 남성보다 잘 적응했다고 할 수는 없지만 나는 그가 덜 위험하다고 봤다. 그는 자신이 괴롭히는 인형을 개인화하려는 시도는 하지 않았고, 내가 보기에 그의 행동은 또래 성인 여성과의 관계에서 더 심각한 문제를 드러내고 있었다. 어쩌면 그도 첫 번째 남성과 같은 적대감을 지니고 있을지 모르지만, 계속 병원에 두고 관찰하기만 한다면 피해를 끼치는 치밀한 방법이나 수단은 갖지 못할 것이다. 나중에 살펴볼 방화범이나 폭파범 유형처럼 이 자는 겁쟁이이고 외톨이다. 그는 심지어 개도 키우지 않았다!

이 둘 사이에 동기의 차이는 무엇일까?

두 번째 남성은 자신이 열망을 지니고 있지만 절대 가질 수 없었던 것을 대변하는 페티시 대상에 벌을 주는 과정에서 분노와 좌절을 드러냈다.(만약 그가 성숙한 여성 인형이 아니라 아기 인형에 같은 짓을 했다면 나는 아주 다른 결론에 이르렀을 것이다.) 하지만 첫 번째 남성은 아직 자신의 환상을 행동으로 옮기지 않았을 뿐, 특정 여성이나 여성 일반이 자신에게 했던 실제 혹은 가상의 잘못에 대한 앙갚음을 하려고 시도했다. 그는 머릿속으로 모든 여성을 파멸시키고 있다. 조종과 지배-통제를 향한 그의 의지는, 자유롭게 풀려난다면 쉽게 살인이라는 결과를 낳을 수 있다.

또 다른 예가 있다. 1980년대 중반, 나는 FBI가 참여한 남부의 어떤 협박 사건에 호출되었다. 아이 두 명이 있는 싱글맘이 흑백 누드 사진 72장을 찍어서 필름을 쇼핑몰의 정해진 자리에 갖다놓으라는, 요구와 간청 사이를 오가는 편지를 받았다. 응하지 않으면 아이들이 죽을 거라고 했다.

그 편지를 분석한 후 나는 협박범이 매우 부적격한 자일 거라고 생각했는데, 이런 유형이라면 보통은 그녀가 자신의 요구에 따르고 사진을 전달할 것인지 확인하는 후속 과정이 따른다. 또한 그는 그녀를 직접 지켜보면서 대상을 좀 더 개인화할 수도 있다. 그래서 나는 지역 경찰에게 그 자가 길을 묻는다든지 하는 식으로 그녀의 집을 찾아오는 계략을 짤 수도 있다고 말해줬다.

그리고 그가 72장의 사진을, 그것도 구체적으로 흑백으로 찍으라고 요구했다면 자신의 암실에서 직접 인화할 가능성도 있다고 이야기했다.

두 명의 요원이 그녀에게 이야기를 듣는 동안, 세탁소 트럭 한 대가 그녀의 집 앞에 멈췄다. 창문 뒤에서 요원들은, 가슴에 이름표가 붙은 근무복 차림의 남자가 여성을 빤히 쳐다본다는 것을 알아차렸다. 협박범이 집을 찾아올 가능성이 있다는 이야기를 내게서 들었기 때문에, 요원들은 그를 집안으로 불러들였다. 당황한 상태로 FBI 요원들을 직접 대면하게 된 그는 알아서 자백했다.

그의 집에 수색영장을 집행할 때(그는 혼자 살았다) 암실과 함께 다양한 단계로 옷을 벗은 여성들의 사진이 나왔는데, 대부분은 희생자 여성들 몰래 창문 너머로 찍은 것들이었다. 하지만 삼각대에 올려둔 카메라에서 또 다른 사진들도 나왔다. 그 사진들에서는 남성 본인이 비교적 몸집이 큰 십대 여성을 칼로 괴롭히고 있었다. 일련의 사진들을 보면 그는 점점 더 '위협적'으로 되어갔고, 여성은 옷을 조금씩 더 벗고 있었다. 마지막 장면에서 그녀는 발가벗은 채 침대에 누워 있고, 그는 그녀를 올라탄 채 마치 그녀를 때리려는 듯 손을 들고 있었다.

듣기에는 놀랍지만(어떤 단계에서는 사실이기도 하다) 동작의 뻣뻣함이나 남성과 여성 모두의 얼굴에 드러난 굳은 표정을 볼 때, 이 사진들은 의도된 것이 분명했다. 나는 즉시 그가 운이 나빴던 그 여성에게 돈을 주고, 자신과 함께 환상 속의 장면들을 연기하게 했을 거라고 의심했다.

그는 지역의 쇼핑몰에서 피해자 여성을 관찰하고 집까지 따라간 후에, 협박 대상으로 정한 것으로 드러났다. 이 자는 분명 또 한 명의 부적격 패배자이며, 실제 희생자를 강간하고 살해할 계획 혹은 어린아이들에게 접근할 계획은 없는 유형이다. 그럼에도 그는 여전히 위험할 수 있다. 환상이 꽤 강하고 걱정해야 할 만한 발전 과정이 관찰되었다. 처음에 그는 집에서 무방비 상태로 있는 여성들 사진을 찍는 것에 만족했다. 그것으로 충분하지 않자, 순종적인 상대와 함께 자신의 환상 속 장면들을 연기했다. 그런 다음엔 순종적이지 않은 상대를 협박했다. 그다음에 그가 페티시 기념품, 말하자면 속옷이나 여성의 남편 혹은 남자친구가 찍은 사진 같은 것들을 찾으려고 가택 침입까지 했다고 생각해보자. 그리고 그 과정에서 우연히 그녀가 그를 발견했다고 해보자. 그런 상황에서 그는 놀라고, 창피하고, 혼란스러울 것이다. 덫에 걸린 것이다. 그는 문제를 해결하기 위해 뭔가를 해야만 한다는 것을 안다. 이미 그의 머릿속에서 환상과 관련한 상세한 시나리오가 있고, 그 시나리오는 돈을 주고 산 배우와 함께 찍어놓기도 했다. 잠재적인 위험을 이보다 더 분명하게 밝힐 수는 없다.

마지막으로, 몇몇 사건은 너무 기이해서 놀란 마음으로 고개를 설레설레 저은 후에야 정신을 차리고 직접 본 것들을 해석하고 평가할 수 있을 것이다.

어느 날 밤, 두 경관이 도로변의 차 안에서 애정행각을 벌이는 남녀 옆에 순찰차를 세운다.

"무슨 일이십니까, 경관님?" 남자가 묻는다.

"여기서 이러시면 안 됩니다." 경관들 중 한 명이 엄하게 말한다.

"무슨 말입니까?" 남자가 화가 나서 말한다. "도로 아래쪽에서 우리가 지나쳤던 남자나 확인해보세요. 우리 차를 세우려고 하다가 그 차 안을 봤거든요. 남자가 차 안에서 닭이랑 붙어먹고 있었다고요."

"네?" 경관이 더듬듯이 말한다. 그는 동료와 함께 연인이 가리키는 쪽으로 가서 자동차 안에 있는 남자를 발견한다. 확실히, 해부학적으로 불가능할 것처럼 들리지만, 남자는 암탉과 섹스를 하는 중이었다. 뿐만 아니라 그것을 비디오로 찍고 있었다!

경찰을 발견한 남자는 황급히 가리려 했지만 경관들이 그를 덮쳤다.

내가 이 사건이 사실임을 아는 이유는, 그 비디오테이프를 봤기 때문이다. 지금까지 많은 사람이 봤다. 옳든 그르든 이런 가공물은 나름대로의 생명력을 유지하는 경향이 있다. 경찰들이, 그 모든 끔찍한 광경을 봐온 경찰들이 이 남자를 어떻게 대했을지는 상상할 수 있을 것이다.

비록 우스꽝스러워 보이지만 웃을 일이 아니다. 그 테이프를 보며 나는 이 자가 닭에 열정을 품고 있는 것이 아니라고 믿었다. 그는 마치 한 여성과 격이 낮은 섹스를 강제로 하고 있는 듯이 말하고 있었다. 나는 만약 그것이 그에게 실현 가능한 목표였다면, 깃털 달린 대용물은 사용하지 않았을 거라는 의견을 제시했다. 분명 그는 별나고 어쩌면 괴짜일 수도 있지만, 경찰은 경범죄로 처벌하는 것 외에 다른 방법이 없었다. 잘하면 동물 학대나 과다노출죄로 잡아넣을 수 있을 것이다. 하지만 그는 분명 환상에서 동기를 부여받았다. 나로서는 그가 바비 인형을 사용했던 다른 범죄자처럼, 암탉으로는 충분하지 않게 될 때까지 얼마나 걸릴지 알 수가 없었다.

콴티코에 있는 우리 부서는 종종 분석을 통해 '무동기 범죄'를 해결하는 데 도움을 달라는 요청을 받는다. 물론 최선을 다해 도우려 하지만, 사실 무동기 범죄 같은 건 없다는 우리의 신조를 분명히 밝히려고 애쓴다. 모든 범죄에는 동기가 있다. 이런 유형의 범죄를 저지르는 사람들의 머릿속에서 어떤 일이 진행되고 있는지 충분히 알아내고, 그것을 통해 **왜?**라는 질문이 **누가?**라는 질문으로 이어질 수 있도록 분명히 밝혀내는 것이 우리의 일이다.

2장 불장난

Playing with Fire

Motive

폭력적이고 반사회적인 기질의 아이들이 종종 동물이나 더 작은 아이들을 괴롭히는 건 놀라운 일이 아니다. 이런 아이들이 밤에 오줌을 싸는 것도 놀라운 일은 아닌데, 우리가 알게 된 지식에 따르면 이 아이들은 통제력 결여로 인한 근원적인 좌절감을 지니고 있기 때문이다. 범죄자의 정신 상태에 대한 지식에서 가장 흥미로운 문제는 살인 경향 삼총사 중 세 번째 부분이다. 방화의 어떤 면이 수많은 미래 약탈자들의 상상력을 사로잡는 것일까? 각각의 개인은 모두 다르게 마련이고, 여덟 살에 화재경보기를 울리게 하는 아이는, 열여섯 살에 같은 짓을 하는 아이와 동일한 메시지를 전하는 것이 아니다. 비록 둘의 동기는 비슷해 보이더라도 말이다. 경력 초반부에 나는 우리가 정말로 이 사람들을 알려면, 이것이 그들의 발전 단계에서 얼마나 의미심장한 부분인지를 파악해야만 한다는 것을 알게 되었다.

우리의 교도소 인터뷰 프로그램 초반부에 나는 방화 이야기부터 물었다.

자칭 '샘의 아들' 데이비드 버커위츠는 연쇄살인범으로 진화하기 전에 뉴욕시 전역에서 2000건 이상의 방화를 저질렀다. 이 사실은 그의 일기에 기록되어 있다. 그는 우리가 부르는 명칭으로는 페티시 방화범, 경찰이 부르는 명칭으로는 경방화범이었는데, 왜냐하면 쓰레기통이나 쓰레기가 버려진 공터 혹은 주로 퀸스와 브루클린 지역의 버려진 건물에 불을 지르고 소방관들의 반응을 지켜봤기 때문이다. 그의 기록에는 각각의 화재에 대처하기 위해 어떤 장비가 필요한지 그리고 불길을 일으켜줄 바람이 있는지 등 주변 조건까지 빠짐없이 상세하게 적혀 있었다.

아티카에서 우리와 인터뷰할 때 버커위츠는 종종 불을 지켜보다가 옆에서 자위를 했다고 말했다. 이는 방화가 매우 자주 성적인 것에 기반한 범죄임을 암시한다. 자위에 대해 많은 이야기를 하는 그에게 나는 '자위에 문제가 있는지'를 물어보았다. 이 질문은 나중에 우리의 표준 질문지에 포함된다.

"네."

"요즘도요?"

"네, 요즘도." 하루에 몇 번씩. 그는 절대 만족하는 일이 없다고, 자위를 하면서 몇 번이나 절정을 맞이할 수는 있음에도 그렇다고 했다.

그래서 나는 곧장 감옥 회의실에 들어온 후에 있었던 일을 모두 떠올린다. 맨 처음 했던 행동은 그와 악수한 것이었다! 인터뷰가 몇 시간 남아 있다는 걸 알고 있었지만 당장 밖으로 나와 손을 씻었다.

방화와 발기 사이의 관계를 이해하기 시작하면서, 나는 의심스러운 방화가 발생했을 때는 현장 사진 담당자에게 구경꾼들 사진을 찍게 하고 나중에 살펴보라고 형사들에게 조언하곤 했다. 시선을 고정한 채 자위를 하고 있는 남자가 있다면, 그가 방화범일 가능성이 대단히 높다!

한 번은 뉴욕경찰국의 형사들에게 이 이야기를 한 적이 있다. 그러자 형사들 중 한 명이 말했다. "그건 다른 지역에서도 맞는 말이겠지만 여기 뉴욕에서는 대박입니다! 꽤 규모 있는 화재 현장에 가서 구경꾼들을 보면, 사실상 모든 곳에서 자위하는 놈들, 오줌 싸는 놈들을 여럿 볼 수 있을 겁니다. 또 어떤 놈이 있을지 모르죠!"

하지만 지역에 상관없이 방화는, 수많은 위험한 범죄자들이 자신의 경력을 시작할 때 저지르는 범죄이기 때문에, 우리는 거기서부터 시작할 필요가 있다. 많은 범죄자가 결국 이르게 되는 강간이나 강간 살인처럼 명백히 성적인 범죄와 마찬가지로, 방화 역시 통제와 권력을 얻고 자신들의 삶에서 성공했다는 느낌을 갖기 위한 시도일 때가 있다. 방화범이 조종하고 통제하는 수많은 사람을 한 번 보시라. 화재 피해자, 소방관, 경찰을 비롯한 권위 있는 사람들, 언론과 공동체 전반까지 말이다.

1980년 나는 영국에 건너가 런던에서 자동차로 1시간 정도 떨어진 브람실 경찰대학에서 프로파일링 강의를 했다. 브람실은 콴티코에 있는 FBI 교육원의 영국판이라고 할 수 있는데, 우연하게도 콴티코 역시 워싱턴에서 자동차로 1시간 거리다.(하지만 영국식의 그 학교는 콴티코보다 훨씬 더 격식을 차렸다. 수업을 듣는 학생들은 모두 정복 혹은 정장 차림이었다.) 강의 자료는 참석자들이 담당했던 사건들이었는데, 특히 연쇄방화범의 초기 발전과 진화, 동기에 관한 나의 결론을 확인해주었던 한 사건이 흥미로웠다.

피터 조지 딘스데일은 1960년 유난히 황량하고 불행한 환경에서 태어났다. 어머니는 매춘부였고 그는 오른팔이 기형인 간질 환자였다. 처음에는 외할머니와 함께 살았지만, 3년 후에는 어머니와 그녀의 내연남이 양육권을 되찾아왔다. 하지만 상황이 잘 풀리지는 않았다. 피터는 아홉 살에 쇼핑센터에 불을 질렀고, 나중에 자백한 바에 따르면 손가락이 '따끔거릴' 때마다 불을 지르고 싶었다고 한다. 열세 살 때는 그가 낸 화재로 한 명이 희생되었다. 4년 후 그는 양로원을 목표로 삼았고 11명의 노인이 사망했다.

인성의 다른 세부사항들도 잘 맞아 들어간다. 그는 어떤 노인의 비둘기를 괴롭혔다는 이유로 노인과 말다툼에 휘말린 적이 있었다. 딘스데일은 자리를 벗어났다가 돌아와 비둘기들을 모두 목 졸라 죽이고, 안락의자에서 자고 있던 노인에게 불을 붙여서 태워 죽였다. 이 자의 삶에 강력한 환상적 요소가 많았다는 점도 전형적이다. 딘스데일은 자신의 우상이던 무술 배우를 기리는 의미에서 브루스 리로 개명했다. 이듬해에는 헐에 있는 어떤 가정에 불을 질러 어머니와 세 아들을 죽였다. 리는 그 범죄에 이은 대규모 수사에서 발각되었다. 그는 상당히 긴 살인 목록으로 유죄 판결을 받았고 정신병원에 무기한 수감되었다. 동기에 대한 질문을 받았을 때 리는 "나는 불에 헌신합니다. 불은 나의 주인이고 그래서 내가 그 화재들을 일으킨 겁니다"라고 대답했다.

어쩌면 그보다 더 시사점이 있는 것은 사건을 담당했던 검사의 다음과 같은 말일 것이다. "슬픈 사실은, 이것이 그의 삶에서 유일한 진짜 성취라는 점입니다."

거스 게리는 우리 수사지원부와 협력하는 ATF(주류, 담배, 화기 단속국) 요원이다. 그의 자리는 교육원 지하 18미터에 있는 창문 없는 우리 방에 있다. 일단 프로파일링 프로그램이 구축되고, 살인이나 강간, 유괴 같은 폭력적인 범죄를 해결하는 데 도움이 된다고 인정을 받고 나면, 나는 프로그램을 더욱 확장해 정보기관이나 ATF까지 포함시키기를 원한다.

ATF 특별 방화 조사관 데인 웨츨은 연쇄방화와 관련한 교육과정에 등록했고, 시애틀 지역에서 발생한 어떤 사건과 관련해 프로파일링의 도움을 받을 수 있겠다고 판단하고는 거스에게 사건 현장의 정보를 넘겨주었다. 거스가 그 정보를 우리 부서에 가지고 왔다. 웨츨 자신도 워싱턴주 린우드의 소방서에 파견된 상태였는데, 시애틀 북부에 있는 교외 공동체인 그곳에서 어느 일요일 오전 교회 두 곳이 불길에 휩싸였다. 웨츨은 전직 변호사였고 대단히 정통한 조사관이었다.

우리가 기대했던 것은 프로파일링을 활용해 방화범이 다음에 공격할 장소를 알아내는 일이었다. 만약 그럴 수 없다고 해도, 어쩌면 범인을 몰아내는 사전 조치를 취하거나, 그가 실수를 하도록 유도할 수 있을 것이었다. 거스 게리는 치밀하고 경험 많은 범인을 상대하고 있음을 즉시 알아차렸다.

이 자의 연쇄 방화 중 첫 번째로 추정되는 사건은 1992년 8월 6일에 발생했는데, 공사 중인 주택 몇 채에 불이 난 사건이었다. 나중에 조사관들은 최초 발화는 라이터로 타르 종이에 불을 붙인 거라고 밝혀냈다. 소방관들이 대처에 나서자 그 방화범은 세 군데 더 불을 질러서 그들을 당황하게 했고, 자신이 '말해 준' 곳으로 그들이 이동하게끔 만들었다.

사흘 후인 8월 9일은 교회 두 곳이 불탄 날이었다. 먼저 린우드 얼라이언스 교회에 불이 나고, 다음은 트리니티 루서른 교회였다.

그 시점에 웨츨이 사건에 합류했다. 2주 남짓 지난 후에 사흘 동안 교회 두 곳이 더 불탔다. 노동절에는 사무실 건물에 불이 났다. 빵집에서 목재 회사에 이르기까지 범위를 넓혀가며 몇 건의 화재가 더 발생한 후 9월 19일, 방화범은 한 가족이 잠자고 있는 주거지를 공격했다. 양친과 아홉 살 소년, 갓난아기 한 명은 간신히 탈출할 수 있었다. 이 집은 그날 밤 목표가 되었던 네 곳의 주거지 중 한 곳에 불과했다.

이 사건은 목표물의 범위 때문에 복잡했다. 만약 누군가 주로 흑인 침례교회에만 불을 질렀다면, 근원적인 동기를 꼭 알 필요도 없다. 눈에 명백히 보이는 동기가 있고 프로파일을 활용해 용의자들을 줄여나갈 수 있다. 하지만 이 사건에서는 생각할 수 있는 거의 모든 종류의 건물이 등장하는데다가, 가장 놀라운 것은 범인의 작업에서 어떤 발전이나 진화가 이루어지고 있는 것처럼 보인다는 점이었다.

일반적으로, 형사나 화재 조사관이 여러 화재의 연관성을 찾아낼 때까지, 미상범은 자신의 연속 범죄에 푹 빠져들 수 있다. 분명, 우리는 그가 어린 시절 혹은 십대 때도, 우리가 모르는 혹은 연결시킬 수 없는 다른 방화를 저질렀음을 알게 될 것이다.

그 와중인 9월 22일, 그의 불기둥이 더 확대되었다.

포 프리덤 하우스 양로원이 불길에 휩싸이고 세 명의 할머니가 사망했다. 이 화재는 처음에는 사고로 여겨졌지만, 화재의 패턴을 살펴본 후 그리고 같은 밤에 방화로 보이는 화재가 두 건 더 있었음을 알고 난 후 우리는 포 프리덤 화재도 의도적이었을 가능성을 제외할 수 없었다. 만약 사실이라면 동일한 미상범이었고, 이제 우리는 단순히 재산을 파괴하는 자가 아니라 살인자를 쫓고 있는 셈이었다.

포 프리덤 하우스 화재가 아직 방화로 판정되지 않았기 때문에, 경찰은 이 미상범이 사람을 죽였다고 확신할 수 없었지만, 재산 피해만 해도 이미 수천만 달러였다. 사건이 심각해지면서 특별 조사팀이 만들어졌고, 책임자는 웨츨과 시애틀 소방서의 랜리 리치필드 부서장이었다. 경찰과 몇몇 관할구역에서 파견된 소방관들이 스노-킹 방화사건 대책본부를 구성했다. 대부분의 화재가 스노호미시 카운티와 킹 카운티에서 발생했기 때문이었다. 대책본부는 무료 신고 전화를 개설했고, 심지어 방화범이 실제로 작업 중일 때 발견할 수 있게 적외선 열 감지 장비가 달린 헬리콥터도 받았다. 대책본부는 범인에게 **유령**이라는 암호명을 붙였고, 체포에 도움을 주는 정보에 대해서는 2만5000달러의 보상금을 걸었다.

1주일도 지나지 않은 9월 28일, 앤더슨 양로원에서 불이 나자 포 프리덤 화재도 관련 방화일 수 있다는 의심은 더욱 커졌다. 다행스럽게도 스프링클러가 불길이 손 쓸 수 없게 번지는 것을 막아주었고, 조사팀은 마침내 물리적 증거를 확보할 수 있었다. 현장 증거들을 볼 때 방화범은 창문 가리개를 뜯어내고 건물에 들어와서 침대보에 불을 붙였다. 창문 가리개에서 지문이 두 개 나왔지만 기록에 있는 것들과는 일치하지 않았다.

한 단계 올라간 범죄 속도는 10월, 11월, 12월까지 이어졌다. 10월에는 린우드에 있는 또 다른 주택에서, 일곱 명의 아이가 잠들어 있던 중에 불이 났고, 같은 날 밤 스노호미시 카운티 제1소방대 관할구역에서 여섯 건의 화재가 추가로 발생했다. 새벽 3시에는, 아흔세 살의 헬렌 앨런이 살고 있는 집에 불이 난 것을 발견한 이웃들이 집안에 들어가 그녀를 무사히 구출했다. 모두 열두 건의 화재가 네 시간 사이에 발생했다.

하지만 그날 밤 또 하나의 잠재적인 돌파구가 마련되었다. 자동차 안에 있던 한 부부가, 정장을 입은 남자가 승용차에서 내려 휴대전화로 통화를 하며 두 집 사이로 지나가는 것을 보았다. 자동차로 돌아온 남자가 떠나고 몇 분 후에 불길이 솟아올랐다. 부부는 소방서에 신고했고, 남자의 신체적 특징에 대해서도 형사들에게 알려주었다. 리치필드 부서장은 용의자가 휴대전화로 통화를 한 것이 아니라, 경찰 무전을 수신하고 있었음을 감지했다.

11월 2일에는 또 다른 주택과 두 곳의 공장에서 불이 났다. 같은 날 밤 술집에서 돌아오던 남자가 자동차(설명을 바탕으로 경찰은 크라이슬러사의 자동차로 판정했다) 한 대가 급히 유턴을 해서 길가에 멈추는 것을 목격했다. 몇 분 후 소방차가 현장에 도착했다. 목격자는 자동차가 새 것으로 보였으며, 창문에는 임시 꼬리표와 크라이슬러의 광고지가 붙어 있었다고 했다. 웨츨의 지휘 아래 형사들은 지역 내의 모든 크라이슬러 대리점과 광고지를 제작한 광고사를 추적했다. 아무것도 나오지 않았다. 11월 17일 또 하나의 목격담이 나왔는데, 시애틀 동남쪽으로 160킬로미터가량 떨어진 곳에서 공중전화 부스에 있던 여성이 빈 건물 근처에서 한 남성을 봤다. 이전 목격담과 마찬가지로 잠시 후 연기와 불꽃이 피어올랐고 남성은 급히 현장을 떠났다. 그녀는 경찰에 신고했고, 경찰이 즉시 남성의 자동차에 대한 특징을 전달하자 클레 엘럼 인근의 경관이 해당 차량을 발견했다. 비슷한 차량이 엑손 주유소에 들어가는 걸 본 것이다. 하지만 자동차 주인은 옷을 잘 입고 있었고, 경관이 보기에 방화범처럼 보이지는 않았다. 또 한 명의 증인, 보니 스퍼리에는 어떤 남자가 자동차에서 내린 다음 자기 옆에 서서 불길에 맞서 싸우는 소방관들의 모습을 지켜봤다고 했다. 그의 행동을 수상하게 여긴 그녀는 조사관에게 남자의 외모를 묘사했고 그걸 바탕으로 스케치를 작성했다.

11월 말 한 노부부의 차고에서 불이 났다. 그리고 12월 보트 보관소에서 불길이 솟아올랐다. 위층에 살고 있던 부부는 간신히 탈출했다. 화재가 일어난 지리적 범위는 타코마까지 48킬로미터가 넘었다. 동네 감시단들이 만들어졌다. 사람들은 의심스러운 활동은 뭐든 신고했다.

지역 조사관들이 흥미롭고 의미심장한 것을 발견했다. 연쇄 방화의 일부로 여겨지는 모든 화재가 거의 모두 지면이나 바닥이 아니라 허리와 가슴 사이의 높이에서 시작된 것이다. 또한 날씨가 나빴을 때는 한 건도 발생하지 않았다. 조사관들은 두 가지 사실 모두 범인이 깔끔한 것을 선호하는 사람임을 암시한다는 결론을 내렸다. 목격자들은 평범한 미국산 차량이 현장에서 떠나는 것을 봤다고 형사들에게 말했다. 해당 자동차들이 업무용 차량으로 많이 쓰이는 것으로 보아, 미상범이 이동 영업사원일 가능성이 있었다.

데인 웨슬이 콴티코에 연락해 거스 게리와 부서원에게 협조를 부탁했을 때, 우리는 해당 연쇄 사건을 정기적인 사건 분석 회의에 올렸다. 가능한 한 많은 요원이 둘러앉아 발표를 듣고 질문하고, 담당 요원의 분석을 평가하며 각자의 생각을 나누는 자리다. 다른 연쇄범죄와 마찬가지로, 해당 사건의 패턴이 무슨 의미인지, 다른 말로 하자면 범죄의 진화 과정에 대해 어떤 이야기를 할 수 있는지 알아보는 것이다.

연쇄 방화에서 가장 먼저 봐야 할 것은 목표물에 사람들이 있었는지 혹은 범인이 불을 지를 때 건물 안에 사람이 없다고 믿을 근거가 있었는지 여부다. 만약 그가 사람이 없는 건물들을 목표로 했다면, 재산 피해액에 상관없이 소란죄 유형의 범인일 가능성이 높다. 하지만 범인이 사람이 없는 건물에서 사람이 있는 건물로 옮겨 간다면, 그때는 점점 강도가 높아지는 다른 유형의 약탈자들과 똑같다. 그는 피해자를 가리지 않을 가능성이 매우 높다. 만약 특정 피해자를 염두에 두었다면 그렇게 오랫동안 소란죄 수준에 머무르지 않았을 것이다. 범행 당시 사람들이 안에 있다고 합리적으로 기대할 수 있는 건물에 불을 지르는 사람은, 어느 정도의 피해를 인지했다는 점에서 혹은 적절한 주의를 기울이지 않았다는 점에서, 사회에 대한 일정 수준의 분노나 적대감을 드러내는 것이라고 할 수 있다. 방화는 폭탄 설치나 기타 다양한 형태의 테러 행위와 마찬가지로 겁쟁이들의 범죄다. 그것은 타격은 입히고 싶지만 염두에 둔 희생자와 코를 맞대고 직접 대면할 용기는 없는 혹은 그 문제와 관련해서 인간관계의 기술이 없는 사람(전형적으로는 남자다)에 의해 저질러진다. 그리고 방화의 경우 방화범의 머릿속에서 그 희생자는 살아 숨 쉬는 인간이 아니라 얼굴도 없고 성별도 없는 추상적 존재일 뿐이다.

우리는 이런 범죄자들을 외향범externalizer에 반대되는 내향범internalizer이라고 부른다. 두 경우 모두 시작은 환상이다. 외향범은 그 환상에 따라 직접적으로 행동한다. 내향범(방화범이나 폭파범)은 한 걸음 떨어진 곳에 머무른다. 내향범은 외톨이이고, 자신과 타인들 사이에 감정적으로나 신체적으로 거리를 둬야만 하는 비사교적인 인물이다. 다들 알고 있고 또 이해하고 있듯이, 이와 관련해서 단순하고 절대적인 공식은 없어서 내향범이 강간범이나 일대일 살인범이 될 수도 있다. 하지만 그런 경우라면 그 희생자는 범인보다 명백히 더 작거나 약한 상대, 범인보다 더 취약하기 때문에 그로선 대등한 조건에서 맞설 일이 없는 상대일 것이다. 다른 가능성은 범행의 대상과 조건을 아주 치밀하게 선택해서, '집중 공격'을 할 수 있었던 경우다. 그를 통해 피해자의 특징을 지워버리거나, 의식을 잃게 하거나 무방비 상태로 만들어 그녀를 한 명의 인간으로 대하는 상황을 사전에 방지하는 것이다. 나는 종종 모든 약탈적 범죄자들은 중요한 어떤 단계에서는 겁쟁이라고 말해왔다. 하지만 내향범들은 그중에서도 가장 심한 겁쟁이들이다.

같은 날 밤에 여러 건의 방화를 함으로써, 우리 결론에 따르면 시애틀 미상범은 자신의 우월성으로 당국을 비웃고 있었다. 분석 결과, 범행 패턴의 일부는 소방차가 신고를 받고 소방서에서 출발할 때까지 기다렸다가 비어버린 소방서 인근의 다른 곳에 즉시 다음 방화를 저지르는 것이었다.

언론 보도에 심취한 범인이 자신의 권력을 믿기 시작한 상황이었다. 그건 그가 삶의 다른 영역에서는 전혀 가질 수 없었던 권력이다. 대부분의 사건에서 그는 잠재적인 피해자들을 개인으로 생각하지 않았는데, 생명이 다칠 수도 있는 방화를 저지르는 것은 권력 욕구가 상승했다는 의미다. 범인이 그 사람들을 미워했던 것은 아니지만, 생사를 좌우하는 권력이 있다는 사실이 자신을 흥분시킨다는 사실을 알게 되었다. 화재는 점점 더 커지고 점점 더 구경거리가 되었으며, 그는 한 번씩 '성공'을 즐길 때마다 점점 더 위험해졌다.

연쇄범죄의 범위가 점점 더 확대되면 강간, 살인, 폭파, 방화 등 종류에 상관없이 초기의 범죄들을 통해 범인의 주거지와 관련한 단서들을 찾게 된다. 이는 확실히 수사의 범위를 좁히는 데 도움이 된다.

범죄를 시작할 때 범인들은 자신만의 '편안한 구역' 안에서 활동을 하는데, 이는 보통은 거주지나 직장에서 가까운 곳을 의미한다. 지리를 알고, 탈출 경로를 알고, 쉽게 거리에 스며들 수 있고, 집이라는 도피처 혹은 안전하다고 느끼는 그 밖의 장소로 돌아갈 수 있고, 필요한 경우 궁지에서 벗어날 수 있는 확실한 평계를 만들 수 있으려면 편안함을 느껴야 한다. 만약 계속 성공한다면, 그들은 자신이 하고 있는 일을 잘 알게 되고, 실력이 늘고 있다고 느끼기 시작한다. 그런 자신감과 권력에 대한 강박이 더 커지면, 확신이 있는 자신만의 구역에서 벗어나 점점 더 멀리 나갈 수 있다. 이 점이 초기 범죄의 분석이 그렇게 중요한 이유다.

지역 ATF 조사관들은, 특히 초기 방화에서 이 미상범이 현장에서 찾은 재료들을 활용했다는 것을 알아냈는데, 주변에 흩어져 있는 가연성 물건을 뭐든 모아서 천막 모양의 더미를 만들고, 라이터로 불을 붙인 것이다. 조사관들은 그것을 이 방화범의 '서명Signature' 즉, 그를 인지하거나 알아볼 수 있는 특징으로 지칭했다. 하지만 콴티코에 있는 우리는 이를 '수법'이라고 부른다. 수법 혹은 M.O.(Modus Operandi)는 문자 그대로의 의미('범죄가 수행되는 방법')이며 역동적이다. 범인이 더 많은 것을 알게 되고 자신의 일을 더 잘하게 되면서 수법 역시 진화한다. 총을 들고 은행을 털었다면 그 총이 수법의 일부가 된다. 반면 진짜 서명은 범죄에서 범인을 충족시키는 감정적 측면이며, 따라서 상대적으로 동일하게 남는다. 예를 들어 고문은 거의 언제나 하나의 서명이다. 범인이 어떤 범죄를 저지르든 그 범죄를 끝내기 위해 피해자를 고문할 필요는 없다. 그는 자신의 가학적인 감정적 필요 때문에 그렇게 하는 것이다. 따라서 범인이 총을 이용해 피해자를 붙잡은 후 그녀를 고문했다면, 수법과 서명이 모두 드러난 셈이다. 이 둘의 차이를 이해하는 것이 중요한데 이는 앞으로 우리가 하게 될 작업에서 반복해 등장하기 때문이다. 범인이 경험을 쌓고 능숙해짐에 따라 수법은 변한다. 하지만 서명은 미상범의 인격과 동기를 알아내는 데 핵심적인 단서가 된다.

어떤 방화범의 서명은 특정한 목표물 혹은 목표물들이라고 할 수 있지만, 시애틀 범인의 경우에는 그런 것이 전혀 없기 때문에 그 점은 어떤 단서도 될 수 없다. 만약 범인이 불을 지르는 것에 더해 바닥에 소변을 보거나, 쓰레기를 가져가거나, 현장을 훼손하는 패턴을 보이거나, 명백하게 저속한 행동을 보인다면 – 특히 페티시의 대상인 물건을 훔쳐간다면 – 이 모든 것이 서명의 요소가 되어 수사에 도움을 줄 수 있다. 하지만 이 사건에서 우리가 가진 것은 범행 횟수와 점점 더 높아지는 권력 과시뿐이었다.

하지만 우리는 거스 게리의 분석과, 다른 유형의 연쇄 범죄자들에 대한 경험을 기반으로 구축한 프로파일을 확신했다. 목격자들은 범인을 이십대 혹은 삼십대의 백인 남성으로 확정했고 이는 놀라운 일이 아니었다. 방화는 주로 백인 남성들의 범죄다. 흑인이나 히스패닉, 동양인들이 방화를 저지르는 것은 자주 볼 수 없는데, 적어도 미국에서는 그렇다. 진화 과정을 볼 때 이 자는 이십대 후반에서 삼십대 초반에 이르러 이렇게 치밀한 방화범이 되었을 것이다. 또한 오랫동안 불에 흥미를 가져왔고, 이는 아마 어린 시절까지 거슬러 올라갈 텐데, 아마 집 가까운 곳에서 경미한 불장난을 했을 것이다. 또한 어린 시절에 그는 동물이나 다른 아이들을 잔인하게 대했을 것이고, 잠자리에서 오줌을 쌌을 가능성도 있다. 경찰 무전기는 놀랍지 않았다. 그는 경찰 혹은 소방관 광일 테고 전문가가 된다는 생각을 즐겼을 것이다. 하지만 이런저런 이유로 그런 직업을 가질 수 없었거나 실격되었을 테고, 그것이 자신의 삶에 대한 좌절감을 형성했을 것이다. 이런 부류의 사람들이 자원봉사 소방대나 경찰 지원단에 참여하는 경우를 자주 볼 수 있다. 그런 활동은 그에게 정체성과 권위를 제공해준다. 그는 감정적으로 외톨이이며 여성과의 관계도 제대로 풀리지 않았을 것이다. 이 역시 어린 시절까지 거슬러 올라간다. 학교에서는 친구가 거의 없었을 테고 급우들은 그를 괴짜로 여겼을 것이다. 교사들은 그가 부정적인 영향을 끼치고 있으며, 잠재력에 비해 성과가 미흡하다고 평가했을 것이다.

낮은 자존감에 대한 부분적인 보완책으로, 그는 자신의 외모에 대단히 신경을 쓰고, 좋은 겉모습을 유지하고 싶었을 것이다. 만약 그 겉모습을 간파당하거나 거기에 균열이 생기면 쉽게 분열적인 모습을 보일 것이다. 함께 일하거나 어울렸던 사람들은 그가 종종 아주 작은 도발에도 분노를 표하는 것을 보았을 것이다. 그는 쉽게 다른 사람들을 탓하고, 자신의 잘못은 절대 보지 못하거나 인정하지 않으려 했을 것이다. 우리는 아마도 거친 내용의 포르노그래피, 특히 속박이나 기타 형태의 통제가 포함된 내용을 발견할 것으로 예측했다.

만약 목격자들의 묘사가 어느 정도 정확하다면, 이 미상범은 근사한 옷을 살 수 있는 좋은 직업을 가지고 있었다. 새 차가 있고 기동성이 있으며 자원도 많다. 그는 안쓰러운 인생의 패배자들 중 한 명이 아니며, 가장 큰 문제는 스스로의 자기 인식이다. 실제 삶의 외면적인 면에 상관없이 그는 지역의 자원들을 동원하고, 공공의 두려움을 불러일으키는 데서만 통제력을 느낀다. 방화 과정이 효율적이고 조직적이었음을 감안할 때, 그는 아마 낮 시간 동안 해당 장소들을 둘러본 후 밤에 다시 와서 재빨리 불을 질렀던 것 같다. 이 또한 영업사원과 비슷한 직업을 가졌을 거라는 주장을 뒷받침하는데, 기동성이 있으며 낮 시간 동안의 활동을 설명할 필요가 없기 때문이다. 그는 일을 놓치거나 의심을 불러일으키지 않으면서도 백 건 이상의 방화를 저지를 수 있을 만큼 사전 답사를 다닐 수 있다.

이 일련의 화재를 촉발시킨 정신적 외상이 분명 있었을 거라고 우리는 결론을 내렸다. 가장 흔한 두 가지는 실직과 실연이다. 당시 행동으로 볼 때, 범인의 주변 사람들은 그가 화재에 대한 언론 보도와 설명에 엄청나게 심취해 있는 것을 알아차렸을지도 모른다. 이는 당국과 공공 기관을 조종하고 통제하려는 욕망과 나란히 가는 것이다. 언론의 관심은 그에게는 하나의 확증이다. 하지만 그것은 또한 스트레스를 주기도 한다. 과거라면 그는 약물이나 알코올에 의존했을 테지만, 이제 그런 습관으로 되돌아갈 수 없다. 그리고 대책본부가 차려지고 수사 열기가 확실히 높아지면서, 그는 이제 그 지역을 떠날 핑계를 찾고 있을 수도 있다. 그것 역시 아주 어려운 일은 아닌데, 검식 자료와 목격 증거 양쪽 모두 그가 영업사원일 수 있음을 암시하기 때문이다. 주로 영업사원들이 타고 다니는 자동차였다는 목격자 증언이 있었을 뿐 아니라, 연쇄 범죄자들이 종종 직접 장거리 운전을 하는 직업을 갖고 있는 경우가 있다. 우리의 조사 결과 그런 운전, 특히 밤에 하는 운전은 그들의 머릿속에서는 사냥과 가까운 것이다. 그리고 수사가 강화될수록 이 미상범의 주변 사람들은 그의 감정 상태가 눈에 띄게 악화되는 것을 보게 된다.

따라서 대책본부는 이제 이 방화범의 수법에 대해 잘 이해하게 되었다. 모호하지만 가능성이 있는 인상 스케치, 그의 자동차에 대한 묘사, 거스가 콴티코에서 만들어온 프로파일 덕분이다. 그리고 다음 단계로, 거스와 나는 프로파일 정보를 바탕으로 그들에게 전할 조언을 정하기 위해 내 사무실에서 만났다.

프로파일의 중요한 용도 중 하나는, 지역 경찰이 용의자의 범위를 좁히고 다듬어서 자원을 집중하고, 최고의 효과를 볼 수 있게 하는 것이다. 하지만 프로파일의 또 다른 핵심적 용도는 특정 환경에서 적극적으로 대처하고, 대중을 범죄 해결의 파트너로 만드는 것이다. 앞으로 보게 되겠지만 특히 폭파범의 경우 이런 자들은 거의 틀림없이 가까운 사람들에게 자신이 해당 범죄와 관련이 있음을 암시하는 행동을 보이게 마련이다. 만약 그런 사람들이 자신들이 본 것들을 인식하고, 그것을 어떻게 해석해야 할지 알고, 기꺼이 신고하게 만들 수 있다면 사건을 해결하고 연쇄 범죄에 종지부를 찍을 수 있다.

우리는 시애틀에서도 그렇게 할 거라고 생각했다. 1993년 1월 27일, 스노-킹 방화 대책본부는 기자회견을 열고 합성한 스케치와 범인의 행동 프로파일 요소를 배포했다. "범인은 자존감이 없습니다." 데인 웨츨이 발표했다. "결손 가정에서 자랐을 가능성이 있습니다. 정신분열증 같은 정신병을 앓고 있을 수도 있지만, 뿌리 깊은 감정적 문제처럼 단순한 것일 수도 있습니다." 그리고 웨츨은 덧붙였다. "범인은 이런 방화를 저지르는 것에 대단한 열정과 흥분을 느낍니다."

기자회견에서는 또한 이 사태를 촉발시킨 감정적 외상이 된 사건이 지난 7월경에 일어났던 것 같다고 제시했다.

스물한 살의 시애틀 퍼시픽대학 학생이었던 벤 켈러는 우연히 텔레비전 뉴스를 접했고, 보면 볼수록 그의 놀라움도 점점 커졌다. 스케치와 행동에 관한 프로파일이 무서울 정도로 그의 형 폴 케네스 켈러와 비슷했다. 폴은 아버지가 운영하는 지역 광고대행사의 영업사원이었다. 그는 이튿날 누나인 루스 웨커에게 전화했다. 그녀 역시 그 광고사에서 일하고 있었고, 남편인 프레스턴은 우연하게도 스노호미시 카운티의 보안관서의 부관이었다. 벤은 루스에게 폴의 주유비 영수증을 보고 혹시 지난 11월 17일에 클레 엘름에서 쓴 것이 있는지 확인해보라고 했다.

"있어." 놀란 루스가 대답했다.

같은 날 그들의 부모인 조지와 마거릿 켈러는 『에버렛 헤럴드』에 실린 기자회견 관련 기사를 읽고 있었다. 기사의 제목은 '공식 발표, 이 사람을 아시는 분'이었다. 두 사람 역시 경찰의 스케치가 자신들의 아들 폴과 비슷해서 불안했고, 행동 프로파일까지 비슷해서 더욱 불안했다. 아들은 스물일곱 살이었고 이혼했다. 1992년 7월에 그는 과연 심각한 감정적 타격을 받았는데, 파산 신청을 했고 조지는 그것이 '개인적으로 황폐한' 경험이었다고 했다. 폴은 단정한 외모를 유지했고 아주 어릴 때부터 불에 흥미를 보였으며, 자원봉사 소방관에 두 번 떨어졌고 시애틀 대도시권의 모든 소방서 위치를 알고 있었다.

조지 켈러는 같은 날 용기를 내서 에버렛 소방서를 찾아가 워렌

번즈 조사관과 이야기를 나눴다. 이는 정확히 우리가 일어나기를 희망했던 종류의 일이었으며, 또한 퍼즐을 완성하는 데 필요한 정보를 가지고 있는 사람이 거의 언제나 있게 마련이라는 점을 증명해주었다. 다음으로 번즈는 스노-킹 대책본부에 연락해 아버지 켈러를 웨츨과 리치필드에게 연결해주었다. 조지 켈러가 조사관들에게 한 이야기는 나도 읽어보았는데, 거기서 그는 자신이 걱정하는 이유를 밝히고 폴은 어린 시절에 여러 가지 감정적인 문제를 가지고 있었으며, 여덟아홉 살 무렵에 이웃의 빈 집에 불을 지르다 잡힌 적이 있다고 이야기했다. 상점에서 물건을 훔쳤고, 남동생과 여동생을 괴롭혔으며, 부모 앞에서 비명을 지르며 발작을 일으키기도 했다. 5, 6년 전까지는 에버렛에 있는 어떤 회사의 경리직원으로 일했다. 의심스러운 상황에서 그의 책상에 불이 붙는 사건이 있었고 그 후에 그는 해고당했다. 자동차 문제도 깨끗이 밝혀졌다. 폴은 과연 크라이슬러 사에서 제작한 새 차를 몰았는데, 하지만 그건 크라이슬러가 아니라 닷지였다. 크라이슬러의 광고지를 떠올린 목격자가 혼동한 것이었다. 실제로 그 광고지는 켈러 광고사에서 만든 것이었고, 자동차는 고객사에서 대여한 것이었다.

 조지 켈러와 조사관들은 폴에게는 아무 것도 알리지 않았다. 하지만 대책본부는 조지의 전적이고 존경스러운 협조 아래 폴을 용의자로 보고 치밀한 조사를 시작했다. 폴의 휴대전화를 확인해본 결과 그가 다수의 화재 현장 근처에 있었음이 드러났다. 증인은 휴대전화로 이야기를 나누었다고 하고, 경찰은 무전기를 들고 있었다고 판단한 상황에 대해서는, 우리는 그가 손에 둘 다 들고 있었던 거라고 생각했다. 폴은 또한 아버지에게 몇몇 주택의 화재를 지켜봤다고 이야기하기도 했다. 모두 원인 불명의 화재로 분류된 사건들이었다.

조지 켈러가 대책본부에 제공한 정보는 모두 대단히 유용했을 뿐 아니라, 콴티코에 있는 우리에게는 흥미진진한 것들이었다. 그는 1년쯤 전 가족의 회사에서 비싼 사진기를 한 대 샀는데, 폴이 개인적 용도로 쓸 수 있게 해달라고 부탁했다고 말했다. 개인적 용도란 워싱턴주 전역을 돌아다니며 자신이 열정적으로 빠져 있던 두 가지 대상을 찍는 일이었는데, 바로 오래된 열차와 화재 및 응급상황 서비스였다. 그는 종종 사진들을 아버지에게 보여주기도 했지만, 일단 방화 대상이 구체적으로 정해진 다음에는 그만두었다. 조지는 매우 아들답지 않은 일이라는 생각이 들었다고 말했다.

폴은 난폭한 운전자여서 자동차 여기저기가 닳거나 상했고, 신호위반이나 속도위반 딱지를 자주 뗐다. 소방서 위치를 확인하고 경찰 무전기의 응급상황 안내를 듣는 취미 외에, 트렁크에는 소방관들이 출동할 때 입는 노란색 외투도 넣고 다녔다. 조지의 말에 따르면 무전기에서 커다란 화재 소식이 들리면 폴은 모든 걸 제쳐두고 현장으로 달려가곤 했다. 그의 친구와 가족들 몇몇은 다양한 화재 현장에서 그를 목격했다고 했고, 적어도 한 번은 빨리 현장에 가서 구경을 하려고 서두르던 중에 자동차로 사람을 친 적도 있었다.

조지 켈러가 제공한 폴에 대한 묘사는 거의 우리가 만든 프로파일이라고 할 수도 있었고, 우리의 발전 모델에도 완벽하게 맞아떨어졌다. 그는 아들이 명백한 지적 능력에도 불구하고 대단히 낮은 자존감으로 힘들어하고 있다고 했다. 폴은 일을 할 때나 쉴 때 모두 옷을 잘 입었고, 거의 강박적이라고 할 만큼 머리와 수염을 다듬었지만, 종종 이를 닦는 것 같은 기본적인 위생을 무시할 때도 있었다.

그는 자신의 인상을 조금이라도 해칠 수 있는 것이라면 뭐든 대단히 예민했고, 자신을 덜 완벽해 보이게 만드는 일이 생기면 즉시 분노를 표출했는데, 누구든 근처에 있는 사람들에게 폭언을 쏟아냈다. 그런 다음에는 마찬가지로 재빨리 감정 단계를 바꾸어 아주 매력적으로 변했다. 좌절감을 다루는 데 문제가 있었음에도 그는 예민하고 다정할 수 있었으며, 특히 나이 든 사람들에게 그랬다. 그는 교회 성가대에서 노래도 했다.

어린 시절부터 폴은 그럴듯한 거짓말을 잘했다. 과민한 아이였고 종종 아버지가 보기에 부적절한 행동을 했는데, 예를 들면 다른 아이들이 넘어지거나 다치는 걸 보고 웃음을 터뜨리는 일 같은 것이었다. 그는 지속적으로 남동생과 여동생을 괴롭혔고 거기서 만족감을 느꼈다. 한번은 골프공을 바닥에 흩어놓고 한 살 된 벤을 그 위로 걷게 한 적도 있었다. 벤은 다리가 부러졌고 오랫동안 깁스를 하고 다녀야 했다. 조지가 집에 돌아왔을 때 마거릿이 폴을 통제할 수 없다며 울고 있는 경우도 종종 있었다. 어떤 형태의 훈육이나 체벌도 효과가 없는 것처럼 보였다. 마치 아이는 자신의 행동 문제를 전혀 모르고 있는 것만 같았다. 대신 그는 계속 부모가 루스와 벤 편만 든다고 탓했다. 조지는 시간이 지나며 폴이 조금 개선되었다고 느꼈지만, 여전히 자신의 아들이 말싸움을 좋아하고 동생들을 낮게 평가하는 것을 볼 수 있었다. 모두 다른 사람들이 잘못했고 자신은 절대 아니었다.

학창시절 내내 폴은 외톨이였고 진정한 친구는 한 명도 없었다. 조지는 고등학교 시절 그의 여자친구를 한 명도 떠올릴 수 없었다. 지적 능력이 있었음에도 학교 성적은 나빴다. 수업을 방해했고 대놓고 반 친구들을 놀렸다. 한번은 연필로 앞자리에 앉은 학생의 등을 찌른 적도 있었다.

아들의 행동에 낙담한 켈러 부부는 상담을 시도해보았지만 전혀 효과가 없었다. 문제 아동들을 위한 남학생 캠프에도 보내봤지만 심각한 음식 알레르기 때문에 나와야만 했다.

그의 방화는 여덟 살 혹은 아홉 살에 시작되었다. 형제자매와 다른 아이들에 대한 잔인한 행동은 훨씬 빨랐다. 이는 살인 경향 삼총사 중 두 개의 창끝이다. 다른 세부사항들도 마찬가지로 흥미롭고, 프로파일링 관점에서 충분히 예측 가능한 것들이다. 폴은 대학에 전혀 관심이 없었고, 고등학교 졸업 후에는 시애틀 북부의 보안회사에 일자리를 얻었다. 그는 자신의 제복과 경광등이 달린 자동차를 매우 자랑스러워했다. 하지만 그 일자리는 잃어버렸고 이어진 다른 일자리들도 마찬가지였는데, 동료들과 어울릴 수가 없었기 때문이다. 그다음에 얻은 일자리가 라이트라이더 캐노피사의 경리직원이었는데, 그곳에 있을 때 그의 책상에 알 수 없는 불이 났다.

폴은 장래 아내가 될 여성을 1989년 여름에 교회에서 만났고, 여성 경험이 많지 않았음에도 그녀와 결혼하기로 결심했다. 그녀의 삼촌이 에버렛 소방서에서 일했다. 하지만 신혼여행 직후에 폴은 아버지에게 자신이 실수를 했다고 말했다. 2년 후 두 사람은 이혼했고 그는 다시 커다란 외로움을 느꼈다.

조지는 폴을 가족회사에 취직시켰고, 그는 성공적인 영업사원이 되었지만 잦은 분노 폭발은 계속 문제였다. 사태가 너무 나빠지자 조지는 1992년 8월에 아들에게 메모를 써서, 분노와 관련해 상담을 받지 않으면 일자리를 잃을 거라고 했다. 마거릿은 남편의 편을 들며 대단히 날이 서 있던 폴과의 전화 통화에서 그대로 이야기했다. 이것이 연쇄 방화를 가속화하는 스트레스 요인이 됐을 수 있다. 시기적으로는 확실히 맞아들어갔다.

이제 이런 프로파일 유형과 개인사를 바탕으로, 우리는 **왜?**라는 이 책의 핵심적인 질문을 던져야 한다. 켈러 부부는 근사하고, 사려 깊고, 사랑을 베푸는 부모였으며, 실제로 세 자녀 중 둘은 아주 잘 자랐다. 그럼에도 폴의 배경을 유심히 살펴보면 그가 나중에 겪게 될 여정에 영향을 줄 수 있었을 초기의 정신적 외상을 발견할 수 있다.

그가 에버렛 종합병원에서 태어난 직후 마거릿의 어머니는 아기가 피범벅이 되어 있는 것을 발견했다. 탯줄이 너무 일찍 떨어졌고 아기가 출혈을 일으킨 것이다. 응급 수술로 목숨은 건졌지만, 훗날의 과민한 성격은 이 결과인 것으로 생각된다. 오랫동안 전문가들의 치료와 다양한 형태의 처방을 받았지만 효과는 거의 없었다.

이 의학적 응급상황이 자신의 인생에서 통제력을 가지려는 폴 켈러의 압도적인 욕구를 이해하는 열쇠이며 궁극적으로 적대적인 태도와 반사회적인 행동이라는 결과를 낳았다고 할 수 있을까? 나는 알 수 없다. 아무도 알 수 없지만 이는 우리가 계속 마주치고 곰곰이 생각해야 할 문제다. 분명한 것은 부모가 최선의 노력을 기울였음에도 이 아이는 자신의 환경에 적응하지 못했고 분노와 좌절감을 통제하지 못했다는 점이다. 확실히 그는 충동 조절에 문제가 있었지만, 마찬가지로 확실히 그는 자신이 했던 일을 하기로 선택을 한 것이다. 나는 그가 가학적인 모습에서 매력적인 모습으로 순식간에 바뀔 수 있었다는 아버지의 관찰이 중요하다고 생각한다. 그가 자신이 했던 대로 행동하고, 자신이 했던 일을 저지른 이유(동기라고 할 수도 있다)는, 그것들이 일정 수준의 만족을 주고 좌절감과 분노로부터의 해방감을 주었기 때문이다. 다른 행동으로는 얻을 수 없었던 감정이다.

폴 켈러에 대한 비밀 조사에서는 이런 유형의 범죄자 프로파일에 맞아들어가는 다른 세부사항들도 드러났다. 그는 술집과 안마시술소, 성인 비디오 가게에 많은 돈과 시간을 바쳤고, 폭음하고 마리화나를 피웠다. 그런 것들 때문에 황폐한 파산 상태에 이르기도 했다. 하지만 이 모든 것과, 지속적으로 발전하고 있던 개인적 이력에도 불구하고, 조사관들은 확신을 가질 만한 구체적인 증거를 확보하지는 못했다. 자백이 없다는 것이 검사들에게는 진짜 문제였다. 그래서 우리는 그 방향으로 끌고 갈 수 있을 것 같은 전략으로 대책본부 조사관들을 도왔다.

우리의 예상대로 조지와 마거릿 켈러는 아들의 감정 상태가 나빠져 자해를 하거나 자살을 시도할지도 모른다는 두려움을 느끼는 지경이 되었다. 역시 예상대로, 1993년 2월 5일 그는 아는 여성을 만나러 캘리포니아에 가봐야 할 것 같다고 아버지에게 말했다. 조사관들이 움직여야만 했다.

스노-킹 방화 대책본부의 구성원들은 1993년 2월 6일 오전 6시 30분경, 린우드의 자택에서 폴 켈러를 체포했다. 그들은 그가 족히 백 건은 되는 방화를 저질렀다고 생각했지만 체포의 근거가 된 것은 증거가 가장 명확한 세 건이었는데, 1992년 11월 2일의 공장과 주택 방화와 새해 첫날에 일어난 또 다른 공장의 방화였다.

그들은 그를 경찰 호송 차량에 태우고 사이렌을 울리며 대책본부로 데려왔다. 다른 말로 하면 그들은 폴이 스스로 중요한 인물이 되었다는 느낌을 가질 수 있게 만들었다. 건물 안에서는 카운티의 소방대장 릭 이스트먼이 정복 차림으로 그를 맞이했는데, 보통은 공식 장례식장에서만 입는 옷이었다. 내가 과거에 자주 조언했던 것처럼, 조사실도 최대한의 효과를 얻을 수 있도록 꾸미고 장식했다. 게시판을 세운 다음 경찰의 스케치를 붙이고, 그 옆에는 '신원 확인'이라는 도장이 찍힌 폴의 사진을 붙였다.

하지만 우리가 했던 핵심적인 조언은 폴의 아버지를 현장에 함께 있게 하는 것이었다. 폴의 인생에서 권위를 가진 인물이 있다면 그건 조지였다. 조지는 조사실에서 아들을 맞이하고는 안아주었다. 그런 다음 '다 끝났다, 얘야. 이 사람들은 무슨 일이 있었는지 알고 있어. 그러니까 사실대로 말해야 한다'는 취지의 말을 했다. 우리는 켈러가 더 이상 아버지에게 사실을 숨길 필요가 없는 상황이 되면, 조사관에게 자백하는 일도 훨씬 더 편하게 생각할 거라고 짐작했다.

다음 단계는 그 조사관들이 그가 얼마나 솜씨가 좋았는지 인정해주고(그는 '방화의 대가'였다) 경찰차 행렬의 효과를 부각시키는 것이었다. 그 전략이 통했다. 처음에 그는 대책본부 목록에 있는 수십

건의 방화 중 몇 건만 인정했다. 그러다 서서히, 몇 시간 더 지나자 점점 더 많은 사건을 세세하게 이야기했다. 자백 도중에 그는 자신이 한 일이 자랑스럽지 않다며 감옥에 가지 않게 해달라고 부탁했다. 그는 술 때문이라고 했고, 불에 탄 건물의 주인들이 발화물질을 주변에 둔 게 잘못이라고 탓했다. 그 점에 대해 내가 어떤 생각을 했는지 상상할 수 있을 것이다. 그건 피해자가 원해서 한 거라고 변명하는 강간범과 비슷하다.

"나는 사람들이 감옥에 처넣는 그런 사람이 아닙니다," 켈러는 자백 도중에 말했다. "그러니까, 제 보험금이나 이런 거 빼서 보상하세요."

한 달 후, 폴 케네스 켈러는 공식적으로 32건의 방화에 대해 유죄 판결을 받았고, 추가로 45건의 방화를 인정했고, 스노호미시 카운티 고등법원의 캐스린 트럼벌 판사는 75년 형을 선고했다. 나중에 세 명의 여성이 사망한 포 프리덤 하우스 화재 사건과 관련이 있다고 밝혀진 뒤에는 킹 카운티 고등법원의 짐 베이츠 판사가 추가로 (하지만 동시 집행이었다) 99년 형을 선고했다.

"명백한 점은 폴 켈러가 풀려나면 안전하지 않다는 것입니다." 검사들 중 한 명인 크렉 피터슨이 말했다. 나는 다만 뭔가를 하는 위치에 있는 사람들이 모두 피터슨이 알게 된 것을 알았으면 하는 바람이다. 그러니까 처벌과 갱생이라는 개념만큼이나 중요한 것, 가장 중요한 고려사항은 이런 자들을 거리에서 몰아내는 것이라는 사실 말이다.

첫 번째 방화 사건들에 대한 판결을 받는 자리에서, 폴 켈러는 마침내 큰 소리로 사과문을 읽으며 부분적으로나마 자신의 책임을 인정하는 모습을 보였다.

"저는 저의 행동 중 어떤 것도 그리고 그 심각성도 부정하지 않습니다." 그는 피해자들에게 말했다. "하지만 여러분의 말을 들어보면, 여러분은 제가 해를 끼치고 사람을 죽이기 위해 나간 거라고 생각하는 것 같습니다. 그보다 더 진실과 동떨어진 이야기는 없을 겁니다. 저의 싸움은 이제 진단을 받았고 밝혀졌습니다." 그는 계속해서 말한다. "여러분이 아니라 저 자신에 대해 실망한 인생이었고, 그것이 저를 그런 행동으로 이끌었습니다."

그리고 나중에 이렇게 말했다. "소방서와 경찰 관계자분들께도 용서를 구합니다. 여러분 중 수백 명까지는 아니지만 수십 명은, 불이나 응급의학에 대한 저의 애정과 관심이 진심이라는 것을 알고 계실 겁니다. 저는 그 관심이 변태적으로 뒤틀리지 않도록 노력했습니다. 저는 여러분이 감수해야 했던 위험과 거기에 따른 비용에 대해 죄송하게 생각합니다. 이렇게 많은 소중한 친구들을 잃는 것은 매우 고통스럽습니다. 저의 든든한 친구로 남아주었던 분들에게는, 이런저런 환경들을 걷어내고 저의 마음을 봐주신 것에 대해 감사드립니다."

말했듯이 그는 어느 정도의 책임감을 느끼고 약간의 통찰도 보여준다. 하지만 자신이 누군가를 해치거나 죽일 의도가 없다고 말할 때, 그가 실제로 전하는 의미는 있을지도 모르는 인명 피해가 자신에게는 문제가 되지 않았을 정도로, 잠재적인 피해자들을 탈인격화 시켰다는 사실이다. 심지어 노인들이 있는 집에 불을 지를 때도 말이다. 만약 그가 다른 종류의 약탈자였다면, 자기 확신이 더 강하고 덜 겁쟁이인 자였다면, 이를테면 여성 강간 피해자를 비인격화시킴으로써 그녀의 몸을 절단하고 살해할 수도 있었다. 마찬가지로 그가 다른 인생 경험, 가령 기술자나 군인 경험이 있었다면 방화를 졸업한 후 폭탄을 제조하고 심는 쪽으로 나갔을 수도 있다. 만약 그가 데이비드 버커위츠처럼 솜씨 좋은 총잡이였다면, 그의 무기는 단순한 담배 라이터가 아니라 강력한 권총이 되었을 것이다.

그리고 책임을 인정하는 것과 관련해, 텔레비전 독립 프로듀서 브라이언 홀퀴스트와의 인터뷰에서 켈러는 자신이 열두 살 때 자원봉사 소방관에게 성폭력을 당했다고 주장했는데, 마치 그것이 자신의 범죄에 대한 설명 혹은 핑계라도 되는 것처럼 말했다. 여기서 폴의 불장난이 여덟 살 혹은 아홉 살에 시작되었다는 아버지의 증언을 기억하는 것이 중요하다.

이 이야기의 진정한 영웅인 조지 켈러는 2만5000달러의 보상금을 받았고, 그 돈을 즉시 린우드에 있는 트리니티 루서른 교회의 리처드 라우즈 목사에게 전했다. 폴이 불을 질렀던 교회들 중 한 곳이었다. 조지는 기자회견에서 말했다. "저는 아들을 잃었습니다. 제 회사는 수십만 달러를 잃었습니다. 저는 옳은 일을 하기 위한 대가를 치른 것입니다."

그렇게 해준 그에게 경의를 표하는 바다.

개인의 배경, 교육, 직업적 경험이 그가 저지르는 범죄 유형에 반영되는 것과 마찬가지로, 인성도 그가 선택하는 구체적인 범죄에 반영된다. 예를 들어 강간과 마찬가지로 방화도 분류하고 분석할 수 있다.

부적격의 소란형 방화범은 우리가 권력-확인형 강간범이라고 부르는 부류에 해당한다고 볼 수 있는데, 성적으로나 사회적으로 부적격인 범인은 자신의 권력과 가치를 스스로에게 확신시키기 위해 강간을 하고, 종종 공격 직후에 죄의식을 느끼기도 한다. 심지어 그는 범죄 현장을 떠나기 전에 피해자에게 사과할 수도 있다. 반면, 사람들이 있는 공동주택에 불을 지르고, 사람들이 창문에서 뛰어내리거나 목숨을 구하기 위해 몰려나오는 모습을 만족스럽게 바라보는 방화범은 권력-주장형 방화범에 해당한다. 이 자는 명칭이 암시하듯이 권력과 타인을 통제하는 것을 즐기기 때문에 범죄를 저지른다. 그는 피해자가 울며 고통스러워하는 광경을 지켜보는 것을 즐기는 대단히 폭력적인 강간범일 것이다.

다른 폭력 범죄와 마찬가지로, 방화의 세부사항을 보면 동기로 이어지고, 따라서 범인의 인성 유형까지 이어진다. 하지만 명심할 것은 소란형 방화범이라고 해도 삶의 조건이나 감정 상태가 악화되면 높은 단계로 넘어갈 수 있다는 것이다. 가장 먼저는 환상이 있는데 이 점이 강간범과 방화범 모두 훔쳐보기에서 출발하는 이유다.

나는 조사관이나 법 집행기구 내부 혹은 주변 사람들이 '동기'와 '의도'를 자주 혼동하는 것을 보았다. 의도란 단순히 행동의 고의성만을 지칭한다. 즉, 범인이 특정 범죄를 저지르기로 의식적으로 선택했다는 의미다. 반면 동기는 범인이 불을 지르는 이유이며, 방화에서는 우리가 자주 접하는 일곱 가지의 기본적인 동기가 있다. 사기, 방화광, 범죄 은닉, 허영, 경멸 혹은 복수, 사회 불안, 정치적 혹은 혁명적 행위, 불장난을 하는 청소년의 단순 비행.

각각의 동기는 범인들의 서로 다른 프로파일 요소를 나타낸다.

사기 방화는 전문직 종사자들이 자주 저지르는 범죄 유형이다. 사고처럼 보이는 화재를 일으킴으로써 불법적인 이익을 보는 것이다. 사기 방화는 보험금과 관련한 것이 가장 많고, 이 경우에 동기는 분명한데 바로 금전적 이익이다. 다른 사기 방화들 역시 동기는 투명하다. 예를 들면 경쟁을 제거한다든지, 위협 혹은 보호비 명목으로 금품을 뜯어내기 위해서다. 종종 노련한 사기 방화범은 화재가 아이들이 일으킨 소란형 방화로 보이게 만들 수 있으며, 이는 직접적인 관심을 진짜 범죄자와 진짜 동기로부터 멀어지게 만든다. 사기 방화처럼 보이는 화재를 조사할 때, 가장 먼저 살펴야 할 것은 가능성이 있는 동기들이다. 이 건물을 파괴함으로서 누가 어떤 이득을 보는가? 예를 들어, 공동주택의 건물주가 마음에 안 들거나 집세를 적게 내는 세입자들을 몰아내고 건물을 팔아버리면 더 나을 거라고 생각하는가? 꼼꼼히 살피며 모든 범위의 가능성에 열려 있어야 한다.

방화광의 정의는 불을 지르려는 충동을 통제할 수 없는 사람이다. 대부분의 폭력적이거나 잠재적으로 폭력적인 범죄와 달리, 이 유형은 남성과 여성 양쪽에 의해 저질러지지만 그 특징은 다르다. 남성은 일반적으로 자신의 집이나 구역에서 멀리 벗어난다. 여성은 자신의 집안이나 근처에서 작은 불을 내는 경향이 있고 또한 대부분의 화재가 낮에 발생한다. 흥미롭게도 이는 또한 남성과 여성이 부적응 행동을 보일 때의 차이와도 관련이 있다. 앞에서 언급했듯 남자들은 좌절한 후에 자신의 분노를 타인에게 표출하는 경향이 있는 반면, 여자들은 자신을 벌주거나 자해를 하는 경향이 있다. 다른 방화범들과 달리 진짜 방화광은 좀처럼 공격적이지는 않다. 그들은 자신의 충동을 고백해야겠다는 느낌을 가질 수도 있으며, 도움이 주어진다면 자신이 정신적으로 병들었으며 전문적인 도움이 필요하다는 것을 깨달을 수도 있다.

다른 행위를 숨기려는 방화는 화이트칼라 범죄와 폭력 범죄 모두에서 발생한다. 부패한 사업가나 기업 임원은 재고 부족이나 다른 배임 행위가 드러나는 장부를 태워버리고 싶을 수 있다. 화재는 다른 범죄 행위, 예를 들면 탈옥 같은 행위로부터 즉각적인 관심을 돌리는 데 활용될 수도 있다. 화재는 실제로는 절도였던 사건으로부터 형사들을 멀어지게 할 수도 있다. 가장 심각한 경우에는 범죄가 벌어진 건물이나 남겨진 시신을 태워버림으로써 살인을 위장하고 증거를 인멸할 수 있다. 우리는 소방관들이 불길에 휩싸인 자동차의 불을 끄고, 그 안에서 살인 피해자의 그을린 유해를 발견하는 경우도 본다. 누군가 집에 불을 질러 자살한다면, 우리는 이것을 다른 범죄를 숨기려는 방화로 간주한다. 그리고 가끔은 몇몇 단계가 복잡하게 뒤얽힌 사건을 마주치기도 한다. 예를 들어 절도를 숨기기 위한 방화처럼 꾸민 화재가 실제로는 사기 방화(이를테면 보험금을 청구하기 위해)인 경우인데, 이런 경우 방화는 수사 방향을 실제 초점에서 멀어지게 하는 효과가 있다. 다른 종류의 위장된 범죄 현장과 마찬가지로, 방화 현장에서도 보통은 단서들이 남는다. 보험금을 노린 집주인이 자신의 집에 불을 지른 것이라는 의심이 드는 경우에, 나는 가장 먼저 사진 앨범처럼 대체할 수 없는 개인적 물품이 손상되었는지, 아니면 사전에 다른 곳에 옮겨져 있었는지를 확인한다.

이 장을 쓰고 있는 동안 워싱턴 D.C. 교외의 프린즈 조지 카운티에서 끔찍한 사건이 보고되었다. 목요일 새벽 3시 30분 직후, 두 남성과 한 여성이 앤드류스 공군기지 근처의 24시간 도넛 가게에 들어가, 세 명의 종업원을 바닥에 엎드리게 한 후 총으로 쐈다. 두 명은 사망하고 세 번째 종업원은 치명적인 부상을 입기는 했지만 죽은 척하고 살아남았다. 범인들은 아주 냉담했는데, 세 희생자가 뒤쪽에 피를 흘린 채 죽어서 누워 있는 동안 여성 손님 한 명이 가게에 들어왔을 때, 자신들이 점원인 척하며 도넛을 팔았고 그 손님이 떠나게 내버려두었다.(대단히 운이 좋았다.) 범죄의 행동 증거로 볼 때 범인들은 절도의 일부로 종업원들을 죽이기로 계획했던 것이 분명하다. 하지만 그들의 계획은 그게 전부가 아니었다. 떠나기 전에 자신들의 행동을 위장하기 위해 가게에 불을 질렀다. 당국이 현장에 도착한 것은 화재 경보를 접하고 나서였다.

그리고 여기서 우리가 이야기한 것들을 특히 끔찍한 방식으로 모두 뭉뚱그린 사건이 최근에 라스베이거스에서 있었다. 마흔네 살의 남성이 살인, 납치, 성폭행, 방화, 보험사기로 체포되었는데, 그는 트레일러에 불을 질러 자신이 죽은 것처럼 꾸민 다음 생명 보험금을 타내고, **거기에 더해** 자신이 저지른 아동 성폭행에 대한 정의의 심판을 피하려 했다. 그는 다른 주로 건너가 정체를 바꾸었다. 트레일러 화재로 죽은 남성은 다른 사람이었다.

허영 방화로 부르는 것에는 크게 두 가지 범주가 있다. 첫 번째는 '이익을 향한 허영'으로 간접적인 형태의 사기다. 경비원은 임금 인상을 원하고 이는 곧 자신의 직업에 대한 평판을 올려줄 것이다. 소방관은 근무시간 연장이나 더 나은 근무조건을 원한다. 두 번째 범주는 '영웅심 허영'인데, 이는 종종 방화광들과 관련이 있다. 경관이나 소방관은 영웅처럼 보이기를 원한다. 시민 개인은 관심을 받기를 바란다. 어떤 청년이 불타는 건물에 들어가 여자친구를 구하고 그녀에게 감동을 주기 위해 자신의 행동을 위한 무대를 만들기 위해 불을 지른다. 보모가 아이를 구하고 싶은 마음에 그런 일이 발생할 수 있는 상황을 만들어낸다. 짐작하시겠지만 이런 사람들은 종종 치료에 호의적인데, 조종, 지배, 통제라는 좀 더 전통적인 동기에 따라 불을 지른 사람들에 비해서는 훨씬 그렇다.

경멸 혹은 복수를 위한 방화는 혐오나 질투, 기타 통제할 수 없는 감정에서 촉발되는데, 아마도 의도적 방화의 유형들 중 가장 치명적이라고 할 수 있을 것이다. 이런 화재는 보통 한밤에 발생하며, 인명 및 재산 피해도 커질 수 있다. 사랑이나 섹스가 종종 동기 요소가 되기도 하는데, 연인이 도망갈 수 없게 만들려고 혹은 전 연인에게 복수하기 위해서 등이다. 목표물은 술집이나 여관, 대합실, 디스코장 등 사람들이 모이는 공공장소가 되기도 한다. 대부분의 다른 범죄에 비해, 경멸과 복수 방화는 여성이나 동성애자들이 저지르는 경우를 자주 본다. 이는 그들이 방화를 저지르기 쉬워서가 아니라, 칼이나 총을 사용해 보복하기가 더 어렵기 때문이다. 따라서 경멸이나 복수를 위해 폭력을 행사하려고 할 때면, 그들은 자신들 대신 불이 그 일을 처리하게 하는 것이다. 경멸/복수 방화의 다른 동기로는 노동 분쟁, 종교적 혹은 민족적 반목, 남부의 흑인 교회를 대상으로 한 소이탄 공격 같은 인종적 편견 등이 있다.

어떤 여성이 곧 이혼할 남편의 자동차와 물건에 불을 지른 것도 경멸 방화의 예라고 할 수 있다. 얼마 전 디트로이트에서 열여덟 살 여성이 영화 「사랑을 기다리며」에 나오는 장면을 모방한 사건이 발생했다. 미용실에서 이야기를 나누던 중에 자신의 남자친구가 바람을 피고 있다는 걸 알게 된 그녀는 그의 쉐비 몬테카를로 최신 모델을 태워버렸다. 경찰 조사에서 그녀는 앤절라 바셋이 맡았던 버나딘이라는 인물이, 남편이 떠난 후에 그의 물건들을 BMW에 집어넣고 태워버리는 영화 속 장면이 떠올랐다고 했다. 불이 어디에서 났는지, 피해자가 누구인지 이 모든 것을 아주 면밀히 연구할 필요가 있다.

사회 불안 및 정치적 방화는 한 개인의 범행일 수도 있고, 감정적으로 흥분하고 상황의 압박을 견디지 못한 군중의 반응일 수도 있다. 이 경우, 재산 파괴는 사회적 저항의 무기로 쓰일 수도 있고, 집단의 힘을 과시하는 것일 수도 있다. 인종 폭동, 빈민가 폭동, 반전 행진, 무정부주의 활동이 모두 이 범주에 포함된다. 그 어떤 다른 유형의 방화들보다 여기서는 화재에 담긴 암시가 핵심 요소다. 군중의 감정이 달아오르고 눈덩이 효과가 만들어진다. 종종 다른 동기 요소들이 포함된다. 정치적 방화처럼 보이는 사건이 사실은 경멸이나 복수, 약탈 행위 혹은 기타 파손 행위를 가리기 위한 것일 수도 있다. 이러한 범죄는 해결이 어려울 수도 있는데, 왜냐하면 한 개인을 범인으로 지목하기 어렵다는 문제가 있고, 사건에 관여하지 않은 사람들도 자신들의 동기를 강화하기 위해 군중에게 호소하는 경우가 있기 때문이다.

청소년 혹은 미성년자의 방화와 관련해 말하자면, 불에 대한 자연스러운 호기심은 남녀 모두 드러내는데, 일반적으로는 네 살에서 열두 살 사이에 나타난다. 불을 지르는 사람의 연령이 낮을수록, 그것은 나쁜 범죄적 의도가 아니라 호기심의 결과인 경우가 많다. 이런 호기심 방화와 관련한 정보라면, 보통은 침실 옷장, 침대 아래, 지하실이나 다락방의 낮은 공간, 포치 밑, 뒷골목 등 사람들에게 구경거리가 되지 않을 공간에서 벌어진다는 점이다. 그리고 이런 경우에는 고소나 처벌보다는 가족 상담이나 전문가의 도움이 필요하다. 물론 동기를 파악하기 위해 행동의 전체적 패턴을 살핀다. 불을 지르는 사람의 연령이 높아질수록 문제도 더 심각해지는데, 거기에는 복수, 허영, 다른 범죄의 은닉 등 다른 동기들이 개입한다. 뭔가를 파손하려는 의도가 방화의 동기가 되는 상황은 어린이에서 성인까지 모든 연령에서 볼 수 있지만, 어린이의 경우에는 단순히 지루함에서 비롯하는 경우가 잦다. 미성년자 방화의 검식에서 우리가 가장 크게 고려하는 것 두 가지는 범죄의 치밀함 정도와 용의자의 행동 패턴이다. 그리고 여기서도 우리는 목표물 자체를 살핀다. 만약 범인이 심지어 미성년자 범인이라고 해도, 그 건물에 사람이 있을 거라고, 그래서 자신의 행동으로 사람들이 다칠 수 있는 상황이라고 이성적으로 짐작할 수 있는 상황이었다면, 그때는 심각한 인성 문제뿐 아니라 처리해야 할 법 집행의 문제까지 있는 셈이다.

콴티코에 있는 행동과학 및 범죄조사분석부의 목표 중 하나는 범죄심리학을 케케묵은 학술적 원칙으로부터 꺼내는 것, 정신과 의사와 기타 치료사들에게만 쓸모 있는 기술적 용어들 틈에서 꺼내서, 경관이나 형사, 다른 법 집행기구에서 일하는 사람들에게 실용적이고 유용한 뭔가로 변모시키는 것이다. 그리고 연쇄살인범 인터뷰와 그들에 대한 연구에서 얻은 통찰들 중 하나는 범죄자들을 분류할 수 있다는 점이다. 수법의 일반적 특성, 범죄 현장의 상태, 범행 전이나 후의 행동 등등에 기반해서 볼 때 범인은 체계적인가, 비체계적인가, 혹은 둘 다인가. 이런 분류는 절도범, 강간범, 살인자 등 다른 폭력적인 약탈자들과 마찬가지로 방화범에게도 적용할 수 있다.

체계적 방화범의 동기는 대부분 이득이거나, 다른 범죄 혹은 자신이 전문적인 '방화범'이라는 사실을 숨기는 것이다. 비체계적인 방화범은 일반적으로 어리거나 솜씨가 치밀하지 못한데, 아마도 좌절감을 느끼는 외톨이일 것이다. 그는 알코올이나 마약에 중독되어 있고, 친구가 거의 없고, 자신이 편안함을 느끼는 집 주변에서 불을 지르는 경향이 있을 것이다. 계획성, 위장 혹은 은폐의 복잡한 정도, 방화 방법 같은 요소들이 모두 미상범의 체계화 수준을 말해준다.

1983년, 콴티코의 우리 부서는 코네티컷 하트퍼드에서 발생한 일련의 화재 사건에 대한 자문을 요청받았다. 그해 8월의 어느 주에 누군가 웨스트 하트퍼드에 있는 에마누엘 유대교 사원과 영 이스라엘 유대교 사원, 영 이스라엘 사원의 랍비 솔로몬 크룹카의 자택에 불을 질렀다. 영 이스라엘 사원의 통화기록에서는, 누군가 그곳에서 텍사스주 댈러스에 있는 토플리스 바에 장거리 전화를 잔뜩 했다는 사실이 드러났다.

당시 나는 처리해야 할 사건이 한 가득이었기 때문에 데이브 아이코브 특수요원, 블레인 매킬웨인 특수요원과 함께 작업했다. 둘 다 우리 부서에 새로 합류한 요원들이었다. 데이브는 막 테네시에서 건너온 참이었는데, 거기서는 무기정보관리체계AIMS, Arson Information Management System를 개발했다.

첫 화재들 후 8월 17일에는 코네티컷 주의원이자 에마누엘 사원의 교인인 조안 켐러의 집이 불길에 휩싸였다. 불은 유대인들이 가장 엄숙하게 생각하는 욤 키푸르 축일의 새벽 5시 45분에 발생했다. 네 목표물 사이의 종교적 연관성, 마지막 화재가 일어난 시점을 감안할 때 지역 당국과 웨스트 하트퍼드 공동체의 많은 시민은 그 방화가 증오 범죄이며, 반유대주의가 동기라고 생각했다.

나는 확신이 없었다.

9월 말, 하트퍼드 경찰은 한 유대인 가정 뒷문에서 발견된 쪽지를 조사했는데, 거기에는 잡지와 신문에서 오려낸 활자로 "다음은 이 유대인 집이야"라고 적혀 있었다. 하지만 실제 방화는 없었고 수법이 지난번 범죄들과는 완전히 달랐기 때문에, 우리는 이것이 겁 많은 모방범의 짓이며, 이 자는 다른 사람의 행동을 이용해 자신의 종교적 편견을 과시한 것뿐이라고 판단했다.

영 이스라엘 화재는 작은 것이었고, 쓰레기 더미에 있는 성냥에서 시작되었다. 그런 다음 미상범은 주 예배당에 있는 커튼에 불을 붙였다. 에마누엘에서도 역시 커튼에 불이 붙었고, 지성소의 성궤에 보관 중이던 토라 두루마리 세 개가 타버렸다. 랍비의 자택에서는 뒷문과 계단에 휘발유를 뿌리고 성냥으로 불을 붙였다. 켐러의 자택에서는 집 밖에서 콜라병들이 발견되었는데, 거기 휘발유를 가득 담아 콘크리트 바닥을 흠뻑 적신 다음, 역시 성냥으로 불을 붙였다.

일련의 방화는 명백히 적대적이고, 반사회적이며, 전복적인 성격의 사건이었지만, 치밀한 범죄는 아니며 큰 피해를 의도하지도 않은 것 같았다. 그보다는 철없는 범인이 관심을 받으려고 했던 시도처럼 보였다. 그래서 나는 첫 번째 범죄에 집중하는 것이 매우 중요하다고 생각했는데, 왜냐하면 그곳이 미상범이 편안함을 느끼는 구역에 포함될 것이기 때문이었다.

데이브 아이코브가 화재가 발생한 지점에 점들을 찍은 지도를 만들었다. 작업이 완성된 후 우리는 이 자가 점들의 중심부 근처 어딘가에 사는 부적격 유형의 인물이라고 판단했다. 십대 후반 혹은 이십대 초반이며, 사회적으로 고립되었고, 어머니 혹은 양친과 살고 있는 자라고 생각했다. 아마 전과는 없을 것이다.

어려운 사건처럼 보이지는 않았다. 딱히 반갑지는 않았지만, 우리가 제시한 최적의 가설에 따르면 이 미상범은 맨 처음 불이 난 사원의 교인일 가능성이 높았다. 이 치밀하지 못한 자가 사원 안에서 그 모든 장거리 전화를 할 만큼 편안함을 느꼈다는 사실은, 그가 그곳에 오랫동안 머무르면서도 위협을 느끼지 않았음을 말해준다. 그리고 블레인이 작성한 프로파일에 따르면 미상범은 토라 두루마리를 오른쪽에서 왼쪽으로 태운 것 같았다. 이 특이한 사실은 범인이 히브리어에 능통한 자임을 암시했는데, 서양 언어와 달리 그 언어는 오른쪽에서 왼쪽으로 쓰고 읽기 때문이다. 그 자체로 혐오 범죄는 아니었다. 그저 한 젊은이가 권위에 맞서 저지른 일처럼 보였다. 조사관들이 랍비에게 그런 이야기를 하자, 그는 데이브가 그린 지도의 정확히 가운데쯤에 사는 누군가를 알고 있다고 했다.

그의 이름은 베리 도브 슈스였다. 나이는 열일곱 살이고 영 이스라엘 사원의 교인이었으며, 정통 유대교 집안 출신이었다. 1983년 12월 14일, 그는 아무런 저항 없이 순순히 잡혔으며, 2급 방화 네 건에 대해 재판을 받았다. 모두 자신의 짓이라고 인정했지만 왜 불을 질렀는지 이유는 설명할 수 없었다. 체포 당시 그는 지역 병원의 정신과 환자였다. 그는 2급 방화 두 건과 3급 방화 두 건으로 유죄 판결을 받았는데, 두 건이 경감된 이유는 화재가 일어날 당시 사원 안에 사람들이 없었기 때문이었다. 슈스는 징역 14년에 더해 5년의 보호감찰형을 받았지만, 판사는 그가 민간 정신병원에 입원해 치료를 받고 있다는 이유로 징역형의 집행을 정지시켰다. 이 사건에서는 나도 판결에 동의한다. 도움을 받는다면 이 친구는 범죄로 얼룩진 삶을 살게 되는 그런 유형은 아니다. 이런 유형에게 진정으로 필요한 것은 자신의 삶을 정돈하는 것인데, 왜냐하면 그에게 가장 큰 위협이 되는 사람은 바로 그 자신이 될 것이기 때문이다.

나는 내 경험이 허락하는 한에서는 가능한 한 희망적이 되려고 노력한다.

1986년 뉴멕시코주 클로비스 경찰국의 레이 몬드래곤 경사에게 연락을 받았다. 그해 초 여든한 살 노인을 강간하고 살해한 스물한 살의 범인 에드워드 리 애덤스의 기소와 관련하여 콴티코의 도움을 요청하는 내용이었다. 또한 애덤스는 공격 후에 노인의 집에 불을 지른 혐의로도 기소되었다. 재판은 다음 달로 예정되어 있었다.

강간이나 살인은 모두 본성상 끔찍하고, 야만적이고, 역겨운 것이며, 나는 그런 범죄자를 정의의 심판대에 세우는 데 도움이 된다면 뭐든 했다. 몬드래곤은 콴티코의 교육과정을 수료했는데, 그 과정에 내가 가르친 과목도 포함되어 있었기 때문에 나와 우리 부서의 작업을 알고 있었다. 당시 나는 행동과학부의 프로파일링 및 자문 관련 프로그램 매니저였다. 다른 두 가지 이유 때문에 그 사건에 관심이 생겼다. 나는 뉴욕주 롱아일랜드 출신이지만 어쩌다보니 클로비스 인근에서 인생의 4년을 보냈다. 처음에는 군 생활을 했던 캐논 공군기지에서였고, 그다음엔 포르탈레스에 있는 이스턴 뉴멕시코 주립대학에서였다. 나를 FBI에서 일하게 만든 요원을 만난 곳도 그곳이었다. 또한 이 사건에서 방화와 관련한 측면, 다른 범죄와의 복합적 맥락 속에서 저질러진 것으로 보이는 그 측면도 나의 관심을 끌었다. 이 점과 관련해 최대한 알고 싶었고 그래서 직접 사건을 맡았다.

보통 기소를 담당하는 사람들이 나나 우리 부 직원들에게 주로 원하는 것은 **왜?**라는 질문에 대한 대답이다. 일단 범인이 잡히고 나면 이는 중요하지 않은 것처럼 보일 수도 있지만, 법정에서 사건을 기소하는 데 있어서는 아주 중요한 고려사항이 된다. 배심원들은 종종 동기가 뭔지 파악하지 못하면, 누군가 유난히 극악무도한 짓을 저질렀다는 것을 스스로 납득하지 못할 때가 있다. 앞으로 보겠지만 변호인으로서는 이 부분을 모호하게 만들려고 시도할 이유가 충분하다.

에디 리 애덤스의 혐의 내용은 다음과 같다.

1986년 1월 31일 오전, 팔십대의 올라 템플이 자신의 집에서 강간·살해되었고 집은 불길에 휩싸였다. 소방관들은 침실에서 피해자의 시신을 발견했는데, 침대 위에서 발을 옆으로 늘어뜨린 채 있었다. 안경과 브래지어는 집안 다른 곳에서 발견되었다.

처음엔 화재가 우연히 발생한 것으로 여겨졌는데, 침대에서 발견된 템플 부인이 담배를 피운 것으로 밝혀졌기 때문이다. 하지만 여기 핵심적인 요소가 있었다. 부검 결과 그녀의 혈액에 일산화탄소 수치가 너무 낮았고, 따라서 그녀는 화재가 발생하기 전에 사망한 것이 틀림없었다. 사후 검사를 통해 그녀가 손으로 목이 졸려 사망했다는 판정이 내려졌다.(변호인은 그녀가 실제로는 심장마비로 사망했다는 주장을 제기했지만.) 목이 부러진 것에 더해 갈비뼈 세 대가 부러졌고, 성기에는 성폭력 증거가 명백하게 있었다. 템플 씨의 집 근처에서 범인을 본 목격자 증언을 근거로 애덤스가 용의자로 지목되었다. 또한 그가 이전에 비슷한 유형의 강간을 저질렀다가 가석방으로 풀려났다는 소식을 접한 후에, 최근 경찰에서 그의 이름이 자주 오르내리기도 했다. 그의 거주지를 압수 수색한 결과 기소에 충분한 물증이 나왔는데, 거기에는 애덤스가 아니라 템플 부인이 피우는 담배 브랜드의 꽁초도 있었다. 그의 입술에 난 상처는 부인이 공격에 저항하려다 냈을 것 같은 상처와 일치했다.

애덤스는 범죄를 시인했지만, 이전 강간 사건에서와 마찬가지로 전적인 책임을 부인할 방법을 찾았다. 첫 번째 사건에서, 그는 피해 여성이 자신을 강간한 거라고 주장했다. 템플 사건에서는 그녀를 죽일 의도가 없었다고 주장했고, 상처는 그녀가 숨을 쉬지 않는다는 것을 알아챈 자신이 심폐소생법을 시행하다 생긴 거라고 했다.

나는 행동의 패턴을 찾아보려 했고 그래서 애덤스의 이전 판결과 관련한 세부사항을 알고 싶었다.

1978년 7월 30일 오전 10시 30분, 열여섯 살의 애덤스는 마흔일곱 살 여성의 집에 침입해 그녀를 강간하고 물건을 훔쳤다. 내가 보기에 어떤 행동 분석에 있어서든 가장 중요한 요소라고 할 수 있는 피해자의 증언에 따르면, 애덤스는 뒤에서 그 여성을 잡으며 "조용히 하지 않으면 죽여버릴 거야"라고 말했고, 그다음엔 침실로 데리고 가 옷을 벗겼다고 했다. 침대에서는 그녀의 머리를 베개로 누른 상태로 성기와 항문 양쪽 모두 강간했다. 그는 오럴 섹스도 요구했지만 그녀는 거부했다. 어느 시점엔가는 집 밖에 주차되어 있는 차들 중 하나의 키를 달라고 했지만 그녀는 가지고 있지 않다고 했다. 그는 돈도 요구했지만 그녀는 집을 나간다면 주겠다고 했다. 그는 다른 침실에 있던 그녀의 가방에서 돈을 꺼내고, 돌아와서 다시 그녀를 죽이겠다고 했다. 그녀의 목을 쥐고 손에 힘을 줬지만 밖에서 무슨 소리가 들리자 잠시 주의가 흐트러졌다. 그가 소리를 확인하러 간 사이 그녀는 총을 보관하고 있던 다른 침실로 갔다. 무기를 본 그는 달아났다.

이 첫 번째 사건에서도 애덤스는 현장 근처에 있던 목격자의 눈에 띄어서 체포되었다. 그는 피해자가 묘사한 모습과 일치했으며, 경찰이 그를 체포하자 그녀는 범인이 맞다고 했다. 경찰에서 그는 그 여인이 자신을 집안으로 들였고 총을 겨누며 섹스를 하게 했고, 마친 후에는 가방에서 돈을 꺼내서 줬다고 했다. 그녀가 부상을 입은 건, 그의 말에 따르면 자신이 총을 쥔 그녀의 손을 잡은 채 목을 졸랐기 때문이며, 총을 떨어뜨린 후에는 바로 풀어줬다고 했다. 그런 다음 집에서 뛰쳐나왔고 돈은 그 와중에 떨어뜨렸다고 했다. 나중에야 그는 사건이 피해자의 증언과 일치한다고 인정했고, 성폭행과 가중 가택 침입으로 유죄 판결을 받았다.

나는 조사를 통해 범죄자들은 처음부터 이런 두 건의 범죄 같은 짓을 저지르지는 않는다는 것을 알고 있었다. 그리고 애덤스의 배경을 접했을 때, 이제는 익숙해진 망가진 프로파일이 떠올랐다. 갈라진 가정, 여러 차례 부모와 떨어져야 했던 상황, 그를 통제할 수 없었던 할머니, 길고 지저분한 전과 기록은 어린 나이에서 시작되었고 서서히 고조되어 심각해졌다. 이 자는 내가 거리에 풀어놓고 싶지 않은 종류의 인간이었다.

그래서 나는 앨버커키로 날아가 차를 빌리고, 320킬로미터를 달려 투컴캐리에 있는 지방법원에 도착했다. 지방검사 데이비드 보넴과 그의 수사팀을 만나, 애덤스가 증언대에 서기로 할 경우 어떤 상황이 벌어질지, 또 어떻게 하면 그의 진짜 인성을 판사 앞에 드러낼 수 있을지 알려주었다.

그 자리에서 내가 맡을 또 다른 전략적 역할은, 변호인이 애덤스의 과실이나 의도성을 경감하기 위해 정신과 의사나 심리학자를 부를 경우에 대비해 전문가 증인이 되는 것이었다. 그런 상황이 발생하게 되면 나는 증언대에 서서 행동 증거와 애덤스가 저지른 과

거의 강간 사건을 바탕으로 그의 진짜 동기에 대해 이야기하기로 했다.

닷새 동안 이어진 재판 끝에, 애덤스는 일곱 건에 대해 유죄 판결을 받았다. 범죄적 성기 삽입, 방화, 증거 조작, 가중 가택 침입, 절도, 납치, 1급 살인이었다. 배심원단은 1시간 반 동안이나 심사숙고해야 했다. 결국 정신과 의사는 한 명도 증언대에 나오지 않았고 따라서 내가 반박할 일도 없었다. 보넴이 나를 활용해 어떤 계획을 세우고 있는지를 파악한 변호인은 그런 식으로 공격할 자신들의 계획을 포기했다. 하지만 형벌의 수준은 아주 흥미로워졌다.

애덤스는 왜 여성에게 그런 짓을 했을까? 그가 거리에 풀려나면 또 그런 짓을 할 것인가? 그가 계속 유지할 것 같은 패턴이 있었는가? 그것은 치밀한 범죄자의 범죄인가, 강제 침입을 한 범인이 나이 든 여인을 통제하지 못하면서 상황이 악화되어버린 사건인가? 이것이 레벤 E. 니에베스 지방법원 판사 앞에 던져진 질문이었다.

검사는 사형을 구형했고 뉴멕시코에서 그것은 '범인이 악화될 정황'을 보여주어야만 한다는 뜻이었다. 보넴은 애덤스가 이전에 저질렀던 범죄를 세부사항까지 구체적으로 제시하고, 피해자들을 불러 증언을 시키려고 했다. 애덤스가 그 범죄에 관여했음을 인정했기 때문에 그 여성은 그에 맞서 증언할 필요가 전혀 없었다. 변호인은 그녀를 법정에 세우는 것에 강하게 반대했는데, 애덤스는 그 사건에서 피해자를 죽일 의도가 없었으며, 뿐만 아니라 그 사건은 현재의 사건과 관련 없는 사고였을 뿐이라고 주장했다. 니에베스 판사는 자신의 방에 법률가들과 애덤스만 불러 의사 진행을 했다. 그 자리에서 나도 나의 분석을 제시할 수 있었다. 두 범죄가 관련이 있으며 미래의 행동을 알려줄 패턴도 드러내고 있다고 판사를 설득할 수 있으면, 그때는 - 우리 생각에는 - 이전 사건의 피해자도 자신의 이야기를 할 기회를 얻을 수 있을 것 같았다. 애덤스는 덩치가 크고 비열한 표정의 남자였으며, 우리가 그 방에 있는 내내 나를 보며 비웃었다.

변호인은 의뢰인이 자신의 행동을 뉘우치고 있으며 재활할 수 있다고 주장하려 했고, 검사와 나는 전혀 그렇게 생각하지 않았다. 나로 말하자면 이 사건은 범죄심리학자 스탠튼 사메노우의 질문, 애초에 한 번도 제대로 **활동**해본 적이 없는 개인을 어떻게 **재활**시킬 것인가 하는 문제를 떠올리게 했다. 애덤스는 이전 범죄로 수감되었다가 풀려난 지 1주일 만에 올라 템플을 살해했다. 재판에 나온 증언들을 들으며 나는, 나이든 피해자를 공격했던 애덤스는 그런 행동을 통해, 자신을 부당하게 대했던 할머니에게 맞서고 있다고 생각했을 거라는 이론을 세웠다. 애덤스는 엄청나게 영리한 자는 아니었다. 하지만 그는 범죄에 있어 치밀함은 갖추고 있었다. 이 두 사건은 '그냥 일어난' 강간-절도는 아니었다. 행동 증거를 보면 두 사건 모두에서 잘 발달한 수법이 드러난다. 둘 다 오전 시간에 범인보다 나이가 꽤 많은 여성 피해자가 살고 있는 집에서 벌어진 강도 사건이며, 두 사람 모두 그 시간에 혼자 있었다. 두 사건 모두 그는 거짓말을 해서 집안에 들어갔다. 두 사건 모두 베개를 피해자의 얼굴에 대고 손으로 목을 졸랐으며, 가방에서 돈을 훔쳤고, 자신에게 성적으로 협조하지 않으면 죽이겠다고 협박했다. 이 모든 것을 즉흥적으로 생각해냈을 수도 있지만 두 번이나 즉흥적으로 할 수는 없다. 그는 첫 번째 희생자를 죽일 계획이었지만 그녀가 총을 가지고 있었기 때문에 상황이 달라졌다. 템플 부인은 자신을 방어할 능력이 부족했는데, 이는 첫 번째 경험에서 뭔가를 배운 범인이 그녀를 희생자로 선택한 것임을 보여준다. 또한 그는 이전의 실패, 자신을 교도소에 가게 만든 그 실수를 통해 이번 희생자는 죽여야 한다는 것, 생존자나 목격자를 남겨두지 않아야 한다는 것을 알게 되었다. 범행 도중의 마음가짐이나 사고 과정에 대해 많은 살인자와 대화해본 경험에 비추어볼 때, 나는 두 공격 모두에서 애덤스가 자신의 얼굴을 가리거나 변장하지 않았다는 사실이 의미심장하다는 것을 알았다. 폭력적이고 권력을 과시하려는 혹은 가학적 유형의 강간범이 피해자를 죽일 의도가 없이 공격할 때는, 나중에 그녀가 자신을 알아보는 일을 방지하기 위해 종종 자신이나 피해자의 얼굴을 가리려 한다. 두 사건 중 어느 쪽에서도 이런 시도는 없었으며, 애덤스가 다른 면에서는 대단히 높은 조직성과 통제력을 보여줬기 때문에, 나는 이 점이 살해의 의도성을 분명히 보여주는 것이라고 생각했다.

현장 분석팀이 템플 씨의 집을 조사하던 중에 전화가 울렸다. 몬드래곤 형사가 전화를 받았지만 전화 반대편의 사람은 아무 말도 없었다. 몬드래곤은 살인범일지도 모른다고 생각했는데 이러한 직감은 나중에 애덤스의 자백으로 확인되었다. 이 일화 역시 아주 중요한 사실 그러니까 그가 상황을 주시하고 있었다는 점을 말해주는데, 이는 분명 치밀하고 조직적인 범죄자 유형의 특징이다.

다음으로 방화 자체를 봐야 한다. 방화광의 흥분, 템플 부인이 그에게 했던 뭔가 잘못된 행동에 대한 복수, 인종 혐오나 적대감(애덤스는 흑인이고 그녀는 백인이었다) 등을 비롯해 당시 추론될 수 있는 동기들 중 오직 하나만이 말이 성립됐다. 그것은 다른 범죄를 가리기 위한 방화다. 실상 에디 리 애덤스는 모든 증거를 파괴하기 위해 그 집에 불을 지를 만큼 범죄적으로 충분히 치밀한 자라는 것이다. 하지만 방화는 그가 희망했던 것만큼 완벽하지 못했다. 직후에 그가 전화를 걸었던 이유들 중 하나도 내 생각에는 현장이 비었는지, 그래서 다시 가서 한 번 더 불을 지를 수 있을지 확인하기 위해서였을 것이다. 이 장에서 살펴본 다른 범죄자들과 달리, 애덤스는 방화에 대한 감정적인 이해관계는 전혀 없었던 것 같다. 그에게 방화는 서명, 즉 자신을 만족시키기 위해 필요한 일은 아니었다. 그런 느낌이라면 강간이나 살인 쪽과 관련이 있었다. 불은 확실한 수법의 일부일 뿐이었다.

애덤스가 체포되지 않고 템플 부인의 강간 및 살인 사건에서 무사히 빠져나갈 수 있었다면, 그가 나중에 저질렀을 강간이나 살인에서도 방화가 그의 수법의 필수 요소가 되었을지 의문이 든다. 하지만 행동 증거나 범죄의 발전 패턴을 볼 때 나중에도 강간이나 살인이 있었을 거라는 점에 대해서는 의문의 여지가 없다. 그의 첫 번째 희생자는 중년의 히스패닉 여성이었다. 두 번째는 나이 든 백인 여성이었다. 그가 특별히 선호하는 희생자는 없었다. 그는 그저 여성 일반(우연히 공격 대상이 된 여성)에 대한 자신의 공격성을 행동으로 표출하는 약탈자였다.

양쪽의 주장을 들은 후 니에베스 판사는 첫 번째 사건이 행동 및 의도의 패턴이라는 관점에서 관련이 있다는 확신을 갖게 되었고, 배심원들이 구형을 고려하는 데 참고가 될 수 있게 첫 번째 사건의 피해자가 증언하도록 했다.

아주 감동적인 법정이었다. 8년 전의 일들을 떠올린 그 여성은 너무나 크게 흐느끼다가 간신히 입을 열었다. 듣는 사람들도 울었다. 변호인은 반대 심문을 하지 않았다. 그리고 레이 몬드래곤이 증언할 때가 되자 애덤스는 자리에서 일어나 소리치기 시작했다. "저 불쌍한 여자를 이 똥통에 끌어들일 필요는 없었잖아! 보넴, 당신이 방금 나한테 한 방 놓은 거야." 사형 집행 주사를 말하는 거였다. 애덤스의 변호사는 그를 앉히고 진정시킬 수 없었고 니에베스 판사는 휴정을 선언했다.

배심원단이 사형을 제시하고 판사도 그렇게 언도했지만 그 형은 한 달 동안만 유효했다. 1986년 11월 토니 아나야 주지사가 이임 직전에 당시 뉴멕시코의 사형수 다섯 명의 형을 감형시켜주었다. 그리고 이듬해 2월 니에베스 판사는 애덤스가 상습범이라는 이유로 그에게 추가로 28년 형을 추가했다. 템플 사건에 적용된 일곱 건의 기소 각각에 대해 4년씩이었다.

"주지사의 결정은, 처형은 사전에 계획한 폭력적 살인을 공적인 영역의 구경거리로 만드는 것에 불과하다는 우리의 생각을 그가 공유하고 있음을 확인해주었다"라고 미국시민자유연맹 사형제 반대 운동의 감독관인 헨리 슈워츠차일드는 UPI와의 인터뷰에서 말했다. 이 자리에서 사형제에 대해 길게 논의할 생각은 없지만, 내가 충분히 시간을 들여 말하고 싶은 점은 각자의 윤리적 의견에 상관없이 사형 집행을 '사전에 계획한 폭력적 살인'이라고 부르는 것은 도덕적으로 역겹다는 것이다. 왜냐하면 그 표현은 살인자와 희생자를 같은 수준에 놓는 것이며, 따라서 죄인과 무고한 사람 사이의 구분을 사소한 것으로 만들어버리기 때문이다. 올라 템플 부인을 기억하는 우리라면 그보다는 나아야 한다. 그리고 우리 사회에서 그 구분을 보지 못한다면 그때는 정말 불장난을 하게 되는 셈이다.

내가 기억하는 건 에디 리 애덤스의 사건 때도 그랬던 것처럼, 당시 그 대담한 정치적 결정을 내렸던 아나야 주지사 역시 그 다섯 살인자의 동기와 의도에 대해 충분히 시간을 두고 생각해봤기를 희망했다는 것이다. 하지만 그렇지 않았던 것 같다.

3장 매그넘 포스
Magnum Force

Motive

 전 동료들과 나는 범죄 현장과 증인의 진술이나 부검 기록 등을 보며, 행동 증거뿐 아니라 경찰이 미상범을 쫓는 데 도움이 되는 거라면 뭐든 찾으려 했다. 그 과정에서 하나의 프로파일을 도출하고 그것을 통해 무엇보다도 동기, 그러니까 특정 범죄가 저질러진 이유에 대한 우리의 의견을 과감히 제시한다. 그런 다음, 운이 좋게도 가해자가 체포되면 우리의 생각과 그의 진술을 비교한다. 이는 언제나 흥미로운 작업인데, 범인의 생각과 우리의 생각이 늘 일치하지는 않기 때문이다.

 그건 말이 된다. 기소된 범인과 그의 변호인이 통제력이나 권력이 주는 짜릿한 흥분 혹은 고조된 성적 요소 때문에 어린아이를 강간하고 죽였다는 것을 인정해버리면 변호에 성공할 수 없을 것이기 때문이다. 따라서 변호인이 사건의 사실 자체를 반박할 수 없는 경우에, 최선의 시도는 (에디 리 애덤스의 경우처럼) 좀 더 동정적이고 납득할 만한 관점을 제시해서, 배심원과 판결을 내리는 판사 사이를 이간시키는 것이다. 뭔가가 범인에게 강한 **영향**을 미쳤기 때문에, 현재 기소된 그런 끔찍한 짓을 저지른 것이 틀림없다. 그런 영향 없이 스스로는 그런 끔찍한 짓을 저지르지 않았을 것이다.

우리는 모두 불우했던 어린 시절이 범죄를 저지르는 동기가 된다는 이야기를 들어왔다. 나는 폭력적이고 망가진 환경이, 역시 망가지고 불행하며 종종 심리적으로 엉망인 어른에 대한 설명이 될 수는 있지만, 그것이 타인에게 폭력적인 행동을 저지르는 것을 완벽히 설명해주거나 그런 행동에 대한 책임에서 벗어나게 해주는 것은 아니라고 말해왔다.

지난 몇 년 동안 범죄에 영향을 미치거나 정상 참작을 하는 데 영향을 미치는 또 다른 요소가 유행하게 되었는데, 그것은 바로 미디어다. 미디어가 사회 일반에 미치는 영향과 함께, 그런 생각이 너무나 만연했기 때문에 동기를 해부하는 우리의 작업에서도 그것을 다루어야만 할 것 같다.

간단히 말하자면 이렇다. 사람들이 텔레비전이나 영화를 보고 범죄에 대한 아이디어를 얻은 후에, 나가서 그것들을 행동에 옮기는가? 영화, 텔레비전, 책 혹은 포르노그래피 영화나 잡지가 평범한 사람을 여성이나 아이들에게 폭력을 저지르는 누군가로 변모시킬 수 있는가? 텔레비전 프로그램이나 상업영화에 만연한 폭력이 사회를 무감각하게 만들고, 결국 우리 중 누군가가 옳은 것과 잘못된 것, 적절한 것과 부적절한 것을 구분하는 능력을 상실하거나 혹은 스스로의 충동을 자제하는 법을 잃어버리게 되는 걸까?

오랜 조사와 관찰로 얻은 나의 견해는, 미디어가 범죄자에게 범죄에 대한 아이디어를 제공할 수 있고(수법과 서명과 관련한 요소 모두에서 그렇다) 이미 폭력적인 행동에 경도된 이들에게 영향을 미칠 수 있으며, 세상에서 펼쳐지는 현실의 공포에 대해 우리 모두가 무감각해지게 만들 수 있지만, 몇몇 특별한 경우를 제외하면 미디어는(여기에는 포르노그래피도 포함된다) 선하고 법을 준수하는 사람들이 폭력적이고 반사회적인 행동을 저지르도록 이끌지는 않는다는 것이다.

내가 콴티코 수업에서 활용하는 사건들을 통해, 미디어와 폭력 범죄의 관계에 대한 몇 가지 사례들을 알아보도록 하자.

1976년 6월 4일, 여든두 살의 과부 엘리노어 해거트가 플로리다 마이애미비치에 있는 자신의 집에서 총에 맞아 사망했는데, 그녀의 집을 기습한 두 명의 강도는 이웃에 사는 열다섯 살 로널드 자모라와 열네 살의 대럴 아그레야였다. 체포 직후 호리호리하고 키가 160센티미터 정도 되는, 코스타리카 이민자 고등학생 자모라는 자신이 해거트 부인에게 총을 쏴 죽였다고 두 번 자백했다. 하지만 각각의 자백에서 그가 자백한 사건의 내용은 달랐다.

두 자백 모두 녹음되거나 기록되지는 않았지만 범행의 시작은 동일했다. 자모라와 그의 친구 아그레야는 돈이 필요했다. 둘은 자모라의 나이든 이웃이 집안에 돈을 보관한다는 것을 알고 있었고, 그녀의 집에 침입해 현금이 가득 든 봉투와 32밀리 구경의 권총을 발견했다. 집에 돌아온 해거트 부인이 소년들을 발견하고는 경찰에 신고하겠다고 했다. 그들은 그러지 말라고 했다. 이 지점에서부터 자모라의 두 자백은 달라진다.

첫 번째 자백에서 자모라는 그녀를 쏜 건 사고라고 주장했다. "어떻게 된 건지 모르겠어요. 그냥 총이 발사된 겁니다." 그가 말했다. 치명상을 입은 그녀는 위스키를 좀 달라고 했고 자모라가 술을 갖다주었을 때 그대로 쓰러져 사망했다.

마이애미비치 경찰국의 폴 랜타인 경사가 더 솔직하고 신빙성 있다고 말한 두 번째 자백에서, 두 소년은 해거트 부인과 1시간 반 동안 이야기를 나누었고, 그녀가 마시기에 딱 알맞게 위스키와 물을 섞어주었다. 그녀는 자신과 죽은 남편의 사진들을 보여주었고, 그들은 그녀가 경찰에 신고하지 않기로 한 거라고 생각했다. 하지만 결국 그녀가 경찰을 부르겠다고 하자 자모라는 베개로 총을 싸서는 그녀를 쐈다. 다음에 일어난 일은 두 자백 모두에서 집안을 뒤진 것이었는데, 그 과정에서 자모라와 아그레야는 생각나는 모든 곳에서 자신들의 지문을 지웠다. 그들은 해거트 부인의 물건 몇 점을 들고 나왔고 거기에는 텔레비전 두 대도 포함되었다.

훗날 흥미로운 아이러니가 되었지만, 자모라의 재판은 플로리다 최초로 텔레비전을 통해 중계되었는데, 이는 플로리다 대법원이 허용한 1년짜리 실험의 일부였다. 뿐만 아니라 이 사건은 미국 전역에서 텔레비전으로 중계된 최초의 살인 사건 재판이었다. 자모라의 대리인은 유명한 변호사 엘리스 루빈이었다. 자모라가 이웃을 죽였다는 점에는 의심의 여지가 없었기 때문에, 루빈은 정신이상에 따른 무죄를 주장하는 전략을 택했다. 자모라가 텔레비전 폭력에 너무 많이 노출되어 미쳐버렸다는 이야기였다. 배심원들을 향한 첫 발언에서 루빈은 'TV 중독자가 탄생하고 파멸하는 과정'을 보여주겠다고 했다.

영리한 홍보 기회가 될 수도 있다는 생각에, 루빈은 배우 텔리 사바라스가 자신이 출연한 형사물「코자크」가 어린 범인에게 끼친 영향에 대해 증언해주기를 희망했다. 사바라스에게 소환장이 발부되었고 그는 소환장을 거부하지는 않았지만 자신은 실제로 어떤 도움도 되지 않을 거라고 했다. 나중에 순회법원 판사 폴 베이커가 증언을 허락할 것 같지 않자 그는 증인 목록에서 제외되었다. 변호인 측이 데리고 온 심리학자 역시 텔레비전 프로그램이 실제로 누군가를 살인자로 만든 경우는 알지 못한다고 판사 앞에서 인정한 후에는 증인에서 제외되었다. 그럼에도 루빈은 텔레비전이 자모라의 '교관이자, 세뇌자, 최면사'라고 했다. 그는 의뢰인이 "자신이 텔레비전에 출연해 연기를 하고 있는 건지, 아니면 미리 계획된 잔인한 살인을 저지르는 건지 분간할 수 없었다"라고 주장했다.

변호인이 가까스로 구할 수 있었던 증인인 심리학자 마이클 길버트 박사는 "방아쇠를 당기는 것은 사실상 조건 반사에 해당하며, 텔레비전에 '길들여진' 상태와「코자크」같은 폭력적인 방송에 대한 그의 선호도 때문에 촉발된 것이다"라고 증언했다. 길버트는 사바라스가 맡은 인물은 자모라의 영웅이었으며, 총소리가 들리고 희생자가 쓰러진 직후에 그는「코자크」방송의 어떤 에피소드를 떠올렸다고 했다. 길버트는 자모라가「코자크」에 너무 빠진 나머지 양아버지에게 자신의 머리를 사바라스처럼 박박 밀어달라고 한 적도 있다고 했다.

피고의 어머니 욜란다 자모라는 아들이 살인 사건이 있기 몇 주 전 자살 시도를 했다고 증언했다. 봄에 있었던 심리 검사에서도 자살 성향이 있음이 밝혀졌다. 그녀는 증언대에서 눈물을 흘렸고 아들이 몇 시간 동안 텔레비전만 보면서 누구와도 이야기를 나누지 않는다고 했다.

검사가 불러온 네 명의 소년 증인들은, 자모라가 살인 사건 몇 시간 후에 자신들을 차에 태워 디즈니랜드까지 데려다줬으며 그건 해거트 부인의 차였다고 증언했다. 자모라는 자신이 가지고 있던 수백 달러 돈 다발로 비용을 지불했다. 소년들은 그 자동차와 돈이 이웃의 것이며, 자모라가 그녀를 죽였다는 사실은 몰랐다고 했다.

자모라는 1급살인으로 기소되었다. 톰 히들리 검사는 사형을 구형하지 않았지만, 엘리스 루빈은 선처를 호소하며 자모라가 보다시피 TV의 폭력물에 지나치게 빠져들었고, 정신적으로 아프고 자살 성향이 있다고 주장했다. 그는 기소를 파기하고 자모라가 소년범들을 위한 프로그램에 참가할 수 있게 해달라고 탄원했다. 자모라의 같은 반 친구들이 서명한, 선처를 호소하는 탄원서도 판사에게 제출되었다. 하지만 베이커 판사는 배심원의 판결을 뒤집지 않았고, 자모라에게 살인에 대해서는 종신형과 최초 25년 동안 가석방 불가를, 주거 침입 절도와 폭행에 대해서는 징역 53년을 선고했다. 판결을 내리면서 판사는, 변호인이 선처를 호소하고 있지만 사건을 최초로 다루었던 소년 법정이 이 사건을 성인 법정으로 보낸 것은 범죄의 심각성 때문이었음을 지적했다.

대럴 아그레야는 2급살인으로 기소되었으며 자모라와는 달리

'25년 동안 가석방 불가 조건'이 없는 종신형을 선고받았다. 그는 이를 받아들이고 2급살인 혐의에 대해서 항소하지 않았다.

그리고 1978년 봄, 자모라와 그의 부모는 ABC, CBS, NBC에 대해 민사 소송을 제기하며, 그들이 방송한 폭력적인 프로그램이 '감수성이 예민한 청소년에게 (…) 살인 방법을 알려주었다'고 주장했다. 동시에 미 대법원은 아홉 살 여자아이의 부모가 NBC와 그 샌프란시스코 지국에 대해 제기한 캘리포니아의 소송 사건을 인정했다. 소녀는 성폭력을 당했는데, 사건이 있기 며칠 전에 방송국에서 방영한 영화 「본 이노센트」에서 그녀가 당한 것과 비슷한 성폭력 사건이 묘사되었던 것이다. 1978년 9월, 지방 법원 판사 윌리엄 M. 회블러는 자모라의 소송을 기각하면서, 루빈은 방송국 측의 과실을 드러내지 못했고, 자모라의 소송을 인정하게 되면 새로운 방송 규제가 이어져야 하는데, 이는 강제할 수 없는 것이라고 명시했다.(「본 이노센트」 소송 역시 나중에 기각되었다.)

다시 한 번 다른 사람을 탓하기 위해, 자모라는 새로운 변호사 로널드 구랠닉을 도움을 받아 또 다른 소송을 제기했는데, 첫 번째 재판에서는 변호인이 자격이 없었다고 주장했다. 하지만 1979년 12월, 새로운 재판에 대한 요청은 기각되었고, 프레더릭 배러드 판사는 루빈이 '합리적이고 유효한' 기준을 충족했다고 판단했다.

그렇다면 자모라의 범행에서, 텔레비전이 그를 걸어 다니는 폭력 기계로 만들어버렸기 때문에 발생한 부분은 무엇일까? 동기와 관련한 변호인의 주장을 뒷받침하는 특징적 행동을 찾아볼 수 있을까?

이 사건의 기본적인 사실들은 특이한 것과는 거리가 멀 뿐 아니라, 슬프게도 대단히 특별하다고 할 수 없다. 이는 미국 사회에서 노인을 대상으로 한 전형적인 범죄였으며, 지금도 그러하다. 프로파일 작업에서 우리의 첫 번째 원칙은, 피해자의 나이가 많을수록 범인의 나이는 더 어리다는 것이다. 에디 리 애덤스의 경우처럼, 피해자 선택이나 수법의 기타 요소들이 높은 수준의 범죄적 치밀함을 보여주는 경우가 아니라면 그렇다. 피해자가 칠십 대나 팔십 대라면 우리는 범인의 추정 연령을 십 대까지 낮추는데, 성적인 요소가 개입할 때는(이번 사건은 그렇지 않았다) 특히 그렇다. 남편이 사망하고 혼자 사는 여인이 가장 좋은 목표물이 된다. 그녀는 다른 사람들에게 집안 관리를 의존하게 되는데, 그런 사람들 중 다수가 젊은이들이고, 피해자는 외출이 어려울 수도 있기 때문에 집안에 현금을 보관하게 된다. 만약 아이들이 돈이 필요할 때 근처에 사는 할머니처럼 거의 저항할 수 없는 그런 사람보다 돈을 훔치기 쉬운 상대가 있을까?

핵심은 최초의 범행을 일으킨 분명하고도 설득력 있는 동기가 있다는 점이다. 그것은 탐욕이다. 로널드 자모라는 이웃이 집에 없다는 것을 아는 시각에 그 집에 침입했고, 스스로 밝혔듯이 돈이나 다른 물건을 훔치려는 의도가 있었다. 그런 선택 자체가 TV 중독이라는 주장, 즉 텔레비전의 폭력에 사로잡혀 빈 집을 털러 들어가게 되었다는 주장과 모순되는 것이다. 그를 범죄 현장에 이끈 동기는 「코자크」나 다른 텔레비전 방송에서 봤을지도 모르는 폭력과는 전혀 관련이 없다. 사실, 그가 「코자크」의 등장인물과 자신을 지나치게 동일시해서 양아버지에게 머리를 밀어달라고까지 했다면(심지어 그는 사바라스처럼 막대 사탕을 물고 다니고 싶어 했다는 소문도 있었다), 그는 범죄를 저지를 것이 아니라 거기에 맞서 싸워야 했다.

하지만 자모라가 절도를 목적으로 공범과 함께 그 집에 침입해 피해자를 죽이게 만든 동기는 무엇이었을까? 분명히, 피해자가 갑자기 돌아왔을 때 그는 놀라고 당황했다. 미디어가 그를 폭력이나 살인의 공포에 대해 무감각해지도록 만들었다는 주장이 있을 수 있으며, 나 역시 많은 경우에 우리 사회가 점점 더 폭력에 무감각해졌음을 가장 먼저 인정하는 사람이다. 우리는 주변에 만연한 폭력을 당연하게 여기는 경향이 있다. 하지만 거기에는 뉴스 보도도 포함되어야 할 것이다. 뉴스 미디어가 실제로 있었던 일을 보도하지 말아야 한다고 주장하는 것이 아니다. 분명한 사실은 폭력이 폭력을 낳는다는 것, 그리고 이어서 무감각을 낳는다는 것이다.

따라서 로널드 자모라가 텔레비전에서 본 것 때문에 무감각해졌다고 말할 수 있다. 하지만 방아쇠를 당겨 할머니를 날려버리는 것이 잘못된 행동임을 이해할 수 없을 정도까지 무감각해질 수 있는 걸까? 맹세코 아니다! 그동안 나의 경험에서 그런 주장을 뒷받침할 수 있는 일은 한 번도 보지 못했다. 그러한 통계 자료도 전혀 없다. 분명 자모라는 절도가 잘못된 일임을 이해하고 있었고 그 일로 인해 곤경에 빠지지 않기 위해 살인을 저질렀다.

이 사건에는 재앙을 위한 요소들이 모두 포함되었다. 젊고 미숙한 범인이 갑자기 예상하지 못하고, 생각하지 못하고, 대비하지 못했던 상황에 직면했다. 그리고 거기에 총이 – 그가 텔레비전에 본 바에 따르면 즉시 단기적인 해결책을 만들어주는 도구였다 – 추가된다. 그게 실제로 있었던 일이다. 총이 없었다면 그는 다른 식으로 피해자를 죽이려고 시도했을 테지만, 그건 더 힘들고 시간을 잡아먹는 일이었을 것이다. 칼이 있었다고 해도 그는 좀 더 직접적으로 다가가야만 했을 텐데, 이는 다수의 어리고 '겁 많은' 범인들이 원하지 않는 일이다. 로널드 자모라 사건이 우리에게 말해주는 교훈이 있다면, 첫째는 우리가 동기가 무엇이었는지를 실제로 이해하고 나면 미디어가 그를 마비시켰다고 비난할 수 없다는 점이며, 둘째는 폭력 묘사를 금지하려는 활동을 시작하기 전에, 그렇게 묘사된 것, 즉 폭력 자체에 대해 뭔가를 해야만 한다는 점이다. 나라면 잠재적인 범죄자들이 「코자크」가 아니라 권총에 접근할 수 없게 만들 것이다.

범죄자가 실제로 누군가를 죽이거나 다치게 하는 아이디어를 얻는 경우는 분명히 있다. 내 동료 로이 헤이즐우드는 콴티코에 있는 현대 행동과학의 선구자들 중 한 명이다. 그는 독일에 주둔 중인 미군이 정확히 탐정 잡지에 나온 시나리오대로 자신의 아내와 아이를 잔인하게 살해한 사건 수사를 지원하기 위해 파견된 적이 있었다. 우리가 그 사실을 아는 이유는, 대참사가 펼쳐진 장면을 묘사한 잡지의 페이지가 펼쳐진 채로 텔레비전 위에 놓여 있었기 때문이다. 동일한 무기가 사용되었고, 여성의 시신이 동일한 방식으로 놓여 있었고, 범죄 방식 자체가 이 잡지에 나온 것을 그대로 모방하고 있었다.

이 사건에서 증거는 분명하다. 잡지의 영향이 없었다면 이 범죄가 일어나지 않았을 거라는 점에 대해서는 의심의 여지가 없다. 하지만 범인이 이 잡지를 보지 않았더라도, 어떻게든 아내와 아이를 죽였을 거라는 점에 대해서도 의심의 여지는 거의 없다. 아마도 범죄는 다른 잡지나 영화 혹은 그 자신의 뒤틀린 상상에서 비롯된 무언가를 바탕으로 벌어졌을 것이다.

소위 탐정 잡지의 심각한 위험은, 로이의 견해에 따르면 '폭력의 성애화', 즉 반사회적이고 폭력에 경도된 독자의 머릿속에서 폭력과 성적 흥분의 관련성을 만들어내는 것이다. 1986년, 그는 수사지원부의 상담역이자 전국적으로 유명한 범죄심리학자인 파크 엘리엇 디츠, 그리고 심리학자이자 법학 교수인 브루스 해리와 함께 『저널 오브 포렌식 사이언스』에 「탐정 잡지, 가학적 성애자를 위한 포르노그래피인가?」라는 기념비적인 기사를 실었다. 여기서 그들은 다양한 탐정 잡지의 표지와 내지의 이미지를 포함한 내용을 검토했다. 이들이 가장 크게 비판한 부분은 이 잡지들이 끊임없이 전형적인 에로틱 이미지(예를 들면 옷을 거의 입지 않은 아름다운 여성)와 성행위에 대한 묘사를, 폭력적인 이미지나 무고한 피해자가 속수무책으로 당하는 고통과 교차시켜서 제시한다는 점이었다. 저자들은 특정한 성적 약탈자들과 그런 잡지에 실린 사진·이야기의 직접적 연관성을 밝혀냈는데, 그 잡지들은 대부분의 가판대에서 팔고 있고, 미성년자들도 쉽게 구할 수 있었다.

그들은 조심스럽게 이렇게 덧붙였다. "탐정 잡지가 가학적인 성적 이미지의 풍부한 원천이 되고 있다는 건 의심의 여지가 없지만 (…) 우리가 묘사한 사건들을 볼 때, 탐정 잡지가 성적 가학이나 가학적 범죄의 '원인이 되는' 것은 아니다." 하지만 그들은 감수성 예민한 젊은이들은 성적인 이미지와 폭력적 이미지를 지속적으로 교차시키는 것을 보고 그 둘을 연관시킬 수도 있다는 걱정을 표명하기도 했다.

이 기사는 법 집행 당국과 범죄심리학계의 엄청난 관심을 불러일으켰고, 심지어 잡지사들도 표지 사진을 많이 바꾸고, 노골적으로 가학-피학적인 이미지를 싣지 않게 되었다. 대단히 긍정적이고 희망적인 발전이다. 하지만 다른 사건들과 마찬가지로 미디어가 범죄의 원인은 아니었음을 기억하는 것이 중요하다. 미디어가 할 수 있는 것은 세부사항에 영향을 미치고 강화하는 것이다. 미디어가 아직 동기를 지니고 있지 않은 사람에게 그것을 만들어줄 수는 없다. 동기는 내부 어딘가에서, 더 깊고 으스스한 곳에서 온다.

동기는 이미 있었고 미디어가 아주 중요한 세부사항을 제공한 또 다른 악명 높은 사건이 있다.

1974년 4월 22일 오후 6시경, 공군 소속 군인인 열아홉 살의 데일 셀비 피에르와 윌리엄 앤드루스가 유타주 오그덴에 있는 음향장비 상점 하이파이 숍이 문을 닫기 직전에 그 가게를 털었다. 둘은 점원인 스무 살의 스탠 워커와 열여덟 살의 미셸 앤슬리를 지하실에 가두고 몸을 묶었다. 바로 그때, 열여섯 살의 코트니 네스빗이 워커에게 고맙다는 인사를 하기 위해 들어왔고, 두 강도는 그 역시 지하실에 가두고 묶었다.

가져갈 수 있는 현금과 작은 장비들만 챙겨서 나가는 대신, 범인들은 음향장비들을 트럭에 싣느라 1시간 이상을 그곳에서 보냈다.

뒷문에서 발소리가 들리자 그들은 몸을 숨겼고, 스탠의 아버지인 마흔세 살의 오렌 워커가 들어왔다. 아들이 돌아오지 않자 직접 와본 것이다. 가게는 한참 전에 닫혀 있어야 했다. 피에르는 총으로 오렌을 놀라게 한 다음, 나머지 인질들이 갇혀 있는 지하실로 내려가라고 했다. 눈에 띄게 흥분한 피에르는 지하실 벽을 향해 총을 두 발 발사했고 미셸과 코트니는 공포에 사로잡혔다. 미셸은 목숨만 살려 달라고 간청했다. 스탠 워커는 강도들에게 원하는 건 뭐든 가져가라고, 아무도 나중에 그들이 범인이었다고 말하지 않겠다고 했다. 인질들이 저항을 하거나, 고난의 시간 내내 범인들에게 그 어떤 물리적 위협을 가한 증거는 없다.

피에르는 앤드루스에게 차에 가서 뭔가를 가져오게 했다. 종이봉투에 든 병이었는데, 앤드루스는 그 병에 든 파란 액체를 일회용 컵에 따랐다. 그는 오렌 워커에게 지하실에 있는 세 사람에게 그 액체를 먹이라고 했다. 오렌이 거절하자 피에르는 그의 손과 발을 묶고 바닥에 엎드리게 했다. 바로 그때, 코트니의 어머니인 쉰두 살의 캐럴 네스빗이 아들을 찾으러 상점으로 왔다. 강도들은 그녀를 제압한 다음, 묶어서 아들 옆에 두었다.

피에르와 앤드루스는 음료를 삼킬 수 있게 인질들을 일으켜 앉힌 다음, 강제로 마시게 했다. 피에르는 그게 독일제 수면제가 든 보드카라고 이야기했다. 음료를 마시자마자 인질들은 기침과 구역질을 하고, 거칠게 숨을 헐떡였다. 이 광경을 본 오렌은 음료를 삼키는 척하며 다른 사람들처럼 힘들어하는 시늉을 했다. 그 음료는 사람들의 입안과 목을 태워버렸고, 흘린 자리마다 피부도 타버렸다. 피에르는 테이프로 인질들의 입을 막으려 했지만, 즉시 입술에 물집이 생기며 테이프가 붙어 있지를 못했다. 독약의 속도 혹은 효능에 만족하지 못한 그는 캐럴 네스빗에게 다가가 뒤통수를 쐈고, 이어서 그녀의 아들도 쏴버렸다. 근거리에서 오렌 워커를 쐈지만 총알은 빗나갔고, 피에르는 스탠을 쏜 다음 다시 오렌에게 가서 한 번 더 쐈다.

미셸 앤슬리는 피에르가 그녀를 풀어주는 동안에도 살려달라고 간청했다. 피에르는 그녀를 지하실 구석으로 데리고 가, 강제로 옷을 벗게 한 다음 여러 차례 강간했다. 그런 다음 그녀를 다른 사람들이 쓰러져 있는 곳으로 데리고 와 거칠게 엎드리게 한 다음, 머리에 총을 쐈다. 오렌 워커가 죽었는지 확신하지 못한 피에르는 가게에 있는 음향 기기에서 잘라낸 전선으로 고리를 만들어 목을 졸랐다. 그렇게 해도 피해자가 죽지 않자 피에르는 오렌의 귀에 펜을 꽂은 다음 고막을 뚫고 목으로 튀어나올 때까지 전투화로 마구 밟았다. 피해자들은 밤 10시 이후, 워커 부인과 작은 아들 린이 스탠과 오렌을 찾으러 다급하게 상점에 왔을 때 발견되었다. 린이 발로 차서 문을 열었다. 그들은 도움을 요청했지만 스탠과 미셸은 이미 현장에서 사망한 상태였다. 캐럴은 응급실에 도착한 직후 사망했다. 오렌과 코트니는 기적적으로 살아남았다. 오렌은 심각한 내부 화상을 입었고 귀가 전체적으로 손상되었다. 코트니는 266일 동안 입원해야 했다. 파란색 액체는 공업용 배수관 세정제였고, 염산 성분이 들어 있었다.

이 끔찍한 범죄 직후에, 경찰은 정보원의 전화를 받게 된다. 또 다른 공군 병사였는데, 몇 달 전 앤드루스가 그에게 다음과 같은 고백을 한 적이 있다고 했다. "조만간 하이파이 숍을 털 거야. 방해가 되는 인간이 있으면 누구든 죽여버릴 거야."

그 전화가 있고 몇 시간 후, 힐 공군기지에 있는 피에르와 앤드루스의 막사 근처 쓰레기통에서 두 소년이 피해자 소유의 지갑과 손가방을 발견했다. 현장에 출동한 형사는 우연히도 콴티코에서 우리의 수업을 들은 사람이었는데, 수사 기법은 물론이고 극적인 분위기를 연출하는 것이 종종 미상범을 찾는 과정에서 도움이 된다는 것도 알고 있었다. 범인들이 수사 과정을 지켜본다는 것을 배웠던 그는, 이미 쓰레기통 주변에 모여든 구경꾼들 틈에 미상범이 있을 가능성이 크다고 생각했다.

그는 기다란 집게로 쓰레기통을 사정없이 휘저으며 증거가 될 수 있는 물건들을 찾았고, 뭔가를 찾았다고 생각될 때마다 증거물 봉투에 집어넣기 전에 동료와 구경꾼들 앞에서 크게 흔들어 보였다. 그는 구경하던 군인들 중 두 명이 눈에 띄게 동요하는 것을 알아차렸다. 그들은 앞뒤로 서성거리고, 막사에 들어갔다 나오기를 반복했다. 나중에 그는, 행동거지로 볼 때 그 둘이 용의자가 틀림없었다고 내게 말했다. 바로 피에르와 앤드루스였다. 당시에는 형사가 했던 조치에 대한 공식적인 명칭이 없었지만, 지금은 '주도적 기술 proactive techniques'이라고 부른다. 그 형사는 자신의 공적으로 법무부 포상을 받았고, 콴티코의 우리는 그가 받았던 훈련과정이 그토록 효과를 발휘해서 기뻤다.

피에르와 앤드루스는 체포됐고, 경찰이 그들의 숙소에 수색영장을 집행했다. 카펫 밑에서 하이파이 숍의 전단지와 대여 창고 계약서를 발견했고, 그 창고에서 경찰은 도난당한 상품들과 반쯤 비어 있는 배수관 세정제를 찾아냈다.

데일 피에르와 윌리엄 앤드루스는 둘 다 1급살인으로 기소되고 사형 판결을 받았다. 제3의 인물이었던 키스 로버츠도 절도 사건에 관여한 것으로 징역형을 받았고, 나중에 가석방되었다. 피에르는 1987년 8월 독극물 주사를 맞고 처형되었는데, 1977년 총살로 사형되었던 게리 길모어 이후 유타주에서 집행된 최초의 사형이었다. 실제로 길모어는 집행장으로 끌려오면서 "지옥에서 봐, 피에르와 앤드루스"라고 외쳤다고 한다. 유타 주립교도소의 교도관들은 길모어가 그 말을 하며 웃었다고 했다. 피에르와 앤드루스는 그 소식을 들었을 때 웃지 않았고 말도 없었다.

앤드루스는 한참 동안 최후의 순간을 기다리다 마침내 1992년 7월 20일, 독극물 주사를 맞고 사망했다. 처형 당시 서른일곱 살이었고 사형수로 18년을 보냈다. 앰네스티 인터내셔널과 전미유색인종지위향상협회NAACP를 포함해 여러 단체가 문제를 제기했다. 앤드루스는 직접 방아쇠를 당긴 사람이 아니라는 점, 피고는 모두 흑인이고 피해자들은 물론 배심원까지 모두 백인이었기 때문에 해당 사건에는 인종적 함의가 담겨 있다고 주장했다. 그들은 유타의 백인들이 흑인들을 사악하게 죽인 범인, 예를 들어 1981년 백인 여성과 함께 조깅을 했다는 이유로 두 명의 흑인을 살해한 조지프 폴 프랭클린 같은 이들은 사형 판결을 받지 않았다고 했다.

말할 것도 없이, 나는 사형 제도를 둘러싼 법적 절차의 불공정성을 지적할 때마다 대단한 곤란함을 느낀다. 사형이 더 공정하고, 일관성 있고, 솔직히 말해 더 신속히 집행되는 것을 보고 싶다. 그렇게 되면 윌리엄 앤드루스 같은 자, 그러니까 직접 방아쇠를 당기지는 않았지만 다분히 피해자를 죽이려는 의도로 '치명적인 액체'를 먹였던 자가 사형집행 주사를 맞아야 하느냐 마느냐를 가지고 논쟁할 필요도 없을 것이다. 앤드루스와 피에르의 진범 여부에 대해서는 어떤 애매함도 없고, 그렇기 때문에 사형에 반대하는 주장은 이 사건에서는 적절하지 않다. 그리고 동기를 보면, 누가 총을 쐈는지에 상관없이 두 사람 모두 필요에 따라 사람을 죽이게 될 것을 알고 들어갔다는 점은 분명하다.

"저는 절도에만 가담했고, 절도에 그칠 것으로 생각했습니다"라고 앤드루스는 『USA투데이』에 말했다. "하지만 너무 많은 일이 벌어졌어요. 모든 게 통제 불능 상태가 됐죠." 실제로 그와 피에르는 자신들이 모델로 삼은 영화 시나리오를 따라 한 것이었다. 또한 앤드루스 자신이 트럭에서 배수관 세정제를 싣고 왔다. 그걸 어디에 쓸 거라고 생각했단 말인가?

이 야만적인 사건은 하이파이 살인사건으로 알려져 있다. 우리는 교육원에서 이 사건을 강의했고, 나는 『범죄 분류 매뉴얼』에도 이 사건을 포함시켰다. 수사 과정에서 두 범인은 사건 전 해에 나온 클린트 이스트우드의 「더티 해리」 시리즈 영화 「매그넘 포스」에서 배수관 세정제 아이디어를 얻었던 것으로 밝혀졌다. 둘은 그 영화가 너무 마음에 들어서 두세 번씩 봤다고 했다.

하이파이 살인사건의 배경이 그 영화의 시나리오와 완전히 똑같은 것은 아니다. 영화는 샌프란시스코 경찰국 소속 형사 해리 캘러한이 오토바이 자경단의 악행을 뿌리 뽑는 내용인데, 자경단은 법으로 처벌할 수 없지만 죽어 마땅한 나쁜 놈들을 직접 처단하고 있었다. 그들이 즉결 처분하기로 한 나쁜 놈들 중 하나는 몹시 비열하고 화려한 포주였는데, 그는 자신이 데리고 있는 매춘부가 자기 돈을 빼돌린 것에 대한 벌로 그녀를 택시 뒷좌석에서 살해한다. 그가 사용한 살해 도구가 배수관 세정제였고, 그는 여성에게 강제로 그것을 마시게 한다. 여성은 즉시 택시 바닥에 쓰러져서 사망한다.

우리가 구축한 『범죄 분류 매뉴얼』에 따르면 하이파이 살인사건은 무차별 흉악 살인에 해당한다. 이는 흉악범에 의한 살인이며, 범인이 절도의 일환으로 살인을 계획했지만 희생자가 누가 될지에 대해서는 전혀 몰랐기 때문에 무차별적이다. 거기에 가학적인 함의도 포함되었다고 말할 수 있다. 이는 또 다른 범주인데, 데일 피에르는 자신의 조종, 지배, 통제 하에 있는 피해자에게 고통을 주고 괴롭히는 것에서 감정적 만족을 얻었던 것처럼 보이기 때문이다. 또한 그는 피해자들 중 한 명을 사악하게 강간했는데, 이는 재산을 훔치려는 동기와는 전혀 관련이 없는 일이었다. 기회가 저절로 등장했고, 그는 그 기회를 활용한 것이다. 젊은 여성이 목숨을 살려달라고 간청했다는 사실은 그의 행동을 더욱 만족스럽게 만들어주었을 것이다.

실행 단계에서 보면 이 범죄는 대단히 계획적이다. 우리는 그들이 몇 달 간 그 범죄를 생각하고 있었음을 알고 있다. 훔친 물건을 숨길 창고 시설을 확보했다. 범행 시각으로는 방해를 받지 않을 걸로 기대되는 시간대를 골랐다. 그리고 증인들을 없애기 위한 좋은 방법도 있다고 생각했는데, 그건 너무 좋아해서 여러 번 봤던 영화에서 나오는 방법이었다.

피에르와 앤드루스는 범죄를 저지르는 과정에서 미디어의 영향을 받았을까? 특정 단계에서는 확실히 그랬다. 하지만 그들은 이미 이 특정한 범죄 행위를 결심했고, 구체적인 방법을 생각하고 있는 단계였다. 「매그넘 포스」에서 매춘부는 강제로 배수관 세정제를 마신 후 즉시, 아무런 저항도 없이 사망했다. 증인을 없애는 방법으로는 얼마나 좋은 아이디어인가! 깔끔하고, 쉽고, 총소리로 사람들을 놀라게 할 위험도 없고, 옷에 피가 엉망으로 튀어서 세탁해야 할 일도 없다. 심지어 더티 해리도 창녀가 어떻게 죽었는지 이야기를 들었을 때 깊은 인상을 받은 것 같았다.

하지만 많은 영화가 그렇듯, 실제 삶은 환상에 부합하지 않는다. 실제 피해자들은 즉시 죽지 않았다. 엉망이었다. 그들은 기침을 하고 컥컥대고 토했다. 요란한 소리가 났다. 피에르는 결국 총을 쏴야만 했다. 부검 결과, 배수관 세정제를 삼킨 사람들은 결국은 죽었을 테지만, 그렇게 되기까지 12시간 정도 걸렸을 것으로 추정되었다.

핵심은 이 두 가학적인 악당이 이전에 뭘 보고 들었든 상관없이 그들은 범죄를 저질렀을 거라는 점이다. 미디어가 영향을 미친 것은 세부사항이었다. 하지만 미디어가 데일 피에르와 윌리엄 앤드루스를 그런 괴물로 만든 것은 아니다. 만약 이 사건을 미제 사건 상태에서 프로파일링을 했다고 해도, 내가 「매그넘 포스」를 봤는지 여부는 어떤 차이도 만들어내지 못했을 것이다. 행위가 그 자체로 말을 해 준다.

흥미로운 점은, 만약 범죄자들이 그렇게 잡히지 않았다면, 이 사건은 법 집행 기관이 언론을 적극적으로 활용하여 결과에 영향을 미칠 수 있었던 사건이라는 것이다. 조작하거나 오도하는 것을 말하는 것이 아니라, 분석 결과를 공개하고 그 중요성을 설명하는 것을 의미한다.

우리가 하이파이 살인사건을 미제 사건 상태에서 접근했다고 해도, 단독범이 아니라는 점은 즉시 분명해졌을 것이다. 혼자서 다섯 명의 상대를 통제하는 것은 사실상 불가능하며, 무거운 음향장비를 옮기고 트럭에 싣는 것은 말할 것도 없다. 증거, 그리고 유사한 성질의 다른 범죄들을 다루어본 경험에 따라, 둘(혹은 셋이나 넷일 수도 있다) 중 한 명이 지배적인 역할을 하며 명령을 내리고, 인질들을 통제했을 거라는 가정 하에 조사를 했을 것이다. 강간 피해자의 시신을 보면 범인들 중 한 명만이 사악하고 가학적인 성폭력에 관여했음을 알 수 있었을 것이다.

따라서 우리는 이 공격의 주범의 프로파일을 작성하고, 그 정보를 뉴스 미디어를 통해 대중에게 알렸을 것이다. 그다음엔 이 범죄에 대한 우리의 두 번째 가설, 즉 이는 (범죄 과정에서) 통제 불능이 된 사건임을 알렸을 것이다. 우리는 이 사건의 작동 방식을 이해했을 테고 사건을 해결할 수 있다고 확신했을 것이다. 하지만 주범은 계속 사태를 걷잡을 수 없게 만들었을 테고, 다시 통제력을 잃어버렸을 것이다. 결국 그는 공범 혹은 공범들이 밀고할까봐 두려워할 테고, 그들보다 먼저 자신이 밀고를 해버렸을 것이다.

'공범 양반, 이 친구가 활개를 치고 다니는 동안 당신은 아주 아주 조심해야 할 거야. 당신 목숨이 위태롭다고. 유일한 기회는 자수하고 그 친구를 신고하는 것밖에 없어. 그렇게 하면, 적어도 법적 절차에 따라 보호받을 수 있어. 너의 공범은 절대 그걸 해줄 수 없지.'

아이러니하게도 미디어는 이 사건에서 진정으로 중요한 역할을 할 수 있었을 것이다. 범죄가 발생하는 단계가 아니라 범죄를 해결하는 과정에서 말이다.

지능범일수록 미디어를 활용해 자신의 동기, 필요, 심지어 잡힌 후의 욕망을 드러내기도 한다. 마이클 B. 로스가 그런 자다.

그는 1959년 코네티컷에서 태어났고, 부모님은 가축 농장을 운영했다. 고등학교 시절 동물학에서 뛰어난 소질을 보였고 1977년 코넬에서 대학 생활을 시작했다. 고등학교 성적이 만족스럽지 않다며 수의학과에 지원한 나를 떨어뜨렸던 바로 그 학교였다(결과적으로는 그들이 옳았다). 1981년 졸업 후 로스는 중서부의 농장에서 얼마간 일했다. 1981년 9월, 일리노이 자전거 여행 중 열여섯 살 소녀를 납치해 결박했다가 경찰에 체포되었다. 그는 불법 감금으로 유죄판결을 받고 보호감찰 2년에 500달러의 벌금형을 받았다. 코네티컷으로 돌아온 후 몇 차례 더 유사한 방식으로 법과 충돌했는데, 어떤 여성의 목을 졸라 굴복시키려 했지만 알고 보니 그녀가 비번 중인 경관이었던 경우도 있었다.

그는 결국 열네 살에서 스물세 살까지 젊은 여성 여섯 명을 살해한 살인범이라는 꼬리표가 붙게 된다. 코네티컷에서 있었던 두 건의 재판에서 유죄가 확정되었고 징역 12년 형과 사형 판결을 받았다.

로스가 우리의 논의와 관련하여 보여주는 시사점은, 분명히 영리하고 논리정연한 아이비리그 출신의 이 자가 대량으로 유통되는 매체에 글을 써서, 구원과 용서, 사형제도의 효과 등, 자신에게 의미심장한 주제에 대한 입장을 피력했다는 사실이다. 나는 그 누구라도 자신의 생각을 발표하는 것에 대해 반대하지 않으며, 형이 확정된 살인범도 예외는 아니라고 생각한다. 하지만 사형수로서 보냈던 기간에 그의 입장이 어떻게 변했는지, 어떻게 미디어를 점점 더 자신의 목적에 맞게 활용해나갔는지를 살펴보는 것은 흥미롭다.

1988년, 로스는 『하트퍼드 쿠란트』의 서면질의에 대한 답변에서, 살인범들은 범죄를 저지를 때 사형을 염두에 두지 않기 때문에 그것은 억제책이 될 수 없으며, 그런 까닭에 단지 국가의 '보복'에 불과하다고 했다. 1995년 2월, 『아메리카』에 투고한 기사에서는 사형제도를 분석했는데, 본질적으로 사형제는 합법적이며 많은 사람에게 감정적인 만족감을 주기도 하지만, 실제로 형이 확정된 사형수를 처형대까지 옮기는 비용과 법률적 자원을 들일 가치는 없기 때문에, 그를 그냥 교도소에 두고 그 자원은 다른 곳에 활용하는 것이 낫다고 주장했다. 좋다. 이는 흔하지 않은 입장도 아니고, 로스는 설득력 있고 논리적인 주장을 구축해나가는 꽤 뛰어난 작가였다.

그리고 그해 12월, 그는 사형을 선고할 때와 선고하지 않을 때의 비용에 대해 달라진 견해를 드러냈다. AP통신 기자 브리짓 그린버그는 그가 통신사에 보낸 편지에서, 더 큰 선을 위해 자신은 반드시 처형되어야 한다고 주장했다고 전했다. "내가 저지른 범죄의 피해자 가족들을 그 소름 끼치고 감정적으로 혼란스러운 증언대에 세울 필요는 없습니다." 그린버그는 로스의 편지를 인용했다. "나는 죽고 싶지 않지만, 그러한 증언이 가족들에게 가져다 줄 고통에 비하면 내 목숨은 전혀 중요하지 않습니다."

"로스가 원하는 바는 다음과 같다"라고 그린버그는 적고 있다.

> 그는 자신의 사건에 여러 가중 요소, 즉 사악하고 무감각한 면이 있음을 인정하겠다고 한다. 그리고 정신장애 같은 감경 요소가 없다는 점도 분명히 하기를 원한다. 비록 자신은 정신병, 즉 성적 가학증이 자신을 살인으로 이끌었다고 믿고 있지만 말이다.
>
> 마지막으로, 그는 자신에게 정신병이 있다는 증언을 위해 다른 사람을 부르지 않기를 원한다. 비록 주 당국은 정신분석 감정서를 확보하고 있고 [주 대법원의] 판사들이 그 감정서를 인용해 자신의 사형 판결을 뒤집을 수도 있겠지만 말이다.
>
> 가중 요소만 있고 감경 요소는 전혀 없다면 사형 판결은 거의 확실하고, 로스는 1960년 이후 코네티컷에서 처음으로 형이 집행되는 사형수가 될 수밖에 없을 것이다.
>
> "나의 가치 없는 목숨을 구하기 위해 (그 가족들에게) 더 깊은 상처를 주는 일을, 나는 할 준비가 되어 있지 않습니다"라고 로스는 적고 있다.

심지어 로스가 국선 변호사를 해임하고 직접 스스로를 변호하고 있는 이 단계에서도, 전문가들은 그가 자신이 하는 일을 정확히 알고 있다고 입을 모은다.

1996년 4월 5일 『내셔널 가톨릭 리포터』에 실린 기사에서, 그리고 7월 7일 『클리블랜드 플레인 딜러』에 실린 대단히 유사한 기사에서, 로스는 단지 피해자의 가족들과 화해하고 싶을 뿐이라고, 자신은 자신의 행동에 대한 책임을 받아들이기로 했고, "최후의 처형이 있을 때까지 자신의 여정을 완수할 수 있는 힘과 끈기, 확고한 도덕성"을 달라고 하느님께 간청하고 있다고 적었다.

가톨릭 잡지임을 감안해 그는 처형에 대한 직접적인 언급을 피하고 대신 "그 빛과 하나 되는"이라는 표현을 썼다.

다시 한 번 아무 문제도 없다. 사실 그가 그렇게 깨달음과 뉘우침을 드러냄으로써, 나를 포함해 수천 명의 독자를 자기편으로 끌어들이고 있다고 말할 수도 있다.

여기서 로스의 의도를 판정할 수 있는 효과적인 방법은 없다. 서너 개의 가능성을 짐작해볼 수는 있겠지만, 그중 어떤 것도 뒷받침해줄 증거가 없다. 그 동기는 마침내 자신의 이전 방식이 사악했음을 알아보고, 그것을 설명하고 속죄하려는 한 남자의 전적인 자기부정과 이타주의일 수도 있다. 또한 그것은 자신이 남은 평생을 교도소에서 보내게 될 가능성이 압도적으로 높다는 것을 아는 상황에서, 자신의 지성과 재능을 활용해 뭔가 흥미롭고 생산적인 일을 하고 싶어졌고, 따라서 자신의 글과 유명세로부터 높은 수준의 자기만족을 얻는 것일 수도 있다. 혹은 여전히 남아 있는 자신의 유일한 방식으로 조종하고, 지배하고, 통제하려고 애를 쓰고 있는 것일 수도 있다.

말했듯이 나는 진짜 동기가 뭔지 알 수 없다. 어쩌면 그 세 가지가 뒤섞인 걸 수도 있다. 『댈러스 모닝 뉴스』의 1997년 4월 21일자에 하워드 스윈들이 쓴 기사에 따르면, 로스의 입장은 자신의 어린 시절과 정신적 상태, 자신이 그 끔찍한 짓을 저지른 이유를 상세하게 설명하는 것으로 진화했다.

> 그는 매달 루프론 주사를 맞고 있는데, 이는 테스토스테론을 감소시키고 성적 이상 증세를 완화시키는 화학적 거세 약품이다. 로스 씨는 사형제에 반대하는 기사나 논설을 쓰며 사형수로서의 시간을 보내고 있다. 『프로비던스 저널』에서 그는 이렇게 적었다. "우리는 어떤 개인을 사형수로 만드는 범죄들이 무엇인지 알고 있을지도 모른다. (…) 하지만 사회가 사형을 통해 규탄하는 그 인간에 대해서는 아는 사람이 거의 없다."

1년이 조금 더 지난 1998년 8월 5일, AP통신은 이제 서른아홉 살이 된 로스가 더 이상 아무런 저항도 없이 처형당하는 것을 바라지 않으며, "철저한 변호를 원한다"는 입장이라고 보도했다.

나는 이 나라가 사형 판결에 대한 상고 절차를 질질 끄는 것이 늘 못마땅하지만, 자신이 저지른 범죄에 대해 자책하던 마음을 뒤바꿔 버렸다고 해서 거기에 대해 가타부타할 수도 없는 일이다. 그건 그와 그의 양심 사이에서 벌어지는 일이다. 그에게도 양심이 있다면 말이다. 하지만 애초에 미디어를 통해 자신이 당연히 처형되어야 한다고 말하며 신뢰를 구축한 그가, 그러는 사이에 실제로 얻어낸 것은 사형 집행으로부터 벗어나려고 하는 그의 태도에 대한 훨씬 더 많은 관심과 주목, 이해와 동정이 아닐까 하는 생각을 지울 수 없다. 그는 피해자 가족을 진심으로 걱정하고 있다고 주장해왔지만, 이제 그들에게 매듭을 지어주는 대신, 자신의 목숨을 구하기 위해 언론을 이용한다면, 그가 그 가족들을 얼마나 진심으로 걱정하고 있는지 의심할 수밖에 없다. 나는 검열을 찬성하는 입장은 아니지만, 만약 이런 상황이라면, 그리고 이 사건에서 미디어가 차지했던 비중의 역사를 알고 있는 편집자라면, 마이클 로스의 글을 발표하기 전에 무엇을 내보낼지 신중히 고민할 것 같다.

이 책을 쓰고 있는 동안 마이클 로스는 다시 한 번 자신의 상황을 통제해보려고 시도했다. 이번에는 코네티컷 소머스에 있는 경비가 삼엄한 노던 교도소의 감방에서 치명적인 분량의 약을 삼킨 것이다. 그가 그 정도의 처방약을 확보할 수 있었다는 사실 자체가 그의 지능과, 체제를 다루는 치밀함을 말해준다고 하겠다. 하지만 여기서 메시지는 아주 분명하다. 마이클 로스 같은 자들은 늘 이런저런 식으로 자신이 주도권을 가져야만 한다. 이런 겁생이들 중 일부는 체포되는 즉시 자살해버리기도 하는데 레너드 레이크가 그랬다. 젊은 여성들을 고문하고 살해한 그는 1985년 6월, 샌프란시스코 경찰서에서 조사를 받던 중에 청산가리 알약을 먹고 자살했다. 다른 부류는 포위된 상태에서 체포를 앞두고, 우리가 말하는 '경찰에 의한 자살'로 상황을 몰아간다. 하지만 어느 쪽이든 의미하는 바는 같다. 끝까지 조종, 지배, 통제하려는 욕망이다.

똑바로 보자. 우리 모두는 미디어에 영향을 받는다. 우리 모두는 우리가 한 일을 사람들이 알아봐주기를 바란다. 나는 일하는 동안 꽤 많이 대중에게 알려졌는데, 나에 관한 기사들을 볼 때마다 짜릿했음을 인정할 수밖에 없다.(「FBI 수퍼탐정 윌리엄스 재판에서 큰 역할을 하다」(『애틀랜틱 저널』 및 『컨스티튜션』), 「FBI에 있는 현대의 셜록 홈스」(『세인트루이스 글로브 데모크랫』), 「'양들의 침묵' 요원의 모델, FBI의 존 더글러스에게 듣는 섬뜩한 세부사항」(『USA 투데이』)).

연쇄범죄자도 마찬가지다. 그들 중 많은 이가 자신의 '성취'를 자랑스러워하며, 일단 투옥되면 자신이 가장 대단하고 가장 나쁜, 최고의 범죄자로 알려지기를 원한다. 끝까지 뉘우치지 않고 사망한 테드 번디는, 범죄자의 복잡한 정신 상태를 연구하고 싶다는 학자들의 편지를 받을 때면 흥분하곤 했다. 헨리 리 루카스는 자신이 저지르지 않은 살인을 적어도 열일곱 건 이상 자행했다고 주장했다.

나는 조지프 피셔라는 자를 인터뷰한 적이 있다. 이상하고, 충동적으로 폭력적이며, 알코올 중독이고, 볼품없는 떠돌이였던 그는 세 명의 여성을 살해한 죄로 뉴욕 주립교도소에 수감 중이었다. 그중

한 명은 그의 아내였는데 그보다 스물여덟 살 연상이었고, 그는 어느 시점부터 그녀에게 싫증이 난 상태였다. 하지만 그는 자신이 세상에서 가장 대단하고 가장 나쁜 연쇄살인범으로 알려지기를 원했다. 1979년 뉴욕주 더치스카운티에서 경찰에게 체포된 그는, 경찰이 1년 동안의 조사 끝에 세 건에 대해서만 혐의를 두었음에도, 자신은 서른세 건의 살인을 저질렀다고 자백했다. 나와 함께 있는 동안에도 그는 끊임없이 연기했다. 자신의 어머니가 얼마나 "쌍년"이었는지에 대해 말들을 쏟아냈는데, 연쇄살인범은 그래야 한다고 생각했기 때문이다. 나중에는 연쇄살인범을 다룬 TV 다큐멘터리에까지 출연했는데, 거기서 관객들을 상상하고 연기하면서 수많은 자백을 쏟아놓았다.

체포 후의 조종, 지배, 통제 욕망을 보여주는 더욱 이상하고 명백한 사례는, 밴쿠버의 살인마 클리퍼드 올슨이다. 젊은 여성과 어린 아이들을 살해한 이 캐나다 살인자는 자칭 연쇄살인범 계의 슈퍼스타다. 체포 후에 그는 아직 발견되지 않은 피해자들이 묻힌 위치를 알려줄 테니 한 명당 1만 달러를 달라는 거래를 제안했다! 캐나다 경찰국은 당연히 분노하며 거부했지만, 브리티시컬럼비아주의 법무관 앨런 윌리엄스가 인도주의적 원칙에 따라, 피해자 가족이 매듭을 짓고 평화를 되찾을 수 있도록 해주기 위해 그 제안을 받아들였다. 올슨은 그 돈들은 대부분 자신의 아들을 위한 기금에 들어가야 한다고 구체적으로 밝혔다. 하지만 돈의 일부는 곧장 그의 주머니로 들어갔다. 킹스턴교도소 그의 감방에 있는 텔레비전도 그 돈값으로 산 것이었다. 그는 경찰들을 매장 장소로 데리고 가면서, 선의의 표시로 다른 시신들이 묻힌 자리는 공짜로 알려주겠다고 말했다. 올슨은 추가 거래를 제시하며, 또 다른 스무 명의 시신이 있는 자리는 반값인 10만 달러에 알려주겠다고 했지만, 캐나다 당국이 그것까지 받아들일 수는 없었다. 그는 1982년에 유죄 판결을 받았고, 동시에 집행되는 열한 개의 종신형이 선고되었다. 시간이 지나면서 그의 악명이 너무 높아지고, 대중을 향한 그의 발언이 피해자 가족들의 분노를 불러일으키자 캐나다 재판부는 그가 인터뷰에 응하지 못하도록 했다.

영화「양들의 침묵」이 나오고 미디어에서 나를 영화 속 인물 잭 크로퍼드와 동일시하기 시작한 지 얼마 지나지 않아, 올슨이 콴티코의 내 사무실로 전화했다. 영화에서 클래리스 스털링 요원은 놀랄 만큼 사악한 한니발 '식인마' 렉터에게 연쇄살인 사건과 관련해 조언을 받는다. 올슨은 그 한니발 렉터 흉내를 내며, 미상범의 시점에서 '그린 리버 살인사건'에 대해 분석하는 인터뷰를 원했다. 오랫동안 해결되고 있지 않던 그린 리버 살인사건이 나의 경력에서 특별한 심연이라는 것, 1983년 그 사건을 조사하던 중에 내가 거의 사망할 뻔했다는 것을 알고 있었던 올슨은, 어느 시점에선가 자신이 그린 리버 사건의 범인이라고 했다.

거의 1년 여 동안 올슨은 반복적으로 내게 전화했는데, 어떨 때는 매일 하기도 했다. 나는 전화를 받으면 그와 대화를 나누며 시간을 보냈다. 그가 얼마나 엉터리인지는 금방 알아차렸지만, 이 역시 범죄자의 정신 상태를 파고들 좋은 기회였기 때문이다. 나는 그가 사교적이고, 상대를 조종하려 하고, 능숙하게 상대를 유혹한다는 것, 조지프 피셔와는 완전히 정반대라는 것을 알게 되었다. 그가 어떻게 어린이들을 유혹해 자신을 따라오게 만들 수 있었는지 혹은 법집행 당국을 속여 자신의 요구에 맞게 움직이게 했는지 쉽게 알 수 있었다. 올슨과의 수많은 대화에서 내가 감지하지 못했던 것 한 가지는, 자신이 망친 삶들에 대한 뉘우침이나 슬픔이었다. 실제로는 그보다 더 나빴다. 그는 몇몇 희생자 가족을 괴롭히거나 협박하는 편지를 보내곤 했는데, 그런 행위는 교도소 당국이 그 내용을 인지하고 그의 편지를 검열하기 시작할 때까지 이어졌다. 마이클 로스와 마찬가지로 그의 말들 역시 여러 신문이나 잡지 기사에 등장했고, 그는 수많은 기자에게 편지를 썼다. 몇몇 발언을 통해 그는 감옥에서 나가면 다시는 살인을 저지르지 않을 텐데, 왜냐하면 이제 옳고 그름을 분간할 수 있기 때문이라고 했다. 다른 곳에서는 자기 같은 인간을 치유하는 유일한 방법은 처형밖에 없다고 했다. 발표를 위해서라면 뭐든 했다. 그는 자신의 감방에 카세트테이프 상자를 두고 있었는데, 거기에는 자서전에 쓰기 위해 정리해둔 각각의 살인 사건에 대한 회고담이 담겨 있었다. 그의 유일한 두려움은 잊히는 것이었다.

캐나다 잡지 『맥린스』의 기자 피터 워딩턴은 올슨에게 자신과 한니발 렉터를 비교해달라고 질문했던 적이 있다. 그러자 올슨이 대답했다. "피트, 비교랄 것도 없어요. 한니발 렉터는 가공의 인물이고 나는 실제입니다."

그가 내게서 원했던 것은, 전화 통화 외에도 자신이 그린 리버 사건에 대해 이야기하고 시신들이 묻혀 있는 장소를 알려줄 테니, 내가 자신을 데리고 워싱턴주에 가는 일정을 잡은 후 대대적인 홍보를 하자는 것이었다. 만약 그가 내게 솔직히 이야기할 가능성이 조금이라도 있다고 생각했으면, 나는 즉시 그의 제안을 받아들이고 캐나다 당국과의 문제를 해결하기 위해 무슨 일이든 했을 것이다. 하지만 나는 충분히 오랫동안 해당 사건을 세부사항까지 연구했기 때문에, 그가 자신이 무슨 이야기를 하고 있는지도 모른다는 것을 알았다. 그는 단지 사람들의 관심과 인정을, 자신이 간절하게 되고 싶었지만 될 수 없는 어떤 존재로 만들어줄 것들을 바라고 있었을 뿐이다.

자신만의 이미지를 만들어가던 올슨은, 자신이 영화의 한니발 렉터처럼 합성수지 유리로 된 감방에 갇혀 있다고 내게 말했다. 따로 알아봤더니 그가 유리 감방에 있는 이유는 다른 수감자들이 어린아이를 죽인 그를 너무 미워해서, 배설물이나 오줌이 든 컵을 던져대기 때문이라는 것을 알게 되었다. 그를 가장 잘 아는 관객들이 그만큼의 인정은 해주고 있었던 셈이다.

***

미디어가 범죄에 미치는 영향과 관련해 살펴봐야 할 또 다른 차원이 있는데, 그것은 치밀한 범죄 영화다. 이는 범인들이 미디어에서 직접적인 영향을 받는다고 말할 수 있는 유일한 부문이다. 고전적인 예를 한번 보자.

1966년 12월 13일, NBC는 텔레비전 영화 「둠즈데이 플라이트」

를 방영했다. 에미상을 여섯 번이나 수상한 텔레비전 업계의 선구자이자, 「환상특급」의 제작자인 로드 스털링이 각본을 쓴 작품이었다. 영화는 아주 흡인력 있고 잘 쓴 스릴러인데, 불만을 품은 전직 항공사 직원이 여객기 좌석에 폭탄을 설치하는 내용이었다.(앞으로 살펴보겠지만, 흥미롭게도 미상범이 불만을 품은 항공사 직원일 거라는 가설은 오랫동안 유나바머 사건 수사에서 이용되었던 가설이기도 하다.) 스털링의 각본에서 반전은 폭탄이 고도에 민감해서 비행기가 4000피트 아래로 하강하면 폭발하게 되어 있다는 점이었다. 조종사는 마침내 문제를 해결하는 방법을 찾아내는데, 해발고도가 그보다 높은 덴버 공항에 착륙하는 것이었다. 각본을 쓴 스털링은 자신의 형인 로버트 스털링에게 기술적 조언을 받았다. 로버트는 성공한 작가이자 UPI 통신사의 항공담당 편집자이기도 했다. 그는 영화의 기획 단계에서부터 걱정이 많았는데, 동생에게 쓴 편지에서 다음과 같이 말했다. "누군가 이 이야기에서 아이디어를 얻어서 실제로 아네로이드 기압계를 쓴 폭탄을 시험해볼 가능성에 대해 깊이 생각해봤으면 좋겠구나."

방송은 대성공을 거두었고, 그해 가장 높은 평가를 받은 텔레비전 프로그램이 되었다. 하지만 방송 몇 주 후 몸값을 노린 항공기 강탈 협박이 이스턴 에어라인, 콴타스, TWA, 내셔널, 팬암, 노스웨스트사에 쏟아졌다. 일부 항공사는 돈을 지불했지만 폭탄이 발견된 경우는 한 건도 없었다. 현실을 모방한 예술을 현실이 다시 모방한 사례 중 하나였다. 밥은 거의 알려지지 않았던 실제 사건, 아메리칸 에어라인의 항공사를 대상으로 한 협박 사건을 로드에게 이야기해주었다. 실제로 재치 있고 정보도 많았던 조종사는 덴버의 스테플턴으로 기수를 돌렸는데, 당시 그 공항에는 비행기가 취항도 하지 않고 있었다.

이 책의 공저자 마크 올셰이커의 친구이자 초기 스승이기도 했던 스털링은, 자신의 각본이 가져온 효과에 충격을 받았다. 그는 인터뷰를 위해 몰려든 기자들에게 이렇게 말했다. "예수님이 제게 존 웨인이 나오는 역마차 드라마를 쓰게 하셨다면 더 나을 뻔했습니다." 시간이 지나 1975년 사망할 때까지 스털링은 「둠즈데이 플라이트」에 시달렸다.

「둠즈데이 플라이트」에서 영감을 받아 저질러진 납치는 범죄 사업으로 분류될 수 있다. 즉, 동기가 금전인 것이다. 그런 일을 벌이는 사람은 범죄적인 생각을 가진 개인들이라고 분명 말할 수 있다. 정직한 사람들이 방송을 보면서 '돈을 벌 수 있는 대단한 아이디어잖아. 항공사의 가장 큰 약점을 잡아서 협박하는 거 말이야, 심지어 실제로 폭탄을 설치하는 수고도 필요 없잖아!'라고 속으로 생각할 일은 없다. 하지만 이 경우에, 방송의 영향이 없었다면 납치 협박도 없었을 거라는 점은 짚고 넘어가야 한다. 스털링의 대본은 나쁜 자들에게 실행하기 어렵지 않은 아이디어를 제공했다. 이러한 전제는, 5년 후 영화가 재방송된 후에 유사한 협박이 다시 시작되었을 때 한번 더 확인되었다.

「둠즈데이 플라이트」를 둘러싼 일과 수많은 다른 경험에서 알게 되는 교훈은, 특별히 유쾌하지 않고 확신을 주지도 않는다. 세상에는 어떤 것에서든 자신들이 원하는 것은 뭐든 얻어내려는 개인들이 언제나 있다는 것을 깨닫고 인정해야 한다. 가장 혐오스러운 유아 포르노를 보며 흥분하는 인간들이 있는가 하면, 메이시스 백화점의 상품 목록에 실린 어린아이들을 보면서도 성적인 충동을 느끼는 변태나 아동성애자들도 있다. 그런 협박 전화를 한 모방범들은 아메리칸 에어라인에서 항공사고가 났다는 뉴스 보도에 대해서도 마찬가지로 쉽게 반응했을 것이다.

「둠즈데이 플라이트」가 방영되고 한참이 지난 후에, 스털링은 그 경험에 대한 나름의 관점을 세우게 되었고, 기자들이 물을 때마다 모범적인 답을 내놓을 수 있었다. 그는 마크에게 이렇게 말했다. "나는 대중에 대한 책임이 있지만, 대중을 위한 책임은 없다고 그 사람들에게 대답하고 있어."

법 집행기구에 있는 우리도 모두 마찬가지인데, 나는 표현의 자유라는 성스러운 권리의 결과물을 아무렇게나 내던져서, 오물과 다름없는 반사회적이고 범죄적인 모방범들이 그 권리를 변태적으로 활용할 수 있도록 내버려두자고 제안하는 것이 아니다. 다음 장에서 보겠지만, 그런 자들은 우리로서는 절대 알아차리지 않을 수 없는, 다른 차원의 동기들을 보여주기 때문이다.

4장 **무슨 독을 드시겠습니까**

Name Your Poison

Motive

「둠즈데이 플라이트」의 모방범들은 공공 테러와 집단 강탈의 여러 형태들 중 하나를 저질렀고, 모두 탐욕이라는 동기가 있었는데, 이런 범죄를 우리는 범죄 사업이라고 분류한다. 하지만 더 중요한 집단 강탈의 형태가 있는데, 바로 상품 훼손이라는 범죄다. 이 장에서는 그런 사건을 몇 건 살펴볼 텐데, 표면적으로는 같은 종류의 범죄처럼 보이지만, 실제로는 아주 이질적인 범인들이 아주 이질적인 동기에 따라 저지른 사건들이 포함되어 있다.

어떤 사건의 수법이 다른 사건과 동일하다고 해도, 심지어 미상범이 피해자와 직접적인 신체적 접촉 없이 사람들을 죽일 수 있다고 해도 세부사항들, 즉 동기로 이어지는 행동 단서들을 살펴보면 궁극적으로는 그 미상범의 모습을 밝혀낼 수 있다. 그 작업은 부분적으로는 범죄가 꾸며진 방식과 관련이 있다.

상품 훼손에 대한 두려움은 비록 의식하지 못하고 있을 수도 있지만 실제로는 우리의 집단 무의식의 일부다. 사악한 여왕은 사냥꾼을 시켜 백설공주를 암살하려는 시도가 실패하자, 직접 나서서 사과에 독을 넣은 다음 자신이 노리는 피해자에게 건넨다. 현실에서 있었던 모든 상품 훼손 사건의 할아버지라고 할 수 있는 사건, 사회 구성원 모두 새로운 종류의 취약성, 자신의 집에서도 결코 안전할 수 없다는 느낌을 가지게 했던 그 사건에서부터 시작해보자. FBI에서는 '타이머스TYMURS'라고 부르는 사건, 바로 시카고에서 있었던 타이레놀 독극물 살인사건Tyrenol poisoing murders이다.

이 건은 내가 프로파일러로서 최초로 다룬 상품 훼손 사건이었는데, 내 생각에는 다른 어떤 사건과도 달랐고, 어떤 의미에서는 우리의 삶의 방식을 바꿔버렸다. 이 사건은 우리 소비자가 상점에 갈 때 당연하게 생각하는 것들을 근본적으로 변모시켜버렸다. 회사들이 상품을 포장하는 방식도 달라졌다. 그리고 이 사건 덕분에 법률에는 이런 종류의 범죄를 구체적으로 지칭하는 구절이 생겼는데, 전통적인 의미에서 폭력적이지는 않았지만 치명적인 범죄였다. 모순적이게도 전통적인 동기에 의해 자행되지만, 이는 전형적이거나 대표적인 강탈이라고는 할 수 없는데, 왜냐하면 대부분의 강탈범들은 살인에 의지하지 않고도 자신들의 뜻을 관철시키려 하기 때문이다. 이 사건에서는 사람이 죽었다. 또한 이 사건은 커다란 수수께끼이기도 한데, 공식적으로는 미해결 상태로 남아 있기 때문이다.

1982년 9월 29일에서 10월 1일 사이에, 시카고 지역에서 일곱 명의 사람이 의문사를 당했는데, 시작은 콧물을 흘리며 집에 있다가 욕실 바닥에 쓰러져 사망한 스물한 살의 여성이었다. 사건들의 연관성을 밝히고 패턴을 알아낸 역학조사는 두 명의 교외 지역 소방관들이 했다. 방화 조사관이기도 했던 알링턴하이츠의 필리프 카피텔리와 이웃한 엘크 그로브 빌리지의 리처드 키워스는 각자의 지역 공동체에서 의문사 이야기를 듣고는 즉시 해당 사건을 조사했다. 그들의 탐지 작업이 없었다면 위기는 더 오래 이어지고 훨씬 더 나빠졌을 것이다. 알링턴하이츠에 있는 노스웨스트 커뮤니티 병원 중환자실 책임자였던 토머스 킴 박사는 최초로 의학적 의문을 풀어냈고 쿡 카운티 검시관에게도 알렸다.

사망 원인은 청산가리(시안화칼륨)로 밝혀졌는데, 유난히 빨리 퍼지고 확실한 독극물이었다. 청산가리는 혈액이 폐에서 산소를 받지 못한 상태에서 온몸을 순환하게 만들기 때문에, 피해자는 이내 산소 결핍 상태가 된다. 부족한 산소를 보충하기 위해 호흡이 격해지지만 소용없다. 혈압이 떨어지고 몸이 경련을 일으키다가 이내 혼수상태에 빠진다. 눈이 고정되고 결국 심장이 멈춘다.

피해자들의 유일한 공통점은 빨간색과 흰색 포장지에 든 초강력 타이레놀 알약을 복용했다는 사실이었다. 이는 법 집행 당국에게는 특히 어려운 사건이었다. 타이레놀은 전 세계에서 가장 널리 쓰이고 있는 비처방 진통제였기 때문이다. 경찰은 사건과 관련이 있는 해당 약품의 제조번호 목록을 작성했지만, 약이 오염된 건 개별 약병 단위에서 그러니까 제조 단계가 아니라 상점의 진열대에서 이루어진 것이 확실해 보였다. 당시 약병은 쉽게 제거할 수 있는 뚜껑과 목 부분에 약을 보호하는 솜뭉치가 있을 뿐이었다.

미디어에서 이 이야기를 복수극과 연결시켜 보도했기 때문에 소식은 급속히 퍼져나가 큰 반향을 일으켰는데, 독극물 이야기가 나오자마자 시카고 주민은 물론 미국의 나머지 지역에서도 불안함과 취약함에 대한 인식이 깊고 폭넓게 자리 잡았다. 평범한 두통이 있을 때 죽을지도 모른다는 두려움 없이는 간단한 알약 하나도 먹을 수 없다면, 더 이상 어떤 인생이 안전하다고 할 수 있단 말인가? 이야기를 시작하기 전에, 먼저 타이레놀 제조사인 맥닐의 모회사 존슨앤존슨은, 처음부터 끝나지 존경스러운 자세로 이 위기에 대처했음을 밝히고 싶다. 그들은 대단히 성실한 태도로 자신들의 유일한 관심사는 고객의 안전일 뿐 이익이나 제품의 이미지를 보호하는 것은 아니라는 메시지를 분명히 전했다. 회사에서는 화학자들을 시카고로 보내 주에서 나온 화학자들과 협업하게 하고, 의약품을 판매하는 수천 곳의 상점에서 샘플을 확보하는 작업을 도왔다. 또한 살인자 중의 살인자라고 할 수 있는 범인을 체포하고 기소하는 데 도움이 되는 정보에 10만 달러의 포상금을 걸었다.

소문들이 퍼졌다. 누군가는 팔레스타인해방기구가 이 독극물 사건의 배후에 있다고 했다.

여러 기관이 공동으로 대책본부를 구성했는데, 시카고 경찰, 일리노이주 경찰, FBI가 합류했다. 최종적으로는 100명 이상의 요원이 동원되었고 FBI에서만 32명이 나왔다. 시카고 지부의 책임 특별요원 에드 헤거티가 콴티코에 있는 내게 연락해 일을 도와달라고 했다. 책임특별요원 보좌역인 톰 두하드웨이가 타이머스 수사를 총괄하고 있었다. 두하드웨이는 훌륭한 요원일 뿐 아니라 사람 자제도 끝내줬다. 1991년 정보과의 수장으로 일하던 그가 심장마비로 갑자기 사망했을 때, FBI는 대단한 지도자 한 명을 잃은 셈이다.

사건의 중대성 때문에 나는 시카고로 날아가 곧장 지부로 향했다. 헤거티는 권위적이고 위엄 있는 존재감을 보였는데, 그도 그럴 것이 과거에 볼티모어 지부장으로 있을 때는 볼티모어 경이라는 별명으로 불렸다고 했다.(그의 면전에서 그 별명으로 부르는 사람은 많지 않았다.) 어쨌든 헤거티는 사건 자료들이 모두 쌓여 있는 빈 사무실로 나를 데려가서는 책상을 가리키며 이렇게 말했다. '어이, 더글러스, 자네가 일 좀 하는지 한번 보자고.' 헤거티는 그런 사람이었다. 그런 다음 헤거티와 사건을 수사 중이던 다른 요원들은 밖으로 나가버리고 나 혼자 남았다. 아마도 저녁을 먹으러 나간 것 같았고, 그 사이 나는 프로파일에 포함시킬 것들을 찾느라 뻥이를 쳤다.

모든 사진과 문서, 보고서들을 훑은 후에 제일 먼저 떠오른 질문, 이 악당을 잡을 생각이라면 가장 먼저 답할 수 있어야 하는 문제는 '도대체 동기가 뭘까?'였다.

말도 할 수 없는 비극이었지만, 범죄학적으로 눈에 띄는 패턴이 없었다. 첫 희생자 메리 캘러먼은 겨우 열두 살이었다. 의식을 잃고 욕실 바닥에 쓰러져 있는 아이를 부모가 발견했다. 그녀는 3시간도 지나지 않아 알렉시안 브러더스 메디컬센터에서 사망했다. 그로부터 2시간 후, 8킬로미터 떨어진 곳에서 스물일곱 살의 우체국 직원 애덤 재너스는 퇴근 후 어깨 근육통 때문에 타이레놀을 복용했다. 그는 자리에 누웠다가 다시는 일어나지 못하고, 그날 오후 노스웨스트 커뮤니티 병원에서 사망했다. 다른 가족들이 함께 애도하기 위해 그의 집으로 모였다. 애덤의 남동생인 스물다섯 살의 스탠리는 스트레스 때문에 두통이 생겼고, 통증을 줄이기 위해 타이레놀 두 알을 복용했다. 스탠리의 석 달 된 아내였던 스무 살의 테레사도 마찬가지였다. 두 사람 모두 사망하자 보건 당국이 큰 문제에 직면했음이 분명해졌다.

애덤 재너스와 마찬가지로 스물일곱 살이었던 메리 라이너는, 1주일 전 네 번째 아이를 출산하고 막 병원에서 돌아온 참이었다. 그녀의 삶은 아들의 삶이 시작된 바로 그 병원에서 끝났다. 서른한 살이자 두 어린 아들의 어머니였던 메리 맥파랜드는 동료들에게 극심한 두통을 호소한 후에 타이레놀을 복용했다. 그녀는 수요일 밤에 병원으로 급히 이송되었고 이튿날 아침 일찍 사망했다. 수사관들은 그녀의 가방에서 초강력 타이레놀 병을 발견했다. 또한 서른다섯 살의 승무원 폴라 프린스는 예정된 항공편에 탑승하지 않았고 자신의 아파트 욕실 바닥에서 발견되었다. 시신 근처에서 발견된 영수증은 상점 진열장에서 초강력 타이레놀 병들을 회수하기 직전에 그녀가 그 약을 구매했음을 보여주었다.

또 다른 혼란스러운 점은 살인자가 일반적 패턴을 따르지 않는다는 점이었다. 대부분의 강탈범은 먼저 자신들의 신빙성을 키우는 작업을 한 다음 요구를 하게 마련이다. 예를 들어 이 경우에, 미상범이 지역 신문사나 텔레비전 방송국 혹은 경찰에 편지를 보내 이런저런 상점의 이런저런 선반에 자신이 오염시킨 제품이 있을 것임을 알렸다면, 사건이 더 잘 납득되고 동기도 더 분명해졌을 것이다. 그런 다음 만약 상대가 요구를 들어주지 않으면 그는 살인을 시작했을 것이다. 이 범인은 자신을 증명하려는 시도나 그 어떤 요구사항도 없이 살인을 시작했다.

대부분의 살인과 달리 여기서는 범죄 현장 분석을 통해서 범인에 대한 직접적인 정보를 얻을 수 없다. 폭발 사건보다 더 나쁜 점은, 집중해야 할 특정한 장소도 없다는 사실이다. 상점과 공장, 희생자들이 불순물이 섞인 제품을 먹은 집들이 어떻게 범죄 현장이란 말인가? 그런 장소들에서 무슨 정보를 얻을 수 있단 말인가? 그리고 이 사건은 너무나 겁쟁이가 저지른 범죄라서, 그 자가 미디어에 연락해 자신의 개인적 특성을 알릴 거라고 기대할 수도 없었다. 이런 부류의 범인은 자신이 저지른 짓의 결과를 가까이에서 보게 되면 감정적으로 혼란을 겪을 것이다.

나의 프로파일링 경력 초반부의 사건이고 제품 훼손 사건을 다루어 본 적도 없고 교도소에서 제품을 훼손했던 범죄자들을 인터뷰했던 적도 없었지만, 내가 보기에 이 살인자는 우리가 다른 유형의 겁쟁이 약탈 범죄라고 부른 유형에서 관찰할 수 있었던 발전 모델에 정확히 맞아들어가는 것처럼 보였다. 구체적인 동기가 무엇이었든, 그는 일반적으로 대부분의 태도나 행동거지에 있어서 분노에 이끌려 움직였을 것이다. 심각한 우울증과 절망감에 빠져서 지냈을 것이다. 자신이 부적격이며, 무능하고, 희망이 없고, 무력하다고 느꼈을 테지만, 그와 동시에 자신이 늘 주변 사람들 혹은 사회 일반으로부터 부당하게 나쁜 대접을 받아왔다고 확신하고 있었을 것이다. 일생을 통틀어 수많은 개인적 실패들이 있었을 테고, 거기에는 교육, 취업, 사회적 경험, 자기 또래 비슷한 지적 수준의 여성과의 관계가 포함될 것이다. 심지어 나는 그의 부적격자 느낌의 일부는 신체적 질환이나 장애에서 비롯되었을 수도 있을 거라고까지 짐작했다. 방화범과 마찬가지로 그는 보안요원이나 구급차 기사, 예비 소방관 같은 권위적이거나 유사 권위적인 지위에 끌렸을 것이다. 하지만 나머지 것들과 마찬가지로 그 자리를 유지하는 데는 문제가 있었을 것이다. 비슷하게, 그에게 군대 경력이 있다고 해도 놀랄 일은 아니라고 나는 생각했다. 이런 본성을 지닌 자는 해병대에 끌릴 수도 있다. 그리고 다시, 그런 군대 경력이 있다면 몇몇 행동 문제를 일으켜 정신과 치료를 받았을 수도 있다고 나는 예상했다.

내가 확신을 갖고 말할 수 있었던 것은 이 미상범이 이십대 후반 혹은 삼십대 초반의 백인 남성이며, 우울하고 야행성인 외톨이일 거라는 점이었다. 이 자가 저지른 짓을 고려할 때, 나는 그를 암살범 유형, 그러니까 늘 살인에 대해 생각하지만 자신이 노리는 피해자에게는 절대 손을 대지 못하는 유형으로 분류했다. 그리고 이런 유형의 범죄에서는, 일반적인 다른 약탈 범죄와 마찬가지로 행동을 재촉하는 스트레스 요인이 있었을 거라고 확실히 가정할 수 있었다. 첫 범죄가 발각된 시점을 근거로 볼 때, 그 스트레스 요인 – 직장, 아내, 여자친구, 혹은 부모를 잃은 일 – 은 9월 중반부터 시작된 어느 시점에 발생했을 것이다.

그 외에 우리는 무엇을 알고 있었고, 무엇을 파악할 수 있었을까?

훼손이 아주 치밀하지는 않았다. 기본적으로, 이 미상범은 약국 선반에 있는 약병을 열고 청산가리를 넣은 다음 다시 포장했다. 따라서 나는 이 자가 특별히 조직적이거나 치밀한 범인일 거라고 상상하지는 않았다. 그 점 때문에 적어도 맥닐이나 존슨앤존슨 조직의 고위층은 제외할 수 있었지만, 만약 복수가 동기였다면 이런저런 이유로 불만을 품고 있는 수많은 정규 직원은 여전히 남아 있다. 문제는, 프로파일에서 말했듯이 범인이 제조사, 그 약을 판매한 상점, 피해 당사자 혹은 사회 일반 중 어디에 반격을 가한 것인지 모른다는 점이다. 마찬가지로 독을 전파할 매개로 타이레놀을 택했다는 점은 의미심장할 수도 있고 그렇지 않을 수도 있다. 단지 그 약이 아주 대중적이라서 잠재적인 피해자가 많이 생길 수 있기 때문일 수도 있고, 살인범이 이런저런 이유로 그 약의 포장이 마음에 든 것일 수도 있다. 청산가리도 아주 쉽게 구할 수 있는 물질이기에 판매처나 구입처를 추적하는 것은 건초 더미에서 바늘 찾기와 비슷하다.

나는 미디어가 이 이야기를 전하기 시작하면 이 자가 몇몇 장소를 다시 찾을 걸로 예상했다. 그 장소란 오염된 알약을 놓아둔 상점뿐 아니라, 언론에서 확인된 피해자들의 무덤도 포함될 것이다. 그는 은밀히 피해자들의 집을 살펴보는 짓까지 했을지도 모른다.

그는 5년 혹은 그 이상 되고, 잘 관리가 되지 않은 차를 타고 다녔을 것이다. 범행이 자행된 방식, 타이레놀 알약이 오염된 방식, 이 모든 것은 꼼꼼하기보다는 부주의하고 산만한 성격을 반영한다. 그리고 나는 그런 점이 그의 운전 방식에도 반영되었을 거라고 생각했다. 하지만 그 차는 순찰차 유형의 자동차, 힘과 권력을 대변하는 커다란 포드 세단 같은 모델이었을 수도 있다 — 둘 다 그가 추구했지만 지닐 수는 없었던 특성이다.

대책본부는 존슨앤존슨과 맥닐, 목표가 된 개별 약국에 불만을 품은 종업원이나 전직 직원을 조사해야 했다. 하지만 나는 생각을 하면 할수록 타이레놀이 오염된 특정한 상황이 눈에 띄었고, 이 사건의 동기는 제약회사나 상점에 대한 누군가의 특정한 불만이나 불평이 아니라, 살인자 본인을 부당하게 대하거나 무시했던 사회에 대한 포괄적인 분노 혹은 적의일 거라고 확신하게 되었다. 이 자는 스스로 생각하기에 자신을 냉대하거나 자신에게 잘못했던 사람이 누구였든, 그들 모두에게 복수하기 위해 밖으로 나온 것이고, 거기에는 사회 일반도 포함된다. 그가 권력이 있고 유명한 사람, 특히 로널드 레이건 대통령이나 제인 번 시카고 시장에게 편지를 썼을 가능성이 다분하지만, 사실 그 대상은 FBI 국장에서 교황까지 누구든 될 수 있었다. 그 편지들에는 스스로 생각하기에 자신은 부당한 일을 당했고, 거기에 대해 어떤 보상이나 만족스러운 해결책도 받지 못했다는 내용이 담겨 있을 것이다. 그는 무시당했다는 느낌이 들었고, 그런 느낌은 그의 범죄가 고조되는 이유가 되었다. 그 편지들을 쓸 때는 실명을 사용했을 것이기 때문에 그것은 실속 있는 수사의 영역이 되었을 것이다.

좋다, 여기까지가 내가 시카고 지부에서 홀로 만들어낸 인물의 프로파일이다. 하지만 시카고 대도시권에는 이런 유형에 부합하는 사람이 아주 많았기 때문에, 그것이 곧장 범인을 향한 단서가 될 것 같지는 않았다. 그것보다는 경찰이 용의자 목록을 만들면, 그 프로파일이 대상자를 줄이고 우선순위를 정하는 작업에는 도움이 되었을 것이다. 하지만 정작 도움이 되는 것은, 미상범을 직접 수사에 끌어들일 수 있는 주도적 전략일 것 같았다.

나는 경찰이 파고들 만한 범인의 성격 특징들 중 하나는 호기심

일 거라고 생각했다. 시간과 노력을 들여 타이레놀에 청산가리를 섞는 자라면, 자신이 어떤 일을 벌일 수 있는지 궁금해 할 것이다. 독이 든 타이레놀을 팔았던 상점들은 어떻게 되는 걸까? 그 상점들은 운영방식을 바꿨을까? 피해자의 가족들은 어떻게 됐을까? 어떤 식으로든 그는 자신이 마침내 사람들에게 미친 영향을 직접 봐야만 했을 거라고 나는 생각했다.

그런 욕구를 드러내는 방법들 중 하나는 다른 사람들에게 이야기를 하는 것이다. 어쩌면 술집에서 혹은 약국의 점원이나 지역 내 단골집에 모인 경관에게 말이다. 그는 평생 처음으로 국제적인 관심을 받았고, 그렇기 때문에 자아가 엄청나게 부풀어 있다. 자신의 활동에 대한 기록이나 일기를 쓰는 것 외에, 어쩌면 신문 기사들을 모으고 있을 수도 있다. 만약 그의 개인적인 글을 확보할 수 있다면, 내 생각에는 그 글들은 어떻게든 그의 열등감을 드러내고 반영하고 있을 것이다.

나는 당국이 사건의 진행 상황에 대해 긍정적인 내용만을 언론에 발표함으로써 범인을 압박하는 것이 중요하다고 조언했다. 사건이 정체에 빠졌다든지 혹은 막다른 곳에 이르렀다는 말은 하지 말아야 했다. 미상범이 자유롭게 다니거나, 범죄를 따라잡을 수 있게 해서도 안 되었다. 그리고 공식적으로 그를 미친놈이나 정신병자로 칭하며 무대에서 사라지게 만드는 일도 하면 안 되었다. 사실 미상범이, 본인이 생각하는 것처럼 사회의 희생자라고 공식적으로 말해줄 심리학자나 정신과 의사를 찾아보는 것도 좋은 생각이었다. 그렇게 하면 범인의 체면을 세워줄 수 있고, 그가 그 의사에게 전화를 하거나

(아마도 몰래) 그 병원을 찾아갈 수도 있다. 그런 조언을 생각하는 동안 정확히는 모르고 있었지만, 일리노이주 법무장관 타이론 파너가 텔레비전에 출연해 타이레놀 독살범은 위험한 미친놈이라고 말해버렸다.

이런 사건에서는 미디어가 늘 중요한 역할을 하는데, 미상범은 늘 언론 보도에 반응하기 때문이다. 여기서 내가 정말 언론이 해주기를 바라는 일은 단지 진실만을, 피해자에 대한 전체적이고 완결된 진실을 전하는 것이다. 그렇게 해준다면 나는 마인드헌터로서뿐 아니라 피해자의 권리에 관심이 있고 피해자에 대한 알아줌을 끔찍한 수치보다 더 중시하는 사람으로서 아주 행복할 것 같다. 달리 말해 만약 미상범이 피해자들 중 누구라도 그저 자신의 분노에 희생될 추상적 목표물이 아닌 인간으로 볼 수 있다면, 이런 유형의 범인은 죄의식이나 뉘우침에 호소해볼 기회가 있을 수 있기 때문이다. 만약 나라면 신문들을 모든 정류장에 비치해 피해자들의 사진과 그들이 묻힌 장소를 보여주면서 독자를 포함해 미상범이 피해자 한 명 한 명을 온전하고 무고한, 있는 그대로의 인간으로 볼 수 있도록 만들 것 같다.

피해자 목록을 살펴봤을 때, 잠재적으로 가장 도움이 될 것 같은 희생자는 마크 캘러먼, 고작 열두 살밖에 되지 않은 그 아이였다. 미디어가 그 사건을 통해 사람들의 감정을 파고들지 못하면 내 계획은 어떻게도 통하지 않을 것이었다. 하지만 기사에서 피해자가 묻힌 장소를 설명한다면, 나는 경찰에게 그 장소를 감시하라고 조언했을 텐데, 뉘우치는 마음이 가득한 미상범이 죽은 여자아이에게 사과하기 위해 나타날 수도 있기 때문이었다.

언론이 관심을 보일 수 있는 또 다른 축은 오염된 타이레놀을 팔았던 상점들 중 한 곳에 집중하고, 같은 일이 반복되지 않고 고객을 지키기 위해 그 상점이 어떤 조치를 취했는지를 애매하게(실제 보안 대책은 드러내지 않고) 말하는 것이었다. 이는 미상범을 자극하고 관심을 불러일으켜, 보안 조치가 실제로 달라졌는지 확인하기 위해 직접 그곳을 찾아가게 하기에 충분했을 것이다. 나는 사건과 관련된 상점들의 위치와 구조를 검토하고, 주요 고속도로와 가깝지 않은 한 곳을 추천했다. 거기라면 그저 호기심 때문에 상점을 찾는 사람들을 구분할 수 있을 것 같았다. 이 계획을 변형해, 사건과 관련된 약국의 주인이나 관리자가 직접 나와서 자신의 상점은 매우 안전하며, 관리 또한 아주 철저하기 때문에 살인자가 절대 타이레놀에 독을 넣을 수 없을 거라고 광고하는 방법도 있었다. 이는 범인에게는 도전으로 받아들여졌을 것이다. 그 상점을 24시간 감시하는 전략은 이런 유형의 범인을 잡을 수 있는 또 다른 기회가 될 것이었다.

그리고 나는 거짓 경보 시나리오도 제안했다. 경찰과 FBI가 확실한 정보를 가지고 외진 곳에 있는 특정 상점에 출동하지만, 정보가 거짓으로 밝혀지는 상황이다. 이 경우에는 지역 경찰 책임자 혹은 수사관이 역시 공식적으로 수사팀이 효율적으로 움직여 범인을 '겁줘서 쫓아냈다'고 자랑한다. 이 역시 또 하나의 무시 못할 도전이 될 것이었다.

피해자 한 명 한 명을 위해 밤샘 애도회를 연다고 발표하면, 미상범이 그중 한 곳에 나타날 확률이 높을 거라고 나는 생각한다. 각각의 무덤에 작은 십자가나 작은 표식을 둔다면, 살인범이 나중에 돌아와 그 표식들 중 하나를 기념품으로 가지고 갈 거라고 기대해볼 수도 있다. 한 발 더 나아가 대책본부에서 일반인들의 제보 전화에 응대하는 자원봉사자를 모집해보면, 미상범 본인이 지원할 수도 있다.

프로파일 작성과 사건 분석을 마치자 이미 저녁 시간이다. 나는 타이핑 직원에게 내용을 전달한 다음 에드 헤거티와 그의 동료들이 사무실로 돌아오기를 기다린다.

마침내 그들이 다시 나타나는 건 거의 자정 무렵이다. 내가 말없이 서 있는 동안 전략책임자가 내가 작성한 행간 없는 예닐곱 장의 문서를 훑어본다. 마침내 읽기를 마친 그는 고개를 들고 간단히 "아주 인상적이야"라고만 말한다. 헤거티의 입에서 나온 그 말은 큰 칭찬이다.

그 사이 존슨앤존슨은 대담한 조치를 취했는데, 미디어와 대중에게 그 동안 있었던 일을 알리고 전국적으로 26만 병이 넘는 초강력 타이레놀을 모두 회수하고 있는 중이라고 발표한 것이다.

이튿날, 톰 두하드웨이와 나는 나의 프로파일을 전달하기 위해 사건을 수사 중인 주 경찰을 찾아갔다. 하지만 내 생각을 얼마 말하지도 못했을 때, 사건을 담당하고 있는 대장이 끼어들어 타이레놀 범인의 성격에 대한 자신의 생각을 늘어놓았다. 그는 리처드 스펙 수사에 참여했던 사람이었고, 기본적으로 그의 프로파일은 스펙의 것("비열하고 화에 차 있어서 눈에 띄는 건 모조리 죽여버리는 개새끼")과 똑같았다. 그렇게 단순화된 프로파일은 시카고나 기타 대도시에 있는 수많은 사람에 해당하기 때문에 사실상 의미가 없다는 점 외에도 나는 그것이 틀렸다고 생각한다.

굳은 얼굴로 이야기를 듣고 있던 나는 서서히 화가 난다. 그가 이야기를 마치고 나는 자리에서 일어나 자리를 뜨려 한다. "어디 가는 겁니까?" 그가 내게 말한다.

내가 답한다. "가려고요. 제가 왜 이곳에 필요한 겁니까?" 경력 내내 나는 오만하다는 비판을 받아왔다. 하지만 비난을 각오하고 내가 전하려는 종류의 의견이나 제안을 하려면, 높은 수준의 지도력과 자기 확신을 가져야 하는데, 왜냐하면 나는 상당한 경찰력을 특정한 부분으로 보내자는 이야기를 하는 것이고, 만약 잘못된다면 치러야 할 대가가 아주 크기 때문이다.

"아니, 그 이야기를 해봅시다"라고 그가 말하고 나는 그대로 머무른다.

내가 기억하기로 톰은 외교관이었고 모든 일을 매끄럽게 처리했다. 표면적으로 그는 매우 차분한 인상을 주었지만, 늘 이쑤시개를 물고 있는 그 모습을 보면 내면적으로 특히 자신의 일과 관련해서는 꽤 긴장하고 있었던 것이 분명했다. 재미있게도 한참 후에 그 주 경찰 대장이 관리자 과정 교육을 받기 위해 콴티코에 왔다. 그는 나를 정말 잘 대해줬고 우리는 소문이 날 정도로 잘 지냈다.

오염된 타이레놀 병들이 두 곳의 공장에서 제조되었다는 보고를 받았는데, 하나는 펜실베이니아이고 다른 하나는 텍사스였다. 따라서 불순물이 첨가된 장소가 상점의 진열장 이외의 곳일 가능성은 거의 없었다. 그리고 그 일은 상품을 구매하기 직전에 이루어졌을 텐데, 쿡 카운티 의학검사소의 수석 독물학자에 따르면 청산가리는 부식성이기 때문에 알약의 젤라틴 껍질을 금세 망가뜨렸을 것이기 때문이다. 오염된 알약의 숫자는 병마다 달랐고, 우리가 알기로는 상점마다 훼손된 약병은 하나씩밖에 없었다.

나는 헤거티와 두하드웨이에게 내가 생각하는 언론 관련 방침을 정확히 전한다. 에드는 지역 내 유명한 칼럼리스트인 마이크 로이코와 밥 그린을 접촉해보자고 제안한다. 나는 칼럼리스트보다는 탐사 보도 기자가 나을 거라고 본다. 왜냐하면 그런 기자들은 경찰이나 기타 공식 요원들을 활용해 배경과 관련한 정보를 얻어내는 일에 익숙할 테고, 따라서 법 집행이나 보도와 관련한 직업윤리를 지키면서도 필요로 하는 것들을 얻어내는 합의의 방법도 알고 있을 것이기 때문이다. 하지만 지역 경찰들은 반드시 칼럼리스트여야 한다고, 재능 있고 대중의 관심사도 잘 따라가는 그런 사람이어야 한다고 주장한다. 나는 외부인이기 때문에 그대로 따른다.

헤거티가 지역 언론인 모임을 접촉해 우리가 논의했던 종류의 이야기를 써볼 수 있는 사람을 찾아본다. 여기서 분명히 밝히고 싶은 것은, 우리가 뉴스를 통제하거나 사실이 아닌 것을 발표하려는 것이 아니라는 점이다. 이에 관한 논쟁들이 있어왔기 때문에 하는 이야기다. 나는 이미 워싱턴 FBI의 범죄수사국 법률 고문에게 이런 주도적 기술에 대해 설명했고, 그들에게도 언론에 거짓말을 하는 것이 아님을 분명히 확인시켜주었다. 나는 내가 할 수 있는 일은 뉴스의 정보원이 되는 것이고, 다른 정보원들과 마찬가지로 내게도 대중에게 세시할 만한 특정한 전망과 관점이 있음을 설명했다. 나와 접촉한 기자가 내 지식과 정보를 활용하기를 원한다면 그렇게 할 수 있다. 거기에 더해 나는 신문이나 텔레비전 혹은 라디오 방송에 최종적으로 발표되는 내용을 통제할 수 없다. 나는 범죄자를 잡는 것이 우리의 일이라는 사실을 언론에서도 알아주기를 바라지만, 내가 할 수 있는 일은 내 이야기를 전하고 최상의 결과를 기대하는 것뿐이다.

『시카고 트리뷴』의 칼럼니스트 밥 그린이 나와 만나기로 한다. 그는 이미 편집자 짐 스콰이어즈와 협의를 마쳤고, 그 둘은 『시카고 트리뷴』에 있는 스콰이어즈의 사무실에서 헤거티와 시카고 경찰 감독관인 리처드 브르제첵을 만난 상태였다. 나는 여전히 전업 탐사보도 기자를 선호하고 있지만, 버지니아의 지역신문에 실린 그린의 칼럼을 읽어본 입장에서 그를 아주 존중하며 우러러보고 있다.

그는 FBI 지부의 특별요원 토니 드 로렌조가 운전하는 차를 타고 내가 묵고 있는 홀리데이인 객실을 찾아왔다. 나는 콴티코의 우리 부서 일에 대한 배경 지식을 설명하고, 우리가 연쇄살인범의 인성을 연구하고 그 동기를 파악하는 일에 특화되었음을 말해준다. 연쇄살인범들이 피해자들을 탈인격화하고, 몇몇 유형은 다른 사람들을 전혀 신경 쓰지 않는다고 설명한다. 하지만 다른 유형들도 있는데, 이들은 제대로 된 환경에서는 죄의식과 가책을 느낄 수 있다. 나는 타이레놀 미상범도 이런 부류 중 하나일 거라고 했다.

이야기를 하는 동안 나와 그린은 매리 켈러먼 이야기가, 언론의 어떤 기준으로 보더라도 중요하고 좋은 이야기라는 점에 동의한다. 그 아이가 가장 어린 피해자였고, 감기 기운을 가라앉히려고 타이레놀을 먹었고, 잠옷 차림으로 욕실 바닥에 쓰러져 죽은 뒤 거기서 부모에게 발견되었다. 그 부모는 아직 어느 기자와도 이야기를 나누지 않은 상태다.

그린이 내게 말한다. "요원님 말을 듣지 않았다고 해도 그 이야기는 꼭 써보고 싶네요. 나를 그 집에 데려다주시면 기꺼이 그 아이 부모와 대화해보겠습니다."

드 로렌조와 나는 약속을 잡을 수 있을 것 같다고 했다. 어떤 이야기를 꼭 써줘야 한다는 제안은 하지 않은 채, 토니와 나는 그를 믿고 우리의 전략을 설명한다. 만약 그가 칼럼을 실으면 우리는 켈러먼 가족의 집과 메리의 무덤을 24시간 감시할 예정이다.

데니스와 지나 켈러먼이 그린과 대화하는 것에 동의했다. 토니는 이튿날 아침 그를 두 사람의 집까지 데려다줬다. 또 다른 FBI 요원이자 그 가족과 직접 소통하며 그들의 신뢰를 얻고 있었던 리로이 하임보크가 그린을 슬픔에 빠진 부모에게 소개했다. 지나는 원래는 타이레놀 작은 병을 사려고 했지만 메리가 감기가 낫고 나서도 계속 쓰려고 큰 병을 산 거라고 말하며 눈물을 글썽였다. 바로 그 병이 오염된 병이었다. 메리는 하나뿐인 자녀였고 두 사람은 더 이상 아이를 가질 수 없다. 데니스는 이 괴물이 잡히기를 간절히 바라고 있다고 그린에게 말했다.

밥 그린이 쓴 칼럼은 유창하고, 힘이 넘치고, 내가 보기에는 가슴에서 우러나온 글이었다. 시작 부분은 다음과 같다.

만약 당신이 타이레놀 살인자라면, 이런 것들 중 일부는 당신에게도 의미가 있을 것이다. 혹은 아무 상관이 없을 수도 있다.

만약 당신이 타이레놀 살인자라면, 당신의 살인 활동이 전반적으로 아무 결점도 없이 수행되었다는 점에서 아름답게 보였을 수도 있다. 당신이 알약에 손을 댔고, 사람들이 죽었고, 당신은 온 나라 사람들의 가슴에 두려움을 심어주었다. 만약 당신이 살인자라면, 그렇게 임무를 성공적으로 완수했다는 사실이 당신을 지켜주고 있을 수도 있다.

하지만 당신이 타이레놀 살인자라면, 당신 계획의 반대편에 있는 사람들을 희미하게나마 궁금해 하고 있을지도 모르겠다. 너무나 운이 없어서 당신이 손을 댄 약병을 구매한 그 사람들 말이다.

이어서 그는 켈러먼이 살고 있는 거리와 주소를 알려준다. 훗날 그린은 칼럼을 담당한 편집자가 그런 구체적이고 민감한 정보를 신기로 한 결정에 의문을 제기했다고 밝혔다. 자신이 그런 결정을 내리게 된 사정을 설명하는 대신, 그는 그저 그대로 두라고만 했다.

그린은 이 칼럼의 언론 윤리에 대해 수없이 자기 분석을 했고, 나중에 자신이 외부편집자로 일했던 『에스콰이어』에 그 경험에 대한 글을 쓸 정도였다. "기자는 절대 법 집행기구에 협력할 수 없다는 것과, 당신이 살고 있는 지역에서 일곱 명이 독살당한 상황에서 도와줄 수 없다고 거절하는 것은 별개의 일이다."

그는 다음과 같은 말로 결론을 내렸다. "매일 아침 일어나 출근하고 자신의 일을 하려고 애쓴다. 가끔은 당신이 제대로 하고 있는 것인지 의문이 든다. 결국, 언제나 그렇듯이, 이게 우리의 모습이다. 당신은 신문에 글을 쓰고 그것이 누군가에게 가닿기를 바랄 뿐이다."

분명한 것은, 나는 FBI 요원의 관점에서뿐 아니라 관심 있는 독자이자 시민으로서도 밥 그린을 전적으로 존경하고 있다는 사실이다. 내가 보기에 그는 언론인으로 남기 위해 인류의 일원임을 포기하지 않아도 된다는 것을 보여주었다. 경관이나 FBI 요원으로 남기 위해서도 그래야 할 필요는 없다.

타이레놀 오염 사건은 금세 전국적인 이야기가 되었다. 가장 일상적인 약을 먹을 때조차 안심할 수 없었다. 오염된 알약이 발견된 상점들 중 한 곳은 오헤어 항공의 쇼핑몰에 있었다. 만약 여행객이 오염된 약병을 들고 나라를 가로질렀다면 어떻게 되는 걸까? 인스턴트커피 같은 다른 소비자 상품이 다음 목표가 되면 어떻게 되는 걸까?

"어떤 인간이 그런 계획을 세울 수 있단 말인가? 조심스럽게 약병을 열고 가루를 뿌린 다음, 그 약병이 다른 병들과 함께 약국 진열장에 놓이는 것을 확인하다니?" 『워싱턴 포스트』는 1982년 10월 6일 사설에서 물었다. 의심스러운 무작위 발병이나 사망 사건이 있었지만, 이 사건과는 전혀 관련이 없었다. 협박을 일삼는 모방범들이 나타났다. 심령술사들은 자신들의 의견을 내기 시작했다.

내가 시카고에 있는 동안 극적이면서도 모순적인 사건이 하나 있었는데, 이는 나의 이론을 증명하는 것은 물론, 의도하지 않았던 결과가 나타나는 효과까지 보여주었다. 나의 제안에 따라 시카고 경찰은 그린의 칼럼이 실리고 난 후에 마크 켈러먼의 무덤 위치를 발표하기로 했다. 그들은 며칠 밤 동안 그곳을 감시했다. 분명히 말하지만 공동묘지에서 밤에 하는 잠복근무는 대단히 즐겁지 않은 경험이어서 그 일을 하고 싶다는 사람은 아무도 없었다. 일을 맡은 형사들이 선배들과 마찬가지로 눈알을 굴리며, '좋아 더글러스, 아주 좋은 생각이야. 자네가 직접 이 뼈다귀밖에 없는 곳에 밤새 앉아 있어 보는 게 어때?'라고 생각하는 모습이 생생했다. 아이디어를 포기하기 직전에 마침내 횡재가 찾아왔다.

한 남자가 무덤을 찾아와 이야기를 시작했다. 주변에는 아무도 없었기 때문에, 그는 메리에게 직접 말하고 있는 것이 틀림없다. 그는 무릎을 꿇고 엎드려 흐느낀다. "미안해, 그럴 뜻은 없었어. 사고였어!" 대단한 일이었다. 범인들은 종종 자신들의 살인을 의도하지 않았던 일로 만들려고 노력한다. 경찰들은 모두 흥분하고 ('어쩌면 더글러스가 일을 제대로 한 건지도 모르겠네') 내일 아침 타이레놀 살인범을 잡았다는 뉴스가 나오면 자신들이 대단한 영웅이 될 거라고 상상했다.

"미안해, 수전.' 미상범이 외친다.

막 덮치려던 참이었다. 그런데 잠깐만, 수전? 수전이 도대체 누구야?!

남자는 메리 무덤의 바로 옆 무덤에 서 있었던 것으로 밝혀졌다! 거기 묻힌 사람은 뺑소니 교통사고의 피해자였는데, 마침 경찰들이 잠복하고 있는 동안 범인이 나타난 것이다. 그러니까 좋은 소식은 그날 밤 뺑소니 사건을 해결했다는 것과, 내가 조사를 통해 범죄자들에 대해 알아낸 사실을 확인할 수 있었다는 것이다. 어떤 사람이든 혹은 어떤 부류의 범죄를 저질렀든, 그들은 다양한 이유로 범죄현장이나 피해자의 무덤을 다시 찾는다. 나는 형사들 일부로부터 부분적이나마 신뢰를 얻을 수 있었다. 나쁜 소식은, 당연히 타이레놀 살인자를 찾아내지 못했다는 것이다. 감시가 시작될 무렵 주요 용의자가 이미 그곳을 떠났다는 사실을 알게 되었다.

나는 1주일 정도 시카고에 남아 있다가, 콴티코에서도 계속 타이레놀 사건을 추적했다. 대책본부의 수사관들은 열심히 일하고 있었다. 사건과 관련이 있는 상점에 불만을 품은 종업원들을 조사했고, 상점 안이나 주변에서 목격된 용의자들의 스케치를 들고 한 집 한 집 찾아다녔고, 아직 상점 선반에 남아 있는 오염된 약병에서 지문을 채취해보려고 노력했다. 관련 상점들의 다양한 보안카메라 영상을 자세히 살폈다. FBI는 폴라 프린스의 장례식을 촬영한 뉴스 영상을 요청했다. 가장 믿을 만한 정보는 어떤 남자가 약국에서 재킷 주머니에서 뭔가를 꺼내 선반에 올려놓는 걸 봤다는 어떤 할머니의 증언이었다. 당시에는 그 남자가 물건을 훔치려다 생각을 고쳐먹은 걸로 생각했다고 할머니는 말했다.

주 경찰과 지역 경찰, 그리고 전국 수사팀의 협조 업무를 총괄하고 있던 일리노이주 법무장관 타이론 하너는 범인이 여러 명일 수도 있다고 발표했는데, 약병 안의 오염된 알약들 중 일부가 좀 더 치밀하게 담겨 있었기 때문이다. 나는 우리가 단 한 명의 타락한 인간을 상대하고 있다고 믿었고, 그런 가정 위에서 계속 제안하는 중이었다. 다양한 정신과 의사와 학자들이 자신들만의 프로파일을 내놓고 있었고, 그중 일부는 불만을 품은 종업원일 가능성을 강조했지만, 나로서는 그건 이미 버린 가설이었다. 존 웨인 게이시 재판에서 변호인 측으로 증언을 하기도 했던 노스웨스턴대학의 정신과 의사는, 독살범이 게이시와 비슷한 점이 아주 많다고 했다.

새로운 독살 소식도 없지만 체포 소식 역시 없는 몇 주가 지나고, 사람들의 공포는 여전히 높은 상태였다. 사법 당국은 온 나라에서 '장난 아니면 사탕'을 비롯한 핼러윈 행사를 금지했다. 사실상 모든 공동체는 상상이든 현실이든, 자신들만의 두려움에 떨고 있었다. 미 식품의약청은 시카고 사건 이후 270건의 상품 훼손 건이 신고되었고, 그중 36건이 '심각한' 내용이라고 보고했다.

"완전히 통제 불능 상태입니다." 어떤 주의 소비자보호청 부청장이 말했다.

수사관들은 다른 주에서 발생한 청산가리 중독사 사건을 조사하며 연관성이 있는지를 살폈는데, 필라델피아의 대학원생 사건(최종적으로 자살로 판명되었다), 캘리포니아의 또 다른 독살 사건, 캔자스에서 벌어진 사건 등이 있었다. 두 아이의 아버지이자 삼십대의 실업자인 버넌 윌리엄스 주니어가, 타이레놀을 더 훼손하겠다는 협박 편지를 존슨앤존슨에 보내 10만 불을 요구하다가 2년 형을 받았다. 뉴저지에 살았던 윌리엄스 주니어는 시카고 지역에서 사망한 사람들의 이야기를 다룬 뉴스를 보고 그 편지를 쓸 생각을 떠올렸다고 주장했다. 이런 경우는 수많은 사례 중 하나였을 뿐이다.

수사에 그렇게 많은 노력을 기울였음에도, 유력한 용의자는 몇 명밖에 나오지 않았다. 한 명은 식료품점 창고에서 하역 작업을 하는 인부로, 화학약품을 능숙하게 다루는 것으로 알려졌고 거짓말 탐지기는 거부했다. 시카고 교외 지역에 살고 정신 병력이 있었던 한 남자는 오염된 타이레놀이 발견된 상점이 포함된 상점 체인을 협박한 적이 있었다.

그리고 제임스 윌리엄스 루이스라는, 서른여섯 살의 전직 시카고 회계사가 있었다. 그는 존슨앤존슨에 백만 달러를 요구하며, 만약 그 금액을 시카고 은행의 계좌에 입금하지 않으면 추가로 독을 뿌리겠다는 협박 편지를 보냈다. 편지에서 그는 로버트 리처드슨이라는 이름을 사용했는데, 이는 전에도 사용했던 가명이었다. "지금까지 내가 쓴 돈은 50달러도 안 되고, 한 병에 10분도 걸리지 않았다"고 그는 적었다. 제약사는 추가 사고를 막기 위해 돈을 지불할 용의가 있었지만, FBI가 안 된다고 조언했다. 대책본부와 FBI는 루이스를 찾는 일에 집중했는데(그는 사망 사건들이 시작될 무렵 그 지역을 떠난 것처럼 보였다), 강탈 협박 사건 자체뿐 아니라, 중요한 시각에 그의 행방이 독살범의 위치와 일치하는지를 확인하기 위해서였다. 도주 중에도 루이스는 손으로 쓴 편지를 몇 통 보냈는데, 로버트 리처드슨이라는 이름으로 서명해서 『시카고 트리뷴』에 보낸 편지에서는, 자신은 독살 사건과 관련이 없으며 자신도 '피해자'라고 주장했다.

한 편지에는 다음과 같이 편집증과 강박을 보여주는 단어들도 적혀 있었다. "우리는 무장하지 않았다, 해부학적으로 팔이나 하반신이 마비된 환자를 제외하면 그렇다.('armed'가 '무장했다'라는 뜻과 '팔이 있는'이라는 뜻 양쪽으로 해석될 수 있음을 감안한 표현―옮긴이) 경찰과 FBI의 보고가 얼마나 괴상하든 우리는 절대 무기는 소지하지 않을 것이다. 미국에서 무기는 두 개의 매우 유사한 정신 상태를 지닌 사람들을 위한 도구일 뿐인데, 그건 (1)범죄자들 그리고 (2)경찰이다. 우리는 어느 쪽도 아니다."

이 글을 읽자마자 나는 자리를 잡고 앉아 메모했다. 나는 타이레놀 독살범의 프로파일을 작성할 때, 이 자가 직접적인 일대 일 대면을 불편해하는 겁쟁이 유형일 거라 예상했다. 따라서 강렬한 내적 분노를 지녔음에도, 그는 무기를 소지하고 다니는 유형은 아닐 것이다.

이튿날, 『캔자스시티 스타』에 '리처드슨'이 쓴 에세이 형태의 글 「도덕적 딜레마」가 전달되었다. 그 글에서 그는 레이먼드 웨스트의 사망 사건을 조사했던 캔자스시티 경찰을 공격했는데, 웨스트는 전에 루이스의 회계회사 고객이었다. 사망 후에 웨스트의 시신은 토막 난 채 비닐 봉투에 담긴 상태로 본인의 집 다락방에 버려져 있었고, 1978년 8월 14일에 발견되었다.

"나는 몇 년째 이 사건의 재수사를 기다리고 있다"고 리처드슨/루이스는 적었다. "내가 웨스트 씨의 죽음과 아무 관련이 없다는 것을 알고 있다. 이번에는 그저 피상적인 조사 이상으로, 좀 더 시간을 들여 수사하기를 기대한다."

편지에는 뉴욕 시티 소인이 찍혀 있었다. 살인자들에 대한 조사를 통해, 나는 범행을 저지른 도시를 벗어난 범인들이 새로 도착한 지역의 공공도서관에서 고향 신문을 보고, 범죄 수사의 진행 상황을 확인하는 일이 흔하다는 것을 알고 있었다. 나는 뉴욕의 FBI요원들과 뉴욕 경찰에게 도서관을 샅샅이 뒤지고, 스케치의 묘사에 맞는 남자들 중 시카고 신문을 유심히 살펴보고 있는 사람을 찾아보라고 제안했다.

루이스는 12월 12일, 뉴욕공공도서관 본관에서 체포되었다. 다음날 루이스의 서른 세 살 된 아내 르안이 오헤어 공항 필라델피아발 항공편에서 내린 직후 자수했다. 그녀의 남편은 10월 중순에 레이건 대통령에게 협박 편지를 보냈는데, 이는 내가 프로파일에서 예상했던 일들 중 하나였다. 그 편지의 소인은 루이스 씨의 전 사무실에 있는 우편요금 계산기에서 찍힌 것이었고, 내용은 어떤 조세 정책에 대한 불만이었다. 대통령이 그 정책을 취소하지 않으면 암살당할 거라고 편지는 협박하고 있었다. 루이스의 보석 심리에서 치안판사 제임스 T. 베이로그는, 미주리주 캔자스시티의 사법당국이 헤이먼드 웨스트 살인사건에 대한 새로운 증거를 찾아냈다는 소식도 들을 수 있었다. 시신의 상태 때문에 사인을 분명하게 확정할 수는 없지만, 독살 가능성이 제기되었다. 루이스는 살인으로 기소되었지만 판사는 루이스의 체포와 가택 수색이 부당했음을 근거로 혐의를 기각했다.

루이스는 키 185센티미터에 몸무게는 76킬로그램이었다. 미상범으로 짐작되는 남자가 찍힌 보안카메라 영상을 확대해본 결과, 범인은 키 185센티미터에서 188센티미터 사이, 몸무게는 77킬로그램에서 83킬로그램 사이였다. 루이스는 사망 사건들이 발생하던 무렵에 살던 곳을 떠났기 때문에, 밥 그린의 칼럼에 대해 내가 기대했던 반응은 할 수 없었다.

타이레놀 편지로 체포되고 몇 달 후에, 루이스는 미주리주 캔자스시티에서의 또 다른 우편 협박 사건 — 이 건은 타이레놀 사건과는 관련이 없었다 — 으로 기소되었고, 10년 형을 받았다.

이어진 10월에 있었던 시카고 강탈 사건 재판에서 루이스의 변호인 마이클 D. 모니코는 자신의 의뢰인이 존슨앤존슨에 편지를 쓴 것은 인정하지만, 100만 달러를 요구한 게 자신의 이익을 위해서는 아니었다고 주장했다. 루이스는 밀러 양조회사 가문의 일원인 프레더릭 밀러 매카시에게 복수하려던 것이라고 모니코는 말했다. 매카시는 과거에 여행사를 소유하고 있었는데, 르안이 한때 그곳에서 일했고 회사가 사업을 접은 후 임금 관련 소송에서 패소한 일이 있었다. 루이스가 돈을 입금하라고 한 은행은 매카시 소유의 은행이었다.

"이 사건에서는 의도가 중요합니다." 매카시는 배심원들을 향한 최후변론에서 말했다. 그의 의도는 르안의 전 고용주가 했던 잘못된 행위를 고발하는 것이었다는 뜻이다.

이미 언급했듯이, 의도와 동기를 혼동하는 경향이 너무 만연하다. 모든 의도란 행동의 고의성을 일컫는다. 자신이 생각하기에 잘못된 일을 고발하는 것이 그의 의도였을 수는 있지만 그의 동기는 복수였다.

제임스 루이스는 강탈 혐의로 기소되어 20년 형을 받았다. 르안은 어떤 죄목으로도 기소되지 않았다. 살인으로 기소된 사람은 아무도 없었고, 그 살인 행위는 시작되자마자 갑자기 멈춰버렸다.

루이스는 1995년 10월 13일 금요일, 오클라호마주 엘 리노의 연방교도소에서 직권 가석방으로 풀려났다. 그는 당시 르안이 살고 있던 보스턴 인근으로 이사할 것으로 알려졌다. 그가 단지 강탈 사건으로만 기소되었고 스스로 독살 자체와의 연관성을 강력히 부인하고 있음에도 법 집행기구의 담당자 중 다수는 그를 가장 유력한 용의자로 보고 있었다. 하지만 전직 시카고 경찰 감독관인 리처드 브르제켁은 그렇지 않았다. 루이스가 풀려나던 시점에 그는 『시카고 선타임즈』와의 인터뷰에서 피해자들 중 한 명이 목표였고, 나머지는 무작위 살인사건으로 보이기 위해 살해된 거라고 확신한다고 말했다.

물론 우리 사법체계에서는 법원의 판결이 나기 전에는 누구나 무죄이며, 따라서 루이스가 타이레놀 사건의 미상범이라고는 누구도 말할 수 없다. 하지만 나는 독살범은 이 기소된 강탈범과 비슷한 누군가일 거라고 확신을 갖고 말할 수 있다. 동기는 분노, 그리고 본인 생각에 자신에게 잘못을 저지른 특정한 개인과 세상 일반에 복수하려는 욕구다. 루이스는 독살 사건에서 어떤 역할도 하지 않았다고 주장하고 있지만, 그는 경찰 조사에서 범인이 약을 오염시킨 특별한 방식에 대해 이야기했는데, 아마도 청산가리 가루를 도마 위에 뿌린 다음 붓으로 조심스럽게 알약 위로 쓸어 넣었을 거라고 했다.

"범인이 어떻게 했을 것 같냐고 경찰이 보여달라고 했고, 나는 훌륭한 시민으로서 도움을 주려고 애썼을 뿐입니다." 루이스는 1992년 『시카고 트리뷴』과의 인터뷰에서 말했다.

그런데 이 점이 아주 흥미롭다. 교도소 인터뷰에서 나는 범인이 자신의 범죄를 인정하지 않을 때는 종종 제3자의 입장에서, 만약 범인이라면 폭력적이고 약탈적인 특정 행동을 어떤 식으로 했을지 '추측'해보자는 식으로 상대를 끌어들인다. 일리노이주 매리언의 연방교도소에 있는 악명 높은 무장 강도이자 항공기 납치범 게리 트랩넬을 인터뷰할 때 그 방식을 알게 되었다. 테드 번디의 경우에도 그랬는데, 그는 사형수로 지내는 기간 내내 전국적으로 젊은 여성들을 살해한 것을 부인했지만, 대신 그런 살인자라면 문제의 범죄들을 어떻게 해냈을지에 대해 이야기했다.

루이스는 또한 심각한 약탈범 유형의 범죄자에서 볼 수 있는 성장배경이 있었다. 『선타임즈』에서 보도했던 것처럼, 미주리에서 보냈던 성장기에 그는 양부모와 심하게 싸워서 정신병원에 입원했던 적이 있었다. 나중에는 양아버지와 싸운 후에 체포되기도 했다.

타이레놀 공포는 존슨앤존슨에 1억 달러 이상의 피해를 끼치고, 사건을 수사했던 지역과 주, 연방 법 집행기구에도 추가로 수백만 달러의 피해를 끼친 후에야 끝났다. 1991년 존슨앤존슨은 마침내 피해자들의 유족이었던 일곱 가족과 합의에 도달했다. 그 결과, 제약사는 훼손을 방지하기 위해 3중 포장을 도입했다. 타이레놀의 운명이 자신들 상품의 운명이 될 수도 있었음을 안 다른 회사들도 뒤를 따랐다. 의회는 소비자 훼손법을 제정해 상품 훼손을 연방범죄로 규정했다. 그리고 부적격이고 무익한 몇몇 인간이 모두를 화나게 하는 바람에, 시민으로서 우리가 지니고 있던 순수함과 신뢰도 영원히 달라져버렸다.

타이레놀 사건에서 배웠듯이, 상품 훼손이나 다른 형태의 강탈은 법 집행 당국이 다루어야 할 중요한 문제가 되었다. 동기를 이해하는 것이 핵심인데, 왜냐하면 그것이 피해자 조사 및 범행이 수행된 수법과 함께 범인을 찾아내는 열쇠이기 때문이다.

하지만 오늘날 우리 사회에는 협박 요구가 너무 많기 때문에(예를 두 개만 들자면 「둠즈데이 플라이트」와 타이레놀 공포의 여파가 있다), 가장 먼저 확립해야 할 것은 협박 자체의 명확한 정의다. 현실적인 협박인가, 아니면 혼란을 일으키고 전화한 이에게 만족감을 주는 장난인가? 몇몇 경우에 범인은 자신의 작업을 당국에 보여주면서 능력을 과시하기도 한다. 하지만 대부분의 나머지 협박 사건에 있어서는, 미상범이 협박 내용을 실행에 옮길 수 있을지 여부를 경찰이 정교하게 평가하는 과정이 포함된다.

행동과학 차원에서 그러한 평가 작업은 심리언어학적 분석을 통해 이루어지는데, 이는 범인이 실제 사용한 단어나 구절을 통해 그의 인성이나, 치밀함의 정도, 동기, 따라서 그의 능력을 판단하는 것이다. 다시 말하면, 우리가 이해한 범인의 자질이 협박 시나리오에서 요구되는 자질과 일치하는가? 만약 돈을 강탈하는 것이 목적이라면 우리는 돈을 전달할 방법을 유심히 살피는데, 왜냐하면 이런 종류의 범죄에서는 돈을 가져가는 것이 가장 어려운 부분이기 때문이다. 미상범은 작업 계획을 가지고 있는가 아니면 그저 환상에 빠져 있을 뿐인가?

강탈범이 치밀하다는 것을 암시하는 시나리오는 돈을 특정한 공중전화 부스에 두라고 하는 지시다. 그러면 경찰이 돈을 둘 장소를 감시한다. 어떤 남자가 부스에 들어가는 것을 보고 체포한다. 그건 실수다. 잡힌 남자는 단지 전화를 걸기 위해 들어갔던 거라고 주장할 수 있다.

좋다, 그렇다면 경찰은 남자가 전화를 거는 시늉을 하다가 돈이 든 서류가방을 집어 들고 걸어 나오는 것을 지켜본다. 그리고 체포한다. 하지만 잠깐. 그는 그 가방을 전화 부스에서 우연히 발견한 거라고 주장할 수 있다. 그리고 그 착한 사마리아인은 경찰서에 그 물건을 신고하러 가는 중이었다. 핵심은, 만약 이 자가 이렇게 실패할 수 없는 책략을 사전에 세워둘 만큼 치밀한 범인이라면, 경찰 역시 그의 의도가 그다지 명예로운 것이 아님이 밝혀질 때까지 그를 몰래 추적할 정도로 치밀해야 한다는 것이다.

가끔씩 나는 협박 편지가 너무 상세하게, 단어 하나하나는 물론 필체까지 분석되는 상황을 본다. 우리 팀 직원들에게는 늘 편지를 잠시 물려두고 큰 그림, 즉 편지를 쓴 자가 전하려고 애쓰는 진짜 메시지를 살펴보라고 한다. 왜냐하면 장난 편지라고 해도 여전히 그 발신인을 잡기 위해, 그의 잠재적인 장난질을 줄이기 위해서라도 노력해야 하기 때문이다.

예를 들어 특정 개인을 대상으로 협박하며 100만 달러를 요구한 경우라면, 수사관으로서 우리가 가장 먼저 해야 할 것은 대상이 된 피해자가 합리적으로 그 정도 돈을 준비할 능력이 있는가 하는 점이다. 그렇지 않다면 우리는 그 협박을 심각하게 받아들이지 않을 것이다. 만약 금요일 오후에 협박이 날아와서 주말 내내 은행이 닫혀 있음에도 불구하고 당장 돈을 내라고 요구한다면, 그건 미상범의 치밀함 수준이 꽤 낮다는 것을 암시한다. 만약 스스로도 모순적인 협박범이 동정심을 유발하거나 사기를 치려고 협박한 경우라고 하더라도, 우리에게는 그것을 꿰뚫어볼 수 있는 방법이 있다.

하지만 결국 이 모든 것은 동기로 귀결된다. 우리가 마주치는 모든 사건에서, 물어야 하는 첫 번째 질문은 **왜?**다. 왜 이런 일이 벌어지는가? 왜 누군가가 이 특정한 개인 혹은 특정한 회사에 무슨 짓인가를 하려고 하는가? 협박자가 실제로 원하는 것은 무엇인가? 동기는 무엇으로 보이는가? 재정적 이득? 사랑? 섹스? 복수? 응징? 알아줌? 자극? 죄의식? 만족감? 증오? 관심? 우리 혹은 누군가의 안녕을 협박하는 자가 우리에게 말해주는 바는 무엇인가?

예를 들어 *그가 복수해야 할 필요가 있는 사람*이라면, 우리는 그런 감정을 가질 만한 이유가 있는 사람을 찾는 것에서부터 시작할 수 있다. 타이레놀 사건에서처럼 일반적 분노를 드러내고 있다면, 사건은 파고들기가 더 어려워질 것이다. 조직적인 범죄자는 돈을 요구하고, 그렇지 못한 범죄자는 나머지 모든 이유들 때문에 협박을 하는 것이 일반적이지만, 당연히 예외도 많다.

법 집행 당국에는 '살인범은 전화하지 않고, 전화하는 자는 살인하지 않는다'라는 오래된 말이 있다. 이는 미상범의 접근방식을 보면 동기에 대해 많은 것을 알 수 있다는 의미다. 만약 범인이 먼저 전화를 하거나 다른 방식으로 자신의 의도를 밝힌다면 '이득'이라는 동기를 찾아볼 수 있다. 전화가 없었는데 사람들이 죽기 시작한다면 복수나 분노를 동기로 봐야 한다. 물론 이는 일반적인 것이고 각각의 세부사항을 면밀히 살펴야만 한다.

개인에 대한 협박이라면 나는 당사자에게 접촉하는 사람들, 심지어 가볍게 접촉하는 사람이라고 하더라도 매우 조심하라고 말할 것이다. 이렇게 하는 이유는, 경계를 유지하는 것 외에도 미상범이 자신이 어떤 영향을 미쳤는지 살피기 위해 반드시 나타날 것이기 때문이다. 그렇게 하지 않으면 범인은 자신이 바라는 만족을 얻을 수가 없다.

방화와 마찬가지로, 제품 훼손 역시 다른 범죄를 숨기는 데 활용될 수 있다. 다음 사건이 바로 그렇다.

1986년, 타이레놀 사건은 여전히 집단 무의식 속에 생생했지만 사람들은 조금씩 긴장을 풀고 소비자 제품의 안정성을 다시 당연하게 생각하고 있었다.

그러다가 6월 11일, 마흔두 살의 매력적이고 존경받던 여인, 시애틀 남부 교외 지역 오번의 펏짓 사운드 내셔널 뱅크의 부행장보인 수전 캐서린 스노가 병원 응급실에서 사망했다. 그녀의 딸인 열네 살의 헤일리가 욕실 바닥에서 발견한 직후였다. 스노는 두 번 이혼했고 무척 사랑하는 마흔다섯 살의 트럭 운전수 폴 웨브킹과 막 결혼한 상태였다. 헤일리 외에 그녀에게는 성년이 된 다른 딸도 있었다.

그녀가 너무나 급속히, 극적으로 사망했기 때문에 뇌동맥류 혹은 일종의 약물 과다복용이 의심되었지만 내출혈의 증거는 없었고, 알려진 바에 따르면 스노는 약물중독자도 아니었다. 하지만 부검 중 보조 검시관 재닛 밀러가 쌉쌀한 아몬드 향을 희미하게 감지한다. 늘 감지되는 것은 아니고 모두가 알아차리는 것도 아니지만, 그 향이 있으면 사실상 청산가리 중독이라고 할 수 있다.

독성 검사 결과 스노의 체내에 청산가리가 있음이 확인된다. 가족들은 그녀가 음독은 물론 그 어떤 방식으로도 스스로를 해칠 리가 없다고 주장했다. 수사관들이 그녀가 섭취한 것들을 철저하게 재구성한 결과 발견한 것은 초강력 엑세드린 두 알뿐이다. 약병을 검사해보니 세 알이 더 오염된 것으로 밝혀진다. 폴 웨브킹도 같은 병에서 몇 알을 먹었지만 그에겐 아무 일도 일어나지 않았다.

괴로운 과정이 다시 시작되었다. 며칠 후 FDA는 스노가 먹은 약의 제조번호를 발표하고, 제조사인 브리스톨 마이어스는 전국적으로 제품을 회수했다. 시애틀 경찰은 추가로 오염된 약을 찾아 상점의 진열장을 샅샅이 뒤지고 두 병을 더 찾아냈다 ─ 하나는 같은 오번, 다른 하나는 옆 동네인 켄트에서 나왔다. 그리고 타이레놀 사건 이후 개정된 법에 따라 FBI가 개입한다. 미상범의 프로파일을 작성하고 가능한 주도적 전략을 만들어내기 위해 콴티코의 우리 부서도 동원된다.

폴 웨브킹은 거짓말 탐지기 검사에 동의하고 쉽게 통과했다. 조사 결과 그는 새 아내를 진심으로 아꼈던, 슬픔에 빠진 남편일 뿐이다.

우리는 미지의 독살범이 지닌 동기를 암시하는 요구나 다른 접촉을 기다리지만 아무것도 없었다. 당국은 숨을 죽인 채 다른 희생자가 나타날지 여부만 기다렸다. 그리고 안타깝게도 한 명이 나타났다.

6월 17일, 마흔두 살의 스텔라 모딘 니켈이 시애틀 경찰에 전화해 남편 브루스가 2주 전에 하버뷰 병원에서 사망했다고 신고했다.

브루스는 워싱턴 교통국의 시간제 수리공이자 중장비 기사인데, 쉰두 살이고 알코올 의존증에서 회복한 전력이 있었다. 병원에서는 사인이 폐기종이라고 했지만, 그녀는 남편이 쓰러지기 직전에 초강력 엑시드린을 복용한 것을 똑똑히 기억하고 있다고 했다. 경찰의 공지를 본 그녀는 의심이 들었다. 남편의 약병에 적힌 제조번호를 확인해보니 수전 스노의 약장에 있던 것과 일치했다. 수사관들은 큰 관심을 보였다.

브루스 니켈은 이미 묻혔지만, 장기 이식에 동의했기 때문에 병원에는 그의 혈액 샘플이 있다. 당연하게도 독성 검사 결과 청산가리가 드러났다.

그 외에는 신고되는 죽음이 없었다. 협박이나 요구 사항도 전달되지 않았다. 폴 웨브킹과 스텔라 니켈은 모두 브리스톨 마이어스를 상대로 불법 행위에 따른 사망 소송을 건다.

하지만 그때 수사관들이 이상한 점을 발견한다. 작은 세부사항이 눈에 띄고, 만약 단서를 제대로 따라간다면 사건을 활짝 열어젖힐 수 있을 것 같았다. 수사 당국이 조사했던 수백 만 병의 초강력 엑시드린 중 오염된 것은 다섯 병뿐이었다. 그중 두 병이 스텔라 니켈의 이동식 주택에서 발견되었는데, 본인 말로는 서로 다른 날 다른 상점에서 구입한 것이라고 했다. 한 명이 그 다섯 병 중 두 병을 서로 다른 시점에 구입할 확률이 얼마나 될까? 통계적으로는 거의 불가능하다.

형사들이 니켈에 집중하기 시작했다. 그녀에게는 아름다운 두 딸과 손녀가 있었다 — 살인자의 흔한 프로파일이라고 말할 수는 없다. 배차 담당자로 일하고 있는 사설 보안회사의 동료들도 그녀를 많이 좋아했다. 브루스는 급사했다. 우리는 수사관들에게 피해자 조사를 철저히 하라고 조언한 후 동기를 찾아보려고 노력했다.

일단 니켈을 엄중히 감시하면서, FBI 요원들은 우연히 발견한 다른 단서들도 조합해보기 시작했다. FBI 연구소 화학물 부서 소속의 로저 마츠와 데비 왕은 오염된 알약에는 청산가리뿐 아니라 네 개의 다른 화학물질도 있음을 밝혀내는데, 그중 둘은 가정용 어항에 사용되는 살조제殺藻劑 성분이었다. 남는 시간에 마츠는 반려동물 용품점에 가서 모든 종류의 어항 청소제품 라벨을 확인했다. 마침내 문제의 네 가지 화학물질이 모두 들어 있는 제품을 발견했다. 알지 디스트로이어라는 고급 살조제였다. 미상범은 살조제를 섞었던 것과 같은 용기에 청산가리 가루를 담았던 것이 분명해보였다.

그 사이 시애틀의 요원들은 브루스 니켈이 공무원으로서 받게 될 3만1000달러의 사망보험금에 더해, 바로 전 해에 스텔라가 별도의 특약을 추가했음을 알아냈다. 모두 합하면, 브루스가 사고로 사망할 경우 그녀는 17만5000달러를 수령하게 되어 있었다. 중독에 의한 사망은 사고사로 간주되기 때문이다.

시애틀 요원들 중 한 명이 마츠의 보고서를 읽고, 니켈의 이동식 주택에 어항이 있었던 것을 기억해냈다. 요원들은 몇 장의 사진을 들고 지역의 반려동물 용품점을 찾아가, 점원들에게 그 사람들을 본 적이 있는지 물어봤다. 그중 한 장은 스텔라 니켈의 사진이다. 켄트에 있는 한 상점에서 누군가 니켈의 사진을 가리키며, 알지 디스트로이어를 특별 주문한 적이 있다고 기억해냈다. 알약을 가루로 빻는데 쓰는 사발과 막자를 스텔라에게 팔았던 것도 기억했다.

이제 증거들이 모이고 있었다. 니켈은 거짓말탐지기를 통과하지 못했다. FBI 문서감식반은 보험 서류 두 곳에서 브루스의 서명이 위조되었다고 판정했다. 하지만 더 강력한 증거가 필요하다. 그러던 중 1987년 1월, 스텔라의 딸 신디 해밀턴이 수사관들에게 연락해 자신이 아는 것을 밝혀야 할 것 같다고 말했다. 어머니가 종종 브루스를 죽이는 이야기를 했고, 그중 한 번은 청산가리를 구체적으로 언급한 일도 있다는 것이다. 이전에 독이 든 견과류로 그를 죽이려 시도한 적이 있지만 아무 일도 없었다. 그러던 중 그녀는 타이레놀 독살 사건을 떠올렸고, 거기서 자신의 시나리오를 찾았다. 신디는 어머니가 도서관에서 다양한 독극물에 관한 책들을 조사했다고 했다. 요원들은 니켈의 도서관 대출 기록에 있는 몇몇 책에서 그녀의 지문을 발견하는데, 거기에는 『죽음의 추수』와 『인간 중독』도 있었다.

브루스가 갑자기 사망하자, 어머니는 신디가 묻기도 전에 이런 말을 했다고 한다. "네가 무슨 생각을 하는지 아는데, 그런 거 아니야."

공식적인 문서에도 그렇게 되어 있다. 검시관이 브루스의 사인을 불특정 다수를 향한 독살이 아니라 급성 폐기종이라고 잘못 확정해버렸다. 스텔라의 사건이 그런 유형의 범죄에 포함되려면 중독에 의한 또 다른 사망자가 있어야 했고, 그에 따라 어떤 조치가 취해지고 수사당국이 그녀의 사건을 재검토해야 했다. 그렇지 않으면 그녀는 사고사에 따른 막대한 보험금을 놓치게 될 터였다.

여기서 고려해야 할 또 다른 충격적인 점은, 계획에 따라 일련의 일들을 꾸민 그녀가 무고한 생명을 희생시키는 대신 수사 당국에 전화를 하거나 편지를 써서 자신의 주장을 전할 수도 있었지만, 자신의 주장을 더욱 극적으로 만들기 위해 기꺼이 모르는 사람을 죽이는 쪽을 택했다는 사실이다. 재닛 밀러가 수 스노의 부검에서 쌉쌀한 아몬드 향을 감지하지 못했다면, 니켈은 누군가 그것을 알아내고 그래서 자신의 주장을 내세울 수 있을 때까지 계속 살인을 이어갔을 것이다.

그녀의 배경을 조사한 결과 친구와 지인들에게 보여줬던 것과 정반대의 이미지가 드러났다. 1968년에서 1971년 사이, 캘리포니아에서 살면서 그녀는 문서 위조와 수표 사기, 신디에 대한 아동학대로 기소되었다. 브루스의 사망 당시 니켈은 심각한 빚에 빠져 있었고 주택 압류와 파산 위협을 받고 있었다.

1988년 5월 9일, 스텔라 니켈은 유죄 판결을 받았고, 살인에 대해서는 29년 형, 세 건의 제품 훼손에 대해서는 동시 집행되는 10년 형씩을 받았다. 그녀는 미국 역사상 최초로 제품 훼손을 통한 살인으로 기소된 인물이었다.

미 연방지방법원의 윌리엄 드와이어 판사는 니켈의 행동이 "예외적으로 냉담하고 잔인한 범죄"라고 말하며, 최소 30년 동안 가석방을 불허하고 그녀의 자산은 모두 피해자 가족을 위한 보상에 쓸 것을 제안했다.

이 사건의 기소를 맡았던 검사보 조앤 마이다는 "이 여성의 탐욕 때문에 얼마나 많은 사람이 죽을 수 있었는지를 생각하면 당황스러울 따름이다"라고 말했다. 공소장에 따르면, 니켈은 보험금으로 자신의 이동식 주택 주변의 땅을 사서 열대어 상점을 열 계획이었다고 한다. 그녀는 물고기를 좋아했다.

신디 해밀턴은 어머니의 체포와 기소에 기여한 부분 때문에, 업계로부터 25만 달러의 포상금을 받았다. 모순적이게도, 니켈은 완전범죄를 저지른 후에 스스로 그것을 날려버렸다. 우리 수사관들이 이야기하는, "범행 후 행동이 범인을 폭로하는 사례"라고 할 수 있다. 그렇게 탐욕을 부리지 않았다면 그녀는 남편을 죽이고 적당한 보험금을 수령한 채 잡히지 않을 수 있었다. 하지만 그녀의 동기가 실은 탐욕, 인류 역사상 질투 다음으로 오래된 (카인과 아벨의 경우) 것이었기 때문에, 그 동기 때문에 그녀는 말 그대로 살인을 저지르고도 무사히 빠져나갈 수 있었던 상황을 망친 것이다.

불행하게도, 하지만 예상할 수 있었듯이 이 사건이 끝이 아니었다. 1991년 2월, 『리더스 다이제스트』에 FBI가 스텔라 니켈 사건을 해결한 방법을 소개한 기사가 실렸다. 그 직후 워싱턴주 올림피아의 조지프 멜링이, 소염제인 슈다페드에 청산가리를 묻혀 아내 제니퍼를 독살하고 보험금을 수령할 계획을 세웠다. 니켈 사건에서와 마찬가지로 친척이 나서서 피고의 살인 의도에 관해 증언했는데, 이 사건에서는 조지프의 삼촌인 키스 멜링이었다. 제니퍼는 살아남았지만 그 사이에 조지프는 두 명의 무고한 사람을 죽였다. 캐서린 데인커와 스탠리 맥호터였다. 니켈과 마찬가지로 멜링은 여섯 건의 제품 훼손 및 관련 혐의로 유죄 판결을 받았다.

우리는 이런 이야기를 전하는 것만으로 다른 사람들이 같은 짓을 저지르도록 부추기는 걸까? 아니다, 우리가 자신들에게 어떤 계획을 알려주는 거라고 생각할 정도로 어리석은 사람은 없기를 희망한다. 이 이야기를 유심히 읽은 사람이라면 이런 범죄는 시도해볼 가치가 없고, 절대 무사히 도망칠 수 없음을 깨닫게 될 것이다. 모든 상황이, 심지어 범인 자신이 저지를 수밖에 없는 행동까지도 그에게 불리한 것이 되어 차곡차곡 쌓인다.

독살은 여성의 범죄일까? 특별히 그렇지는 않다. 다른 유형의 살인과 마찬가지로, 독살을 하는 범죄자들 역시 대다수는 남성이라고 할 수 있다. 하지만 비대면 범죄라는 특징 때문에 살인하려는 여성들이 쓸 수 있는 방법 중 독살이 상위권에 올라가기는 할 것이다. 그리고 만약 남자가 가해자라고 해도, 그는 수줍음이 많거나 겁이 많은, 마찬가지로 대면 접촉을 불편해하는 종속적인 남성일 거라고 짐작할 수 있다. 만일 새로운 독살 혹은 제품 훼손 사건을 다루게 된다면, 우리는 먼저 백인 남성을 의심할 것이다. 하지만 시나리오나 피해자 조사 결과, 무작위 대상이 아니라 특정 대상을 노렸음이 암시되는 사건이라면, 초점을 여성 미상범으로 옮겨야 하는 사건이라고 할 수 있다.

대단히 기괴한 독살 사건으로는 앨라배마주 애니스톤의 오드리 마리 힐리 사건이 있는데, 그녀 역시 남편을 독살했지만 동기는 아주 달랐다. 이 사건의 뒤틀린 세부사항은 너무나 이상해서 현실의 사건이라기보다는 미스터리 소설처럼 들린다.

1975년 5월 19일, 프랭크 힐리는 병원에 가서 어지럼증을 호소한다. 상태는 계속 나빠져서 23일에 그는 입원하고 이틀 후 사망한다. 의사들은 사인이 감염성 간염이라고 했다. 힐리의 유족으로는 아내 오드리 마리와 열다섯 살 된 딸 캐럴 마리가 있다. 2년 후 오드리의 어머니 루실 프레이저가 같은 증세로 사망했다. 그리고 1979년 8월, 열아홉 살의 캐럴이 어지럼증, 구토, 손발의 감각 마비, 즉 4년 전 아버지가 겪었던 것과 같은 증상으로 입원했다. 병원에서 캐럴은 부분 마비를 겪으며 몇 주 동안 거의 죽을 뻔했지만 마침내 회복을 시작했다. 그녀는 의사들에게 어머니가 자신이 병실에 있는 동안 주사를 몇 번 놓아주었다고 한다.

그보다 앞선 7월에, 그녀의 어머니는 캐럴 앞으로 5만 달러의 생명보험을 들었다.

하지만 그것이 오드리가 범죄와 관련이 있음을 보여주는 유일한 증거는 아니다. 검사 결과 캐럴의 혈액은 비소 수치가 비정상적으로 높았다. 프랭크의 시신을 발굴해 조심스럽게 검사한 결과, 사인은 극심한 비소 중독임이 밝혀졌다. 발굴한 루실 프레이저의 유해에서도 비소가 발견되지만 그 수치는 애매했다. 어쨌든 오드리 힐리는 1979년 10월 25일에 기소되었고, 딸에 대한 살인 미수로 재판을 받게 되었다.

11월 16일 1만4000달러의 보석금을 내고 출소한 이 여성, 키 155센티미터에 눈이 녹색이고, 머리는 갈색인 마흔일곱 살의 여인은 자신이 살았던 버밍엄 교외 지역의 모텔에서 사라진다. 그 무렵, 오드리의 시어머니 캐리 힐리가 몇 주 동안 앓다가 사망한다. 오드리와 접촉한 후 앓게 된 사람은 그녀만이 아니다. 1970년대 후반,

오드리는 자신의 집 주변에 수상한 사람들이 돌아다니고 있으며 협박 전화가 온다고 경찰에 여러 번 신고했다. 경관 두 명이 그녀의 집으로 왔고, 그녀는 자신의 불만을 이야기하며 경관들에게 커피를 대접했다. 그 집을 나온 후 두 경관 모두 어지럼증과 복통을 호소했다. 동네 아이들은 늘 의사도 알 수 없는 이유로 아프곤 했다. 오드리 가족이 이사하고 나서 아이들은 금세 괜찮아졌다.

도주자 파악을 위해 내가 호출되었다. 나는 오드리가 편안함을 느낄 만한 장소를 수색해보라고 조언했다. 배경을 조사한 결과, 나는 그녀가 자신의 고향에서 아주 가까운 곳에 나타날 것으로 생각했다.

오드리의 자동차는 조지아주 마리에타에서 발견되지만, 그녀의 흔적은 없었다. FBI는 전국을 샅샅이 뒤지며 그녀를 찾았다. 그 사이 1월 11일, 앨러배마 칼훈 카운티 대법원은 프랭크에 대한 살인 혐의로 그녀를 기소했다.

간신히 경찰의 눈을 피해서 지내던 그녀는 1983년 1월, 자신이 일하고 있던 버몬트주 브래틀버러의 인쇄소에서 FBI 요원들에게 발각되었다. 당시 가짜 신분으로 지낸 적이 있던 뉴햄프셔주 말로에서 멀지 않은 곳이었다. 자신을 린지라고 소개했지만 로비라는 별명으로 통하기도 했던 오드리는, 공구상이자 보트 제작자인 삼십대의 존 호먼과 결혼했다. 그 다음엔 텍사스로 가서 자신이 죽은 것처럼 위장했다. 그리고 존 호먼이 있는 말로로 돌아와 로비의 쌍둥이 누이 테리 마틴이라고 자신을 소개했다. 체중을 9킬로그램 감량하고 머리를 금발로 염색한 것이다!

그렇다, 사실이다.

"만약 제가 오늘 법정에 나간다면, 맹세코 두 사람이 다른 사람이라고 말할 겁니다." 충격을 받은 호먼은 AP통신에 말한다. "따뜻하고 훌륭한 여성 그 자체였습니다." 그는 그녀가 자신의 죽음을 위장한 건, 호먼 본인을 불안하게 해서 자신의 정체를 알 수 없게 만들기 위해서인 것 같다고 말했다. 그녀는 자신의 남편은 심장마비로 사망했고, 두 아이도 텍사스주 타일러에서 교통사고를 당해 죽었다고 말했다.

존의 동생 피터는 오드리가 "형의 인생에서 가장 행복한 사건이었고, 형은 정말로 그녀를 사랑했다"고 말했다.

이 모든 것이 내게도 놀라운 일이었음을 분명 인정한다. 나는 그녀가 앨러배마 자신의 집 근처에서 실제보다 훨씬 일찍 발견될 것으로 예측했다. 이 사건과 관련한 사실들을 평가하자면, 오드리 힐리는 진정 고전적인 사이코패스라고 결론내릴 수 있다. 일반적으로 우리는 여성에게서는 이런 모습을 볼 수 없다. 그녀는 자족적이고, 진실에는 전혀 관심이 없으며, 마음대로 사람들을 속이고 그들에게서 연약하고 속기 쉬운 면들을 잘 찾아낸다. 만약 그녀가 남자였다면 연쇄 강간범이나 약탈적인 성범죄자가 되었다 해도 놀라지 않았을 것이다.

그만큼 매력적이었지만, 그녀에게는 왠지 사람들을 불편하게 하는 면모도 있었다. 로비의 지인이나 동료들은 '쌍둥이'가 무시무시할 정도로 닮은 것에 놀라며 당국에도 알렸다. 세부사항들은 기괴할 정도다. 이제 테리 마틴 행세를 하고 있던 힐리는 신문에 로비 호먼

부인의 부고를 실었다. 하지만 오드리가 텍사스로 떠나기 전, 뉴햄프셔주 킨의 센트럴스크루사 판매부서에서 로비의 상관이었던 로널드 오자는, 부고에 '진짜' 이름인 린지 R. 호먼이 아니라 로비 호먼으로 실린 것이 이상하다고 생각했다. 그래서 그는 몇몇 세부사항을 확인해보았는데, 예를 들어 부고에서는 로비의 시신이 텍사스에 있는 메디컬 리서치 인스티튜트에 기증되었고, 그녀는 타일러의 세이크리드 하트 교회 신도였다고 적혀 있었다. 모두 사실이 아니었고, 오자는 뉴햄프셔주 경찰에 연락해 테리 마틴을 신고했다.

어떻게, 여기까지 잘 따라오고 계신가? 경찰은 테리 클리프턴이라는 도주자, 테리 마틴이라는 가명을 쓰고 있는 그 사람을 쫓고 있었고, 테리 마틴이 바로 그녀일지도 모른다고 생각했다. 주 경찰이 FBI에 알리고, FBI는 요원을 보내 테리 마틴을 만나 보게 했다. 오드리 힐리는 자신이 테리 클리프턴이 아니라고 요원들을 설득하려 했지만, 사실은 테리 마틴도 아님을 인정하고 진짜 정체를 밝혔다.

그녀는 도주범 인도를 생략한 채 애니스톤으로 송환되어 카운티 교도소에 수감되는데, 이번에는 보석금이 상당히 컸다. 그녀는 살인과 살인미수, 그리고 두 건의 추가적인 부정수표 사용에 대한 혐의를 부인했다.

이전에 그녀를 알았던 사람들도 호먼과 마찬가지로 충격을 받았다. 한때 캐럴 힐리가 다녔던 학교의 교장 올가 케네디는 AP통신 기자와의 인터뷰에서 이렇게 말한다. "눈에 띄고, 매력적이고, 협조적인 학부모였습니다. 뭔가를 해야 할 때면 그분은 언제나 뭐든 도와주려고 하는 것처럼 보였어요."

사건이 너무 이상했기 때문에 순회법원의 판사 샘 몽크는 기소를 맡은 검사보 조 허바드가 신청한 정신 감정을 받아들였다. 1981년 5월 말에 첫 재판이 열리고, 검사 측의 첫 번째 증인은 힐리의 딸 캐럴이었다. 그녀는 심지어 자신이 입원하기 전부터 어머니가 놓아주었던 알 수 없는 주사 이야기를 했다.

다음으로 힐리의 전 시누이 프레다 애드콕이, 오드리의 집에서 발견한 상자에서 유아식 병 세 개와 쥐약이 담긴 용기를 본 적이 있다고 증언했다. 주 소속의 독물학자는 힐리의 가방에서 나온 용기에 비소의 흔적이 남아 있었다고 증언했다. 그리고 오드리의 아들이자 조지아주 코니어스의 목사인 서른 살의 마이크는, 자신의 아버지가 사망하기 며칠 전부터 안색이 누렇게 변했고, 정신을 잃은 것이 아닌가 의심되었다고 배심원들 앞에서 말했다. 검사보 허바드는 또한 1979년 가을에 마이크가 칼훈 카운티의 검시관 랠프 필립스에게 쓴 편지도 제출했는데, 거기에는 이렇게 적혀 있었다. "저는 어머니가 여동생에게 했던 것처럼, 아버지에게도 비소 주사를 놓았던 거라고 믿고 있습니다."

힐리와 같은 감방에서 지냈던 프리실라 랭은, 힐리가 남편과 딸을 죽이려 했던 건 캐럴이 레즈비언이고 프랭크는 '딸 편을 들었기' 때문이라고 말한 적이 있다고 증언했다. 그녀가 독살에 사용한 방법은 남편의 식사에 매일 조금씩 비소를 넣는 것이었다.

검사는 캐럴에 대한 분노가 동기일 수 있다고 제시했다. 또 다른 동기는 프랭크의 사망 후 오드리가 수령한 보험금(3만1140달러)과 딸이 사망할 경우 추가로 받게 될 돈이었다.

9일 간의 재판 후에 배심원들은 2시간 반 동안 논의했고, 힐리가 살인과 살인 미수에 대해 유죄라고 결론을 내린다. 판결을 앞두고 몽크 판사 앞에 선 힐리는 이렇게 말했다. "저는 아직도 무죄를 주장합니다. 그 누구에게도 독약을 투여하지 않았습니다."

몽크 판사는 종신형에 추가 20년 형을 선고했다.

9월, 앨라배마 주립연구소 과학자들이 캐럴의 친구였던 열한 살 여자아이의 사체를 발굴해 검사하지만 비소는 발견되지 않았다. 힐리의 또 다른 피해자였을 가능성이 있는 아이였다. 그리고 1985년 12월, 앨라배마 대법원은 자신에게 불리한 증거가 부적절한 수색을 통해 확보된 것이라며 힐리가 청구한 재심을 기각했다.

하지만 이상한 이야기는 거기서 끝나지 않는다. 1987년 2월 19일, 힐리는 앨라배마주 웨텀카에 있는 줄리아 터트와일러 여자교도소에서 사흘의 휴가를 받았다. 남편인 존 호먼의 보호 아래 지낸다는 조건이었다. 힐리의 전력에도 불구하고, 교도소의 규정을 따르려면 6개월 이상 지낸 수감자에게는 일시적인 휴가를 내어주어야 했다. 워든 헤어는 자신도 전에 8시간짜리 외출을 받은 적이 있고, 늘 제 시간에 돌아왔다고 말했다.

휴가가 이틀 반이 지난 시점에 호먼이 경찰에 전화해 그녀가 (무슨 일까?) 사라졌다고 신고했다. 남편에게 남긴 메모에 따르면 그녀는 교도소로 돌아가지 않을 생각이며, 월터라는 친구의 도움으로 캐나다로 도피할 계획이라고 했다. 남편이 그녀를 이해하고 용서해주기를 바란다고도 했다.

앨라배마주 바깥에서 발견될 가능성이 있었기 때문에 FBI가 수

색에 동원되었다. 하지만 2월 26일, 그녀는 자신이 태어난 곳에서 1.6킬로미터도 떨어지지 않은 주택의 현관 뒤쪽에서, 휘몰아치는 폭풍우 속에 흠뻑 젖고, 진흙투성이인 상태로 헛소리를 중얼대는 모습으로 발견되었다. 근처 주민이 그녀를 보고 경찰에 신고했다. 병원 이송 중에 그녀는 사망했다. 사인은 비바람에 노출된 결과 생긴 저체온증이었다. 당시 그녀는 쉰세 살이었다. 작성한 지 8년 만에 나의 도주자 파악이 정확했던 것으로 밝혀졌다.

"그것이 정말 길고 흥미진진한 이야기의 결말입니다"라고 조 허바드는 뉴스 인터뷰에서 말했다.

오드리 힐리의 동기는 무엇이었을까? 탐욕, 화, 혹은 그 둘의 조합이었을까? 아니면 완전히 다른 동기였을까? 그 사건을 돌아보면, 나는 그녀의 사이코패스 인성에 더해 정신병적 요소도 감안해야만 한다고 생각한다. 성공했던 남편 살해와 성공하지 못했던 딸 살해 시도에서 그녀의 동기는 분명 돈이었고, 그리고 상당한 정도의 화와 분노도 있었던 것이 분명한데, 그런 요소들이 상상도 할 수 없을 것 같은 행동들로 그녀를 몰아갔다.

하지만 나는 그런 것은 힐리 사건의 경우에는 지나치게 단순한 설명이라고 생각한다. 그녀의 성장배경과 인성을 살펴보고, 그것들을 그녀가 처한 상황, 즉 어린 나이에 결혼하고 원하지 않는 남편과 가족이라는 짐을 짊어진 상황에 대조시켜봤을 때, 나는 그녀의 동기가 해방에 대한, 그리고 프랭크와 함께라면 절대 누릴 수 없는 자유로운 삶의 방식에 대한 갈망이었을 거라고 생각한다. 나는 적어도 부분적으로는 그녀가 존 호먼을 사랑했던 것처럼 보이지만, 그럼에도 이내 그를 떠났으며 자신의 자유분방한 생활방식을 유지하기 위해 본인의 죽음까지 위장했다는 사실(이는 남편은 물론 자신을 쫓고 있던 당국을 속이는 일이었다)을 근거로 그렇게 판단한다. 그녀는 자신이 통제할 필요가 있었다. 말했듯이, 이는 상당 부분 남성들의 특성이며 여성에게서는 자주 볼 수 없다.

나이가 들면서 그녀의 세상은 그녀가 바랐던 모습에서 점점 더 멀어져가고, 그녀는 그러한 통제력을 유지하고 또한 당국은 물론 나머지 사람들보다 한발 앞서 행동하기 위해 애쓰는 일에서 지쳐갔을 것이다. 자신을 찾고 있는 이들을 모두 피해갈 수 있었지만, 이제 그녀도 오십 대였고 자신이 살아온 힘든 삶이 점차 그녀를 따라잡고 있었고, 뉴햄프셔나 버몬트에서 그랬던 것처럼 새로운 사람들을 만나 매력을 발산하고, 유혹하고, 속이는 일도 이전만큼 쉽지는 않았을 것이다. 하지만 그럼에도 그녀는 교도소로 돌아갈 생각은 없었고, 그런 식으로 법 당국을 만족시켜줄 생각은 없었다. 그녀는 끝까지 자신이 상황을 통제하려 했는데, 내 생각에는 마지막 역시 그녀 <u>스스로</u> 택한 것이다.

1988년 10월, 플로리다주 중부의 알투라스에 사는 마흔한 살의 웨이트리스 페기 카는 몸이 안 좋아졌다. 그녀는 병원에 가고 회복한 후 집으로 돌아온다. 하지만 다시 안 좋아지고 병원에 갔다. 가슴에 통증이 있고 심하게 어지럽고 손발 끝이 따끔거렸다. 증세는 점점 나빠져 머리카락이 뭉텅뭉텅 빠지고 몸이 불타는 것 같은 느낌이 들었다. 그러다 그녀의 일곱 살 된 아들 두에인 더벌리와 열일곱 살 된 의붓아들 트래비스 카도 몸이 안 좋아지고 똑같은 증상을 호소했다. 두에인의 체중은 80킬로그램에서 41킬로그램으로 줄어들었다. 의사들은 당황한다. 페기의 남편 페어앨린, 파이로 통하는 그는 아내와 아이들이 힘들어하는 것을 보면서 아무것도 할 수 없다. 몇 주 후 페기는 혼수상태에 빠졌다. 페기의 딸이자 두 살 된 아이의 어머니이기도 한 시시는 파이가 페기에게 독을 투여한 것인지도 모른다고 의심한다. 두 아들은 시간이 지나고 회복하지만 페기는 계속 혼수상태다.

의사들은 생각할 수 있는 모든 진찰과 독물 검사를 실시했다. 납이나 수은, 비소 중독일 가능성이 있다. 하지만 머리카락이 뭉텅뭉텅 빠지는 점을 유심히 본 한 의사가 탈륨 중독을 의심했고, 페기의 소변 검사 결과 탈륨이 평균치의 2만 배나 검출되었다! 두 아들의 검사 결과도 양성이다. 파이와 다른 자녀들도 마찬가지다. 탈륨은 살충제나 쥐약에 널리 쓰였지만, 1972년 이후로는 미 환경보호국에 의해 금지되고 있었다.

총체적인 수사 및 역학조사가 실시되었다. 카의 집에서 찾은 450여 개 물품을 조사했고 마침내 수사관들은 답을 찾아냈다. 오염된 코카콜라 병이었다. 하지만 누가? 그리고 왜?

가족은 생명보험이 없고, 페기나 아이들의 죽음으로 재정적인 이득을 얻는 사람도 없으므로 금전적 이익과 관련한 동기는 아닌 것처럼 보였다. 배우자들이 늘 그렇듯 초반에는 파이에 대한 의심이 있다. 페기가 처음 아팠던 날 그는 사냥을 나간 상태였다. 두 사람은 말다툼을 벌였고, 사실 이 모든 일이 시작되기 전부터 페기는 집을 나가서 지내는 중이었다. 또한 그는 그녀를 병원에 데리고 갈 때도 꾸물거렸고, 처음에는 그녀가 심각하게 아픈 건 아니라고 생각했다. 반면, 모두들 그가 대단히 좋은 사람이라고 말하고, 자식들을 사랑하는 것으로 알려져 있고, 본인 체내에서도 높은 수치의 탈륨이 검출되었다. 지역 내에서 훼손된 콜라가 추가로 발견된 보고는 없었다. 영향을 받은 사람은 이 집 가족뿐이다. 동기가 없는 범죄처럼 보인다. 그리고 특히 잔인하고 냉담한 범죄인데, 만약 타이레놀 사건처럼 무작위 상품 훼손이 아니라면 이 미상범은 성인과 십 대 뿐 아니라, 갓난아기까지 의식적으로 목표로 하고 있기 때문이다.

하지만 가능성 있는 단서가 한 가지 있다. 페기가 몸이 안 좋아지기 몇 달 전, 노란색 포스트잇에 타자기로 친 협박 메모를 받았다. 거기에는 이렇게 적혀 있었다. "당신과 당신의 소위 그 가족이 2주 안에 플로리다를 영원히 떠나지 않으면 모두 죽을 거야. 농담 아니라고." 파이 카에게 협박을 보낸 사람이 누구였든, 그는 편지를 알투라스 지역이 아니라 바토 지역으로 보냈는데, 카 가족처럼 수신인의 집에 우편함이 있는 경우에는 그렇게 하는 것이 맞다. 하지만 지역의 우편 체계에 익숙한 사람만이 그걸 알 수 있다. 경찰 조사에서 파이는 자신의 가족과 옆집 이웃, 즉 마흔두 살의 조지 제임스 트레팔과 마흔한 살인 그의 아내 다이애나 카(파이나 페기와는 아무 관련이 없다)가 갈등이 있었다고 말했다. 파이가 보기에 심각한 사건은 하나도 없었다. 음악이 시끄럽다거나 그런 문제, 이웃들 간에 흔히 있는 갈등이었다. 하지만 그는 자신의 로디지안리지백 두 마리가 드레팔의 고양이를 괴롭힌다고 트페팔이 불평을 하고 얼마 후에, 개들이 갑자기 앓다가 죽었던 일을 떠올렸다. 그리고 페기의 몸이 안 좋아지기 불과 이틀 전에, 그녀와 다이애나가 아들이 세차를 하는 동안 트럭에서 나오는 음악 때문에 말다툼을 벌였다. 다툼이 심해지면서 다이애나가 경찰을 부르겠다고 했고, 페기는 결국 상대 여성에게 자기 마당에서 나가라고 말했다.

트레팔의 집 주위는 오렌지 나무가 둘러싸고 있다. 그들은 사생활을 중시한다. 폴크 카운티 강력반 수사관 더니 민시가 조지 트레팔을 조사하러 갔지만 확신을 얻을 수는 없었다. 키가 작고 수염을 길렀으며 통통하고, 나긋나긋하고, 단정치 못한 트레팔은 600명이 살고 있는 지역 공동체의 누군가가 카 가족이 떠나기를 원하는 모양이라고 말했는데, 그 어투가 협박 메모와 매우 비슷했다. 편지는 아직 공개되지 않은 상태다. 민시는 트레팔에 대한 추가 조사를 하고, 그가 말했던 것 중 많은 부분이 사실이 아님을 알게 된다. 예를 들면 그가 탈륨에 대해서는 전혀 모른다고 했던 말이 그렇다. 사실 트레팔은 대규모 불법 암페타민 제조 과정에서 화학자로 일한 것 때문에 코네티컷의 댄버리 교도소에서 2년 반 복역한 적이 있고, 탈륨은 암페타민의 고속 생산 과정에서 사용된다. 교도소에 있는 동안 트레팔은 동료 수감자의 라디오가 시끄럽다며 교도관에게 끊임없이 불만을 쏟아냈다.

그뿐만이 아니다. 조지 트레팔과 다이내나 카는 자신들이 영리한 사람들의 엘리트 모임인 멘사 회원이라는 사실을 자랑스러워했다. 회원 자격을 얻기 위해서는 지능검사에서 상위 2퍼센트에 들어야 한다. 그들의 사교생활 대부분은 폴크 카운티 멘사 분회 사람들

안에서만 이루어졌다. 자신들이 지적인 면에서 카 가족과는 정반대에 있는 사람이라고 여기고 있었다. 그들이 대단히 영리하다는 점에 대해서는 의심의 여지가 없다. 조지는 화학 교육을 받았을 뿐 아니라 지금은 컴퓨터 프로그래머로 자신의 사업을 하고 있다. 다이애나는 정형외과 의사이면서 과학 석사 학위와 임상병리학 석사 학위도 가지고 있었다. 사실 두 사람은 다이애나가 체류하고 있던 조지아주 오거스타의 멘사 모임에서 만났다. 이후로 둘은 완전범죄를 계획하고 연극으로 발표하는 멘사의 '살인 주말' 프로그램에도 참가했다. 그런 행사들 중 한 곳에서 조지는 다음과 같은 문장이 적힌 유인물을 배포했다. "살인 협박이 문 앞에 붙어 있으면 가장 점잖은 사람들도 집에 있는 음식을 모두 버리고, 자신들의 식사를 조심하게 마련이다. (…) 문 앞에 놓인 것들은 이웃이 '당신 마음에 안 들어. 이사를 가든지 좀 하라고!'라는 말을 전하는 방식이다."

모순적이게도, 조지의 아버지는 뉴욕시 경관이었다가 1949년 조지가 태어나고 얼마 후 가족이 노스캐롤라이나로 이사한 후에는 직업을 바꿔 텔레비전과 라디오 수리점을 열었다. 조지는 주로 어머니 메이블이 키웠는데, 그녀는 남편을 포함해 그 누구도 아들을 돌보지 못하게 했다. 그녀는 아들이 싸움에 휘말리지 않게 했고 아들의 일이 잘못되었을 때는 언제나 자신이 나서서 해결했다.

이 모든 일이 뭔가를 기대하게 하지만, 그런 것들이 모여 살인으로 이어지지는 않는다. 동기는 어디에 있을까? 이웃이 음악을 너무 크게 틀었다고 해서, 특히 천재적인 아이큐를 가진 사람이 그들을 죽일 이유는 없다. 따라서 트레팔은 용의자였지만, 적당한 용의자는 아니었다. 경찰은 페기 카와 그 가족을 죽일 만한 진짜 이유를 가진 누군가를 찾아야만 했다.

그 사이 FBI가 협의를 위해 소환된다. 플로리다주 레이크랜드의 상근 지사는 탬파 지부로 불리는데, 특수요원 재나 먼로가 운영하고 있었다.(전직 캘리포니아의 경관이자 강력반 형사였던 재나는, 머지않아 콴티코의 우리 부서에 합류해 프로파일러가 되고, 샌디에이고 지부의 관리자가 되어 캘리포니아로 돌아갈 때까지 머무른다.) 재나는 탈륨 독살의 모든 특징을 포함해 이 사건을 철저히 조사하고, 어니 민시와 함께 주도적 수사 전략을 수립했다.

그녀는 사건을 콴티코에 있는 우리와 상의했다. 빌 해그마이어(그는 내가 퇴직한 후 새로 생긴 유괴 및 연쇄 범죄 부서의 책임자가 된다)는 우리 부서에서 플로리다 지역을 담당하고 있는 특수요원이었기 때문에, 이런 종류의 독살 사건을 저지르는 범인에게서 예상할 수 있는 인성과 행동에 대한 프로파일을 작성했다. 빌은 이런 유형의 개인은 갈등을 직접 대면하지 못할 거라고, 그렇게 하기에는 너무 겁쟁이라고 봤다. 이 자는 완력보다는 영리함으로 상황을 정리하려고 시도했다.

또한 빌은 이렇게 치명적이지만 희귀하고 천천히 작용하는 독을 사용하는 유형이라면 대단히 지적이고, 영리하고, 조직적인 인물일 거라고 말했다. 범인은 시간이 지나 범행이 발각될 때쯤에는 증거(코카콜라 병들)가 이미 그 집에 없을 거라고 믿었다. 순전히 운으로 역학조사가 진행될 때 한 병이 남아 있었다. 미상범이 카 가족이 항상 주방에 두는 2리터짜리 플라스틱 병이 아니라, 여덟 병 묶음을 훼손했다는 사실은 의미심장하다. 이자는 자신이 도전을 받아들일 수 있음을 보여주고 있다. 동기를 밝히는 문제가 있지만, 이 모든 점이 조지 트레팔을 가리켰다. 그는 오만한 유형이며 자신이 영리하기 때문에 무슨 짓을 하든 잡히지 않을 거라고 생각한다. 그런 까닭에 꺼지라는 뜻으로 이웃의 음식에 독을 넣는 이야기를 멘사에서 공개적으로 했던 것이다.

그를 직접 마주해서는 가망이 없을 거라고 빌은 민시에게 조언했다. 그가 위협을 느끼지 않을 방식으로 접근해야 한다. 전화상으로, 두 남자와 재나는 누군가를 잠입시키는 이야기를 했다. 먼저, 재나 본인을 고려했다. 전에도 잠입 근무를 해본 적이 있고 아주 잘 해내기도 했지만, 결국 그들은 트레팔이 영리해서 그녀처럼 아주 매력적이고, 지적이며, 육감적인 금발 여성이 자신처럼 추접스러운 얼간이에게 끌린다는 것을 믿지 않을 거라고 결론을 내렸다.

이때쯤, 페기에게 의학적으로 희망이 없음이 분명해졌다. 카 가족은 그녀를 살아 있게 해주던 연명장치를 끄기로 결정한다. 그녀는 1989년 3월 3일에 사망했다. 이제 어니 민시는 살인 사건을 다뤄야 한다. 그는 보안관서에 있는 수전 고렉 형사에게 연락했다. 그녀는 삼십대 중반으로 역시 폭넓은 잠입 활동 경험이 있고, 대단히 지적인 형사로, 멘사 환경에도 적합할 것 같았다. 그녀는 폭력적인 남편과의 결혼생활을 피해 휴스턴을 떠난 셰리 귄 역을 맡았다. 빌 해그미어는 전화상으로 조지 트레팔에게서 예상되는 행동들을 알려줬다.

고렉은 1989년 4월 멘사의 살인 주말에 트레팔과 그의 아내를 만났고, 셋은 정말로 죽이 잘 맞았다. 다이애나는 장시간 일을 했기 때문에 조지와 '셰리'는 함께 보내는 시간이 많아졌다. 그녀는 그의 지적 자존심과 허영에 장단을 맞춰주고, 그가 자신의 일에 대해 자랑하도록 부추겼다. 고렉은 매우 조심한다. 예를 들어 식당에서 식사하다가 화장실에 가는 경우에, 돌아온 후에는 자신의 접시에 있는 것을 하나도 건드리지 않았다. 한동안 부부를 지켜본 후 고렉은 독살을 계획하고 실행에 옮긴 건 실은 다이애나가 아니라 조지라고 확신하게 되었다. 다이애나는 지나치게 지배적이고 공격적이다. 조지는 받아주는 쪽이다. 해그마이어의 프로파일에 맞는 사람은 조지다. 사실, 알면 알수록 그는 프로파일에 근접한 인물이었다. 성장기에 여자아이들과 어울린 적이 전혀 없었고, 비록 영리하지만 학교에서의 성취도 낮았다. 반면 다이애나는 좀 더 직접적이고 곧장 다가가는 유형이다. 만약 다이애나가 누군가를 해치기로 했다면, 그녀는 독살 계획 뒤로 숨지 않았을 것이다.

조지는 셰리에게 곧 전남편이 될 사람에게 복수하는 요령을 알려주는데, 협박편지 보내기, 거짓 아동학대로 신고하기, 그의 서명을 위조해 대통령에게 협박편지 보내기 등이 있다. 오듀본 네이처 센터에 갔을 때, 조지는 독이 있다는 딸기류 열매를 몇 개 따서 그녀에게 주며 세 개면 사람을 죽일 수 있다고 말했다. 하지만 직접 대면과 관련해서는 예상했던 것처럼 겁쟁이다. 어느 시점에 또 다른 잠입요원이 등장해 셰리의 폭력 남편 행세를 했다. 공항에서 만난 그와 셰리는 트레팔이 보는 앞에서 폭력으로 이어질 수 있는 말다툼을 벌이고, 트레팔은 겁을 먹고 물러나 최대한 빨리 줄행랑을 쳤다.

12월, 조지 트레팔과 다이애나 카는 플로리다 세브링으로 이사하고 그곳에서 그녀는 새로운 병원을 개업할 예정이었다. 두 사람은 고렉에게 자신들의 집을 임대해줬다. 그녀와 다른 수사관들이 집 주변을 살펴본 결과 차고에서 탈륨 질산염을 발견했다.

수색영장을 받기까지 거의 1년이 걸렸지만, 경찰과 FBI가 마침내 트레팔의 세브링 집을 수색하자 다른 물건들 사이에서 탈륨과 독극물에 대한 책들이 발견됐다. 조지의 손글씨로 메모가 된 『종합 독극물 안내』라는 낡은 책과, 애거사 크리스티의 소설 『창백한 말』도 있었는데, 약사가 탈륨이 든 음식과 약을 먹고 살해당하는 내용이다. 세브링 집의 지하에서는 수갑과, 채찍, 등자가 달린 널빤지 같은 구속 도구들이 있는 밀실이 발견되었다. 이 방에서 수사관들은 『채찍질 당하는 여성』『새도마조히즘 연구』 같은 책과, 『고급 속박』 같은 잡지, 그리고 고문과 살인을 내용으로 하는 포르노그래피 비디오들을 찾아냈다. 비디오플레이어에는 고전이라고 할 수 있는 『일사, 나치 친위대의 암늑대』가 들어 있었다.

수전 고렉이 집안에 있는 어떤 상자에서 발견한 일기장도 마찬가지로 흥미롭다. 조지가 자신을 2인칭으로 칭하며 쓴 그 일기에는, 환상적인 삶을 꿈꾸지만 현실에서는 고립감과 소외감을 느끼는 세상과 동떨어진 어린아이가 등장한다.

경찰이 조지 트레팔을 체포하러 갔다. 그는 온순하고 협조적이었지만, 반항적이고 호전적인 다이애나는 경찰이 집안에 들어올 수 없게 막았다. 체포된 조지는 1급살인 한 건과 살인의 의도를 가진 독극물 투여 사건 일곱 건, 제품 훼손 한 건으로 기소되었다. 다이애나는 기소되지 않았다. 조지는 재판 내내 무죄를 주장했지만, 결국에는 열다섯 건에 대해 유죄 판결을 받았다. 1991년 3월 6일, 페기 카가 사망하고 2년이 지난 후, 순회법원 판사 데니스 멀로니는 배심원의 제안을 받아들여 조지에게 전기의자 사형을 선고했다. 변호인은 트레팔의 형량 심리에서 성격 증인을 요청하지 않았는데, 아마도 존 아구에로 검사가 세브링 주택의 지하실에서 발견한 증거를 통해 온화하고 존경받아온 피고인 인생의 숨은 면을 드러낼 것임을 알고 있었거나 의심했기 때문일 것이다.

법집행 기구 내의 그 누구보다 조지 트레팔을 잘 알게 된 수전 고렉은, 그가 자신만큼 지적이지 못한 사람들은 진짜 혐오했다고 말했다. 그녀는 이 살인과 살인 미수는 카 가족에 대한 분노나 증오만큼이나, 그들에 대한 경멸, 오만함, 그들을 상대로 한 게임에서 이긴다는 지적 만족감에서 비롯된 거라고 생각했다.

조지의 동료 수감자가 그에게 빌린 사전의 표지를 실수로 접어버린 적이 있는데, 그때 트레팔이 당신 같은 사람은 '죽어 마땅하다'고 말했다고 했다. 어떻게 그런 것이 동기가 될 수 있을까?

마지막으로, 트레팔의 친구들 중 한 명에 따르면 그는 사형수 생활에 대해, "함께 대화할 재미있는 사람이 많지 않기" 때문에 "지루하다"고 했다고 한다. 뭐, 만약 사법체계가 일정에 따라 차곡차곡 진행된다면, 그가 그런 부담을 오랫동안 지고 갈 일도 없을 것이다.

우리 중 누구도 이 장에서 살펴본 종류의 범죄로부터 완벽히 안전하지는 못하다. 수사지원부의 훌륭한 직원으로 내내 돋보였던 주드 레이는 현재 콴티코의 국제교육 및 협력부의 책임자다. 그는 1981년 애틀란타 지부의 신입 특별요원으로 경력을 시작했지만, 법 집행과 관련해서는 전혀 신참이 아니었다. FBI에 합류하기 전 베트남전 전투병 출신의 퇴역군인이었던 그는 조지아주 컬럼버스의 경찰서에서 일했고, 『마인드헌터』에 소개된 '악의 힘' 살인사건 조사에서 나와 처음 만났다. 몇 년 후 우리는 애틀랜타 어린이 살인사건 관련해 잠깐 함께 일하기도 했다. '잠깐'이라고 하는 건 그가 수사에서 빠져야 했기 때문이다. 그는 거의 세상에서 사라지다시피 했다.

그는 심각한 부부 문제를 겪고 있었고 아내에게 최후통첩을 한 상태였다. 자신에게 험한 말을 하거나, 폭음을 하거나, 변덕을 부리는 것을 멈추지 않으면 어린 두 딸을 데리고 떠나겠다고 한 것이다. 과연 얼마 동안은 상황이 나아졌다. 아내는 그를 더 잘 대해줬고 심지어 규칙적으로 저녁도 차려줬다. 그러다가 두 남자를 고용해 그를 죽이려 했다. 주드는 중상을 입고 거의 죽을 뻔했다. 병원에서 몇 주를 보낸 후 서서히, 충분히 몸을 회복한 후에 자신의 사건을 직접 해결하고 아내와 (아내는 그의 앞으로 상당한 금액의 보험을 들어놓은 상태였다) 청부업자들을 교도소에 보냈다.

하지만 자신에게 일어난 일을 되돌아보던 주드 레이는, 청부업자들을 침실에 숨겨둔 건 자신의 목숨을 노린 두 번째 시도였음을 깨달았다. 그런 결정적인 행동을 하기 전에, 아내는 그의 음식에 조금씩 독을 넣으려고 시도했다. 주드는 이 사실을 갑자기 깨달았다. 콴티코에서 온 존 더글러스(저자 자신—옮긴이)라는 사람에게 들은 흥미진진한 사건 이야기를 아내에게 시시콜콜 전했던 것이 생각났던 것이다. 콴티코에서 수업을 들은 적이 있고, 여러 사건에서 협력했던 존이 해준 이야기는 오드리 마리 힐리라는 도주자가 벌였던 독살 사건이었다.

5장 **부러지는 사람들**
Guys Who Snap

Motive

 FBI에서 퇴직하기 몇 년 전, 콴티코의 부국장이 전화를 해서 전직 요원이자 지금은 주요 기업의 보안책임자로 일하고 있는 사람을 만나보라고 했다. 그는 회사 내부에 문제가 있는데 우리와 협의를 하고 싶다고 했다.

"문제가 뭐랍니까?" 내가 물었다.

"누가 창문 세제 병에 오줌을 쌌대. 알지? 윈덱스 같은 거."

"네?" 내가 제대로 들은 걸까? "그럴 시간 없어요. 여기 처리할 사건이 산더미예요. 바쁘다고요."

"이봐 존. 아주 좋은 친구라고. 그냥 전화만 한 번 해줘."

그래서 나는 전화를 걸고 진지하게 들으려고 노력했다. 나한테 전해줄 물건은 없었고, 그래서 나는 사실만 이야기해달라고 했다.

"뭐, 우리 컴퓨터실에 있는 기계들은 아주 예민합니다. 직원들은 — 남녀 공통으로 — 흰색 가운을 입고 기계를 청결히 유지하는 일도 직접 하고 있죠. 그런데 누가 스프레이 병에 소변을 본 거예요. 담당 직원들이 모두……"

"열 받았겠네요. 잘 알겠습니다. 언제부터 그랬을까요?"

"한 달쯤 됐습니다. 같은 시간에만 그래요. 하루에 삼교대를 하는데. 전부는 아니고 보통은 그중 한 근무 시간에만요."

내가 말했다. "뭔가 있는 것 같네요. 처음부터 봅시다. 회사에 무슨 일이 있나요? 그 팀에 무슨 일이 진행 중일까요? 특정 근무 시간에는요? 늘 같은 근무 시간에 벌어진다는 사실에서 뭔가 떠오르는 건 없습니까? 그 시간엔 몇 명이나 있죠?"

"특정 시간에 그 층에는 40명 정도가 있습니다."

"그중에 병에 접근할 수 있는 사람이 있을까요?"

"네. 세제 병들은 모두 쟁반 위에 있으니까요." 그러니까 특정한 병이 특정 기계나 직원에게 배당된 건 아니었다. 병을 훼손하는 사람이 누구든 그 세제를 누가 사용할지는 모른다.

나는 그것이 상징적이고 무차별적인 행동이라고 말했다. 범인은 '당해봐, 조 혹은 제인'이라고 말하는 게 아니다. 그는 '다들 당해봐'라고 말하고 있다. 집단 전체에 혼란과 분열을 일으키려 하고 있다. 다음으로 우리는 구체적인 부분으로 넘어갔다. 어떻게 오줌을 세제 병에 담았을지 물었다. 사무실 바로 옆에는 화장실들이 있었기 때문에, 연구실 가운 밑에 세제 병을 숨겨서 옮기는 건 쉬웠다.

나는 가장 먼저 여성들을 용의자에서 제외했다. 여성도 윈덱스 병을 목표로 할 수 있겠지만, 신체적으로 남성들보다 훨씬 어려울 것이다. 만약 여성이 이런 짓을 계획한다면, 아마도 목이 좁은 병보다는 좀 더 쉬운 수단을 찾았을 것이다.

"여기서부터는 아주 쉽습니다." 내가 말했다. 이런 상황에서는 전통적인 프로파일 요소들(백인 남성, 삼십대, 고등학교 낙제, 여자친구 없음, 부모와의 갈등 같은 것들)에 시간을 낭비할 필요도 없는데, 그런 것들이 중요하지 않았기 때문이다. 여기서 중요한 것은 동기이고, 이런 종류의 공격으로 이어지는 행동에서는 범인이 저절로 드러나게 마련이다.

"직원들 중 그 근무 시간에서 빠지고 싶어 하는 사람이나, 모든 사람을 미워하고 외톨이로 지내는 사람이 있습니까? 아마 불만 사항을 접수하거나 편지를 썼을 수도 있고, 아무도 본인에게 관심을 보이지 않는다고 느끼고 있을 겁니다. 성격이 좀 바뀐 것처럼 보일 수도 있습니다. 혼자 살고, 사회생활이 잘 안 될 겁니다. 혹은 부부 문제나 재정적 문제에 시달리고 있을 수도 있습니다. 그리고 가장 중요한 건, 그가 오줌 섞인 세제에 대해 가장 크게 불평하는 사람일 거라는 점입니다. 그 근무 시간에서 빠질 수 있는 핑계가 될 테니까요."

전구가 나가는 듯한 순간이었다. "네, 한 친구가 있는데……"

나는 그 직원과 '일상적인' 일대 일 면담을 가지고, 관리자가 그가 겪고 있는 부담을 알아주고 도와주려는 모습을 보여준 뒤 근무 시간을 바꿔주려고 애쓰는 중(이건 사실이었다. 빈자리가 없었을 뿐이다)임을 이야기하라고 조언했다.

그들이 그 자를 불러 상담했다. 삼십대이고 편지를 쓰고 있었다. 회사의 그 누구도 알아보는 사람이 없고 부부 문제가 있었다. 더 이상 아내와 살지 않고 부모님 집에서 지내고 있었다. 그는 인생의 모든 것이 무너지는 중이라고 느끼고 있었다. 마침내, 공감하며 들어주는 사람 앞에서 모든 것을 털어놓은 다음, 그는 자신이 '익명의 오줌싸개'라고 인정했다.

앞의 장에서 나온 사건들처럼, 이 일도 방해 혹은 제품 훼손으로 분류할 수 있다. 다행스럽게도 심각한 일은 아니었고 — 생명의 위협을 느낀 사람은 한 명도 없었다 — 동기만 잘 들여다보면 쉽게 해결할 수 있는 기본적인 사건이다. **왜** 이런 일이 벌어지는 걸까? 피해자는 **누구**일까? 돈 문제는 아니다. 강탈도 아니다. 이는 소란죄다. 누군가 화가 나서 사람들을 괴롭히고 역겹게 만들었지만, 폭력적이지는 않다. 이 사건이 말해주는 바는 무엇일까?

이런 행동이 실제적인 위협이었던 적이 있을까? 그렇게 생각하지는 않는다. 하지만 이런 행동이 진화하고 고조되어 협박이 될 수 있을까? 음, 그럴 수도 있다.

회사가 그의 감정적 문제를 지원해주지 않는다면 어떻게 될까? 만약 문제를 알아주지도 않으면 어떻게 될까? 여러분이라면 그를 어떻게 할 것인가? 본인이 원하는 새로운 일을 주는 것으로 그의 부정적 행동에 보상해줄 것인가?

좋다, 새로운 자리로 보내는 대신 관리자에게 계속 그를 지켜보라는 말만 한다. 그는 점심시간에 늘 홀로 앉아 있는가? 자기 자리에서 『솔저 오브 포춘』(군사잡지—옮긴이)이나 총기류 잡지를 읽고 있는가? 그가 혼잣말로 '언젠가는 이 새끼들을 잡아버릴 거야'라고 말하는 걸 누군가 듣는가?

혹은 다른 대안으로, 여러분은 소변 사건을 해결한 후 곧장 그를 해고한다. 그의 차가 있는 곳까지 데리고 가 쫓아낸다. 아마도 그의 부모는 그가 집에만 앉아 있는 것을 지긋지긋해 할지도 모른다. 아내는 그가 돌아오는 것을 원하지 않고, 그는 아이들을 만나지 못한다. 이제 우리는 위험한 지경에 이르렀다.

하지만 이런 상황에 처한 인물을 어떻게 확인할 수 있을까? 회사 사장이 사람을 고용해 그를 미행하고, 술이나 약물에 빠져 있는지, 그의 주변에서 삶이 해체되고 있는지 확인할 수는 없다. 그의 동기는 그대로다. 하지만 그가 자신은 잃을 것이 하나도 없다고 느끼기 시작하는 건 어느 지점일까? 그런 폭발은 몇 달 후, 심지어 몇 년 후가 될 수도 있다.

직장 내 혹은 그 주변에서의 폭력은 오늘날 사회에서 주요하고 두려운 요소가 되었다. 여러분이 할 수 있는 유일한 일은 보안과 경계를 늦추지 않고, 문제를 일으킬 소지가 있다고 여겨지는 사람들의 목록을 만들어놓는 것뿐이다. 보안 담당자에게 그들을 알리고, 잠재적으로 위험한 전前 직원이 사업장에 들어올 경우에는 어떻게 처리할지 대책을 마련해두어야 한다.

앞으로 보게 되겠지만, 이렇게 부러져버리는 사람들이 병에 오줌을 싸는 것보다 훨씬 위험한 결과를 낳기도 한다. 사전에 알아보고 대응하지 않을 경우 갑자기 상황이 치명적으로 되는 것이다. 하지만 이 간단한 사건에서와 마찬가지로, 동기와 행동을 통해 우리는 그런 상황들의 바닥까지 내려가볼 수 있다.

1987년 12월 7일 월요일 오후 4시 16분, 로스앤젤레스에서 샌프란시스코로 가던 퍼시픽사우스웨스트 항공사의 1771편이 샌루이스 오비스코 근처의 캘리포니아 해안 중부 언덕에 추락했고, 탑승 중이던 승객 43명과 승무원들이 사망했다. 사망자 중에는 캘리포니아주 최대 기업인 쉐브론 USA의 사장 제임스 실라와, 독일의 유명한 막스플랑크연구소 소속 천체물리학자이자 행성 연구의 세계적 권위자 볼프강 슈투데만이 있었다. 또한 그 비행기에는 사우스캘리포니아대학 동창회 프로그램의 부감독관이자 다가오는 로즈볼 퍼레이드를 준비 중이던 캐서린 미카도 타고 있었다.

폭발의 충격이 너무 커서 27명의 희생자는 개별적으로 구분할 수가 없었고, 매장할 때는 한 구덩이에 함께 묻은 다음 그들 모두의 이름을 적은 표지를 세웠다.

하지만 이 항공사고는 대부분의 다른 사건들보다 더 혼란스러웠다. 네 개의 엔진을 단 브리티시 에어로스페이스사의 BAe-146기가 레이더 화면에서 사라지기 몇 분 전 — 예정대로 샌프란시스코 공항에 4시 43분에 착륙하기 위해 2만2000피트 상공에서 막 하강을 시작한 시점이었다 — 오클랜드에 있는 항공교통관제국에는, 객실에서 총소리가 들렸다는 기장 그렉 N. 린다무드의 무전이 접수되었다. 국립교통안전위원회 조사관이 심하게 파손된 항공 기록기를 분석한 결과 더 심각한 상황이 드러났다. 침입자가 조종실에 난입해 총을 쏘았고, 이후 항공기는 급속히 추락했다.

누가 이런 짓을 한 것일까? 그리고 왜?

핵심적인 단서는 언덕과 주변 8만 평방미터에 흩어진 잔해들 사이에서 발견되었다. 그을리고 구겨진 구토용 봉투에 다음과 같은 메시지가 휘갈겨져 있었던 것이다. "안녕 레이, 이런 식으로 우리가 끝나는 게 모순처럼 보이네. 우리 가족은 너그럽게 봐주기를 바라. 뭐, 나나 당신이나 아무것도 없는 거지."

이 메모가 없었다면 조사는 맨 바닥에서, 항공기에 타고 있는 사람들 전원에 대한 체계적인 피해자 조사부터 시작해야 했을 것이다. 하지만 이 증거를 바탕으로, FBI는 메모의 '레이'가 레이먼드 F. 톰슨이라고 금세 확정할 수 있었다. 마흔여덟 살의 그는 퍼시픽사우스웨스트 여객항공사의 모회사인 유에스에어 소속으로, LA 공항의 고객서비스 담당 매니저였다. 메모를 남긴 자는 필적 분석 결과 데이비드 오거스투스 버크, 서른다섯 살의 고객서비스 담당자로 역시 LA 공항에서 일하고 있었다. 톰슨은 그의 상관이었다. 구부러지고 망가진 스미스 앤 웨슨 44구경 매그넘이 잔해 속에서 발견되었고, 파손된 조종실 손잡이에서 발견된 지문은 버크의 것으로 판명되었다. 버크의 친구이자 유에스에어 샌프란시스코 지사 동료 직원인 조지프 드라빅은, 자신이 그 권총과 실탄 12발이 든 상자를 버크에게 빌려준 거라고 확인해주었다.

FBI는 버크가 먼저 톰슨을 근거리에서 사살하고 조종실에 들어간 걸로 생각했다.

미 지방법원에 제출한 FBI 진술서에서는 '데이비드 버크가 PSA 항공 1771편 폭파에 관여했다고 믿을 만한 증거가 있다.'고 적고 있다.

FBI 로스앤젤레스 지부의 특수요원 리처드 브레칭은 이 사건에

30명 이상의 요원을 투입했는데, 시카고 트리뷴과의 인터뷰에서는 "만약 그 자가 살아 있다면, 항공기 납치와 살인으로 기소했을 겁니다"라고 좀 더 직접적으로 말했다.

심리학적 부검이 시작되었다.

데이비드 버크는 1952년 영국에서 태어났다. 알타몬트와 아이리스 버크의 다섯 자녀들 중 한 명이었는데, 부모는 모두 자메이카 이민자였다. 어린 시절 그의 가족은 뉴욕주 로체스터로 옮겨왔고 거기서 알타몬트는 중장비 기사로 건설현장에서 일했다. 성장기에 데이비드는 겉보기로는 꽤나 평범한 아이였다. 1973년 그는 로체스터 공항의 수하물 담당자로 유에스에어 일을 시작했고, 서서히 승진을 거듭해 고객 서비스 담당자를 거쳐 관리자가 되었다.

대부분의 보고서에서 그는 여러분이 만나고 싶은 그런 종류의 직원이었다. 늘 고객을 돌보고 고객이 원하는 곳에 확실히 갈 수 있도록 하기 위해 자신에게 주어진 것 이상을 하는 직원. 많은 경우 그는 다른 직원들을 대신해 발권이나 수하물과 관련한 어려운 문제를 해결하곤 했다. 뿐만 아니라 그는 자신의 출신을 잊지 않았고 늘 다른 사람들, 특히 자신과 같은 흑인이나 소수자를 도와주려 했고, 항공사나 공항에서 일자리를 찾는 것도 도와주었다.

버크는 몸이 다부지고 잘 생겼다. 그는 점점 커지던 로체스터의 자메이카인 공동체에서 잘 알려지고 유명한 인물이었는데, 비싼 정장과 반짝이는 귀금속, '레게'라는 번호판이 붙은 샴페인골드색 메르세데스는 실업 상태의 이민자들이 감당할 수 있는 물건과는 극명한 대조를 보였다. 하지만 그를 싫어한 사람이 아무도 없었던 것은,

그가 너그럽고 자신이 할 수 있는 일은 뭐든 하면서 누구든지 도와주려 했기 때문이다. 백인이 압도적으로 많았던, 도시 서남부 교외의 중상류층 거주 지역 이웃들은 그가 정말 멋지고 차분한 사람이었다고 묘사했다.

하지만 버크에게는 다른 면도 있었던 것으로 보인다. 로체스터에 함께 살면서 그가 아내라고 불렀던 여인과는 실제로 결혼한 것이 아니었고, 그에게는 서로 다른 네 명의 여인 사이에서 낳은 일곱 명의 자녀가 있었다. 동거 중인 여성은 그가 자신에게만 충실하겠다는 약속을 하지 않으면 결혼하지 않겠다고 했다. 모든 보고에 따르면, 그의 인생에서 가장 큰 정신적 외상은 남동생 조이가 1980년에 헤로인 과다복용으로 사망한 사건이었다. 데이비드는 동생을 도우려고 절박하게 노력했고, 주변 사람들에게 자신이 사랑하는 동생의 죽음에 책임이 있다고 말했다.

하지만 그가 연봉 3만2000달러의 항공사 봉급으로 그렇게 화려한 생활을 유지하는 것에 대해서는 늘 소문과 의문이 따라다녔다. 2년간의 조사 결과 그는 마이애미를 경유해 로체스터로 들어오는 다량의 코카인 및 마리화나 밀수 조직의 핵심 인물임이 밝혀졌다. 잠입 요원들이 코카인 밀수로 그를 체포하려 했을 때, 그는 수사관들의 정체를 알아차리고 아무렇지도 않게 "잘 되고 있습니까, 경관님들?"이라고 말하며, 그들을 얼어붙게 만들었다.

다른 혐의들도 있었다. 버크가 메르세데스 벤츠 절도단과 관련이 있으며, 유에스에어의 항공권을 친구들에게 헐값에 넘겼다는 것 등이었다. 이런 혐의들 중 어떤 것도 입증되지 않았지만, 먼로 카운티

지방검사실은 그가 14년 동안 일했던 로체스터를 떠나 갑자기 남부 캘리포니아로 간 건 그런 이유 때문이라고 믿고 있었다. 그가 사랑해마지않던 일자리에서 강등되고 임금도 삭감되는 상황에서 말이다. 그곳에서 몇 달 일한 후에, 그는 캘리포니아주의 공정고용 주택정책과에 불평을 접수했는데, 레이먼드 톰슨이 자신보다 경력이 적은 백인 두 명을 먼저 승진시켰다는 내용이었다.

그는 보통은 무난하고 협조적인 성격이었지만, 한편으로는 소란을 일으키는 기질이기도 했던 것으로 알려졌다. 유에스에어의 항공권 담당자이자 버크의 로스앤젤레스 여자 친구이기도 했던 재클린 카마초는, 딸과 함께 살고 있는 호손의 집에서 버크가 함께 지낼 수 있게 해주었다. 하지만 그가 승진에 실패한 후 두 사람의 관계는 급속히 악화되기 시작했다. 카마초가 경찰에 말한 바에 따르면, 한번은 말다툼을 벌이다 버크가 그녀를 침대에서 끌어내려 목을 조르며 거의 죽일 뻔한 적이 있었다. 카마초는 법원에서 접근금지 명령을 받아냈다. 그는 십대가 된 딸 사브리나가 고향에서 문제를 일으키자 캘리포니아에 데리고 와 함께 지냈는데, 이웃의 말에 따르면 두 사람이 폭력적으로 충돌하는 일들이 있었고, 버크는 한참 동안 소리를 지르며 딸을 "쪼그만 쌍년"이나 "창녀"라고 불렀다고 한다. 이웃들은 그가 흐느끼는 딸을 때리는 소리도 들었다고 생각했다. 하지만 집 밖으로 나올 때면 그는 늘 미소를 짓고 있었다.

이런 범죄에서 우리는 언제나 급격히 증가한 스트레스 요인을 동기로 찾아보곤 하는데, FBI 수사관들은 항공사 임원들과의 면담에서 그런 요인을 하나 발견할 수 있었다. 사고가 있기 18일 전인 11

월 19일, 레이 톰슨은 버크를 해고했다. 막 착륙한 비행기의 음료 서비스 비용으로 받은 69달러의 현금을 가져가는 모습이 감시 카메라에 찍힌 걸 확인한 뒤였다. 유에스에어 보안 담당자는 버크를 LA경찰의 퍼시픽 디비전 부서에 데려가고, 거기서 그는 서약서를 쓰고 풀려난다. 12월 1일, 판사는 기소를 취하하는데 감시 카메라에 녹화된 내용만으로 사건을 기소하는 것은 어렵다고 판단했기 때문이다. 하지만 고지식하고 엄한 관리자로 알려진 톰슨은, 버크가 몇 번이나 찾아와 항의했음에도 그를 다시 받아주지 않았다. 마지막으로 찾아온 것은 두 사람이 비행기를 타기 몇 시간 전이었다.

LA공항 직원들 사이에 잘 알려진 항공사 직원이었기 때문에, 버크는 큰 권총을 지닌 채 보안을 통과하는 데 문제가 없었다. 그가 한 일이라고는 항공권 판매대 뒤쪽, 항공기로 바로 이어지는 통로를 이용한 것뿐이었다. 톰슨은 로스앤젤레스에서 일했지만 집은 샌프란시스코에서 골든게이트 다리를 건너면 있는 티뷰론이었기 때문에, 가능하면 자주 그곳으로 돌아갔다. 톰슨이 탄 항공편을 확인한 버크는 같은 비행기의 편도 탑승권을 현금으로 샀다.

같은 날, 버크는 카마초의 자동응답기에 그녀를 사랑한다는 메시지를 남겼다. 롱비치에 있는 그의 집에서는 요원들이 최근에 수정한 유언장과 새로운 보험증서를 찾아냈다.

"모르겠네요." 사건 소식을 들은 버크의 오랜 친구 오언 필립스는 말했다. "그냥 녀석이 툭 부러져버린 건지도 모르겠습니다."

이는 여러 차원에서 슬프고 비극적인 이야기다. 데이비드 버크는 내가 쫓았던 다수의 가학성 변태성욕자나 성 약탈자처럼 타고난 사악한 사람은 아니었다. 하지만 PSA 항공 1771편 추락 사건은, 불안정한 인성이 강력한 스트레스 요인, 무기에 대한 용이한 접근성, 더 용이한 목표물에 대한 접근성 등과 결합했을 때, 그리고 책임자들이 위험한 상황을 미리 감지하지 못하고 그것을 해소하기 위한 행동을 취하지 못했을 때 벌어질 수 있는 일이었다. 그 결과 수많은 무고한 사람이 죽었다. 이는 희생자들을 탓하는 것이 아니다. 나는 한 번도 그런 적이 없다. 하지만 잠재적으로 위험할 수 있는 상황에 대처해야만 하는 사람들과 상담할 때마다 나는 말했다. 위험도가 높아지면 그만큼 경계심도 높아져야 한다.

이 비극을 방지할 수 있는 기회는 어디에 있었던 걸까? 데이비드 버크가 처음 폭력적 행동을 보이기 시작했을 때다. 반복적으로 톰슨을 찾아와 일자리를 돌려달라고 했을 때다. 친구에게 강력한 권총과 실탄을 빌려달라고 했을 때다. 직원들이 그를 알아보고 공항의 보안검색대를 통과시켜줬을 때다. 그리고 다른 순간들도 있었을 것이다.

하지만 복수를 하겠다는 버크의 동기가, 자신의 목숨은 물론 비행기에 탄 수많은 승객의 목숨까지 앗아갈 정도로 강했다는 것을 예측할 수 있었을까? 돌아보면 그랬을지도 모르겠지만, 누군가 노골적인 협박을 하는 게 아니라면 이는 매우 예측하기 어려운 일이다. 그것이 이런 상황에 대비하는 **일반적** 규정을 마련해두어야만 하는 이유다. 폭발할 것 같은 사람을 알아보고 골라낼 정도로 정확하기는 어렵다.

그렇다면 어떻게 이런 규성을 시행할 수 있을까? 과격히거나 불행해 보이는 직원 혹은 동료를 모두 추적하거나 면밀히 관찰할 수는 없다. 즉, 어떻게 위험을 예측할 수 있을까? 단순히 화가 난 사람과 분노로 인해 무모하게 행동할 정도로 동기 부여된 사람을 구분하는 방법은 무엇일까? 후자는 자신의 죽음은 물론 자신이 피해를 입힐 무고한 사람들을 전혀 고려하지 않을 수 있다.

간단히 말해, 우리는 행동을 관찰해야만 한다.

일반적으로, 직장 사람들은 상급자인 당신과 나란히 앉아 개인적 생활의 내밀한 세부사항을 상의하고 싶어하지 않는다. 이는 당신이 기꺼이 시간을 들여 그렇게 하려고 노력해도 마찬가지다. 따라서 행동을 관찰하는 훈련을 해야 한다.

인간의 이 평범한 행동이란 뭘까? 우리가 보는 걸까? 달라진 면이 있는가? 과거에는 교리를 따르지 않던 사람이 갑자기 강박적으로 종교에 매달리는가? 사교를 위해서만 술을 마시던 사람이 음주벽에 빠졌거나, 반대로 술을 마시거나 교회에 가지 않는 사람을 비난하고 있는가? 전에는 한 번도 본 적 없었던 방식으로 남들에 대해 불평을 늘어놓는가? 눈에 띄게 음식을 많이 먹거나 적게 먹는가?

패턴의 변화가 있는가?

1980년대 초, 워싱턴에서 그린 리버 사건을 조사하다 혼수상태에 빠져 거의 죽을 뻔했을 때, 나는 내 삶에서 균형을 잃어버렸음을 알게 되었다. 나는 아주 열심히 일했지만, 가족과 건강, 신앙까지 거의 모든 것을 돌보지 않았다. 당시 나는 본질적으로는 홀로 일하고 있었고, 로이 헤이즐우드처럼 프로파일링 작업을 하고 있던 소수의 다른 직원은 모두 각자 맡은 사건과 교육 때문에 정신없이 바빴다. 따라서 나를 잠시 불러내서 "존, 괜찮은 거야? 문제가 있어 보이는

데?"라고 말해줄 사람은 없었다. 아내 팸과 부모님은 내가 하는 일을 알고 있었지만, 나의 동료와 같은 방식으로 그것을 느낄 수는 없었기 때문에 나 역시 가족의 말에 같은 식으로 귀를 기울일 수는 없었다.

다행스럽게도, 나는 일들 사이에 좀 더 균형을 맞춰야 한다는 것을 알리는 경고음을 그것도 아주 심각하고 강력하게 들을 수 있었다. 여러분도 바로 그런 사람, 즉 더 이상 삶의 균형이 맞지 않는 사람을 찾아야만 하는 것이다.

그다음엔 누군가 책임을 맡아야만 한다. 만약 여러분이 대장인데 누군가 급히 잘못되거나 달라진 모습을 보인다면, 그 개인과 의미 있는 접촉을 해야 한다. 노골적인 협박이 없었다면 경찰에 신고할 수 없지만 도움을 주고 그의 문제를 개선하기 위한 노력을 할 수 있으며, 조직 내 다른 사람에게 잠재적인 문제에 대해 주의하라고 알려줄 수는 있다. 이는 완벽한 방법은 아니다. 여러분이 할 수 있는 일은 정신을 차리고, 예상치 못한 일이 벌어질 가능성을 낮추는 것뿐이다.

전직 특수요원 중 FBI 내에서 존중을 받고 아주 강인한 인물로 알려져 있으며, 경력 중에 몇몇 고위직에도 있었던 사람이 있었다. 그는 늘 프로파일링과 범죄수사 분석 프로그램의 가치를 믿고 지원해준 몇 안 되는 임원들 중 한 명이었고, 나 역시 그를 FBI 내부의 대단한 자원으로 생각하고 있었다. 퇴직 후 그는 주요 항공사의 임원으로 일했다. 1년쯤 뒤 비밀수사국 국장의 은퇴식에서 다시 만난 우리는 평범한 인사말을 나누었다.

"존, 어떻게 지내고 있나?"

내가 말했다, "좋습니다, 선배는 어떠세요?"

"아, 아주 훌륭해. 알잖아, FBI 퇴직 후의 삶이란 게……"

"어떤데요?" 내가 물었다.

"알겠지만, FBI에서는 인사와 관련해서 온갖 골치 아픈 상황을 마주해야 하잖아. 하지만 여기 항공사에서는 일을 제대로 못하는 사람이 있으면 말이야, 사무실로 부른 다음에 보안요원을 시켜서 내보내면 돼. 그 친구 차에서 스티커를 떼고 '잘 가쇼'라고 말하는 거지."

듣기에는 좋아 보였다.

2년 후, 그는 내게 전화를 걸어 다른 어조로 이야기했다. 그 항공사는 경쟁력을 유지하기 위해 애쓰고 있었고, 그 과정에서 수천 명의 직원을 해고했는데 그건 전례가 없는 일이었다. 그는 협박을 받고 있었는데, 특히 컴퓨터에 영향을 미치는 에어컨 시스템을 무력화시키려는 시도가 있었고, 그 외에도 온갖 종류의 사건이 있었다. 그는 콴티코에 와서 그 문제들을 나를 비롯한 부원들과 상의하고 싶다고 했다.

우리는 함께 회의를 열고, 기본적으로는 항공사가 보안 차원과 인사관리 차원 양쪽에서 이 문제를 다루어야 한다고 말해주었다. 우리는 협박이 고조될 경우 미상범 혹은 미상범들의 정체를 밝혀낼 수 있는 몇몇 아이디어를 주었다. 하지만 핵심적인 조치는 해고로 영향을 받은 사람들과 함께 작업하며, 회사가 그들을 얼마나 챙기고 있는지 알게 하고, 그들에게 뭔가를 해주려고 노력하는 것이다. FBI에서의 관리직 경험과 본인의 치밀한 성격 덕분에, 이 전직요원은 이런 문제에는 누구보다 잘 대응할 수 있었다. 그는 항공사에 자신의 제안을 관철시키고 심각한 문제도 피할 수 있었다. 하지만 이 사건에서 다시 확인한 것은, 실제로 똥이 떨어졌을 때뿐 아니라 언제나 대비를 하고 있어야 한다는 사실이었다. 왜냐하면 나의 전직 동료가 직면해야 했던 것은 엄청난 수의 잠재적인 용의자였기 때문이다. 만약 진짜 심각한 일이나 생명을 위협할 만한 일이 발생했다면, 그건 데이비드 버크 사건보다는 훨씬 해결이 어려웠을 것이다.

나는 이 주도적 접근을 '예방을 위한 심리학적 관리'라고 한다.

과거에는, 많은 회사에서 잠재적으로 직원의 행동 문제가 있을 것 같으면 그를 지워버리는 방식으로 대처했다. 해고가 아니라고 해도 전근시킨다든가 문제 자체를 다른 부서, 이를테면 인사부서에 넘겨버리는 식이었다. 오늘날 눈에 띄는, 그리고 나로서는 계속 이어지기를 바라는 반가운 유행은, 회사의 모든 관리자나 감독자에게 잠재적인 행동 문제를 알아보고 처리하는 데 필요한 훈련과 지침을 제공하는 것이다. 앞에서 이야기했던 다른 범죄들과 달리, 직장에서의 폭력은 어린아이나 십대를 보며, "언젠가 이 친구는 AK-47을 들고 직장에 가서 동료들을 쓸어버릴 겁니다"라고 말할 수 있는 종류의 범죄가 아니다.

이는 종종 관리자들이 타야만 하는 가느다란 줄 같은 것이다. 사생활에 간섭하는 것처럼 보이면 상대가 여러분을 고소할 수도 있다. 아무것도 하지 않으면 상대는 더 나빠지고 회사는 적절한 조치를 취하지 않은 것에 대해 고소를 당할 수 있다. 종종 이는 승산 없는 상황처럼 보인다. 회사가 할 수 있는 최선의 가장 효율적인 일은, 특히 대기업이라면 직원들이 찾아가 도움을 청할 수 있는 자원을 보유하는 것이다. 그런 자원이 있다는 것을 직원들이 알아야만 하고, 그런 서비스를 이용하는 것에 대해 불이익이 없다는 것도 알아야만 한다.

우리는 '불만을 품은' 우체국 직원들이 연관된 끔찍한 사건들을 익히 알고 있고, 그중 일부는 치명적인 결과를 낳았다는 것도 알고 있다. 실제로 어떤 집단에서는 '우체국에 간다'라는 표현이, 감정적으로 견디지 못하고 직장에 가서 총기를 난사하는 행동을 나타내는 불편한 관용어로 쓰이기도 한다. 실제로 우체국에는 최근까지도 무시무시한 직장 내 폭력 사건들이 발생했던 역사가 있다. 1986년 이후로 모두 열 건의 별개 사건에서 35명의 우체국 직원이 동료에 의해 살해되었다.(일부는 사건 후 스스로 목숨을 끊기도 했다.) '우편'이라는 변태적인 비디오게임까지 출시되었다.(게임의 목적까지 내가 이야기할 필요는 없을 것이다. 여러분도 쉽게 짐작할 수 있다.) 하지만 그런 수치가 곤혹스럽기는 하지만, 현대 사회의 이런 문제에 대처해야만 하는 조직이 우체국만은 아니다. 우체국 사건은 규모가 크고 눈에 띄었을 뿐이며, 그렇게 꾸준하게 늘어나면서 그런 사건들이 일어나는 방식을 보여주었고, 덕분에 수면 아래에서 끓고 있던 문제들을 강조해주었다.

내가 FBI에서 퇴직하기 2년 전쯤, 우체국의 고위 간부들이 우리를 만나기 위해 콴티코의 수사지원부와 행동과학부를 찾아왔다. 우리는 교육부문에서 나와 비슷한 역할을 맡은 존 헨리 캠벨의 사무실에서 만났다.

그들은 진짜로 낙담한 상태였고, 이런 말을 했다. "뭘 할 수 있을까요? 우리는 너무 큰 회사이고 취급할 우편물도 너무 많습니다. 한 명이 시간당 X만큼의 일을 처리해야 하는데, 이 모든 것이 너무 기계적이고 인간미가 없어요."

나는 최소한 그들이 뭔가는 하고 있다는 것, 직원들을 보살피고 있고 앞으로도 보살펴주고 싶다는 인상을 받게끔 해야 한다고 말했다. 그리고 그건 인사부의 책임이었다. 거기에 더해, 자체적으로 일종의 행동과학부서를 둘 필요가 있다고 말했다. 기본적인 단계에서는, 뭔가 잘못되었을 때 똥을 치우는 부서일 수도 있다. 하지만 좀 더 긍정적인 차원에서 보면, 폭력은 강도가 높아지기 전에 처리하는 것, 싹을 틔우기 전에 따버리는 것이 가장 좋다는 것이 현실이다. 그건 직원들이 직접 프로파일링을 하고 평가할 수 있게 훈련시키는 것을 의미한다.

남부 플로리다에서 고무적이고 혁신적인 프로그램을 시도하고 있는데, 우체국에서 지역 내 법대 학생들을 초빙해 노동자와 관리자 사이의 중재 역할을 맡긴 것이다. 그들은 종종 귀를 기울이고 보살피는 것만으로도 문제가 해결된다는 것을 알게 되었다. 핵심은, 종업원 자신이 활용할 자원이 있다고 느끼기만 해도, 사람들 앞에서 극적인 발언을 하지 않고도 누군가에게 닿을 수 있다고 느끼기만 해도, 치명적인 단계에 이르지 않고 많은 문제를 해결할 수 있다는 점이다.

나는 늘 우리 부서 내의 일에 반응하려고 노력했다. 누군가 눈제가 있는 것처럼 보이면, 혼자 지내거나 자신의 행동 패턴에서 벗어나면(앞에서 말했던 것처럼), 나는 그를 사무실로 불러서 일대 일로 앉은 다음 눈치 보지 않고 바로 이렇게 말한다. "다 괜찮은 겁니까? 뭐 내가 해줄 거 없어요?"

특수요원이든 지원 인력이든 우리 부서 직원들이 대단히 스트레스가 많은 일을 하고 있다는 것을 알고 있었다. 그래서 나는 그들을 행복하고, 편안하고, 효율적으로 해주는 일이라면 뭐든 하려고 노력했다. 어쩌면 그건 그저 적절한 때에 귀를 빌려준다는 뜻일 수도 있다. 아마도 그건 그들에게 시간이 필요할 때 그 공백을 메워준다는 뜻일 수도 있다. 아마도 재택근무를 할 수 있게 해준다는 뜻일 수도 있다. 분명 우편물 분류자는 그런 것을 할 수 없을 것이다. 그런 점에서는 FBI의 인질구조팀 팀원들도 마찬가지다. 하지만 할 수 있는 것을 시도해볼 수는 있다. 핵심은, 종업원의 삶에서 중요한 부분이 혼란에 빠졌다면, 적어도 누군가는 그 당사자가 일종의 지원과 이해를 받고 있다는 것을 알려줘야 한다. 내가 그의 아내나 자녀 문제를 해결해줄 수는 없다. 동료 작업자나 사무실 동료 문제도 해결해줄 수 없을지 모른다. 하지만 그를 무시하는 위험을 감수할 수는 없다. 그 교훈은 아주 분명하게 새겨져 있다.

1980년대 중반의 어느 때 나는 시카고에서 사건에 매달려 있었다. 아주 큰 회사, 은행이었다. 협박은 메모의 형태로 날아왔고 보안 책임자에게 전달되었다. 사실상 "당신네 빌어먹을 로비에 들어가서 건물을 통째로 날려버릴 거야"라는 내용이었다. 그리고 "이 개새끼들아, 너네가 우리한테 한 짓을 생각해봐"라는 추가적인 내용도 있었다.

그렇다면 **누가? 왜** 그랬을까? 나는 은행의 보안 담당자에게 회사에 무슨 일이 벌어지고 있는지 물었고 그는 대규모 해고 이야기를 했다. 메모는 타자기로 작성되었고 문체나 단어 선택을 볼 때 교육을 받은 자가 쓴 것으로 추정되었다. 나는 해고당하는 상황을 전혀 예상하지 못했고, 거기에 큰 충격을 받은 중간관리자일 거라고 결론을 내렸다. 기본적 프로파일은 해고에 영향을 받은 사람 대부분에 해당했기 때문에, 그 시점에서 미상범의 정체를 밝혀내는 것은 엄청나게 방대한 수사가 될 것 같았다. 어떨 때는 포괄적인 주도적 전략이 더 효율적일 때가 있다.

나는 해고자들을 대상으로 은행이 어떤 활동을 하고 있는지 물었다. 하는 일이 많지 않다고 했다. 확인해보니 진행 중인 일은 진짜 전혀 많지 않았다.

해고자들은 자신들이 직업을 잃게 될 거라는 소식을 어떻게 알게 되었을까? 사내우편이 전달되었을 때 알게 되었다. 빌어먹을 정도로 둔감한 방식이었다.

내가 물었다. "그 후에 누가 말을 걸거나 후속 조치를 취했습니까?" 없었다. 은행장이나 이사회 의장이 그들과 이야기를 나눠보았는가? 음, 없었다. 하지만 알다시피 은행장은 당일 종업원 앞에서 연설을 하고 있었다.

이 은행장은 사람들과 잘 어울리는 인물은 아니다. 그는 1000명 가까운 직원들 앞에 선다. 하지만 그는 쑥스러워했고 연설은 간결하다. 사람들이 손을 들고 질문하기 전까지는 해고 이야기를 꺼내시도 않고, 그 문제를 다룰 준비가 되어 있지 않다. 그는 직원들이 받아

마땅한 그럴 듯한 대답을 하지 못하고, 거의 야유를 받으며 연단에서 물러난다.

그 일이 있은 후 보안책임자가 내게 다시 전화를 걸어서 경과를 전하며 말한다. "이런 일이나 협박 메모를 감안할 때 실제로 사고가 벌어질 확률이 얼마나 될까요?"

나는 그럴 확률이 아주 아주 높다고 했다. 그는 어떻게 하면 좋을지 묻는다. 나는 양방향으로 접근할 필요가 있다고 말한다. 회사가 신경 쓰고 있다는 것을 보여주고, 전직을 하고 일자리를 확보하는 과정에서 실제적이고 본질적인 도움을 주려고 노력하고 있다는 것을 보여주어야 한다. 그리고 그 일을 하는 것과 동시에 전 영역에서, 특히 주요 지점들의 로비 보안을 강화해야 한다고 했다.

나중에 밝혀졌듯이, 그들은 제안을 실천에 옮겼고 아무 일도 일어나지 않았다. 하지만 일어날 수도 있었다. 그들은 운이 좋았다. 하지만 늘 그런 식으로 통하는 것은 아닌데, 특히 이처럼 상황에 뒤처졌을 때 그리고 따라잡으려고 노력할 때는 그렇다.

이는 정말로 중요한데, 몇몇 조직의 노력에도 불구하고 이 문제는 더 나빠지고 있으며, 직장이라는 것을 폭넓게 정의하면 특히 그렇다. 아마도 오늘날 우리가 직면하고 있는 가장 충격적인 사조는, 우리 아이들이 있는 직장, 즉 학교에서 벌어지는 폭력이다. 대단히 복잡한 문제이기 때문에 간단한 해결책은 없지만, 우리가 해야만 하는 일 중에는 내가 우체국과 항공사, 은행에 해줬던 조언도 포함된다. 그러니까 '관리자'와 '감독자'(교사와 교장, 그리고 관리 직원들)가 위험 신호를 알아볼 수 있도록 교육하는 것 말이다. 어떤 학생이 누군가를 쏴버리겠다고 말한다면, 그저 게임을 하는 거라고 생각해서는 안 된다. 우리는 그런 말을 무시할 여유가 없다.

그리고 아이들은 성인보다 훨씬 더 영향을 받기 쉽다는 점을 명심해야 한다. 3장에서 논의했듯 널리 보도된 범죄는 범죄 성향이 있는 사람들에게 범죄의 방법을 제공할 수 있다. 그렇다면 뉴스에서 학교 운동장이나 교실에서 다른 아이들이 총을 쏘는 모습을 보는 아이들은 어떻게 될까? 적응을 못하고 있는 아이, 분노와 원한에 동기 부여를 받은 아이라면, 그런 행동이 자신의 문제에 대한 논리적이고 극적인 해결책이라고 생각할 수도 있다. 그 아이는 끔찍한 여파에 대해서도, 자신의 가족이 황폐화되고 자신은 오랜 시간 갇혀 지내며 인생을 망치게 될 것이라는 사실에 대해서도 생각하지 않는다. 사실, 나이나 심리학적 기질에 따라서, 그는 행위 자체 외에는 아무것도 생각하지 않을 수도 있다. 1960년대와 1970년대의 항공기 납치가 서로 영향을 주고받았듯이, 교내 총기 사건도 마찬가지다. 그리고 우리는 모두 어떻게 이런 일들이 생기게 되었는지 몰라 안절부절못하고 있다. 모든 사건을 막을 수는 없겠지만 적어도 경고 신호에 대해서는 민감하게 반응하도록 하자. 우리가 산업계에 대해 그랬던 것처럼 말이다.

우리처럼 직업으로 범죄나 범죄학을 공부한 사람들은, 여타의 사조나 사회 현상처럼 범죄 역시 진화한다는 것을 알고 있다. 안타깝게도 교내 폭력이 진화해온 흐름을 보면, 자신의 화를 풀기 위해 운동장에서 다른 아이들을 때리던 아이들이 지금은 학교에 총을 들고 오고 있다. 본질적으로 아이들은 총을 장난감처럼 사용한다.

1998년 이른 봄, 아칸소의 존스버로에서 벌어진 끔찍한 학생 간 살해 사건은, 1년 조금 넘는 기간 미국의 학교 내에서 벌어진 네 번째 총기난사 사건이었다.

미시시피주 펄고등학교 부교장은, 막 자신의 어머니를 찔러 죽인 후 학교에서 동료 학생 두 명을 살해하고 일곱 명에게 부상을 입힌 열여섯 살짜리를 제압한 후 물었다. "왜, 왜, 왜?"

학생이 대답했다. "세상이 나를 배신했고, 더 이상 참을 수 없었어요."

기억할 것은, 적응을 못한 성인에게 작용하는 기폭제는 적응을 못한 아이들에게도 똑같이 작용한다는 점이다. 급격히 증가하는 스트레스 요인, 인간관계 문제, 가정이나 직장 환경(아이들의 경우에는 학교 환경) 등이다. 그리고 권위 있는 자리에 있는 사람들(부모, 교사, 관리자, 학교 심리상담사, 사회복지사)은 총기에 대한 집착, 사회적 환경으로부터의 고립, 무의미해 보이는 협박, 아무렇지도 않게 말하는 살인 같은 경고 깃발에 똑같이 주의를 기울여야 한다. 단지 아이들이기 때문에 성인 수준의 폭력은 저지르지 않을 거라고 가정해서는 안 된다. 기억할 것은, 폭력적인 성인들을 상대할 때와 똑같은 상황을 대하고 있다는 점이고, 거기에 더해 통제력은 더 떨어지고, 세계관은 훨씬 더 엉성하고, 무적의 젊음을 지닌 상대라는 점이다. 최근에 너무 자주 봤듯이 이는 위험한 조합이다.

사실 위험한 조합은 많고 우리가 동기를 이해한다고 해도 모든 것을 예측할 수는 없다. 다음 사건이 보여주듯이 말이다.

1998년 3월 6일 오전 9시경, 코네티컷 뉴잉턴의 주 복권사업본부에서 일하는 서른다섯 살의 회계사 매슈 E. 벡이 동료 직원들에게 총을 쏘고 칼로 찔러서 모두 네 명을 살해했다. 8년 동안 복권 관련 일을 해왔던 벡은 그런 다음 스스로 목숨을 끊었는데, 난동에 사용했던 글록 9밀리미터 반자동 권총으로 자신의 머리를 쏴버렸다.

첫 번째 희생자 마이클 T. 로건은 서른세 살의 정보관리 책임자로, 이전에 벡이 정보 처리 일을 할 때 감독자였다. 그는 총을 두 발 맞았고 사냥용 칼로 복부와 가슴을 모두 일곱 번 찔렸다. 공격 중에 자신도 다리에 부상을 입은 벡은, 핏자국을 남기며 로건의 사무실을 나와 린다 A. 블로고슬라스키 믈리나치크를 발견했다. 그녀는 서른여덟 살의 최고 재정 책임자였다. 전하는 바에 따르면 그는 그녀가 손님을 맞이하고 있던 회의실에 들어가 "작별 인사해야죠, 린다"라고 말했다고 한다. 그녀는 총을 여러 발 맞았고, 손바닥에는 칼을 막은 방어흔이 있었다. 최근에 벡이 스트레스 때문에 휴가를 다녀온 후 새로 맡은 업무와 관련해 상담했던 사람이 그녀였다. 공격 전날, 그녀는 남편에게 자신의 걱정을 털어놓았다.

운영 및 관리 부분 부사장인 마흔 살의 프레더릭 '릭' W. 루블먼이 다음 희생자였다. 그는 총을 네 발 맞았다. 두 발은 벡이 그를 쫓아 건물 안을 돌아다니며 뒤에서 쏜 거였고, 마지막 총상은 머리에 있었다. 루블먼은 다른 직원들을 건물 밖으로 내보내려고 애쓰다가 총에 맞은 것이었다.

사장인 쉰네 살의 오토 R. 브라운은 주차장을 가로질러 달아나다 엉덩이에 총을 맞았다. 브라운이 첫 발을 맞고 쓰러지자, 벡은 피를 흘리며 애원하는 그를 향해 두 발을 더 쐈다. 몇몇 직원이 보기에 브라운은 벡을 건물로부터 떼어놓으려고 시도하는 게 분명했고, 그렇게 함으로써 적어도 몇몇 다른 생명을 구할 수 있었다.

정신없는 신고 전화가 수없이 쏟아진 지 2분 만에 경찰이 현장에 도착했다. 경찰과 대치하게 되자, 벡은 권총을 자기 머리에 대고 방아쇠를 당겼다. 그는 헬기를 통해 하트퍼드 병원으로 이송되었지만, 도착 직후에 사망했다.

총격 전날, 벡은 『하트퍼드 쿠란트』 기자에게 애매한 메시지를 남겼는데, '복권 문제'에 대해 전하고 싶은 이야기가 있다고 했다.

매슈 벡은 미혼이었고 부모와 함께 전해 9월에 이사를 왔다. 친구들이 묘사한 바에 따르면 "열광적인 총기광"이었다. 주 정부의 회계감사역에 지원할 당시 그는 자신이 보안요원으로 일한 적이 있으며, 총기 사용은 물론 '전략적 대응 훈련과 상황 분석' 경험도 있다고 했다. 벡은 스트레스를 이유로 넉 달의 휴가를 보내고 돌아온 지 2주가 지난 상태였다. 공식적으로는 두 달 더 쉴 수 있었지만, 자신의 뜻에 따라 복귀한 것이었다.

벡과 일했던 누군가는 그가 최근에 체중이 줄었으며 평소보다 더 위축돼 보였다고 했다. 나중에, 어떤 동료는 그가 총격 며칠 전에 인터넷에서 배운 것만으로 폭탄을 만드는 게 얼마나 쉬운지 이야기했던 것을 떠올렸다. 다른 동료들은 그 마지막 날 아침에 출근할 때 벡이 어수선한 상태였고, 누구와도 이야기를 하지 않고 있다가, 자리에서 일어나 관리자 사무실로 걸어가서는 공격을 시작했다고 말했다. 그는 감독자들을 쫓아가 죽일 때 아무런 감정도 보이지 않았는데, 그 감독자들은 그가 회사에 제기한 불만 사항을 처리하는 데 걸렸던 7개월 동안 해당 업무에 관여했던 사람들이었다.

그 불만 사항에는 다른 사람들이 자신보다 먼저 승진했다는 것, 정형외과 특수 의자가 필요하다는 것, 업무 환경이 자신의 경력 발전과 기회를 포기하게 만든다는 것 등이 포함되어 있었다. 그는 센트럴 코네티컷주립대학과 코네티컷 헬스센터대학에 지원했고, 주정부의 특별세무청 혹은 복지서비스 부서로 전근을 요청했다. 인사부의 부장 캐런 메히젠은 그에게 모든 사항을 챙겨주려고 애쓰고 있다고, 몸에 맞는 의자까지 구해주겠다고 통보했다.

적어도 내가 사건을 연구해본 결과, 이 사람들은 이미 조직으로서 스스로를 보호하고 문제가 발생할 위험을 최소화하기 위해 내가 제안했을 일들을 모두 하고 있었다.

벡은 불안 증세와 우울증, 강박장애로 두 종류 이상의 약을 처방받아 복용 중이었고, 정신과 치료도 받고 있었다. 정신병력이 있었고 두 차례 입원 경험이 있었는데 그중 한 번은 자살 위협을 하고 약물을 과잉복용한 후 스스로 입원한 것이었다.

당황한 매슈의 아버지 도널드 벡은,『하트퍼드 쿠란트』에서 자신이 그때 아들을 구했던 것이 "실수였을 지도 모르겠다"고 우울하게 말했다. 도널드와 그의 아내 프리실라는 절절하고, 내가 보기에는 감동적인 문장으로 자신들의 느낌을 대중과 공유했다.

우리 아들 맷이 한 짓은 잘못됐습니다. 끔찍하게
잘못됐습니다. 무슨 말로도 아들의 행동을 정당화

하거나 용서할 수는 없습니다. 동료 직원들의 위안, 친구와 가족의 사랑과 도움, 의사들이 제공한 치료와 상담, 처방전에도 불구하고 아들은 잘못된 길을 택했습니다. 다른 널찍한 길들이 열려 있었음에도 그것은 절망의 길이었습니다.

안타깝고 비극적이게도, 아들은 다른 사람들을 함께 데리고 가기로 결정했습니다. 아들의 살인 행위는 괴물 같았지만, 아들은 친구와 가족들이 증언하듯이 괴물이 아니었습니다. 수많은 사람이 슬픔에 잠긴 지금, 우리는 모든 가족들에게 심심한 공감을 표하며 아들을 대신해 사과드립니다. 여러분께 아들을 용서해달라고 요구할 수는 없습니다. 우리도 아들이 한 짓을 용서할 수 없기 때문입니다.

아들은 동료 직원들과 친구들과 가족을 망쳤고 무엇보다도 스스로를 망쳤습니다.

우리는 너를 사랑한다 맷, 하지만 왜?

이런 비극의 이유들에 대해서 우리는 절대 알 수 없을 것이다. 그중 일부는 매슈 벡이 성인이 된 후 대부분의 시간 동안 시달렸던 정신병 안에 영원히 갇혀 버렸다. 하지만 그럼에도 우리는 범죄 자체를 분석함으로써, 그의 동기와 관련해 몇 가지 결론에 도달할 수 있다.

자신이 빠져 있던 로라 블랙 외에 그녀가 일하던 직장에서 무차별적으로 일곱 명을 살해하고 네 명에게 부상을 입혔던 스토커 리처드 웨이드 팔리와 달리, 던블레인 초등학교 학생들을 도살한 토머스 와트 해밀턴과 달리, 중학생이나 고등학생 총기 난사범과 달리, 직장에 들어가 그저 총을 휘갈기는 그 누구와도 달리, 벡은 자신의 목표를 면밀히 선택했다. 그는 실제로 자신을 도와주려고 애썼던 네 명을 살해했다. 하지만 그의 논리에 따르면, 그는 직장에서 자신이 겪는 어려움에 책임이 있는 사람들을 목표로 한 것이다. 그의 동기는 분노, 자신만의 편집증에서 비롯된 이 구체적인 인물들에 대한 복수였다. 이런 범죄자들 중 다수가 목표물을 탈인격화한다. 매슈 벡은 자신의 불만을 대단히 깊이 인격화했고 이것이 그가 그들을 상대하는 방식이었다.

희망적으로 교훈들을 열거하며 이야기를 마치고 싶지만 안타깝게도 그럴 수가 없다. 나는 종종 범죄에 맞서는 우리의 투쟁은 전쟁처럼 취급해야 한다고 말한다. 그리고 전쟁에서와 마찬가지로 그 투쟁에서도 민간인 희생자가 생기게 마련이다. 이 경우에 회사는 할 수 있는 모든 일을 제대로 했지만, 그들이 상대했던 사람은 너무나 분노에 차 있었고, 모든 면에서 너무나 정신적으로 병들어서 그것을 받아들일 수 없었다.

그럼에도 우리는 인명 피해를 최소화하기 위해 더 많이 배우고, 살상이 되돌릴 수 없는 사태가 되기 전에 어느 지점에서 어떻게 변화를 만들어낼지 파악해야 한다. 왜냐하면 궁극적으로는 우리 모두 취약하기 때문이며, 이는 직장에만 해당하는 이야기도 아니기 때문이다.

사람들은 직장에서만 부러지는 것이 아니다.

1971년 12월 7일, 뉴어크에서 서남쪽으로 17킬로미터 떨어진 뉴저지 웨스트필드의 힐사이드 애비뉴에서 경관들이 크고 관리가 제대로 되지 않은 빅토리아식 저택으로 향했다. 이웃들이 며칠째 밤낮으로 그 집에 불이 켜져 있다고 신고한 것이다. 창문 안쪽으로 끔찍한 광경을 볼 수 있었다. 시신 몇 구가 저택의 인상적인 거실 바닥에 깔린 침낭 안에 들어 있었다. 조지 젤렌스닉 순경은 열려 있던 옆쪽 창문으로 들어갔다. 시신에 다가가는 동안 장송곡을 연주하는 오르간 같은 소리가 들렸다. 자동으로 작동하는 전축에서 나는 소리가 저택의 커다란 스피커에서 울리고 있었다. 죽은 사람들은 모두 그 집에 살던 리스트 가족으로 밝혀졌다. 마흔다섯 살의 헬렌, 그녀의 열여섯 살 된 딸 퍼트리샤, 두 아들인 열다섯 살의 존 프레더릭과 열세 살의 프레더릭이었다. 불이 켜져 있는 것에 대한 이웃들의 염려에 더해, 경찰이 그 집을 찾아간 것은 퍼트리샤가 수업에 빠진 것을 걱정한 연극 선생님의 신고 때문이었다.

리스트 부인은 벽에 기댄 채 쓰러져 있었다. 그녀의 얼굴은 옷으로 가려져 있었다. 세 자녀들은 어머니의 시신과 직각으로 나란히 눕혀져 있었다. 그게 전부가 아니었다. 집안을 수색하던 경관들은 3층 창고에서 헬렌 리스트의 여든네 살 된 시어머니의 시신도 발견했다. 모두 총상으로 사망했고, 뒤에서 총을 맞은 것 같았다.

현장을 떠나기 전부터 경관들은 유력한 용의자가 누구인지 이미 알고 있었다. 가족 중에서 유일하게 사라진 인물, 마흔여섯 살의 존 에밀 리스트였다.

증거는 대부분 존 리스트가 단정하게 써놓고 보내지 않은 편지들이었는데, 리스트 가족에게 의미가 있는 이런저런 사람들에게 쓴 그 편지들에서 그는 자신이 저지른 일에 대해 사과와 해명을 하고 있었다. 뿐만 아니라 그는 신문 구독을 중지하고 배달되던 우유를 끊었으며, 아이들의 학교나 아르바이트 자리에도 긴급한 일이 생겨 가족이 집을 비울 거라고 알린 상태였다. 얼마 후 밝혀졌듯이 그는 가족 통장에 남아 있던 2289달러도 인출했다.

그의 자동차는 퀸즈의 케네디 공항에 버려진 채 발견되었다. 등록증과 차주의 신분증이 안에 있었다. 존 리스트는 사라졌다. 사람들이 말하듯이 흔적도 없이 증발해버렸다.

존 리스트가 범행에 관여했음을 보여주는 문서 증거가 없었다 하더라도, 범죄 현장의 상태를 봤을 때 살인자가 가족 구성원이라는 결론을 내릴 수 있었을 것이다. 시신들이 같은 형태로, 그것도 **침낭** 안에 들어 있었다는 건 일종의 만회, 즉 희생자들을 편안한 자세로 만들어 준 것인데 이는 살인자가 자신의 행동에 대해 좋지 않고 불편한 감정을 가지고 있었기 때문이다. 예를 들어 유아 살인범의 경우 시신이 그냥 쓰레기통이나 길가에 버려져 있으면, 살인자는 낯선 사람일 가능성이 크다. 하지만 아이가 뭔가에 싸여 있거나 다른 형태로 '보호된' 채 단정하고 격식 있게 놓여 있다면, 살인자는 부모나 가까운 친척일 것이다.

어떻게 신의 이름으로, 아버지이자 남편이 그런 짓을 저지를 수 있느냐고 물을 수밖에 없는 사건이 있다면 바로 이 사건이다. 공교롭게도 수사관이 발견한 편지들 중 하나에는 어떻게 그가 신의 이름으로, 자신이 저지른 짓을 하게 되었는지 상세하게 적혀 있었다. 존 리스트가 자신이 다니던 루터파 교회의 목사 유진 르윈켈에서 쓴 편지에서 그는 분명하고 직접적으로 동기를 밝히고 있다.

친애하는 르윈켈 목사님,

목사님께 덤으로 이런 부담을 드리게 되어 죄송합니다. 제가 배운 모든 것에 비춰볼 때 지금 벌어진 일은 잘못된 것이며, 어떤 이유를 대더라도 옳은 일로 만들 수 없다는 것을 알고 있습니다. 하지만 목사님은 제가 아는 한, 이 유언장을 인정하지는 못하더라도, 적어도 제가 어떤 감정으로 이런 일을 저지를 수밖에 없었는지 이해해주실 유일한 분입니다.
1. 제가 번 돈으로는 우리 가족을 먹여 살리는 데 턱도 없이 부족했습니다. 제가 시도했던 일은 모두 산산조각났습니다. 네, 우리는 파산하고 복지에 의존에 살아가야 했을 겁니다.
2. 그런 점이 저를 다음 단계로 이끌었습니다. 자신이 살아가게 될 자리를 알아버린 입장에서, 아이들이 겪게 될 상황, 즉 자신들이 복지에 의존해

살아가고 있다는 걸 알게 되는 건 제가 보기에는 아이들이 견딜 수 없고 견디지도 못할 상황이었습니다. 아이들도 기꺼이 절약하며 살려고 하겠지만 이건 그보다 훨씬 심각한 상황입니다.

3. 팻이 연기를 하기로 결심한 상황에서, 저는 그 일이 딸아이가 계속 기독교인으로 지내는 일에 어떤 영향을 미칠지 두렵습니다. 저는 그 일이 도움이 되지 않을 거라고 확신합니다.

4. 또한 헬렌이 교회를 나가지 않게 되면서, 저는 그것이 점차 아이들의 교회 활동에도 해를 끼칠 것임을 알았습니다. 젓지 씨가 와서 이야기를 나누고 싶어한다고 제가 전했지만 아내는 됐다고, 교회 명부에서 자기 이름을 빼달라고 했습니다. 이 역시 아이들의 교회 활동에 부정적인 결과를 가지고 올 것입니다.

요약하자면 그렇습니다. 만약 위의 조건들 중 하나만 있었다면 어떻게든 해볼 수 있었겠지만, 이건 너무 과합니다. 적어도 저는 가족들 모두가 지금 천국에 있을 거라고 확신합니다. 만약 말씀드린 상황이 이어졌다면 어떻게 되었을지 알 수 없습니다.

그리고 어머니까지 포함된 건, 제가 가족에게 저지른 짓은 그분의 나이를 감안할 때 엄청난 충격이 될 것이기 때문이었습니다. 따라서 그분 역시 기독교인이기 때문에 저는 그분에게 닥칠 이 세상의 문제들을 덜어드리는 것이 최선이겠다고 느꼈습니다.

모든 일을 마치고 저는 그들 모두를 위해 기도를 드렸습니다. 찬송가 중에서 골랐습니다. 적어도 그것이 제가 할 수 있는 일이었습니다.

이제 마지막 정리를 해야겠습니다.

헬렌과 아이들은 모두 화장을 선호한다고 했습니다. 제발 비용이 너무 많이 나오지 않게 해주세요.

그는 계속해서 어머니를 어디에 묻을지, 친척들 중 누구에게 연락할지, 남은 재산을 어떻게 할지 등 구체적인 지침들을 전하고 있다. 그런 다음 이런 자들이 늘 그렇듯 가장 중요한 문제, 즉 자기 자신에 대한 이야기로 돌아간다.

저와 관련해서는 교구 명부에서 제외해주시기 바랍니다. 저는 하느님의 정의와 자비 앞에 저를 내놓았습니다. 하느님께서 저를 도와주실 것을 의심하지 않지만, 그분께서는 제가 바라는 방식으로 제 기도에 응답하는 건 적절치 않다고 보실 것 같습니다. 그런 생각을 하면 저는 적어도 아이들의 영혼과 관련해서는 이것이 최선이었다고 생각하게 됩니다. 많은 사람이 아이들이 살 수도 있었던 남은 날들만을 바라볼 것임을 알고 있습니다. 하지만 그 아이들이 더 이상 기독교인이 아니라면, 그렇게 해서 얻는 것이 뭐가 있을까요?

또한 저는 많은 사람이 '어떻게 이런 끔찍한 짓을 할 수 있을까?'라고 말할 거라는 점도 알고 있습니다. 제가 할 수 있는 대답은 쉽지 않고, 깊이 생각한 후에야 할 수 있는 것입니다.

존은 더 길게 저항하는 바람에 더 크게 다쳤습니다. 나머지는 순식간에 고통에서 벗어났습니다. 존도 의식적으로는 아무 것도 느끼지 못했을 겁니다.

목사님이 기도하실 때 저를 기억해주시기 바랍니다. 정부가 자신의 의무를 있는 그대로 하는지 여부에 상관없이 저는 그 기도가 필요합니다. 저의 유일한 걱정은 하느님 안에서 평화롭게 지내는 것이며, 그 점에 대해서는 확신하고 있습니다. 그리스도께서는 심지어 저 같은 자를 위해서도 죽어가신 것이니까요.

추신. 어머니는 다락방으로 이어지는 복도에 계십니다. 3층이요. 아마 옮기시기가 무거울 겁니다.

존

뭐, 이렇다. 놀랍다. 그렇지 않은가? 메모 몇 장이 상황을 분명히 밝히는 데 도움을 준다.

리스트는 공인회계사였는데, 이 내성적이고 겁 많은 남자에게는 완벽한 직업처럼 보인다. 그는 보기에는 대단히 착한 사람이었다. 자신의 위치를 숫자를 통해 정확히 파악하고 있었는데, 모든 것은 옳거나 그른 것이었고, 검은색 아니면 흰색이었다. 하지만 그는 계속 일자리를 잃었다. 이런 사람이 높은 관리직으로 올라가는 것을 자주 볼 수 있는데, 그는 특이한 성격 때문에 그런 자리를 차지할 수 없었다. 전하는 바에 따르면 리스트는 은행에서 일자리를 잃은 후에 가족에게 또다시 해고되었다고 고백하지 않고 평일에는 통근 열차를 타던 역에서 책을 읽었다고 한다. 자신의 직업적 약점을 파악하지 못했던 그는 생명보험 판매원 자리를 구한 적도 있었다. 그를 알던 사람들은 그가 상대의 눈도 쳐다보지 못한다고 말했는데 말이다. 따라서 그 직업 역시 그의 인생에서 또 하나의 실패가 되고 말았다.

그는 신앙심이 강한 어머니가 지배하는 가정의 외아들로 자랐는데, 어머니가 신체적으로 학대하지는 않았지만, 아들이 지저분한 짓 혹은 다른 남자아이들이 하는 짓을 못하게 했고, 늘 바르고 좁은 영역에 머물러 있게 했다. 존이 태어났을 때 그의 아버지는 이미 육십대였고 그에게 아무런 영향을 미치지 못했던 것으로 보인다. 존이 십대가 된 후에도 춤추는 것은 허락되지 않았다. 심지어 그의 어머니 알마가 다니던 교회의 목사마저도 그녀가 지나쳤다고 말했다. 그게 그가 자란 방식이었다. 그는 헬렌 모리스 테일러와 결혼했는데,

그녀의 첫 번째 남편은 존과 정반대되는 활력 있는 사람이었고, 한국전쟁에서 전사했다. 두 사람에게는 딸이 하나 있었다. 헬렌도 매독에 감염되었는데 (존은 그 사실을 몰랐다) 아마 첫 남편에게서 옮은 것으로 보인다. 결혼생활 내내 그녀의 병은 악화되었고, 헬렌은 뇌기능의 퇴화로 힘들어하게 되는데, 그 결과 정신적 기능에 장애가 생기고 알코올 의존증에 빠져들었다. 리스트는 아내가 이미 아이들에게 너무 많은 악영향을 끼치고 있는 것이 아닌지 두려웠다. 퍼트리샤는 배우가 되고 싶어 했다. 엄격하면서도 체계적으로 자리 잡은 존의 종교적인 생각에 따르면 그건 지옥으로 가는 지름길이었는데, 아마도 수많은 그런 지름길들 중 하나였을 것이다. 그는 딸이 강령술에 관심을 보이고 어쩌면 마리화나를 하고 있을지도 모른다고 걱정했다.

헬렌과 알마의 사이가 좋지 않았고, 존 역시 자신의 엄격했던 성장 과정에 불만이 있었지만, 알마가 그들과 함께 살았던 이유는 그녀가 20만 달러에 달하는 돈을 지원해주었기 때문이었다. 존은 생계를 유지하고 방이 열여덟 개나 되는 저택을 관리하기 위해 그 돈을 탕진했다. 그 저택은 스스로 생각하는 자신의 이미지나 대외 이미지를 위해 아주 중요한 것이었다.

내가 연구하고 직접 만나본 살인자들 대부분은 아니라고 해도, 그중 다수는 자신들이 한 행동을 인정하면서도 다른 누군가에게 그 책임을 돌렸다. 어머니, 아내, 상사, 정치적 음모, 사회 일반 등 자신들의 감정적 맥락에 맞아 들어가기만 한다면 누구든 무엇이든 찾아냈다. 리스트에게 그 맥락, 즉 자신과 자신을 둘러싼 세상을 바라보는 방식은 올바르고, 신앙심 있으며, 하느님을 두려워하며 교회에 나가는 사람의 그것이었고, 따라서 그가 다른 누군가에게 책임을 돌리기로 결정했을 때 그 누군가는 하느님이었다. 메모에 따르면 하느님이 그의 앞에 나타나 그의 기도를 들어주었다면, 그 모든 연속 살인은 필요하지 않았을 것이다. 존은 자신에게 주어진 패를 가지고 할 수 있는 것을 했을 뿐임을 사람들이 믿게 만들려고 노력했다.

내가 보기에 진짜 동기는 상황이 너무 엉망이 되고 복잡해지고 불편해진 나머지, 그가 툭 부러져버렸다는 것이다. 인생에서 벌어지는 모든 일을 차곡차곡 쌓아가야만 하는, 경직되고, 짓눌렸으며, 강박적인 유형의 사람들이 있다. 압력밥솥에 증기가 너무 많이 찼고, 그로서는 그것이 뚜껑을 여는 방법이었던 것이다. 그는 본질적으로 파산하고 가난뱅이로 살아가고 싶지는 않다는 것을 인정하지만, 그건 아이들 때문이라며 그 감정을 전가시켰고, 거기서 벗어나는 방법은 새 출발을 하는 것밖에 없다. 만약 그것이 가족을 해체하는 것이라면 뭐, 좋다. 그들을 천국으로 보내주는 것이 최선이다. 마치 스스로 사악함을 제거한 다음 새로운 삶을 가질 수 있게 그 행동을 합리화하는 것과 같다.

내가 이 문제를 가볍게 여긴다거나, 리스트의 정신적·감정적 문제를 최소화하는 것처럼 들리지 않기를 바란다. 분명 자신의 가족을 제거하고, 심지어 그것이 그들을 위한 일이었다고 주장하려는 사람은 정신과 의사들이 정의하는 성격장애 외에도 심각한 정신적 장애를 갖고 있을 것이다. 하지만 내 분야에서 중요한 문제는, 그러한 정신적 장애가 옳고 그름을 분명히 알고 있던 이 남자가 자신의 가족을 죽이도록 **강요**했을 만큼 심각했는지 여부다. 아마 그건 정신의학계도 명쾌하게 답할 수 없는 질문일 것이다.

하지만 존 리스트가 이 사건의 진행 과정 내내, 아주 효과적으로 사라져버린 일까지 포함해서 완벽하게 조직적이었다는 점은 매우 흥미롭고 의미심장하다. 정신적으로 불안정하거나 망상에 빠진 범죄자라면 조직적이지 못했을 테고, 증거의 흔적을 남겨 결국 발각되었을 것이다. 존 리스트는 그렇지 않았다. 이제 곧 보게 되겠지만, 이 사건은 집단살인이 아니다. 가족 한 명 한 명은 모두 따로따로, 서로 다른 시각에 다른 상황에서 살해되었다.

만약 리스트가 정말로 가족을 천국에 보내기 위해 죽인 것이고, 자살을 하지 않은 건 천국에 갈 수 없기 때문이었다면 (어떻게 자기 가족을 모두 쓸어버리고도 천국에 들어갈 수 있는 입장권을 얻는 것이 가능하다고 생각할 수 있는지는 오직 신만이 아시겠지만), 사건 직후에 경찰에 자수하고 결과를 받아들이지 않은 이유는 무엇일까? 왜 그는 목사님을 찾아가 직접 고백하지 않았을까? 가끔은 이런 자들 중 사랑하는 사람들을 천국에 보내준 후, 자신은 고통을 받기 위해 지상에 남은 거라고 말하는 자들도 있다. 하지만 살인 후에 리스트가 고통을 받았다는 확실한 증거는 없고, 자신을 쫓는 당국을 피해 새로운 삶을 이어가는 것을 통해 고통을 받으려 했다는 증거도 없다.

심지어 자살을 결심했다고 해도, 이런 부류는 아마 가족을 먼저 죽였을 것이다. 그는 너무나 경직되고 통제에 경도되어 있기 때문에, 자기 없이 지상에 남은 사람들이 스스로를 통제할 수 있을 거라고는 생각하지 못한다.

존 리스트는 선택을 했다. 그는 스스로 자기도취에 빠진 겁쟁이, 자기가 편하자고 가족들 한 명 한 명을 등 뒤에서 쏴죽인 겁쟁이에 불과한 것으로 드러났다. 기억하자, 이 자는 거래처 상대방의 눈을 똑바로 보지도 못했던 인물이다.

리스트의 실종은 사건 수사를 맡았던 경찰들에게는 강박이 되었고, 특히 현장에 가장 먼저 도착한 형사들 중 한 명이자, 나중에 웨스트필드 경찰국장이 되는 제임스 모란에게 그랬다. 나는 도주자를 파악하고, 정기적으로 업데이트를 하며 당국의 추적을 도와주었다. 나는 리스트가 다른 도주자들과 마찬가지로 자신이 편안함을 느끼는 곳, 아마도 과거에 살았던 곳이나 여행했던 곳들 중 좋아했던 곳으로 도망갔을 거라고 지적했다. 그리고 그의 본성상, 그동안 해왔던 생활 유형에서 크게 벗어나지 않았을 거라고 했다. 만약 일을 하고 있다면 그건 숫자와 관련한 일이거나 단순 작업, 즉 다른 사람들과 많이 소통하지 않아도 되는 일일 것이다.

1989년 이 사건은 편성된 지 1년쯤 된 방송프로그램 「아메리카 모스트 원티드」에 소개되었다. 진행자 존 월시 변호사는 나의 친구이기도 했는데, 그와 아내 리브는 플로리다에서 있었던 사악한 아동 살해 사건에서 자신들의 여섯 살 아들을 잃기도 했다. 그가 범죄자들을 정의의 심판대에 세우는 일에 헌신하는 계기가 된 사건이었다.

18년 동안 아무도 보지 못한 도주자의 모습을 어떻게 재현할지 고심하던 프로그램 제작자들은 필라델피아의 예술가이자 조각가인 프랭크 벤더에게 도움을 요청했다. 벤더는 두개골, 부패한 시신, 옛

날 사진 등 어떤 증거들이 주어지든 그것을 바탕으로 해당 인물의 삼차원 두상과 얼굴을 재현하는 데 탁월한 재능을 지닌 인물이었다. 그가 재현해낸 모습은 신체적으로 정확했을 뿐 아니라, 정말 천재 예술가인 것이, 인물의 성격까지 드러내주었다. 그는 자원해서 버지니아 알링턴에 있는 국립 실종 및 학대아동센터에서 활동했으며 나는 그가 콴티코에서 강연과 시연하는 모습을 본 적이 있다. 작업은 대단히 인상적이었다.

벤더에게 살인 사건 직전에 찍은 리스트의 사진 몇 장이 제공되었다. 제작자들이 만든 프로파일 정보도 있었는데, 매우 기본적인 수준이었다. 한 달 만에 그는 존 리스트의 실물 크기 흉상을 제작했는데, 그가 여전히 살아 있다면 어떤 모습일지 상상한 모습이었고, 그가 쓸 수 있는 안경의 종류, 심지어 자주 짓는 전형적인 표정까지 포함되어 있었다.

프로그램은 1989년 5월 23일에 방송되었고 해당 프로그램 특유의 재연 장면과 함께 존 리스트가 살아 있다면 어떤 모습일지를 표현한 프랭크 벤더의 흉상도 등장했다. 직통 신고전화에는 수백 건의 제보가 넘쳐났다. FBI는 그 제보들을 검토했고 엄청난 인력을 투입했다.

그중 한 건이 결실을 맺었다.

콜로라도의 완다 플래너리라는 여성에게서 온 제보였는데, 그녀는 방송에 나온 흉상이 자신의 옛 이웃이었던 회계사 겸 세무사 밥 클락과 놀랄 만큼 닮았다고 했다. 밥의 아내 들로리스는 밥이 리치먼드 인근인 버지니아주 미드로시안에서 회계사 일자리를 얻어 이사를 하면서 완다에게 새로운 주소를 건네주었다. 이 장소가 흥미롭다고 나는 생각했는데, 존 리스트가 그의 아내 헬렌을 만난 곳이 리치몬드 외곽이었기 때문이다. 만약 밥 클락이 존 리스트로 밝혀진다면 이 도주자는 과연 자신에게 익숙하고 편안한 장소로 되돌아온 셈이었다.

1989년 6월 1일, FBI 특수요원 테리 오코너는 클락의 집으로 가 흉상 사진을 들로리스에게 보여주었다. 그녀는 확실히 자신의 남편과 닮았다고 인정했다. 두 사람은 1977년 덴버의 루터파 교회 사교 모임에서 만나 1985년에 결혼했다. 남편은 아주 친절하고 온화한 남자였고 존 리스트가 저지른 짓 같은 건 했을 리가 없다고 했다.

같은 날 오전, 요원들은 클락이 일하고 있는 회사로 갔다. 그는 그 범죄는 물론 존 리스트가 누군지도 모른다고 했다. 그를 체포하고 이송 후 지문을 채취했다. 밥 클락과 존 리스트는 같은 사람이었다.

존 윌시는 리스트 사건 덕분에 「아메리카 모스트 원티드」 프로그램이 자리를 잡고 계속 방송될 수 있었다고 말한다. 거의 20년 가까이 정의를 피해왔던 조용하고 치밀했던 살인자가 마침내 재판에 서게 되었다.

경찰과 FBI는 비어 있던 세부사항을 이제 메울 수 있었다. 리스트는 주방에서 아침 토스트와 커피를 준비하고 있던 아내 헬렌을 쏴 죽였다. 그런 다음 위층으로 올라가 어머니 알마를 쏴 죽였다. 그날 늦게, 학교에서 패티를 태우고는 집으로 와서 쏴 죽였다. 다음은 프레더릭을 태우러 다시 나갔고, 집으로 데리고 와 쏴 죽였다. 존 주니어는 예상보다 빨리 축구 연습에서 돌아와서 아버지를 놀라게 했는데, 리스트는 자신의 아들이 확실히 죽을 때까지 총 두 정으로 열 발이나 쐈다.

살인 후에 그는 저녁 식사를 하고 집에서 잠을 잤으며, 이튿날 아침까지 먹은 후 도주자의 삶을 시작했다. 그는 치밀하게 온도조절장치까지 낮췄는데, 시신이 발견되기 전에 기름이 떨어져 온수관이 얼어서 터지는 것을 방지하기 위해서였다. 그렇게 되면 집의 대출금이 잡혀 있는 은행에서 불필요한 비용을 지급해야 할 텐데, 은행은 잘못한 것이 없었기 때문에 자신의 행동으로 은행이 고생하는 일은 없어야 한다고 리스트는 생각했다. 덴버로 날아가 새로운 삶을 시작했고 새로운 사회보장 카드를 신청했다. 그는 자신의 이름을 정하는 데도 신중했다. 평범한 이름이었고, 리스트가 다녔던 미시간대학 대학원에 로버트 클락이라는 동료 학생이 있었다. 따라서 잠재적인 고용주가 그의 배경을 확인한다고 해도, 학교 기록에서 그 이름을 찾을 수 있을 터였다.

그는 자신이 범죄를 계획했고, 사전에 총기를 구입하고 시험까지 했음을 인정했다. 9밀리 반자동 및 22구경 권총이었다. 수사관들은 살인에 사용된 무기가 '총기 및 화약'이라고 적힌 책상 서랍에 곱게 보관되고 있는 것을 발견했다. 그는 사건 한 달 전에 신청한 총기 허가증을 찾으러 가지 않았다. 지원서에 총기가 필요한 이유를 적는 칸에는 "가정 보호"라고 적었다.(막간에 말하자면, 뉴질랜드의 내 동료 브레비 몰리에 따르면 그 나라에서는 총기 신청 절차 중 지원자의 배우자와 이웃 혹은 그와 가까운 사람들을 만나고, 지원자가 총을 갖는 것이 불편한 사람이 있는지, 총기 신청이 이상하다거나 평소 지원자의 인성과 맞지 않는 것은 아닌지 확인하는 과정이 포함되어 있다고 한다. 대단히 합리적인 이 절차가 미국에 도입되었다면, 나는 리스트 가족을 포함해 희생자들 중 얼마나 많은 사람이 살아남을 수 있었을지 궁금하다.)

체포 후 몇 달 동안 리스트는 항상 조용하고, 예의 바르고 협조적인 수감자였고 그 누구에게 어떤 문제도 일으키지 않았다.

변호사 일라이아 J. 밀러 주니어는 9일 동안 진행된 재판이 시작되는 자리에서, 배심원들에게 리스트는 "어머니와 아내, 자녀들에 대한 사랑을 품은 채" 그들을 살해한 거라고 말했다. 변호인 측의 정신과 의사 몇 명은, 존 리스트는 옳고 그름을 확실히 구분할 수 있었지만 본질적으로 신경쇠약에 시달리고 있었고, 그런 까닭에 종교의 이름으로 그런 짓을 저지른 거라고 증언했다. 리스트는 검찰 측 정신과 의사에게, 시간이 지나면서 자신은 살인사건을 잊을 수 있었고 오직 기념일에만 가족들을 떠올리며 다시 삶을 즐길 수 있었다고 했다. 처남의 증언에 따르면 리스트는 범죄와 살인, 특히 미해결 미스터리에 대한 책을 소장하고 있었다고 했다. 그는 전쟁 게임도 좋아했다.

변호사는 리스트가 목사에게 썼지만 보내지는 않은 편지를 증거로 인정할 수 없다고 주장했다. 뉴저지 고등법원의 윌리엄 웨트하이머 판사는 그 편지가, 리스트의 저택과 그 안의 내용물과 마찬가지로, 유기된 자산이라고 판명했고 따라서 '성직자에게 참회한 내용'으로 특권은 인정할 수 없다고 했다.

1990년 4월 12일, 9시간의 심의 끝에 존 리스트는 다섯 건의 1

급살인 혐의에 대해 유죄 판결을 받았다. 리스트는 슬픔을 드러내고, 용서를 구하고, 그 범죄는 '당시의 정신 상태에 따른 것'이라고 설명하며 선처를 부탁했지만, 웨트하이머 판사는 당시 법정 최고형인 다섯 번의 연속된 종신형을 선고했다. 예순네 살의 피고는 75년 동안 가석방을 신청할 수 없었다.

"피고의 이름과 1971년 11월에 그가 한 행위는 망령처럼, 피고 자신의 의식은 물론 공동체의 기억에서도 쉽게 지워지지 않을 것입니다." 판사는 대단히 분명하고 감동적인 판결문에서 말했다. 그는 계속해서 이렇게 말했다. "18년 5개월 22일이 지난 지금에서야 헬렌, 알마, 퍼트리샤, 프레더릭, 존 F. 리스트의 목소리가 무덤에서 들려올 수 있게 되었습니다."

슬프게도 존 리스트 유형의 가족 살인은 대단히 예측하기 어려우며, 그런 까닭에 예방하기도 어렵다. 아마도 리스트의 가족이나 (만약 그가 직장이 있었다면) 직장 동료들은 그가 점점 이상해지고 있음을, 자신의 삶과 상황들을 통제하는 과정에서 점점 더 경직되고 있음을 감지했을 것이다. 결국에 가서는 그러한 수준의 통제력을 유지하는 것은 당사자를 너무나 지치게 하는데, 바로 그때 이런 유형의 사람들은 툭 부러져버리기 쉽다. 하지만 문제는 이런 유형의 사람은 사람들이 감정적으로 다가오는 것을 허락하지 않기 때문에, 타인들이 볼 수 있는 건 겉으로 드러나는 그의 행동뿐이라는 점이다. 그리고 어쨌든 그는 이런 짓을 할 수 있는 사람으로 보이지도 않는다. 바로 그 점이, 이런 사건들을 연구하고 거기서 알 수 있는 것들을 확인하는 것이 중요해지는 이유다. 그래서 앞으로는 어떤 문제가 점점 커져서 위기가 닥치기 전에 그것을 더 잘 포착해낼 수 있기 위해서 말이다.

밥 클락의 새로운 인생에서 존 리스트는 어느 정도의 위협이 됐을까? 우리는 미래의 폭력을 예측할 수 있는 믿을만한 근거는 과거의 폭력밖에 없다고 가르쳐왔다. 하지만 이 자의 인생에서는 단 한 번의 폭력적 사건만 있었다. 그가 또 다른 폭력을 저지르고 두 번째 아내를 살해할 수도 있었을까? 대답은 상황에 달렸다는 것이다. 일들이 잘 진행되었다면, 그가 필요한 만큼의 재정적 안정과 자기 존중감을 가질 수 있었다면, 아마 모든 것이 괜찮았을 것이다. 하지만 만약 유사한 상황이 다시 발생하면, 만약 그가 잠재적으로 개인적인 파멸을 겪거나 공개적으로 창피를 당하는 상황이 발생하면, 그에게는 이미 거기서 빠져나갈 시나리오가 있고, 성공한 다른 연쇄범죄자들과 마찬가지로 그것을 실행할 방법도 알게 될 것이다.

만약, 범죄 패턴이 진화한다는 점을 인정한다면, 그가 자신의 가족이 아니라 직장에서 총기를 난사할 위험도 컸을까? 나는 그렇게 생각하지는 않는다. 리스트는 너무 겁이 많고 직접 대면을 싫어하기 때문에, 그런 직접적인 방식은 고려조차 하지 못할 것이다.

그렇긴 하지만, 무차별적인 폭력 상황에서 분노를 표출하는 지금의 분위기 속에서, 예전에는 자살하거나 집에서 살인-자살을 감행했을 많은 사람이 오늘날에는 동료들에게 쉽게 분노를 표출할 수 있을 것이라는 느낌이 든다.

하지만 이 특별한 사건에서, 매슈 벡이나 데이비드 버크와 달리 존 리스트는 자신이 처한 상황을 끝내는 것이 아니라 거기서 벗어나려고 시도했다. 그는 가족에게 그런 짓을 한 후 도망쳤다. 더 심각한 폭력 사건에서도 그런 탈출은 없었다. 나머지 두 명과 달리 존 리스트에게 그 사건은 마지막 무대가 아니었다. 그것은 실현 가능한 해결책이었다.

그리고 다음 장에서 보게 되듯이, 도주자에게도 자신만의 과제와 동기들이 있다.

6장 **도주**

On the Run

도주자에게 닥칠 결과는 셋 중 하나다. 잡힌다. 잡히지 않는다. 혹은 불꽃 속에 화려하게 사라진다. 당사자는 그 불꽃을 영광의 불꽃으로 받아들일지도 모르겠지만, 나와 동료들은 그것이 겁쟁이들 특유의 안쓰러운 특징이라고 생각한다.

존 리스트 사건에서, 우리는 거의 20년 가까이 걸렸지만 결국 잡힌 도주자를 살펴봤다. 표면적으로 유사해 보이고, 동기도 유사한 사건을 살펴보자. 하지만 앞으로 알게 되듯이 이 사건의 행동 증거는 아주 다른 유형의 범죄자를 보여준다. 그리고 그 후에 우리는 소름 끼치는 이 두 결과를 대조해볼 것이다.

콴티코의 국립교육원에서 FBI 요원들을 가르칠 때, 우리는 사건들의 표면적 유사성(예를 들어, 범인들의 다수는 성취도가 낮고, 실업 상태인 외톨이들이다) 이면을 봐주기를, 그리고 개별 사건에서 가장 중요한 **왜? + 어떻게? = 누구**라는 등식을 구성하는 요소들을 이해해주기를 원한다. 물론 개별 사건마다 그 요소들은 서로 다르게 쪼개지고, 프로파일러에 의해 서로 다른 비중으로 취급되며, 작업 방식과 관련한 공식은 없다. 그것은 경험과 직감, 기술의 문제이며, 그렇기 때문에 지부에서 이미 적성을 보인 영리하고 능숙한 요원이 나의 옛 부서에서 효율적으로 일을 할 수 있게 될 때까지 2년 가까운 시간이 걸렸던 것이다. 간략한 형태지만 이 책에서 다루는 내용은 우리가 요원들에게 가르치는 유형 구분과 고려사항들이다.

1976년 3월 2일, 워싱턴 D.C.에서 남쪽으로 160킬로미터 떨어진 노스캐롤라이나주 타이엘 카운티 습지의 얕은 구덩이에서, 다섯 구의 시신이 불타고 있는 것을 삼림관리원이 발견했다. 연기를 본 그녀는 산불이라고 생각하고 진화를 위해 현장으로 갔다. 검시관은 희생자들 즉, 삼십대 여성 한 명, 나이 든 여성 한 명, 다섯 살에서 열다섯 살 사이의 아이들 세 명이 곤봉에 맞아 죽었다고 판정했지만, 신분을 밝힐 만 한 건 없었고 따라서 그들이 누구인지는 알 수 없었다.

유일한 단서는 구덩이 근처에서 발견된 쇠스랑이었다. 노스캐롤라이나주 정보범죄국 조사관들은 그것이 메릴랜드주 포토맥의 포크 공구점에서 판매된 것임을 밝혀냈다. 워싱턴 D.C. 교외의 부촌 몽고메리 카운티에 있는 상점이었다.

2주가 더 지난 3월 18일, 노스캐롤라이나와 테네시의 경계에 있는 그레이트스모키 국립공원에서 밤색 쉐보레 말리부 스테이션 왜건이 버려진 채 발견되었다. 자동차의 짐칸에는 피가 말라붙어 있었고, 내부에는 피가 묻은 담요와 산탄총, 도끼, 개 먹이상자가 발견되었다. 글로브박스에서는 남부 주들의 지도와 처방된 신경안정제인 세렉스 병이 있었다.

쉐보레 말리부는 메릴랜드주 베데스다에 사는, 서른아홉 살의 국무부 외무부서 직원 윌리엄 브래드퍼드 비숍 주니어의 소유였다.

3월 2일에 발견된 시신들은, 사진을 본 이웃들의 증언에 따르면, 비숍의 서른일곱 살 된 아내 아네트와 그들의 세 아들인 열네 살의 윌리엄 브래드퍼드 3세, 열 살의 브렌튼, 다섯 살의 제프리, 예순여덟 살인 비숍의 어머니 로벨리아였다. 로벨리아는 베데스다의 카데락스프링스 주택 지구에 있는 캘리포니아식 난평면(1층과 2층 사이에 반층이 있는 구조) 주택에서 그들과 함께 살고 있었다. 세 자녀는 모두 잠옷 차림이었다. 이웃들은 처음에는 집이 빈 것에 대해 별 생각이 없었는데, 비숍 가족은 놀이를 좋아해서 즉흥적으로 여행을 떠나곤 했기 때문이다. 이번에는 가족들이 스키 여행을 떠난 것으로 생각했다. 그들의 집을 수색한 경찰은 침실과 현관에서 혈흔을 발견했는데, 거친 몸싸움이 있었음을 말해주는 증거처럼 보였다.

브래드로 알려진 윌리엄 브래드퍼드 주니어와 가족이 키우던 골든리트리버 레오는 여전히 실종 상태였다. 대규모 수색팀이 조직되었고, FBI와 국립공원관리소, 노스캐롤라이나주와 테네시주 경찰이 동원되었다. 수색견들은 자동차가 발견된 공원의 관광안내소 주변에서 비숍의 냄새를 감지했다. 수색대원들 중 일부는 그가 산속으로 들어가 자살했거나 비바람에 노출되어 사망했을 거라고 짐작했다. 수색대는 레오도 찾지 못했다.

그렇다면 브래드 비숍은 어떤 사람이고, 대체 무슨 일이 있었던 걸까?

  사실 그는 미국 국가대표처럼 보였다. 잘 생기고, 매력적인 국무부의 외무 공무원, 예일대학 졸업생, 스페인어와 프랑스어, 거기에 유고슬라비아에서 군 생활을 하며 익힌 세르비아-크로아티아어도 유창했다. 그는 방첩 일을 하던 중에 표창을 받았다. 그의 임무 중 하나는 이탈리아에서 훈련 중인 유고슬라비아 군의 스키부대에 침투하는 것이었다. 제대 후 그는 이탈리아어 석사 학위를 따고 국무부에 들어갔고, 에피오피아와 이탈리아, 보츠와나 주재 미국 대사관에서 근무했다. 마지막 부임지에 가기 직전에 아프리카 연구로 두 번째 석사 학위를 땄고, 보츠와나에서는 조종사 훈련도 받았다. 경쟁이 심한 운동에 열광했고 캠핑에 익숙했으며 급류타기 개인 교습을 받기도 했는데, 이 때문에 나중에 카누를 타고 눈에 띄지 않은 채 공원을 벗어날 수 있었을 거라는 추측이 나오기도 했다. 금발의 브래드와 역시 외모가 근사한 밤색 머리의 아내는 과거 캘리포니아의 고등학생 시절부터 연인이었는데, 그는 풋볼 팀의 쿼터백이었고 그녀는 치어리더였다. 두 사람이 떨어져 지낸 시기는 그가 예일에 다니고 그녀는 버클리에 다니던 시절뿐이었다. 졸업 후인 1959년 두 사람은 결혼했다.

  사건의 조각들을 맞추려고 노력하는 과정에서 몽고메리 카운티 보안관과 형사들은, 브래드가 3월 1일에는 감기에 걸린 것 같다는 평계를 대며 평소와 달리 일찍 퇴근을 했다는 사실을 알아냈다. 그는 승진 명단에서 빠진 것에 낙담한 상태였다. 그날 일찍 은행에서 400달러를 인출했고, 집으로 돌아오는 길에 몽고메리 몰의 로벅 상점에 들러 둥근 머리 망치와 5갤런 기름통을 샀고, 텍사코 주유소에 들러 기름통을 가득 채웠다.

이웃들은 의심스러운 소리를 듣지 못했지만, 수사관들은 같은 날 밤 어느 시점에 비숍이 망치를 이용해 아내와 어머니, 세 자녀를 살해한 것으로 추정했다. 그런 다음 그들의 시신을 쉐보레 뒤 칸에 싣고 남쪽으로 달려 노스캐롤라이나의 아우터뱅크스로 갔다.

시신과 현장의 단서들을 봤을 때, 사건은 아마도 이런 식으로 벌어졌던 것 같다.

비숍은 먼저 골방에서 아네트를 공격했다. 그녀를 살해한 후 로벨리아가 레오를 산책시키고 돌아와서 그를 놀라게 했다. 그는 재킷으로 시신을 가리던 중에 자신의 어머니를 공격해 살해했다. 세 아들이 자고 있는 위층의 침실로 올라가 모두 곤봉으로 때려죽였다. 다섯 시신을 모두 담요에 싸서 가족 소유의 스테이션왜건에 싣고, 레오(그가 너그럽게 살려두기로 한 유일한 '가족 구성원'이었다)를 태운 채 밤새 노스캐롤라이나까지 달렸다. 몇 군데 요금소를 지날 때에도 끔찍한 짐은 들키지 않은 채 무사히 통과했다.

신용카드 영수증을 보면 그의 뱅크아메리카 카드는 3월 2일에 노스캐롤라이나 잭슨빌에 있는 스포츠용품점에서 운동화를 사는 데 사용되었다. 가족의 시신이 발견된 지역에서 남쪽으로 160킬로미터 떨어진 곳이었다. 경찰은 비숍을 봤다는 증언을 확인했다. 비숍이 계산하는 동안 중미 출신으로 보이는 여성이 그의 개의 목줄을 쥐고 있었다. 상점 주인은 비숍이 예의 바르고 말을 잘했다고 기억했으며, 그와 여성이 부부처럼 보였다고 했다.

이어진 몇 주 동안 애팔래치아 등산로의 등산객들이 봤다는 증언이 있었고, 플로리다의 데이토나 해안까지 동남부 해안의 다양한 지역에서도 나타났을 가능성이 있었다.

윌리엄 브래드퍼드 비숍은 지금까지도 실종 상태다. 전 세계에서 목격담이 있었지만 모두 확인되지 않았고, 살인은 공소시효가 없는 범죄이기 때문에 당국은 그가 사망했다고 선언하기를 꺼리고 있다.

살인사건 후 2년 이상 지난 1978년 7월, 그를 알던 지인이 스웨덴 스톡홀름에서 그를 봤다고 주장했다. 에티오피아에서 근무하던 1960년대에 알던 스웨덴 여성이 스톡홀름 거리에서 그를 두 번 봤지만, 그가 미국에서 지명수배 중이라는 사실을 잊어버렸기 때문에 아는 척을 하거나 곧장 경찰에 신고하지는 않았다. 그녀는 그가 수염을 길렀고 옷을 잘 입은 모습이었다고 했다. 스웨덴 경찰은 그가 스웨덴에 있다는 증거를 찾지 못했지만, 그 나라에서는 도주자에 대해 공개적으로 수사를 하는 일이 흔하지 않았다. 몇몇 현지 신문은 범죄 용의자의 이름이나 사진을 싣는 것조차 거부하고 있다.

그러던 1979년 1월, 이탈리아 소렌토에서 휴가를 보내던 국무부 직원이 공공 화장실에서 그를 봤다고 주장했다. 이번 목격담에서 비숍은 여전히 수염을 기르고 있었지만, 허름한 옷에 지저분한 모습이었다. 비숍은 전에도 이탈리아에 산 적이 있었고(군대에 있을 때 베로나, 대학원생 때 피렌체, 외교관으로서 밀라노) 그 나라를 아주 잘 알았다.

우리는 실제로 콴티코에서 그에 대한 도주자 파악 작업을 했고 해마다 정보를 업데이트했다. 결국은 자신들이 떠나온 환경과 비슷한 곳을 찾을 거라고 예상할 수 있었던 존 리스트나 오드리 힐리(리스트가 체포될 당시 그는 이전의 삶에서 하던 일과 비슷한 일을 하고 있었다. 힐리는 자신이 태어난 곳 근처에서 발견되었다)와 달리, 외무부 배경에 언어와 사교술에 능했던 비숍은 사실상 전 세계 어디서든 활동할 수 있었다. 그리고 당국이 해외에서는 미국에서만큼 공격적으로 수색 작업을 할 수 없기 때문에, 외국 특히 유럽은 그로서는 가장 편안한 지역이 되었을 것이다. 우리는 그가 가장 행복하게 지낼 수 있을 것 같은 곳을 찾아 삶을 거슬러 올라갔고, 그런 곳들에 머무르고 있을 가능성이 크다고 조언했다. 하지만 수많은 사람이 수많은 노력을 기울이고, 한 때 FBI의 10대 지명수배자에 오르기도 했지만 비숍은 여전히 도주 중이다. 그가 여전히 살아 있다면, 아직 잡힐 가능성이 있지만, 지금 시점에서는 대단한 행운이 필요할 것이다. 존 리스트는 「아메리카 모스트 원티드」 같은 프로그램이 방영되지 않는 곳으로 도망갈 준비가 되어 있지 않았다. 윌리엄 브래드퍼드 비숍 주니어는 준비가 아주 잘 되어 있었다.

물론 브래드퍼드 비숍은 기소된 적이 없고, 그렇기 때문에 법적으로는 무죄 추정의 원칙을 적용받을 자격이 있다. 하지만 그가 유죄라는 가정하에 잠시 사건을 생각해보면, 5년 전 있었던 리스트 사건과 놀랄 만큼 유사하다. 둘 다 전문직이었고 교외 지역의 교육 수준이 높은 가장이었다. 각각 아내와 지배적인 어머니, 세 자녀와 함께 살았다. 그리고 어느 시점에 삶이 진행되는 방식에 실망한 것처럼 보이며, 두 남자는 거기서 망가지고 자신의 집에서 가족들을 살해하고 도망쳤다.

하지만 차이점도 놀랍기는 마찬가지다. 존 리스트와 윌리엄 브래드퍼드 비숍 주니어만큼 대조적으로 보이는 두 인물을 찾기도 어려울 것이다. 리스트는 소심하고, 강박적이며, 융통성 없는 사십대 남성으로 사실상 사교성이 전혀 없고, 종교를 버팀목으로 삼아 지냈다. 비숍은 삼십대 후반의 직업 외교관답게 우아한 사교술과 친화력을 지니고 있고, 야생에서 홀로 지낼 수 있는 기술을 익혔으며, 필요한 경우에는 해외에서 지낼 수 있는 유능함도 있었다. 리스트는 정말 찌질한 인물이었다. 비숍은 대부분의 사람이 부러워하는 남자였다.

범행 후 행동의 차이 역시 의미심장하다. 리스트는 살인 후에 집에 그대로 남아 이틀날 아침 식사까지 하고 떠났는데, 이는 눈에 띄게 비조직적인 범죄자의 특징이다. 하지만 그는 앞에서 보았듯이 시신을 가지런히 '신경 쓴' 형태로 놓아두었는데, 이는 희생자와 가까운 관계의 살인자들에게서 예상할 수 있는 특징과 일치한다.

반면 비숍은 살인 직후에 행적을 감췄고 증거도 모두 가지고 갔다. 자동차에서 발견된 지도는 그가 얼마나 치밀하고 계획적이었는지 보여준다. 평범하지 않고(물론 상대적으로 말하자면 그렇다는 뜻이다. 감사하게도, 이는 매우 평범하지 않은 경우이다) 혼란스러운 점은 가족들이 살해당한 방식이다. 그들은 근거리에서 아주 야만적으로 살해되었다. 그것은 뒤에서 갑자기 총을 쏘는 것처럼 '깔끔'하지 않았다. 비숍 가족은 평화롭게 자고 있던 다섯 살 아이까지 말 그대로 맞아 죽었다. 부모로서 나는 인생에서 가장 힘들었던 시기에도 아이들이 자고 있는 모습을 지켜보면 정말 숭고한 무언가에 딘딘히 이어져 있는 느낌이 들었다. 아이들은 최악의 하루를 보낸 뒤에도, 자고 있는 동안만은 완벽하게 아름답고 순수했다. 그런 아이들의 모습은 마치 마법을 부리는 것 같은데, 부모의 영혼에 곧장 말을 걸어 무조건적인 사랑과 헌신을 불러일으킨다. 따라서 부모로서 나의 경험에 따르면, 자기 자식이 자는 동안 그들을 다치게 하는 것은 상상할 수 없으며, 아이들이 자는 동안 야만적으로 내려친다는 계획은 생각할 수도 없다! 그런데, 경찰이 믿고 있는 것처럼 비숍이 그들을 죽인 거라면, 그건 완벽하게 의지에 따른 행동이었다. 그는 자신의 행동이 가져올 결과를 그려볼 수 있었다. 그건 정말 소름끼치는 생각이다. 그리고 시신을 처리하는 방식에 있어서도, 그의 관심사는 시신의 품위를 지켜주고 망자들이 영원한 안식에 들 수 있게 하는 것이 아니라 증거를 없애는 것이었다.

하지만 나는 계속 그 행동 즉, 범죄가 저질러진 방식으로 되돌아가게 된다. 자신의 가족을 때려서 죽이는 행위는 매우 깊고 폭발적인 분노가 있어야 가능할 것이다. 리스트 사건에서는 그런 것이 전혀 없었다. 조울증 환자라고 해도(비숍이 그랬다는 증거가 일부 있기는 하지만) 순간적인 충동으로 '이제 정말 끝났어'라며 망치와 휘발유를 사서 가족을 때려죽이지는 않는다. 그렇게 하려면 감정적인 준비 작업이 있어야만 한다. 따라서 1976년 1월 실제 범죄를 저지르기 전 얼마 동안, 비숍의 머릿속에는 자신이 하게 될 일들에 대한 생각이 어떤 형태로든 무르익고 있었다. 이 자는 자신의 아내와 어머니, 자식들의 피를 뒤집어쓸 생각이었다.

비숍이 살인범이라고 가정하면, 그의 분노와 절망감은 어떻게 설명될 수 있을까? 자신의 금빛 경력 중 처음으로 승진에서 탈락한 것에 대한 실망감? 우울증?(그는 정신과 상담 치료를 받고 있었다) 어머니와의 갈등? 숨겨둔 여자친구? 이 중 어떤 것도 그럴듯하거나 논리적인 동기로는 보이지 않으며, 그가 살인을 저지른 방식도 설명해주지 않는다. 그리고 리스트의 동기들이 범인의 관점에서 보았을 때 그랬던 것처럼, 내적으로 일관성이 있지도 않다. 기본적으로 비숍의 삶에서는 그 어떤 것도 잘못되지 않은 것처럼 보인다. 어쨌든 그는 그저 이혼을 하거나 직업을 바꿔버릴 수도 있었다.

우리가 알게 된 것들에도 불구하고, 비숍의 삶에서 많은 부분은 수수께끼로 남아 있다. 나는 존 리스트가 한 행동에 대해서는 정확히 설명을 해냈다고 꽤 확신하고 있다. 하지만 브래드 비숍에 대해서는 그렇지 못하다. 우리는 자신의 이미지에 너무 도취한 나머지, 성공이나 성취에 대해 다른 사람들이 생각하는 것과는 전혀 다른 개인적 관점을 지니게 된 사람들의 사건을 종종 본다. 식욕부진증에 빠진 여성이 자신이 뚱뚱한지 여부에 대해 주변 사람들과는 완전히 다른 감각을 가지게 되는 것과 마찬가지다. 예를 들어 비숍 같은 사람은, 부부생활의 어려움을 인정하는 것을 정말로 못했을 수도 있다. 그런 문제는 자신을 덜 완벽하게 보이게 한다. 그런 이유로 승진에서 탈락했을 수도 있다. 이런 남자들이 겪는 현상들 중 우리가 '위험한 사십대'라고 부르는 것이 있다. 그 나이에 이르러 곰곰이 들여다봤을 때, 만약 인생이 계획대로 가고 있지 않은 것처럼 보인다면 그들은 폭발할 수 있다.

비숍이 정신과에 다니고 있었다는 사실에 더해 수사관들은 약간의 재정적인 문제도 발견했지만, 그런 동네에 살고 있는 삼십대들 사이에서 흔하지 않은 경우는 아니었다. 브래드의 어머니가 함께 지내는 것에 대해서도 약간의 긴장이 있었고, 아내 아네트가 해외 근무를 위해 다시 이사 가는 것을 원하지는 않았던 것으로 보인다. 하지만 우리가 예상할 수 있는 그런 스트레스 요인은 없었던 것으로 보인다. 스포츠 용품점에서 레오의 목줄을 쥐고 있었던 여성에 대한 신고가 있기는 했지만, 비숍이 혼외 연애를 유지하고 있었다는 확정적인 증거는 나오지 않았다. 그건 앞뒤가 맞지 않는다.

그리고 리스트가 그랬던 것처럼, 비숍 역시 자신의 힘만으로 완벽하게 탈출할 수 있었다는 점도 의심스럽다. 살인 후에 다른 여성과 함께 있는 모습이 발각되었을 뿐 아니라, 자신의 차를 국립공원 한가운데에 버린 상태였다. 그는 어떻게 빠져나갈 수 있었을까? 아마도 차를 얻어 탔을 것이다. 어쩌면 카누를 탔을 수도 있다. 하지만 그 다음엔 어떻게 했을까? 이동 수단까지 계획해두었을 가능성이 크다.

리스트의 경우와 마찬가지로, 우리는 비숍 같은 자가 다시 살인을 하려는 동기를 가지게 될지 물어야만 한다. 그리고 여기서도 대답은 같다. 상황이 순조롭게 흘러가는 한 그는 위험하지 않을 것이다. 하지만 심각한 장애물처럼 보이는 것이 나타난다면, 그때는 똑같은 감정적 힘이 발휘될 수도 있다. 두 사람 모두 자신들의 가족을 지워버렸지만, 이 자는(다시 말하지만, 그가 정말 범인이라면) 리스트보다 훨씬 잔인한 경향을 보였다. 쓸 수 있는 자원도 더 많고, 만약 체포될 상황이 닥치면 리스트만큼 온순하게 나올지 확신할 수 없다. 그는 심리적인 겁쟁이도 아니고 조용하지도 않다. 체포에 직면한 상황이 되면 이런 자는 차라리 자살을 택할 것이다.

1971년 11월, 노스웨스트 오리엔트 항공기를 납치해 포틀랜드와 시애틀 사이 어딘가로 끌고 간 다음, 몸값 20만 달러를 들고 사라진 후 다시는 모습을 드러내지 않은(시신도 발견되지 않았다) 악명 높은 납치범 D. B. 쿠퍼와 마찬가지로 윌리엄 브래드퍼드 비숍 주니어도 전설이 되었고, 소설과 텔레비전 영화, 라디오에서 흘러나오는 유행가를 통해 불멸의 존재가 되었다. FBI는 지금도 그를 쫓고 있으며, 메릴랜드주 몽고메리 카운티 보안관에서도 추적을 포기하지 않았고, 그를 정의 앞에 세우기를 간절히 원하고 있다.

나도 마찬가지다. 다른 모든 사건보다도 더, 바로 이 사건에 대해 나는 그 **왜?**라는 부분을 너무 알고 싶기 때문이다.

1957년 겨울 몇 주 동안 연쇄 범죄로 미국 중서부를 두려움에 떨게 했던 악명 높은 찰스 스타크웨더와 캐릴 앤 푸가티처럼, 1984년 여름에는 올턴 콜먼과 데브라 드니즈 브라운이 중서부에 또 다른 두려움을 불러일으켰다. 경력 내내 나는 올턴 콜먼보다 더 사악한 인간을 만난 적이 없는데, 그는 사실상 움직이는 건 뭐든 강간하고 살해하려 했고 그 결과에 대해서는 완전히 무관심했다.

그는 1955년 일리노이주 워키건의 불우한 환경에서 태어났고, 어머니는 이미 아이가 둘 있는 매춘부였다. 주로 어머니가 그를 키웠다. 그는 종종 또래들의 놀림을 받곤 했는데, 바지에 오줌을 쌌기 때문에 '오줌싸개'라고 불렸다. 일찍부터 거리의 흑인 갱단에 합류했고 전과를 쌓아갔다. 학교는 9학년 때 그만뒀다. 열여덟 살 때, 워키건의 어떤 할머니에 대한 강간 및 절도로 체포되었지만, 난순 절도로 감형받았고 그 사건 때문에 험하기로 유명한 졸리엣 형무소에 수감되었다. 그곳은 내가 위험한 폭력범들을 꽤 많이 인터뷰했던 곳이다. 그는 딱히 모범적인 죄수는 아니었다. 몇몇 동료 수감자에게 성적으로 추근대다가 가석방으로 출소했다. 하지만 오래지 않아 1970년대 후반까지 다른 성폭력 사건들을 쌓아갔고, 그중 두 건은 변호사가 합의 후에 이루어진 것이라고 입증한 덕분에 승리할 수 있었다. 이 시기 피해자들 중 한 명은 자신의 조카였다. 그런 망가진 배경과 심리학적 기질에 더해, 콜먼은 양심이 없는 것 같았는데, 다른 사람들의 권리나 감정, 고통에 대해서는 전혀 신경 쓰지 않았다. 이런 자는 자신에겐 아무 것도 주어지지 않았고 아무도 자신을 돌봐주지 않았다고 느끼는데, 그래서 자신 역시 원하는 건 뭐든 취할 자격이 있고 다른 사람의 생각은 신경 쓸 필요도 없다고 생각한다.

강간 혐의가 계속 쌓여가던 중 그는 1982년 열다섯 살 소녀를 강간, 살해한 혐의를 받는다. 1984년 난동이 시작될 당시, 그는 또 다른 강간 사건 재판을 앞두고 보석 중이었다. 이제 스물여덟 살이 된 그는 스물한 살의 데브라 브라운과 얽히게 되는데, 단단하고 안정된 배경 출신의 그녀는 다른 남자와 약혼한 상태였지만, 콜먼을 만난 후에 파혼하고 그와 함께 지내기 시작했다. 평생 동안 콜먼은 틈틈이 얻은 임시직 외에는 직업을 갖지 않았다.

1984년 5월 29일, 콜먼과 브라운은 가명을 사용해 위스콘신주 케노샤에 사는 아홉 살 소녀 버니타 위트를 유혹해 워키건으로 데리고 왔다. 그들은 아이를 돌려 보내지 않았고, 버니타의 어머니는 경찰이 보여준 사진에서 자신의 딸을 데려간 남자를 금세 찾아낼 수 있었다. 연방대법원은 두 용의자를 유괴 혐의로 기소했고 그렇게

FBI도 사건에 투입되었다.

6월 18일, 콜먼과 브라운은 자동차로 인디애나주 개리를 지나고 있었다. 그들은 여자아이 두 명이 걸어가는 것을 보고 차를 세웠다. 일곱 살의 타미카 터크스와 아홉 살 된 친척 아이였다. 아이들에게 길을 물어보고는, 함께 차에 타서 길을 찾는 걸 도와주면 돈을 주겠다고 말했다. 조금 떨어진 숲으로 아이들을 데리고 간 후, 브라운이 타미카를 붙잡고 땅에 눕히고 있는 동안 콜먼이 강간하고 목을 졸라 죽였다. 다른 아이도 강간과 구타를 당했지만 가까스로 도망칠 수 있었다. 그 아이가 경찰 사진에서 자신을 공격한 사람을 찾아냈다.

다음 날, 개리의 미용사인 스물다섯 살의 도나 윌리엄스가 실종됐다는 신고가 들어왔다. 미용실에서 만난 '보스턴에서 온 커플'이 그녀의 교회를 보고 싶다고 해서 태우러 가기로 한 다음이었다. 미용실에 있던 다른 손님은 경찰 사진을 보고 콜먼과 브라운이 그 커플이라고 했다. 같은 날, 버니타 위트의 시신이 발견되었는데 목이 졸린 상태로 워키건의 버려진 건물에 있었다.

6월 24일, 콜먼과 브라운은 이제 디트로이트에서 한 여성을 그녀의 집 앞에서 칼로 위협해 납치하고, 자신들을 오하이오에 데려다달라고 했다. 그녀는 일부러 자동차를 주차된 트럭에 들이받고, 튀어나가 그대로 달아났다. 두 범법자는 그녀의 차를 타고 도망갔다. 나흘 후, 그들은 중년의 집주인 부부가 아침 식사를 하고 있는 디어본 하이츠의 한 가정에 침입했다. 그들은 두 사람을 폭행하고, 약간의 현금을 뺏은 다음 그들의 차를 훔쳤다. 이제 FBI와 지역 내 법 집행기구 전체가 그들을 쫓고 있었다.

7월 2일, 그들은 디트로이트 인근에서 또 다른 중년부부의 집에 침입해 그들을 폭행하고 차를 훔쳤다. 오하이오주 톨레도에 가서 또 다른 집에 침입해 주인들을 공격한 후 차를 훔쳤다. 나중에 어느 술집에 들어가 거기 있던 누군가를 납치하려 했지만, 바텐더가 총을 들고 나와 저지했다. 그들은 다시 간신히 도망쳤고, 7월 7일에는 서른 살의 버지니아 템플과 그녀의 열 살 된 딸 로셀을 강간 후 목 졸라 죽이고, 두 사람의 시신을 집채 밑 좁은 공간에 숨긴 다음 집안을 털었다. 그리고 7월 11일, 목이 졸려 죽은 도나 윌리엄스의 시신이 디트로이트에서 발견되자, 올턴 콜먼은 FBI의 긴급 지명수배자 목록에 올랐다. 이미 목록에 열 명이 차 있었기 때문에 그는 열한 번째 수배자가 되었다.

신시내티에서는 열다섯 살의 토니 스토리가 실종되었다. 목격자들은 그녀가 마지막으로 만났던 사람들이 콜먼과 브라운이었다고 다시 한 번 확인해주었다. 그녀의 시신은 나흘 후에 발견되었는데 수차례 칼에 찔리고 머리에 총을 맞은 상태였다.

지금까지 피해자들은 모두 흑인이었지만, 나이는 사춘기 전부터 노인까지 걸쳐 있었기 때문에 그들이 특별히 선호하는 피해자는 분명 없는 것 같았다. 7월 13일, 콜먼은 신시내티 교외 노르우드에 사는 사십대 중반의 백인 부부 해리와 멀린 월터스의 집에 침입했다. '팝니다'라는 안내문을 붙인 채 진입로에 주차되어 있던 캠핑카를 사고 싶다는 핑계를 댔다. 부부는 심하게 폭행을 당했는데, 해리가 아내만은 해치지 말아달라고 간청을 했음에도 그랬다. 멀린은 그 폭행으로 사망했다. 경찰 기록에 따르면 쇠지레와 집게로 공격을 받은 그녀의 머리 뒷부분이 거의 사라지고 없었다고 한다. 피해자들은 집으로 돌아온 두 사람의 십대 딸 셰리에 의해 발견되었다. 석 달 동안 입원했던 해리는 경찰에게 그 젊은 흑인 커플에 대해 간신히 이야기할 수 있었는데, 그들은 자전거를 타고 나타나 해리의 차를 타고 달아났다.

사흘 후, 그들은 대학교수인 올린 카마이클을 납치한 후 그의 차를 훔쳤고, 그를 트렁크에 실은 채 오하이오주 데이튼으로 갔다. 거기서 차를 버리고, 그들답지 않게 교수는 살아 있는 채로 차 안에 남겨두었다. 다음날 구조된 그는 자신이 남자 **두 명**과 여자 한 명에게 납치되었다고 말했다.(이 불일치는 곧 설명된다.) 같은 날, 데이튼 지역의 나이든 목사와 그의 아내가 자신들의 집에서 폭행을 당했지만 살아남았다. 경찰에서 그들은 젊은 커플을 며칠 동안 집에 데리고 있었고, 목사가 신시내티의 기도 모임에 데려다주었다고 했다. 하지만 그 커플은 다시 돌아와 그들을 폭행했고 차를 훔쳐갔다.

그 차는 다음날 인디애나폴리스의 세차장에 버려진 채 발견되었다. 세차장 주인인 일흔일곱 살의 유진 스콧이 납치되었고 그의 차도 도난당했다. 스콧은 몇 시간 후에 진창에서 발견되었는데, 앞서 말한 토니 스토리와 마찬가지로 칼에 찔리고 머리에 총을 맞은 상태였다. 이 둘은 아무나 쫓고 있었다.

그 사이 데이튼 경찰은 토머스 해리스라는 남자를 체포했다. 그는 자신이 카마이클 교수 납치의 공범임을 인정했고, 피해자를 죽이지 말자고 콜먼을 설득했다고 주장했다. 피해자가 살아 있었던 건 그렇게 설명이 되었다.

콴티코의 우리 부서에 콜먼과 브라운에 대한 도주자 파악 요청이 들어왔다. 그들이 대단히 사악하다는 건 사실이었지만, 내가 보기에 그들은 브래드퍼드 비숍 같은 사람과 달리 아주 치밀하거나 영리하지는 않았다. 그들은 같은 범죄를 여러 번 반복할 정도로 충분히 조직적이었고 썩 잘 해낸 것처럼 보였다. 하지만 가는 곳마다 지문과 단서를 남겼고, 콜먼이 이미 수배 중임을 알고 있었음에도 정말로 자신들을 위장하려는 시도는 하지 않았다. 나는 브라운이 순전히 자발적으로 콜먼을 따라나섰기 때문에 순응적 희생자였다고 생각하고 싶지는 않았지만, 분명 콜먼이 결정을 내리는 위치에 있었을 것이다. 비록 그녀가 그에게 반한 상태였다고 해도 나는 거기에는 어느 정도의 두려움과 지배도 있었을 거라고 의심했다.

내가 파악하기로는 이 점이 콜먼의 동기와 관련이 있었다. 끔찍한 파괴 행위를 저지르고 다녔지만, 그 동기는 사실 아주 식상한 것이었다. 그의 배경과 전과 기록을 유심히 살핀 결과, 내가 보기에 콜먼은 어린 시절부터 성적인 지배와 타인을 통제하는 환상을 지녔던 것이 분명하다. 왜냐하면 수많은 연쇄 강간범과 마찬가지로, 그것이 그를 기분 좋게 하고 인생에서 가장 큰 만족감을 주기 때문이다. 확실히 그는 개인적 성취나 인간관계에서는 그 만족을 얻지 못했다. 그리고 초기의 폭력이 모두 다른 흑인들을 대상으로 한 것이었다는 사실은, 그의 범죄가 본질적으로 성적인 특성을 지니고 있음을 말해준다. 사회에 대한 일반적 분노 역시 있지만 그런 특징은 후반부의 일부 범죄에서 나타났다. 실제로, 디트로이트에서 중년의 흑인 부부를 그들의 집에서 폭행하면서, 그는 말도 되지 않는 헛소리를 늘어놓으며 왜 흑인이 다른 흑인을 살해할 수밖에 없는지 열변을 토했는데, 마치 그런 식으로 자신의 행동을 설명하고 정당화할 수 있다는 듯했다. 아주 어린 시절부터 그가 알아온 삶은 무법지대의 삶밖에 없었기 때문에, 콜먼은 자신의 성범죄를 일종의 밥벌이와 동화시킬 수 있었다. 달리 말해 그는 강간, 폭행하고 때때로 살인을 하면서 한편으로는 그곳을 털고 자동차를 훔쳤던 것이다. 본질적으로 이런 자들은 자신들의 범죄 활동을 직업이라고 생각한다. 여러분은 왜 일을 하러 가는가? 그게 여러분이 해야 할 일이라고 생각하기 때문이다. 콜먼은 다르게 생각했을 거라고 믿을 만한 이유는 없다.

지도상에서 난동의 흔적을 쫓으며 발생 일자를 확인한 우리는, 콜먼이 자신이 익숙하거나 안전하다고 느끼는 곳을 벗어나거나 크게 멀어지지 않는다는 것을 알게 되었다. 워키건이나 시카고 지역을 벗어나면 그는 완전히 자신의 본 모습을 잃어버렸다. 내 생각에 이 범죄자의 본성에는 자신의 뿌리, 자신이 편안함을 느끼는 곳으로 돌아가려는 특징이 있었다. 실제로, 그는 너무나 예측이 가능해서 나중에는 그가 집으로 돌아올 때 이용할 고속도로까지 예측할 수 있었다. 우리는 수사 당국에 콜먼이 머지않아 워키건이나 아마도 시카고로 돌아올 거라고 말했다. 거기서 그에 대한 수색을 시작하고 그의 신상명세를 뿌려야 한다고 조언했다.

7월 20일, 워키건과 시카고의 중간쯤에 있는 에반스톤 경찰은, 두 사람을 봤다는 제보를 익명의 지인으로부터 받았고 어떤 공원의 농구 코트 관람석에 앉아 있는 콜먼과 브라운을 발견했다. 경찰은 총을 꺼낸 채 둘을 포위했고, 그 압도적인 기세에 직면한 그들은 투항했다. 콜먼은 경찰에서 가짜 이름을 댔고 브라운은 자신을 정확히 밝혔다. 콜먼은 피가 묻은 칼을 지니고 있었고 브라운은 가방 안에 38구경 권총을 가지고 있었다. 뿐만 아니라 그녀는 살인 피해자들 중 한 명의 딸이었던 셰리 월터스의 선글라스도 가지고 있었다. 그날 오후, 경찰은 공원에서 몇 블록 떨어진 곳에서 유진 스콧의 자동차를 발견했다. 범죄 현장 전문가들은 자동차 내부에서 브라운의 지문을 채취할 수 있었다.

올턴 콜먼과 데브라 드니즈 브라운은 여러 건의 살인에 대해 서로 다른 사법관할권에서 따로따로 재판을 받았다. 둘 다 유죄였고 사형 판결을 받았다. 모두 해서 1985년 5월부터 1987년 1월까지, 콜먼은 서로 다른 주에서 네 건의 사형 판결을 받았고 브라운은 두 건이었다. 1991년 1월, 사형제 반대론자로 알려진 오하이오주의 리처드 셀레스트 주지사는 이임 직전에 그 주에서 브라운의 형량을 (여섯 명의 다른 살인자와 함께) 종신형으로 감형해주면서 브라운이 정신지체아라는 직원의 보고서를 인용했다. 하지만 타미카 터크스를 살해한 혐의로 그녀가 받은 인디애나주의 사형 판결은 여전히 유효하다. 이 글을 쓰고 있는 시점에 콜먼은 자신의 사형 판결에 대해 계속 항소 중이다.

여러 재판에서, 가장 흥미롭고 별난 점은 콜먼이 자신을 스스로 변호하려고 반복적으로 시도했다는 점이다. 그는 오하이오주 해밀턴 카운티의 일반 항소법원에서 진행된 멀린 월터스 살인에 대한 재판과, 위스콘신에서 진행된 아홉 살 버니타 위트 살인에 대한 최종 재판에서 그렇게 했다. 법원이 정해준 그 어떤 변호사보다 자신이 스스로를 더 잘 변호할 수 있다고 생각했다.

변호사에게 비협조적이기는 브라운도 마찬가지였다. 멀린 워터스 살인과 해리 월터스 폭행에 대한 재판 중에, 그녀는 변호사가 자신을 증언대에 세우거나 공범으로서 죄를 경감시켜줄 증인을 불러오지 못하게 했다.

카마이클 교수 납치 사건과 관련해 두 사람을 변호했던 데이튼의 변호사 데니스 리버먼은 『시카고 트리뷴』에서 이렇게 말했다. "[그들을] 변호했던 건 저의 법조 경력에서 최악의 경험이었다고 분명히 말할 수 있습니다." 계속해서 그는 대단한 설득력과 통찰력이 있는 말을 했다. "[브라운은] 어떤 결과가 나오든 자신의 미래를 [콜먼과] 함께 하기로 결정했습니다. 그게 처음부터 늘 저를 불편하게 했던 점입니다. 마치 수수께끼의 최면 상태에 빠진 것 같았거든요. 올턴 콜먼이 데브라 브라운에게 상당한 영향을 미쳤다는 점에 대해서는 의심이 없습니다."

데브라 브라운 사건이 별도의 배심원들에게 배정되고, 그녀가 했던 말이나 행동 외에는 그 어떤 것도 그들의 판단에 영향을 미치지 않게 된 직후, 그녀는 다른 사람도 아닌 올턴 콜먼으로부터 소환장을 받게 된다. 본인이 피고이면서 변호인이기도 했던 재판에서 증언을 해달라는 것이었다.

콜민은 브라운이 증언대에 서서 멀린 월터스를 공격한 건 자신이라고 진술하게 했다.

"네, 그렇다고 할 수 있죠." 브라운이 말했다.

"좀 더 분명히 말해주시겠습니까? 제가 이 사건과 관계가 있는지 없는지 말이에요."

"없습니다." 브라운이 대답했다.

"그녀를 지하실로 데려갔나요?"

긴 침묵이 흘렀고, 브라운이 말했다. "네, 그랬습니다."

"당신이 그 여자의 머리를 때렸습니까?"

"때린 건 맞습니다. 하지만 머리를 때렸는지는 기억나지 않습니다."

"당신이 지하실에 있는 동안 저는 어디에 있었습니까?"

"위층에 있었습니다."

콜먼의 주장은, 자신이 120센티미터짜리 목재 촛대로 피해자들의 머리를 때린 건 그들을 '통제'하기 위해서였지만, 그때 브라운이 정신을 잃고 복수심에 불타 월터스 부인을 살해했다는 것이었다.

놀랍게도, 잠시 후 이 심문에서 콜먼은 대담하게도 이렇게 물었다. "데브라, 좀 겁먹은 것 같은데, 그렇죠?"

"네." 그녀가 대답했다.

"견뎌야죠, 데브라. 힘든 일이라는 거 알잖아요."

반대 심문에서 칼 볼먼 검사는 데브라의 증언의 모순을 밝혀내고, 그녀가 범죄 당시 코카인과 마리화나를 한 상태였음을 인정하게 했다. 콜먼은 보드카를 마신 상태였다. 볼먼이 지하에 피가 얼마나 있었는지 물었을 때, 그녀는 "모르겠어요. 거기 안 있었어요"라고 대답했다.

자신이 직접 한 최종 변론에서 콜먼은 자신이 데브라를 얼마나 사랑하는지, 월터스 부인의 죽음에 대해 자신은 책임이 없음을 밝히기 위해 그녀가 얼마나 용기를 냈는지 이야기했다.

콜먼은 또한 자신과 브라운이 판례법에 따라 부부임을 주장하며, 감옥에서 섹스할 수 있게 허용해달라고 요청했다. 리처드 니하우스 판사는 그 요청을 거부했다. 그는 기자들에게 콜먼이 법정에서 보인 행동이 "믿기 어려울 정도"였다며 이렇게 말했다. "이런 일은 처음 봤습니다. 다시는 이런 일이 일어나지 않기를 바랍니다."

형량 조정 단계에서 자신의 연인이 전기의자에 가는 것을 막아주기 위해, 브라운은 선서 후에 이렇게 말했다. "제가 그 쌍년을 죽였고, 그런 건 전혀 신경 쓰지 않아요. 아주 즐거웠어요."

콜먼은 재판에서 사형 판결을 받았다. 브라운도 본인 재판에서 종신형을 받았다. 콜먼의 재판에서 그녀가 했던 증언을 들은 배심원들 중 한 명은, 그녀도 전기의자로 보내지 않은 것을 후회한다고 말했다.

다시, 일리노이에서 열린 위트 살인에 대한 재판에서, 법원이 지정한 여러 변호사의 작업에 만족하지 못한 콜먼은 레이크 카운티 순회법원의 프레드 가이거 판사에게 자신이 직접 변호하게 해달라고 요청했고, 판사는 마지못해 허락했다. 배심원들이 또 하나의 유죄 판결을 내리고 형량 결정 단계에 접어들자, 콜먼은 이전의 두 변호사를 다시 임명해달라고 요청했다. 매슈 첸시 검사는 피고가 이미 변호를 받을 기회가 있었음에도 해당 변호사들로는 충분하지 못하다는 판단을 내렸던 거라고 항의했지만, 가이거 판사는 재임명을 허락하며 이렇게 말했다. "콜먼 씨가 이제야 제대로 된 분별력을 가진 것 같습니다."

하지만 크게 달라지지는 않았다. 배심원은 4시간도 걸리지 않아 그의 유죄를 판결했고, 이전의 다른 배심원들과 마찬가지로 증거들을 검토한 후 그런 범죄를 저지른 올튼 콜먼은 죽어야 한다고 결정했다.

재판들이 끝난 후, 나는 교도소에서 데브라 브라운을 인터뷰했다. 내가 그녀를 정신지체아로 여겼다고는 말할 수 없지만(그건 나의 영역이 아니다) 그녀는 확실히 수동적이었다. 그게 올튼 콜먼이든 테레사 수녀님이든 누구든 그녀에게 영향을 미치는 사람 마음대로 규정할 수 있는 인물임을 알게 되었다. 이는 우리가 그들을 쫓을 때부터 생각했던 나의 이론을 확인해주었다. 그녀만 놓고 보면, 나는 그녀가 콜먼과 같은 사람에게 맞서거나, 상황이 폭력적이고 무섭게 진행되는 동안 그를 버리고 떠날 수 있었을 가능성은 없다고 생각했다. 그의 분노를 감당하는 것이 더 무서웠을 것이다.

그들이 여전히 도주 중일 때, 나는 그녀가 그에게 복종하고 있으며 그로부터 해를 입을 가능성이 점점 높아지고 있다는 사실을 미디어에 발표할 것을 제안했다. 그런 발표가 암시하는 바는, 당국이 그녀의 죄가 훨씬 더 가볍다고 생각하니, 자신을 보호하기 위해 자수하라는 것이었다. 만약 그들이 잡히지 않았다면, 우리는 이 전략을 공격적으로 밀고 나갔을 거라고 생각한다.

얼른 덧붙이자면, 소위 순응적 희생자라는 것은 지속성을 보고 판단할 수 있는데, 데브라 브라운의 경우에는 순응하는 쪽이 더 크고 희생자의 특징은 훨씬 적다. 어쨌든 우리는 자신의 남자친구가 강간할 수 있게 겁먹은 여자아이를 붙잡고 있을 수 있는 여자에 대해 이야기를 하는 중이다. 반면, 심바이어니즈 해방군에 납치되어, 사실상 그들에게 세뇌를 당한 후 함께 은행을 털었던 패티 허스트의 경우에는, 옷장 안에 갇히고 강간을 당했다는 자신의 설명까지 감안하지 않더라도, 순응 쪽보다는 피해를 당한 면을 강조해야 한다고 생각한다. 약탈적인 캐나다 괴물이자 가학적 변태성욕자였던 폴 버나도의 아내 칼라 호물카, 우리의 이전 책 『어둠으로의 여정』에서 소개했듯이, 남편이 자신의 여동생을 강간하고 치명적인 약물을 투여하는 범죄에서 그를 도와주었던 그녀는 둘 사이의 중간, 즉 피해자면서 하수인이라고 할 수 있다.

그렇다고 올턴 콜먼이나 폴 버나도와 접촉한 여성들이 모두 순응적 피해자가 될 위험이 있다는 뜻은 아니다. 이는 남성보다는 여성 쪽의 인성과 관련이 있고, 우리는 모두 각자 선택을 하는 것이다. 책 홍보를 위한 서부 해안지역 출장 중 라디오에 출연했을 때, 예민하고 근심이 가득한 어머니 한 분이 전화를 해서 자신의 딸이 살인 전과자이자 당시 연쇄살인 혐의를 받고 있던 글렌 로저스와 알고 지낸 적이 있다고 했다. 그는 1995년 켄터키에서 고속도로 추격전 끝에 체포되었는데, 넓은 활동무대와 과장된 허풍 덕분에 사실상 남부와 중서부 지방에서 있었던 성과 관련한 모든 살인사건의 범인으로 의심을 받았다.

로저스는 당시 수감된 상태였지만, 자신의 딸이 이 남자와 함께 있었다는 생각만으로 어머니는 등골이 서늘했다. "제 딸이 이 남자에게 살해당할 가능성이 얼마나 됐던 걸까요?" 어머니가 내게 물었다.

"음, 따님께서 살해당하지 않고 어떤 나쁜 일도 생기지 않은 건, 제 생각에는 따님이 수동적인 사람이 아니어서일 것 같습니다. 그렇지 않나요?"

"네. 선생님 말씀이 맞습니다."

"실은, 제 생각엔 따님이 아주 적극적이고 공격적일 것 같습니다. 주도적이고요."

"맞아요, 정확합니다." 여성은 마치 내가 점쟁이라도 되는 것처럼 말했다.

"따님은 무슨 일을 하시나요?"

"술집 매니저예요."

"음, 보세요. 따님은 스스로를 돌볼 줄 압니다. 사람도 많이 만나고요. 누구에게 속거나 하는 일이 없죠. 그러니까 로저스 같은 자는 따님과 데이트를 할 수 있었다고 해도 자신이 원하는 대로 따님을 통제하지는 못했을 겁니다. 지배하지 못했죠. 로저스는 자신이 통제할 수 있는 사람, 취약하고, 자존감이 없는 사람, 별거나 이혼 혹은 기타 인생의 상처를 지닌 사람을 피해자로 골랐을 겁니다. 그리고 이런 약탈자들은 그런 여성들을 알아보는 데 뛰어납니다. 그런 사람을 감지하는 거죠."

우리는 부모들에게 자녀들을 성희롱으로부터 지키는 가장 좋은 무기는 자존감을 심어주는 거라고 말하는데, 마찬가지로 나는 이 라디오 청취자에게 성 약탈자들은 자존감이나 자부심이 없어 보이는 피해자를 만나면 편안해 한다고 말했다. 자신들이 그런 상대를 유혹하고, 목적에 맞게 세뇌하고, 가족과 친구 그리고 가치 있는 것들로부터 떼어놓을 수 있다고 생각하는 것이다.

올턴 콜먼은 데브라 브라운에게서 자신이 원하고 필요로 하는 것을 발견했다.

그리고 브라운은 오드리 힐리나 스텔라 니켈 같은 종류의 범죄자도 아니었다. 나는 그녀가 독자적으로 연속살인을 벌이지는 않았을 거라고 생각한다. 하지만 그건 그녀가 위험하지 않다는 뜻일까? 꼭 그렇지는 않다. 올턴 콜먼 같은 사람은 늘 데브라 브라운 같은 사람을 찾게 마련이다. 내가 강조하고 또 강조하는 핵심은 폭력이란 상황적이라는 점이다. 예를 들어, 아동 학대범이 모범수였다고 해서 그가 감옥에서 풀려나고 기회가 생겼을 때 다시 아동 학대범으로 돌아가지 않는다고 장담할 수는 없다. 마찬가지로 데브라 브라운은 홀로 있을 때는 '안전'하지만, 그녀는 어떤 양심의 가책도 보여주지 않았고 다시 한 번 올턴 콜먼 같은 사람의 영향 아래 놓이면 자신이 했던 짓을 그대로 하게 되지 않을 거라고는 자신 있게 말할 수 없다. 콜먼의 동기에 분노와 성적 강박이 얼마나 들어 있었든 상관없이, 그녀의 동기는 받아들이고 삶의 방향을 제시받는 것과 관련이 있기 때문이다. 외부에서 봤을 때 그 방향이 너무나 도착적인 것이라 해도 말이다.

올턴 콜먼과 데브라 브라운은, 철학자 한나 아렌트가 악의 평범성이라고 말한 것을 각자의 방식으로 보여주었다. 둘은 각자 어떤 선택을 했고 그 선택을 내리는 데 있어 도덕적으로 깊이 생각하거나 고민하지 않았던 것으로 보인다. 그리고 그 점이 그 어떤 것보다 내가 그들 중 어느 쪽이든 살아 있는 동안 다른 선택을 내릴 기회를 받지 않기를 바라는 이유다.

***

반듯하고 감정이 있는 인간으로서, 우리는 여러 건의 살인을 저지를 수 있는 누군가를 보면 곧장 거부감을 느낀다. 주변 환경은 거의 중요하지 않다. 범죄 수사 분석을 하는 우리 같은 사람에게도 거부감은 똑같지만 주변 환경은 매우, 매우 중요하다. FBI 내에서 우리는 여러 건의 살인을 저지른 범죄자를 연쇄살인범, 집단살인범, 연속살인범으로 구분한다. 그리고 이들 각각에는 서로 다른 동기들을 볼 수 있음을 알게 되었다.

먼저, 정의다.

연쇄살인범은 적어도 세 건 이상의 살인을 저질렀고, 각각의 범행 사이에 소위 감정적 냉각기를 가졌던 자들이다. 이 냉각기는 며칠, 몇 주, 몇 달, 심지어 몇 년일 수도 있다. 가끔은 몇 시간에 불과할 때도 있다. 하지만 중요한 고려사항은 각각의 사건은 감정적으로 구분되고 독립되어 있다는 점이다.

집단살인범은 한 번의 사태 혹은 사건에서 네 명 이상을 죽인다. 범행 장소는 여러 개의 공간이 있는 건물이며 사건은 몇 분에서 몇 시간까지 계속되지만 모든 살인은 같은 감정적 경험에 속한다.

연속살인범은 둘 혹은 그 이상의 독립된 장소에서, 하지만 살인들 사이에 감정적 냉각기를 거치지 않고 인명을 살상하는 자들이다. 따라서 살인들은 짧은 기간에 벌어지는 경향이 있는데 물론 연쇄살인범의 냉각기가 충분히 짧다면 그는 연속살인범보다 더 짧은 기간에 일을 저지를 수도 있다.

나는 경력 내내 연쇄살인범들을 추적하고 연구하는 데 많은 시간을 보냈는데, 왜냐하면 솔직히 이들을 막는 일에 가장 많은 추적과 연구가 필요하기 때문이다. 그 이름은 우리 모두 알고 있다. 테드 번디, 존 웨인 게이시, 샘의 아들, 클리포드 올슨과 마이클 로스. 연쇄살인범들은 너무나 위협적이어서 그 숫자에 비해 압도적인 영향을 미치며 우리의 집단 무의식 구석에 영원히 어둡게 자리를 잡는다. 하지만 나머지 두 종류의 살인자들을 파악하는 것도 중요하다. 토머스 와트 해밀턴(던블레인 살인자), 존 리스트, 윌리엄 브래드퍼드 비숍 주니어는 집단살인범으로 분류될 수 있을 것이다. 콜먼과 브라운은 연속살인범일 것이다. 내가 보기엔 다음에 살펴볼 인물도 마찬가지다.

주변 환경이 왜 그렇게 중요한가? 이유는 그것이 동기에 대해, 범인이 그 행동을 통해 '원하는 것', 범죄를 구상할 때 그의 머릿속에 있는 것에 대해 직접적으로 말해주기 때문이다.

일반화이겠지만, 동기의 관점에서 말하자면 연쇄살인범은 범죄 후 잡히지 않으려 하고, 집단살인범은 그렇지 않으며, 연속살인범은 심지어 거기까지 깊이 생각하지도 않을 것이다. 조종, 지배, 통제와 함께 거의 모든 연쇄살인범에게 중요한 동기는 성적인 것이며, 이는 샘의 아들 데이비드 버커위츠처럼 범죄 자체가 노골적으로 성적인 것이 아닌 경우에도 마찬가지다. 그들이 살인을 서지르는 긴 그것이 충족감을 주기 때문이며, 그렇게 충족감이 주어지는 한 계속 살인을 이어갈 것이다. 연쇄살인범으로 분류된다는 사실 자체가 그들이 하려 했던 일에서 성공했음을 의미하고, 오랫동안 성공하면 성공할수록 점점 더 자신감을 갖게 된다. 그들은 자신을 잡지 못하는 경찰과 수사 당국에 대해 우월감을 느끼는 경향을 보이고, 그 점이 더욱 힘을 준다.

우리의 목적에 따르면 집단살인범에는 두 종류가 있다. 예를 들어 공공장소 혹은 준 공공장소(사업체나 학교)에 가서 총을 쏘는 부류가 있다. 이런 부류는 뭔가 발언을 하는 것인데, 자신들에게는 아주 중요한 발언, 자신들의 삶에서 중요한 의미를 가지는 발언이기 때문에 기본적으로는 그 의의를 전하기 위해 목숨까지 희생하려 한다. 해밀턴 같은 자가 중무장을 하고 학교에 걸어 들어갈 때는 살아서 나올 거라고 기대하지 않는다. 이런 유형은 자신의 소명을 따른다. 마치 이들 각자가 자신에 관한 소설을 쓰고 있는 것 같은데, 그 마지막 장면이 폭력적인 죽음인 것이다.

반면, 만약 범행이 사적인 곳이나 증인이 없는 곳에서 벌어졌다면 살인자가 도주를 생각했을 가능성이 더 크다. 존 리스트는 수사관들에게 자신은 그렇게 오랫동안 잡히지 않을 걸로 기대하지 못했다고 말했지만, 행동을 볼 때 그는 범죄를 저지르고 잡히지 않기를 기대했음이 확실하다. 브래드 비숍도 그랬다.

연속살인범은 한 경험에서 다른 경험으로 아주 빨리 움직이기 때문에, 얼마 후면 그것들이 한 뭉치로 여겨진다. 나는 세 부류 중 미래에 대해서 (그러니까 미래가 있든 없든) 가장 신경 쓰지 않는 부류가 이들임을 알게 되었다. 올턴 콜먼이 자신의 범죄가 얼마나 이어질지 깊이 걱정했을 걸로 생각되지는 않는다. 그리고 찰스 스타크웨더 같은 자는 자신이 언젠가는 잡혀서 죽을 거라고 생각했겠지만, 그건 그의 머릿속에선 기껏해야 흐릿한 개념일 뿐 어떤 식으로든 심사숙고했다고는 할 수 없을 것이다.

연쇄살인범의 경우, 일반적으로 미상범이 잡히기 전까지는 그의 정체를 알 수 없다. 집단살인범의 경우에는 사건 후에 혼란을 정리하는 과정에서 살인자의 정체를 알게 된다. 연속살인범의 경우, 보통은 정체를 알고 난 후 도주자를 쫓게 된다. 그리고 이는 중요한 점인데, 우리가 그들의 정체를 알고 있고 모두가 그들을 쫓고 있다는 사실이 그들을 피곤하게 하면서 우리에게 도움이 된다. 그들은 매일의 압박을 감당하기 위해 술이나 약물에 빠져들고 실수를 하기 시작한다.

범죄 현장에 조직적인 요소와 조직적이지 않은 요소들이 뒤섞여 있는 것과 마찬가지로, 종종 살인자의 부류도 겹친다. 가장 흔한 경우는 딜런 번디가 그랬던 것처럼, 연쇄살인범이 연속살인범으로 변질되는 것이다. 광기에 점점 더 빠져들수록 그의 냉각기는 점점 더 짧아졌고 결국은 사실상 사라지고 말았다. 그 시점에서 스트레스는 증가하고 그는 더 흉폭하고 허술해졌다. 그는 도주와 관련해서 판단력이 떨어졌다. 우리는 잡히지 않은 채 계속 활동하는 자를 다룰 때는 늘 이 단계를 찾아보려 한다.

종종 특정 범죄나 일련의 범죄들이 전국적으로 미디어의 관심사가 되었을 때는, 신문기자나 텔레비전, 라디오 제작자들이 나와 동료들을 찾아와 의견이나 관점을 물을 때가 있다. 몇 가지 예를 들자면 심슨-골드먼 사건에서 그랬고, 글렌 로저스 사건에서 그랬고, 오클라호마시티 폭파 사건에서 그랬고, 유나바머를 잡을 때도 그랬다. 하지만 1997년 7월 15일, 디자이너 잔니 베르사체가 마이애미 사우스비치에 있는 자신의 집 앞에서 살해당했을 때만큼 미디어가 난리를 피웠던 적은 없었다. 범인으로 짐작되는 인물은 앤드루 필립 커내넌이었는데, 이미 온 나라의 절반 정도에 죽음의 흔적을 뿌리고 다니는 중이었다. 관심과 두려움, 공포가 너무나 커서 미국 전국을 통틀어 내게 전화하지 않은 뉴스조직이나 텔레비전 방송국은 하나도 없을 정도였다. 이 젊은이, 이 감정 없는 처형자 유형의 살인자는 이러한 부류의 범죄자에 대한 우리의 감정은 물론, 우리 자신의 연약함까지도 결정화해서 보여주는 것 같았다.

앤드루 필립 커내넌은 1969년 8월 31일에 태어났고, 캘리포니아 주 샌디에이고 교외의 란초 버나도 중산층 가정의 넷째로 자랐다. 피트로 알려진 그의 아버지 모데스토는 필리핀 출신의 미국 해군 장교였고 1972년 해군에서 퇴역한 후에는 주식중개인으로 활동하고 있었다. 앤드루는 총명하고 호기심 많고, 책읽기를 좋아하는 아이였고, 어머니였던 메리앤의 것을 포함해 어린 시절의 여러 기록을 보면, 한 번도 심각한 문제를 일으킨 적은 없었다. 어머니는 독실한 가톨릭 신자였고 자녀들에게도 종교적 덕목을 심어주려고 많이 노력했다. 열두 살의 앤드루는 키가 크고 머리칼이 짙은 아주 잘 생긴 아이였다. 부모가 상당한 재정적 희생을 감수하며 보낸 샌디에이고의 종교계 사립학교에서 그는 매력적이고 재치 있는 학생으로 유명했다.

앤드루의 발전 단계에서 그에게 미쳤던 영향들을 살펴보자면 두 가지 가능성이 떠오른다. 앤드루 커내넌 자신의 설명에 따르면, 아버지 모데스토는 엄격한 훈육주의자였고 종종 멍이 남을 정도로 신체적으로 벌을 줄 때도 있었다. 앤드루처럼 총명하고 과민한 소년에게 이 일은, 그런 가혹한 방법을 쓸 정도로 아버지를 화나게 했다는 자책감과 함께 분노와 불만감도 불러일으켰을 것이다. 앤드루는 자신의 자기파괴적인 행동은 그 가혹한 체벌의 결과이자 그에 대한 반응으로 시작되었다고 생각하는 것 같았다. 하지만 나중에 인터뷰를 했던 그의 형제 둘은, 심각한 신체 체벌은 기억나지 않는다고 했다. 사실 그들은 앤드루가 집안의 '모범생'으로 귀하고 곱게 대접받았다고 주장했다. 모데스토 자신도 필리핀의 ABS-CBN 방송과의 인터뷰에서 "앤드루가 성장기에 집안에서 폭력을 본 적은 없었습니다. 성장기에 그런 일은 절대 없었습니다"라고 주장했다.

메리앤이 나름대로 지배적이었을 수도 있다. 친척들은 그녀와 앤드루가 특별히 서로에게 집착했고 그녀가 아들의 친구들이 아들에게 적합한지 일일이 검증하려는 것 같았다고 말했다.

그리고 커내넌이 십대 때부터 집을 벗어난 곳에서는 이미 공개적인 동성애자였다는 사실도 있다. 그는 열세 살 때 처음으로 다른 남자아이와 성 관계를 가졌는데 그것을 숨기기보다는 오히려 자랑하고 다녔다. 그의 삶에서 다른 모든 부분과 마찬가지로, 주변 사람들은 그 점에 대해서도 상반되는 해석들을 보였다. 한쪽은 그것이 자신의 성정체성에 대한 자존감과 안정감을 건강하게 드러내는 것이라고 했다. 다른 쪽은 그가 자기 탐닉적이었고 늘 관심의 중심의 되고 자신이 원하는 것을 얻기 위해 다른 사람들을 조종하기를 열망했으며, 다른 사람을 아프게 했을 때도 그걸 알아보거나 돌보는 능력은 거의 없었다고 했다.

고등학교 졸업앨범에서 커내넌은 '가장 기억될 것 같은 친구'로 선정되었다.

그는 잘 생겼을 뿐 아니라 나이보다 성숙해 보인다. 열다섯 살의 그는 열여덟 살처럼 보이고, 샌디에이고 힐크레스트 구역의 게이바에 드나들었다. 그는 '커내넌'이 너무 필리핀 이름처럼 들린다고 생각하고는, 좀 더 낭만적으로 들리는 라틴 이름, '앤드루 데실바'나 '데이비드 모랄레스' 같은 이름을 사용하며 거기에 맞는 역할과 개인사를 완성하려고 했다. 어떤 나이든 유부남과 관계를 시작했는데, 상대는 그에게 비싼 선물을 사주고 힐크레스트에 아파트를 마련해주고 이후로 앤드루가 줄곧 갈망하게 되는 근사한 삶을 보여줬다. 그 관계는 상대가 아파트에서 앤드루의 다른 연인의 것으로 보이는 옷을 발견하면서 끝났다. 앤드루는 다시 집으로 돌아와야만 했고 그건 긴장되는 일이었다. 또한 자신의 성적 활동을 어머니에게 숨기는 일도 어려웠다. 당시 어머니는 아직 그가 동성애자라는 의심을 하지 않은 것 같다. 아버지는 의심했다. 열여섯 살 생일에 부모는 그가 계속 집에서 지내게 하기 위해 중고 닛산 300ZX를 사줬다. 한 친구에 따르면 그는 속셈을 알아차리고는 "그런 식으로 자신의 사랑을 살 수 있을" 것으로 생각한 부모가 "안쓰럽다"고 생각했다.

실제로 열여덟 살이 되었을 때 그는 나이가 꽤 많은 남자들을 정기적으로 만났다. 그들은 그에게 샌디에이고 부유층 사교모임의 문을 열어줬다. 그는 오랫동안 하는 일 없이 잔꾀로 살아남았고 상황에 맞춰 원하는 것을 얻는 법을 알고 있었다. 유혹이나 조종과 관련한 이런 능력은 우리가 성적 약탈자의 발전 단계 초기에 볼 수 있는 또 다른 자질이다. 1988년 10월, 앤드루가 샌디에이고 캘리포니아대학 신입생일 때 모데스토가 해고되었다. 아내가 정리해둔 소송 자료에 따르면 그는 고객의 돈 10만 달러를 횡령한 혐의로 기소되었다. 그는 집을 팔았고, 필리핀에 가서 새로운 직업을 찾아보는 동안 가족이 그 돈으로 살아가게 했다. 집을 판 돈과 모데스토의 해군 연금을 더하면 메리앤과 앤드루는 근근이 살아갈 수 있었다. 긴장이 가득한 상황이었고, 적어도 한 번은 동성애 때문에 어머니와 폭력적으로 충돌하던 중 앤드루가 어머니를 벽에 던져버리는 일이 발생했다.

발달 단계적 관점에서 볼 때 앤드루에게서는 연쇄살인자나 성적 약탈자가 (아동청소년기에) 전형적으로 보여주는 '살인 경향 삼총사'인 '야뇨증' '불장난' '동물 학대'를 볼 수 없었다. 충동적이고 폭발적인 분노 표출은 연속살인자의 감정적 기질에 좀 더 부합한다.

어머니와 충돌한 후 앤드루는 대학을 그만두고 마닐라 인근의 작은 마을에 있는 아버지와 합류했다. 하지만 도착한 후에는 물도 나오지 않는 지저분한 판잣집에 사는 아버지가 거리에서 싸구려 물건을 팔며 살고 있고, 아들의 도움을 기대하고 있는 것을 발견하고는 충격을 받았다. 앤드루처럼 자신의 이미지에 신경을 쓰는 젊은이에게 이는 또 다른 타격이었다. 그는 미국으로 돌아올 여비를 마련하기 위해 (가끔은 여장을 하고) 매춘을 했고 고객은 주로 외교관들이었다.

1989년 봄 미국으로 돌아온 그는 샌프란시스코 카스트로 구역의 하숙집으로 이사하고, 육체노동을 하며 생계를 유지했다. 한편 그는 자신의 목적을 위해 다양한 가면을 갈고닦기 시작했다: 초트와 예일대학을 졸업한 해군 장교, 영감에 가득 찬 배우, 건설업자 등이었다. 게 중에는 아내와 아이를 둔 유부남 가면도 있었다. 각각의 인물은 고유한 옷차림과 성격, 특이점들을 지녔는데, 커내넌이 너무나 연기를 잘해 그를 아는 사람들은 대부분 그의 다른 가면들은 전혀 알아채지 못했다.

커내넌의 목표는 언제나처럼, 자신이 간절히 원하는 부유층 생활에 익숙해질 수 있도록 그를 부양해줄 수 있는 부유하고 세련된 나이든 남성이었다. 그는 멋진 옷을 입고, 최고의 샴페인을 마시고, 최고급 시가를 피우고, 비싼 선물과 넉넉한 용돈을 받았다. 가을이 되자 부업으로 마리화나를 팔며 자신과 만나는 돈 많은 동성애자들을 벗겨 먹었다. 또한 그는 원할 때면 얼마든지 이성애자처럼 옷을 입고 행동했고, 덕분에 자신의 성정체성을 숨기려는 유명인들도 그와 함께 있을 때면 불편하지 않았다. 그런 매력과 세련됨, 외모에도 불구하고, 그때까지 그는 진짜 직업이라고 할 만한 것을 가져본 적이 없었고, 완전히 정부情夫로서의 역할에만 의존하며 지냈다.

1989년 핼러윈 밤에 커내넌은 또 한 명의 노인을 만난다. 이 사람은 배우였고 곧장 앤드루를 자신의 집에 들어와 살게 한 뒤 사람들에게는 비서라고 소개했다. 커내넌은 따로 젊은 남자들을 만났지만 배우의 도움을 받아 극장이나 오페라, 부유하고 아름다운 사람들이 모이는 파티에 동행했다. 그해 10월에 그가, 한 레스토랑의 환영 리셉션에서 잔니 베르사체를 만났을 것이라는 추측도 있다. 앤드루의 배우 파트너는 채찍과 사슬이 등장하는 강력한 새도마조히즘 세계에 그를 입문시킨 것으로 알려져 있다.

1992년 그는 다시 짝을 바꾸는데, 이번에 안착한 노인은 그에게 신용카드를 줬고 앤드루는 젊은 연인과 친구들을 즐겁게 해주는 데 그 카드를 썼다. 그 관계가 끝나자 그는 샌디에이고로 돌아가 재빨리 새 연인을 찾는데, 이 연인 덕에 앤드루는 풍족하게 마음대로 돈을 뿌리고 다니며 사람들에게 인상을 남겼다. 하지만 그해 여름, 돈이 떨어진 앤드루는 집세가 모자라 어머니의 집으로 들어갔다. 어머니는 더는 그의 생활방식에 간섭하지 않았지만, 계속해서 교회에 나가라고 권했다. 이는 두 사람 모두에게 꽤나 힘든 상황이었다.

1994년에 나온 웬슬리 클라크슨의 책 『가는 곳마다 죽음』에 따르면 커내넌은 친구에 대한 호의로, 또한 1000달러의 수고비를 받기 위해, 어떤 히스패닉 여성과 결혼하고 영주권을 얻어줬다. 두 사람은 결혼식 직후에 헤어졌지만 몇 달 후 우연히 마주쳤을 때는 일종의 불꽃이 튀었다. 커내넌은 자신이 그 여성을 진짜 좋아하고 있다는 것을 인정하고, 자신의 양성애적 기질에도 흥미가 생겼다. 여성이 커내넌의 아이를 가지게 되고 두 사람은 진짜 결혼을 고려했다 하지만 그건 돈 많은 물주에게 의존하지 않고 진짜 직업을 가진다는 뜻이었고, 커내넌의 생활방식에는 맞지 않았다. 그래서 아이가 태어날 때쯤, 클라크슨의 기록에 따르면 그의 인생에서 이성애적 관계로는 가장 의미심장했던 그 관계는 끝나고 만다.

커내넌은 특정 유형의 연쇄살인범이나 강간범, 아동 성추행범들이 그러하듯 자신이 만나고 싶은 사람들의 프로필을 작성하기도 했다. 그의 경우 가족에 얽매이지 않는 부유한 동성애자 남성들이 대상이었으며 그는 교묘하게 그들의 사교계에 스며들었다.

이듬해에 앤드루는 육십대의 반쯤 은퇴한 사업가 노먼 블래치포드를 만나는데, 그는 앤드루에게 용돈과 함께 새로 나온 녹색 인피니티를 사줬다. 그런 관계 덕분에 앤드루는 어머니 집에서 나올 수 있었고, 더 이상 그의 돈을 기대할 수 없게 된 어머니도 앤드루의 형인 크리스토퍼가 살고 있는 일리노이주 유레카의 공공주택단지로 이사했다.

블래치포드와의 관계 덕분에 커내넌은 신용카드가 잔뜩 든 지갑과 유럽 여행이 있는 더 풍족한 생활을 하게 됐다. 하지만 역사는 반복되어, 자신의 돈이 남자친구의 다른 남자에게 쓰이는 것에 블래치포드가 싫증을 내면서 그 관계는 끝을 맞이했다. 자원이 끊어지지 않았던 앤드루는 블래치포드와 지내며 알게 된 오십대의 부유한 인테리어 디자이너를 금세 낚았는데, 이 남자는 또 다른 배타적 모임으로 그를 안내해주었다. 하지만 나는, 어머니가 공공주택으로 들어가는 모습을 본 커내넌이 풍요로운 삶이 얼마나 불안정하고 허무한지를 다시금 깨닫게 되었을 거라고 생각한다.

커내넌이 만나던 젊은 남자 중 해군사관학교를 졸업하고 샌디에이고의 해군에 복무 중이던 강인하고 잘 생긴 제프리 트레일이 있었다. 드러내지 않은 동성애자였던 해군 장교는 커내넌에게 플라토닉

한 관계를 원했지만 커내넌은 그에게 깊이 빠져들었다. 1996년 퇴역한 트레일이 새로운 연인과 함께 캘리포니아를 떠나자 앤드루는 크게 절망했다. 하지만 다음에 더 큰 정신적 외상이 있었고 이는 앤드루 커내넌의 인생에서 가장 궁금한 미스터리들 중 하나가 되었다.

1997년 1월에 그는 앓게 되는데, 증상이 심각하지는 않았지만 떨쳐낼 수가 없었다. HIV에 감염된 것이 아닌지 의심한 그는 병원에 가서 검사와 진찰을 받았다. 하지만 그는 어디서도 자신의 HIV 감염 여부에 대해 (만약 감염되었다고 해도) 구체적으로 말하지 않았고, 지금까지도 그가 어떤 판정을 받았는지 말해주는 증거는 없다.

이 시점에 제프 트레일은 미네소타에서 지내며, 블루밍턴에 있는 가스 회사의 관리인으로 일하고 있었다. 제프와 그의 짝이 갈라섰다는 이야기를 들은 커내넌은 그를 만나러 미네아폴리스에 가서 몇 주 머무르는데, 거기에 있는 동안 트레일의 친구 데이비드 매드슨과도 친해졌다. 재능 있고, 금발에 잘생긴 서른셋의 건축가로, 커내넌은 그와 샌프란시스코 게이 커뮤니티에서 잠깐 알고 지냈던 사이였다. 이번에는 셋에서 죽이 잘 맞았다. 커내넌은 마치 정말로 부자가 된 것처럼 비싼 저녁을 사고 주변에 돈을 뿌리고 다녔다. 그는 매드슨에게 크게 매혹된 것처럼 보이는데, 훗날 자신의 "일생일대의 사랑"이었다고 말하기도 했다. 하지만 매드슨은 커내넌이 숨기는 것이 너무 많고(주소와 전화번호도 알려주지 않았다), 자신에 대해 아는 것이 거의 없다는 점에 불편함을 느끼고 곧 거리를 두기 시작했다. 그리고 만약 의심했던 대로 앤드루가 마약 거래를 하고 직접 사용한다면 위험한 인물일 수도 있기 때문이다.

캘리포니아로 돌아온 커내넌은 여전히 아름다운 사람들과 어울렸지만, 안타깝게도 그들의 자연스러운 일원이 되지 못했다. 그는 어떤 파티에서 마돈나를 만났지만 그녀가 자신을 아무것도 아닌 사람처럼 대한다는 걸 깨달았다. 여러모로 그는 실제로 그런 존재였다. 생각해보라. 그는 자기중심적이고 자기애가 지나쳐서 유명 스타가 자신을 동등하게 대해주지 않으면 분노한다. 이 친구는 환상 속에 살고 있다. 또 다른 파티에서 그는 배우 겸 모델인 엘리자베스 헐리를 소개받았지만, 그녀 역시 그를 무시했다. 특히 그가 그녀의 남자친구 휴 그랜트의 영화 「나인 먼스」엑스트라 오디션에 떨어진 적이 있어서 더욱 짜증이 났다.

그는 다른 부자 후원자를 붙잡지 못했던 것 같다. 후원자 없이 그는 무력하고 정서적으로 점점 악화되었다. 그동안 화려한 식사 대접을 받을 수 있는 입장권 같았던 외모와 매력을 잃어가고 있는 것 같아 걱정도 됐다. 그가 하는 일에서는, 이십대 후반이 되면 정점을 지나 앞으로는 내리막길밖에 없는 것이 확실하다. 살이 찌고 운동도 그만두었다. 1997년 봄에 그는 1주일 동안 로스앤젤레스의 길거리에서 여자 옷을 입고 매춘을 했다.

힐크레스트로 돌아온 커내넌은 자동차를 팔고 룸메이트와 함께 작은 아파트를 얻었다. 그는 침실을 배우 톰 크루즈를 모시는 가상 신전으로 변모시키며, 크루즈를 묶어 놓고 "제발 더 해주세요"라며 간청하게 만들고 싶다고 룸메이트에게 말했다. 그는 아내 니콜 키드먼을 죽여 톰 크루즈를 독차지하고 싶다고 고백했다. 이는 전형적인 스토킹 행동이다. 강박이면서, 한 가지만 바뀌면 그가 '애정'하는 대상과 함께 삶을 즐길 수 있을 거라는 마법 같은 생각이다. 암살의 대상이 정치 지도자든 연예계 유명인이든 상관없이, 이런 범죄에서 흥미롭고도 의미심장한 것은 암살범들은 실제 암살 시도를 하기 전 흔히 이런 스토킹 행동을 보인다는 점이다. 여기에 대해서는 다음 장에서 좀 더 깊이 살펴볼 예정이지만, 인생의 이 시점에서 앤드루 커내넌이 암살범 유형의 인성을 발달시키고 있었다는 점은 분명하다.

1997년 4월, 그는 샌프란시스코로 돌아가 정착하겠다고 선언했다. 요란한 고별 파티 이후 친구들은 그의 뚱뚱해진 모습과 평소처럼 머리나 옷차림에 신경 쓰지 않는 모습을 두고 서로 이야기했고, 그가 HIV 혹은 에이즈에 걸렸을지도 모른다는 소문이 돌았다. 이 무렵 그는 제프 트레일과 전화로 격렬한 말다툼을 벌였는데, 트레일이 자기 모르게 데이브 매드슨과 계속 관계를 유지하고 있다고 의심했기 때문이다. 결국 그들은 긴장을 풀었지만, 커내넌은 트레일을 죽여버리겠다고 위협했고 트레일은 걱정스러워했다.

샌프란시스코에 가는 대신 커내넌은 미니애폴리스로 날아갔고, 4월 26일 데이브 매드슨은 내키지 않았지만 공항에서 그를 맞이하고 자신의 복층 아파트로 데리고 왔다. 신용카드 한도를 초과했음에도 커내넌이 편도 항공권을 구매해 그곳으로 갔다는 점이 주목할 만하다. 샌프란시스코로 갈 계획이라고 친구들에게 말했던 사실은 잊어버리자. 그와 매드슨은 외출을 하고 매드슨의 친구들 몇 명과 저녁 식사를 했다. 다음 날 저녁 커내넌은 제프 트레일을 초대했고 트레일은 자신과 함께 지내던 연인을 데리고 왔다.

트레일이 도착한 뒤 둘은 말다툼을 벌였다. 정확히 무슨 일이 있었는지는 알 수 없지만, 이웃들은 고함과 비명 소리를 들었고 수사관들은 커내넌이 주방으로 가서 서랍에서 장도리를 꺼내 다시 거실로 돌아와 트레일을 공격해 그가 쓰러질 때까지 때린 것으로 보고 있다. 바닥과 벽에는 트레일의 피가 튀어 있었다. 며칠 후 경찰이 시신을 조사했을 때, 그의 시계는 밤 9시 55분에 멈춰 있었다. 특정 범죄 현장에서 동기의 많은 부분을 도출해내기 위해 꼭 연쇄살인이 벌어져야 하는 것은 아니다. 장도리로 서른 번 가까이 내리쳤다는 것은 일종의 과잉살인이며, 이는 범인이 희생자를 잘 알고 있는 경우에 발생한다. 그리고 커내넌이 보여주었던 질투심과 충동적 분노는 확실히 이 사건이 개인적 이유에 의한 살인일 거라는 가설을 뒷받침한다.

커내넌과 매드슨은 시신을 침실에 있는 동양 카펫으로 싼 다음 아파트에 보관했다. 나중에 커내넌의 강요 때문에 매드슨은 자신의 의지에 반해 행동했다는 추측이 있었지만, 확실한 증거는 없었다. 살인이 벌어진 후에 두 남자가 매드슨의 개를 산책시키는 모습이 목격되기도 했다. 매드슨의 직장 동료들은 그가 출근하지 않고 전화도 받지 않자 걱정했다. 동료들이 건물 관리인에게 전화를 하고, 이웃 주민과 함께 아파트에 들어간 관리인이 핏자국과 시신을 발견했다. 당시 커내넌과 매드슨이 여전히 아파트에 있었을 가능성도 있었다. 관리인이 신고해 경찰이 도착했고, 커내넌의 운동 가방과 트레일의 빈 총집, 빈 총알 상자를 발견했다. 그들이 모르는 것은 데이브 매드슨이 일생일대의 실수를 저질렀다는 사실이다.

내가 항상 강조하는 것은 만약 여러분이 불행하게도 범죄의 피해자가 되고 범인이 자신과 함께 차에 타자고 할 때는 그렇게 하지 말라는 것이다! 범인의 지시를 따르고 그와 함께 어디든 간다면 생존 확률은 급격히 줄어든다. 하지만 앤드루와 매드슨은 매드슨의 빨간색 지프 체로키를 타고 출발했다. 5월 2일, 두 사람은 미니애폴리스 북부 35번 주간고속도로에서 막 벗어난 미네소타주 스타크의 풀문 식당에 나타났다. 목격자에 따르면 매드슨은 불안해 보였지만, 그와 커내넌 사이에는 아무런 긴장감도 느껴지지 않았다. 오히려 그들은 가끔 서로 마주 보고 앉아 손을 잡기도 했다.

점심 식사 후 계속 북쪽으로 달리던 커내넌은 도로를 벗어나 숲길을 따라 버려진 농가로 갔다. 범죄 현장을 볼 때, 그는 매드슨에게 차에서 내리라고 한 다음 트레일의 총으로 등과 머리를 쏘고, 그 중 한 발은 눈을 관통했다. 이러한 살해 방법은 중요한 단서를 제공한다. 커내넌과 매드슨이 마주보고 있는 상황은 아니었지만, 이처럼 근거리에서 얼굴을 공격한 것을 볼 때마다 우리는 곧바로 개인적 이유에 의한 살인을 떠올린다. 몇 시간 후, 몇몇 낚시꾼이 데이브 매드슨의 시신을 발견했다. 미네소타주 시카고 카운티의 랜달 슈웨그먼 보안관이 시신을 확인하며 손가락에서 방어흔을 발견했는데, 이는 희생자가 자신이 살해당할 것을 알고 있었음을 암시한다.

매드슨의 유족은 슬픔에 빠졌고 충격을 받았다. 그들은 매드슨이 트레일의 살인과 관련해서는 아무 짓도 하지 않았을 거라고 주장했다. 그의 부모는 데이브가 살인 현장에 설어 들어갔다가 커내넌에게 인질로 잡혔고, 탈출해서 신고할 거라고 협박하자 살해된 거라고 믿고 있다. 매드슨이 살인 후에 들어왔다는 증거도 있다. 보통 그는 밤 10시쯤에 달마티안 애완견을 산책시킨다. 바닥에 다량의 피와 족적이 남아 있었지만 이웃들은 개 짖는 소리를 전혀 듣지 못했고, 피가 묻은 개 발자국도 없었다. 만약 살인이 벌어진 시점에 개가 아파트에 없었던 거라면 매드슨도 없었을 것이다. 수사 당국이 매드슨의 아파트에 갔을 때 거기에도 개는 없었다.

데이브 매드슨을 살해한 동기는 알기 어렵지만, 아마도 몇 가지 요소가 포함되었을 것이다. 첫째, 목격자가 경찰에 신고하는 것을 막아야 한다는 현실적인 문제가 있다. 하지만 더 의미심장한 것은, 커내넌은 이제 복수를 하기 시작했다는 점이다. 만약 그가 자신을 거절한 이유로 제프 트레일을 죽인 거라면, 이제 데이브 매드슨의 차례다. 그리고 만약 커내넌이 계속 그렇게 나간다면, 유감스러운 인생 내내 자신을 거절했던 이들 모두에게 앙갚음을 할 것이다.

슈웨그먼 보안관은 샌디에이고로 가서 그곳 경찰과 함께 커내넌의 아파트를 수색하며 단서를 찾았다. 그는 톰 크루즈 신전을 마주하고는 경찰에게 그 배우를 특별 경호하라고 주의를 줬다. 새도마조히즘 성향의 포르노그래피가 발견되는데 그중에는 동물들이 등장하는 비디오도 있었다.

이제 앤드루 커내넌은 정체가 밝혀지고 지명수배를 받았다. 그가 돌아올 경우를 대비해 경찰이 아파트를 감시했다. 전국에 경계령이 내려지고, 사람들은 새로운 연쇄살인범이 활개를 치고 있다는 것을 인지하기 시작했다.

커내넌이 다음으로 들른 곳은 시카고인데, 과거 동성애자 술집들을 들락거리며 돈이 떨어지면 매드슨의 지프에서 자곤 했던 곳이다. 저녁에, 그는 도시의 유명한 골드코스트 구역으로 가서 두 채의 부유층 주택 앞에 멈췄다. 두 건물을 하나로 이어서 리 미글린과, 38년 동안 그와 함께 지내고 있는 아내 매릴린이 사는 곳이다. 일흔두 살의 미글린은 유명한 부동산 개발업자이자 낡은 창고 부지를 개발해 사무실 지구라는 개념을 창안한 인물이다. 리투아니아 이민자의 아들로 태어나 자수성가한 그는, 무일푼에서 부자가 된 이야기의 주인공으로, 겸손하고 조용하지만 대단히 영리하고, 그 건물에서 탁월한 평판을 유지하고 있는 인류애 넘치는 공동체 주민이었다. 쉰아홉 살의 매릴린 역시 화장품 사업으로 수백만 달러를 벌어들이며 성공한 인물이다. 두 사람에게는 두 명의 장성한 자녀가 있었다. 이날 밤 매릴린은 사업 때문에 토론토에 가 있었다.

어떻게 했는지 모르겠지만 (이는 이 사건과 관련해 아직까지도 알려지지 않은 수많은 세부사항들 중 하나다) 커내넌은 집안으로 들어갈 수 있게 허락을 받았다. 낮 시간 동안 미글린은 문을 열어둔 채 차고에서 일하는데, 아마도 그곳이 입구였을 가능성이 크다. 커내넌은 그 동네에 사는 부자라면 당연히 현금을 가지고 있을 거라고 짐작해 미글린의 집을 털려 했던 것일 수도 있다. 하지만 일단 집안에 들어오고 나서는 상황이 미쳐 돌아갔다. 차고에서 그는 미글린을 오렌지색 전선으로 묶은 다음 숨 쉴 수 있는 코만 남겨두고 얼굴 전체에 테이프를 감았다. 그런 다음 사악한 고문을 가하는데, 드라이버와 전지가위로 반복해서 찌르고, 실톱으로 목을 가르며 피가 뿜어져 나오는 것을 구경했다. 미글린을 바닥에 쓰러트린 다음 그의 1994

년식 렉서스로 몇 번이나 밀고 지나갔다. 그리고는 피해자를 다른 자동차 밑에 숨긴 다음 집안으로 들어가 냉장고에서 음식을 꺼내먹고, 자신의 집처럼 지내고 미글린의 침대에서 잠을 잤다. 이튿날 아침, 그는 수천만 달러의 현금과 가죽 재킷, 비싼 손목시계를 챙긴 다음 렉서스를 타고 그 집을 나섰다.

왜 그가 한 번도 본 적 없고 개인적 원한도 없는 사람을 이렇게까지 과잉살인했는가 하는 것은 답이 없는 질문이다. 하지만 미글린이 뭔가 커내넌의 분노를 자극하는 행동이나 말을 했다고 해도 나는 놀라지 않을 것 같다. 내 짐작으로는 미글린이 이 젊은 불량배에게 자동차나 돈을 내주지 않을 거라고, 나가서 빌어먹을 일자리나 구하라고 했을 것 같다. 미글린은 강인한 사업가다. 고령임에도 나는 그가 이 젊은 침입자에게 쉽게 압도되지 않았을 거라고 생각한다. 하지만 이런 종류의 저항은 커내넌에게는 자신의 인생 내내 내재해 있던 문제들을 명확하게 드러내는 역할을 했을 테고, 그로서는 자신의 그런 면모를 알아보고, 모욕을 주는 이 출세한 사람에게 복수를 원했을 것이다. 따라서 커내넌에게는 미글린을 죽여야만 하는 전략적인 이유뿐 아니라, 그를 지배하고 파괴해야만 하는 감정적인 이유도 있었던 셈이다. 미글린은 그에게는 하나의 상징이 된다. 심지어 커내넌의 머릿속에서 미글린은 어쩌면 심판하고 벌을 주는 아버지를 상징하는 존재였을 수도 있다.

이런 종류의 살의에 가득한 분노와 광기 때문에, 나는 커내넌이 연쇄살인범으로 시작했다고 해도 미글린 살인에 이르러서는 확실히 연속살인을 저지르게 되었다고 믿는다. 범죄 현장의 단서들은 뒤

섞여 있다. 몇몇 경우에서 우리는 그가 흥분을 위해, 자신의 삶의 나머지 부분에서는 없었던 조종과 지배, 통제를 위해 살인을 했음을 볼 수 있다. 다른 사건들에서는 분노가 폭발하거나 뭔가가 필요해서 살인을 한다. 그가 자신의 범죄를 숨기려 시도하지 않는다는 사실은 순수한 연쇄살인범의 특징에는 맞지 않는다.

내 생각에 대부분의 연속살인범과 달리 커내넌은 성적 약탈자인데, 이는 개인 생활의 여러 면에서 드러난다. 트레일 살인 전까지 그가 살인을 하지 않은 것은, 그때까지는 그의 삶에서 모든 것이 납득할 만한 수준으로 통제되고 있었기 때문이다. 여러 번 지적했듯이 폭력은 상황에 의존한다. 그리고 나는 커내넌이 트레일을 죽이기 위해 그를 만나러 간 것이라고 믿지 않는다. 무기는 그가 현장에서 발견한 하나의 기회였다. 하지만 일단 시작하고 나자 마치 각각의 살인마다 판돈이 커지며 그의 갈망을 더욱더 촉진시킨 것만 같다. 또한 그가 이 단계에서 아직은 의식적으로 대단원의 전략을 생각하고 있지는 않았을지 모르지만, 그렇다고 장기적인 관점에서 생각한 것도 아니다. 그는 성공한 연쇄살인범들처럼 단서를 남기지 않으려고 애쓰지 않았다. 더 이상 미상범도 아니다. 그는 정체가 밝혀진 상태로 도주했다. 하루하루 그때그때 살아가고, 만약 미래를 생각해본다고 해도 산 채로 연속살인의 추적을 피할 수 있을 걸로 생각하지는 않았을 것이다.

커내넌은 여러 면에서 연속살인범의 프로파일에 부합한다. 자신과 같은 인종을 살해하는 백인 남성. 유랑자. 지적이지만 스스로는 아무것도 만들어내지 못하고 성취가 적은 자. 범행을 저지르기 전에 먼저 환상을 갖는 연쇄살인범과 달리, 트레일과 매드슨 사건에서 그랬다는 증거는 없다. 연속살인범의 분노는 무계획적이고 예측불가능하다. 그 점이, 커내넌이 이 사건은 물론 나중의 연속살인에서도 단서들을 남기고 자신의 본명을 사용한 이유다. 연속살인범을 상대할 때의 수사 비결은 연쇄살인범을 다룰 때처럼 범인이 **누구**인가가 아니라, 그가 **어디** 있는가, 다음에 어디로 갈 것인가를 생각해보는 것이다. 그리고 덧붙이자면, 이 부류는 (내가 연쇄살인범들을 연구했던 것처럼) 직접적으로 연구하기가 더 어려운데, 왜냐하면 이들의 종착지는 대화를 나눌 수 있는 교도소가 아닌 경우가 잦기 때문이다. 그보다는 부검대에서 끝을 맞이하는 경우가 많다.

5월 4일 시카고로 돌아온 매릴린 미글린은 남편이 자신을 태우러 공항에 나타나지 않자 걱정했다. 집에 돌아와 집안이 엉망이 된 것을 보고 경찰에 신고했다. 경찰이, 잔인한 짓을 당한 리의 시신을 차고에서 발견했다. 강제 침입의 흔적은 없었기 때문에 경찰은 미글린이 지인에게 살해당했을 거라는 가설을 세웠다. 돌아보면, 커내넌이 배우였던 미글린의 아들을 로스앤젤레스에서 만났을 가능성이 희박하게나마 있지만 (미글린의 아들은 이를 부인했다) 두 사람 사이에 알려진 연결점은 없다.

이는 쉽게 수사관들을 곤혹스럽게 하는 종류의 범죄다. 커내넌이 매드슨의 지프를 타고 현장에 나타나지 않았다면, 그가 미글린의 수집가용 금화처럼 추적 가능한 물건을 훔쳐가고 나중에 전당포에 맡기지 않았다면, 그리고 가는 곳마다 자신의 흔적을 남기는 대신 범죄적으로 좀 더 치밀하게 행동했다면, 수사관들은 이 살인사건과 관련해 앤드루 커내년을 찾아나설 이유가 없었고, 이 사건을 연속살인의 일부로 볼 이유도 없었다. 침입의 흔적이 없다는 점, 과잉살인이었다는 점을 근거로 개인적 이유에 의한 살인으로 수사했을 테고 범죄현장에 대한 해석도 완전히 달라졌을 것이다. 그 가설을 바탕으로 막다른 골목을 헤매며 많은 시간을 허비했을 수도 있다.

하지만 실제로는, 경찰이 미글린의 집에서 한 블록도 떨어지지 않은 곳에서 매드슨의 빨간색 지프를 찾아내고 주차증도 확보했다. 자동차 안에는 커내넌의 사진과 다른 증거물들이 있었다. 그리고 샌디에이고 아파트에서 찾아낸 S&M 비디오에는 사실상 그가 리 미글린에게 한 짓의 대본이라고 할 수 있는 장면이 담겨 있었다.

시카고를 떠난 커내년은 동쪽으로 이동해 필라델피아로 가면서, 미글린의 휴대전화로 샌디에이고의 친구들에게 전화를 걸었다. 하지만 라디오에서 경찰이 자신을 쫓고 있다는 것과 휴대전화 신호로 위치를 추적하고 있다는 것을 알고 나서는 다리 위에서 창밖으로 던져버렸다. 5월 9일 일요일, 그는 뉴저지주 시골인 펜스빌에 있는, 남북전쟁 당시 매장지 핀스 포인트 묘지의 장의업자 오두막에 나타났다. 그곳의 장의사는 마흔다섯 살의 윌리엄 리스로, 전기기사 교육을 받았고, 남북전쟁에 대한 아마추어 연구자이자 재연 행사에서 연기를 맡기도 했다. 그와 초등학교 도서관 사서였던 아내 레베카 사이에는 열두 살 된 아들이 있었다.

커내년은 아마도 길을 묻는 것을 가장해 리스에게 접근했을 것이다. 그런 다음 트레일의 총을 꺼내고, 리스에게서 1995년식 쉐비 픽업트럭을 열쇠를 빼앗고, 딱 한 번 근거리에서 처형하듯 머리를 쏘았다. 그는 총알 상자, 미글린을 찔렀던 드라이버, 여권 등 단서들로 가득한 렉서스를 버려둔 채, 픽업을 타고 출발했다. 그날 늦게, 레베카 리스가 남편을 찾으러 왔다. 그의 트럭이 사라지고 그 자리에 다른 자동차가 서있는 것을 본 그녀는 보안관에게 신고했고 보안관은 책상에 엎어져 있는 리스의 시신을 발견했다.

이 사건은 커내넌이 빠져든 절박한 상황과, 치밀함을 완전히 상실해버린 그의 상태를 보여준다. 예를 들어 그가 자동차를 바꿔 타지 않았더라면, 그리고 다른 무기를 사용했더라면, 다시 한 번 경찰은 이 사건에서 그를 의심할 이유를 찾지 못했을 것이다. 뿐만 아니라, 만약 그가 자동차만 필요했던 거라면, 매일 수많은 범죄자들이 살인을 저지르지 않고도 자동차들을 구하고 있다! 커내넌은 도주를 위해 이동 수단이 필요하다고 깨닫지만, 그저 버려진 주차장에서 한 대 훔치거나 몰래 시동을 걸 만큼 범죄적으로 치밀하지는 못했다. 그가 생각할 수 있는 유일한 방법은 주인을 죽이고 키를 빼앗는 것이었다.

커내넌에게 새로운 자동차가 필요했다는 동기밖에 없었다는 것을 어떻게 알 수 있을까? 이 사건은 살인자의 감정적 해소를 포함하고 있지 않은 첫 번째 살인사건이다. 처음 세 번의 사건에서 보이는 근거리 타격, 총격, 고문의 상처는 살인자의 심리상태에서 분노와 화가 큰 동기였음을 암시한다. 이는 그가 희생자들을 개인적으로 알고 있다는 사실 혹은 (미글린의 경우에) 희생자가 대변하는 것 혹은 살인자에 대한 그의 반응에서 비롯된 것이다. 하지만 이 사건에서는 희생자를 고문하거나 괴롭히려는 시도가 전혀 없었다. 그런 피해자 조사에 덧붙여, 전장 재연 장면에서와 달리 실제 생활에서 빌리스는 적이 없는 아주 선한 사람이었다. 그는 그저 잘못된 시각에 잘못된 장소에 있었을 뿐이다.

연속살인은 만개한 상태다. 커내넌은 자신의 제한적인 능력 안에서 계속 살인을 이어가기 위해 무슨 짓이든 할 테지만, 미숙한 범죄자가 상황을 통제하려 하면 할수록, 점점 더 통제할 수 없는 상태가 되고, 이는 연속살인범들에게는 흔히 볼 수 있는 현상이다. 이런 부류의 또 다른 특징은 다음과 같다. 렉서스 안에 커내넌은 다른 세 건의 살인사건에 대한 신문기사를 오려서 갖고 있었다. 나와 이야기했던 연쇄살인범들은 자신들의 범죄 기사를 수집했던 이유를 말해주었는데, 바로 자신들의 '성취'를 기록하고 그 기쁨을 만끽하기 위해서, 냉각기 동안 자신들의 업적을 세세하게 읽으며 환상 속에서 그 성취를 다시 경험하기 위해서였다. 하지만 연속살인범은 그런 사치를 부리지 않는다. 도주 중인 자는 늘 등 뒤를 살피고 있기 때문에 잠시 멈추고 과거를 다시 경험해볼 시간이 많지 않다. 그는 자신의 '성취'를 읽으며 흥분하는 한편, 우리가 자신의 정체와 자신의 행선지에 대해 얼마나 알고 있는지를 확인하며 수사와 관련한 정보도 수집했다.

리스 살인 후에 커내넌은 자신이 FBI의 10대 지명수배자 명단에 올랐음을 알게 됐다. 그는 「아메리카 모스트 원티드」에 반복해서 등장했다. 이제 일반 대중도 주의를 기울인다. 이 연쇄살인 사건은 더 이상은 동성애자들의 원한극에 그치지 않는다. 그는 온갖 종류의 사람들을 죽이고 있다.

정신적으로 쇠퇴하고 부주의했음에도 커내넌은 자신과 관련해서는 기지를 발휘해, 사우스캐롤라이나주 플로렌스의 K마트 주차장에서 자신이 타고 있던 것과 비슷한 트럭을 발견하고는, 번호판을 훔쳐 경찰의 추적을 피했다.

5월 10일, 그는 마이애미비치의 노르망디 플라자 호텔 해변 쪽 방에, 이전의 예명인 앤드루 데실바라는 이름으로 투숙했다. 요금이 싸고, 전면에 분홍색 치장 회반죽을 바른 그 호텔은 그가 익숙했던 우아한 건물들과는 한참 거리가 있었다. 1주일 후 그는 조금 더 좋은 방을 1주일 예약하고, 1주일 후에는 더 좋은 방을 한 달 치 예약했다. 마이애미에 온 초기에, 호텔에서 두 블록 떨어진 마이애미 서브스 그릴의 종업원이 텔레비전에 나온 그를 알아보고 911에 신고했지만, 경찰이 도착했을 때 그는 사라지고 없었다.

커내넌은 밤이면 술집을 돌아다니거나 사우스 비치의 인기 있는 동성애자 클럽을 드나들었다. 낮 시간에는 주로 호텔 방에 머무르며 텔레비전을 보거나, S&M 포르노그래피에 탐닉하고, 샌드위치나 테이크아웃 피자로 끼니를 해결했다. 그 사이, 그의 어머니는 샌디에이고 내셔널시티로 돌아왔는데, 미글린 살인사건 후 아들이 자신을 해칠까봐 두렵다고 경찰에 말해 무장 경호를 받았다.

7월 7일 오후, 커내넌은 호텔 근처의 캐시 온 더 비치라는 전당포에 가서 리 미글린에게서 훔친 금화를 맡겼다. 그는 자신의 여권을 제시하고 주소는 노르망디 플라자로 적었다. 또한 지장도 찍었다. 하지만 전당포 주인은 그를 알아보지 못했다. 법에 따라, 주인은 전당포 거래 내역을 마이애미비치 경찰에 제출했지만, 이는 일상적인 업무여서 그 내역은 곧장 담당 직원의 책상으로 간다. 커내넌을 봤다는 제보는 또 있었는데, 이번에는 프로 테니스 선수 데이비드 토디니가 마이애미비치의 주요도로인 콜린스 애비뉴에서 도주자를 알아봤다. 토디니는 경찰에 신고했지만 이번에도 경찰이 도착했을 때 그는 사라지고 없었다.

어떤 이들은 그가 공공장소에 모습을 드러내는 위험을 감수하고, 단서들을 남기는 것은 경찰을 약 올리는 행동이라고 해석했다. 하지만 사실 그건 모두 부주의함인데, 그가 분열하고 있음을 보여줄 뿐 아니라 대중적인 이미지와 달리 그가 범죄자로서도 전혀 야무지지 못하다는 것을 말해준다. 기본적으로 다른 성性 살인자들과 달리 그는 세간의 주목을 덜 끄는 마이너리그 사건들을 통해 기술을 완벽히 연마하는 시간을 보내지 않은 채 곧장 메이저리그에 뛰어든 셈이었다. 따라서 그가 하고 있는 짓은 궁극적으로 자살행위에 가까웠다. 나중에 벌어진 살인사건들 사이의 간격에도 불구하고 진짜 냉각기는 없었다.

사우스 비치에서 가장 유명한 주민들 중 한 명은 잔니 베르사체였는데, 그는 오션드라이브의 낡은 건물 두 채를 사서는 수백만 달러를 들여 궁전 같은 저택으로 개조했고, 거기에 카사 카수아리나라는 이름을 붙여주었다. 1991년부터 그 구역에서 지냈던 베르사체의 존재감은, 우울하고 허름한 과거로부터 최첨단 유행이 있는, 젊은이와 미인들의 아르데코 풍 놀이터로 마이애미가 변모하는 모습을 보여주는 것이다. 사우스 비치에서는 무슨 일이든 가능하다. 그리고 쉰 살의 베르사체는 맨해튼과 밀라노에도 근사한 집을 가지고 있었고 코모 호수에도 거대한 저택이 있지만, 이곳에서 원하는 대로 산책하며 즐기는 사교생활과 해방감을 사랑했다. 이번 방문에서 그는 추종자들과 함께 7월 12일에 도착했다. 커내넌은 즉시 그의 도착을 알게 되었고, 경찰이 재구성한 정황에 따르면 마침 자신이 트럭을 숨겨두었던 차고에서 두 블록 떨어진 카사 카수아리나 앞에서 잠복했다.

7월 15일 화요일 오전 8시 30분 무렵, 저택을 나온 베르사체는 몇 블록을 걸어 뉴스 카페에 가서는 커피와 주간지를 샀다. 몇 분 후 돌아온 그는 카사 카수아리나의 철문 자물쇠를 열었다. 그때 경찰에서 최고의 목격자로 꼽은 여성의 증언에 따르면, 흰색 셔츠와 회색 반바지, 검은색 야구모자 차림에 검은색 백팩을 맨 젊은이가 다가와 뒤에서 베르사체를 쏘았다. 베르사체는 돌계단에 쓰러지고 치명상을 입었다. 암살범은 몸을 숙인 다음 머리에 한 발을 더 쏘고 달아났다. 저택 안에서 베르사체의 친구인 안토니오 다미코가 총소리를 듣고 달려 나와 암살범을 쫓아가고, 범인은 돌아서서 다미코에게 총을 겨눈 다음 근처 차고 쪽으로 사라졌다.

차고를 수색한 경찰은 도난당한 번호판이 붙은 윌리엄 리스의 쉐비 픽업을 발견했다. 앞유리에는 주차 딱지가 잔뜩 끼워져 있었다. 차 안에서 피가 묻은 옷을 발견하고 다미코는 범인이 입고 있던 옷이라고 확인해주었다. 그것과 함께 앤드루 필립 커내넌의 미국 여권도 발견되었다. 또한 차 안에는 신문에서 오린 기사들과 커내넌의 뱅크 오브 아메리카 수표, 그가 목표로 삼은 다른 유명인들의 목록이 있었다. 그 중 두 명(마돈나와 가수 훌리오 이글레시아스)의 집은 베르사체 저택 근처다. 목록에 있는 사람들에게 경고가 전달됐다.

살인 현장에서 발견된 두 개의 탄피는 데이비드 매드슨의 시신에서 나온 것과 일치했다. 나이트클럽 보안카메라는 트위스트라는 업소에 있는 그의 모습을 포착했는데, 그곳은 베르사체가 자주 드나들었던 곳이다. 주변 업소의 종업원과 목격자들은 커내넌이 지난 몇 주 동안 그곳에 드나들었다고 확인해줬는데 이는 그가 베르사체를 쫓아다녔으며 그의 거주지에서 잠복했음을 암시한다.

수사관들은 베르사체와 살인자의 관계를 찾아내려 애썼다. 베르사체가 혼자 외출하는 것은 일상적인 일이 아니었기 때문에 어쩌면 커내넌이 사전에 전화를 해서 만날 약속을 했던 것일 수도 있지만, 분명한 건 아무것도 없다. FBI가 호출되고 미국 역사상 최대 규모였다는 추격 작전을 지원했다. 경찰은 살인범이 나타날 것을 기대하며 베르사체의 추모 예배에도 잠복 감시했다.

그렇게 화려한 유명인이 자신의 집 앞 계단에서 살해되면서 온 나라가 두려움에 휩싸였다. 커내넌은 언제 어느 곳이든 공격할 수 있다. 그리고 그의 테러가 남긴 흔적이 과거에 그가 보여주었던 수많은 의상이나 변장 능력과 결합하면서, 갑자기 미디어에서 앤드루 커내넌은 변장의 대가인 초강력 살인자로 변모했다. 그는 어디든 섞여들 수 있는 카멜레온이며, 경찰은 그를 알아보지도 못할 거라는 이야기가 돌았다. 가공의 인물인 한니발 렉터 이후에 이런 천재적 범죄자는 없었다. 그가 남긴 단서들은 어떤 사람들이 보기에는 자신이 얼마나 영리한지 보여주기 위해 경찰과 벌이는 숨바꼭질 게임으로 여겨졌다. 실제로 커내넌은 옛 친구 한 명에게 전화를 해 자동응답기에 이런 말을 남겼다. "안녕, 앤디. FBI는 절대 나를 못 잡을 거야. 나는 진짜 영리하니까." 하지만 내가 보기에 이 일화가 말하는 바는, 그가 자기 자신의 신화를 믿기 시작했다는 것, 또한 절박하게 그럴 필요가 있었다는 것이다. 이는 하는 일에 상관없이 늘 위험한 조건이다.

7월 17일, 강도 경보를 받고 출동한 메트로 데이드의 경찰이, 베르사체 저택에서 16킬로미터 떨어진 곳에 있는 마이애미 스프링스의 주택에서 실비오 알폰소 박사의 벌거벗은 시신을 발견하자, 이러한 이미지는 더욱 강화됐다. 베르사체와 마찬가지로 알폰소도 처형당할 때처럼 머리에 총을 맞았다. 커내넌과 비슷한 용모의 남자가 현장에서 달아나는 것이 목격되었다. 하지만 며칠이 지나도록 커내넌은 계속 잡히지 않았고 그와 얼핏 닮은 남자가 체포되어 기소됐다. 남자의 동기는 금전 문제로 알폰소와 말다툼을 벌인 것과 관련이 있었다.

커내넌을 본 것 같다는 제보는 통제할 수 없을 정도로 쏟아졌다.

현실에서 커내넌은, 당연히 사람들이 그려낸 그런 범죄의 대가와는 전혀 비슷하지 않았다. 그는 브래드퍼드 비숍이나 존 리스트 혹은 오드리 힐리만큼도 치밀하지 않다. 그는 실제로는 절박하고 지리멸렬한, 이제 거의 막다른 골목에 이른 패배자다. 자동응답기에 남긴 메시지는 자신의 바람일 뿐이다. 그는 살의 가득한 분노에 휩싸여 제프 트레일을 죽인 후에는 자신이 이전의 태도나 생활방식으로 되돌아갈 수 없게 되어버렸음을 깨달아야만 했다. 그가 영리한 것이 아니라 체제가 이런 유형의 범죄를 다루는 데 어려움을 겪고 있는 것이었다. 사실, 그를 잡을 수 있었던 몇 번의 기회를 놓쳤다. 전당포 증거가 있을 뿐 아니라 베르사체 살인 후에 마침내 경찰이 그의 호텔에 가지만 엉뚱한 방들을 수색했다. 다른 헛발질들도 있지만 안타깝게도 이는 범죄 수사에서 드문 일은 아니다. 수사는 엄정한 과학이 아니며 그 사이 DNA분석이나 레이저 이미지 같은 돌파구들이 있기는 했지만 아마 앞으로도 그렇지 않을 것이다. 그는 또한 운이 좋은 사람일 뿐이어서, 매번 제보를 받은 경찰이 도착하기 몇 분 전에 현장을 떠났다.

앞에서 설명했듯이, 그가 남긴 단서들은 영리한 숨바꼭질 게임과는 전혀 관련이 없다. 그것들은 단지 시간에 쫓긴 부주의한 범죄자가 남긴 증거들일 뿐이다. 가장 큰 문제는, 마크 올셰이커와 내가 7월 23일 수요일자 『월스트리저널』의 논평에서 적었듯이, 전국에 개별적인 경찰 관련 기관이 너무 많기 때문에, 그들이 협력을 시작하기 전 연쇄살인범이 쉽게 범죄를 저지르고 달아난다는 점이다. 그럼에도 우리는 그가 곧 잡힐 거라고 예측했다. 이 시점에 그는 너무나 비효율적이어서 도주 생활을 유지할 수 없었고, 시간이 지날수록 점점 더 부주의하고 절박해지기만 할 것이었다. 그는 통제 지향적인 인물이었기 때문에 경찰에 투항하거나 감옥에 갈 유형은 아니다. 자살하거나 경찰이 스스로를 보호하기 위해 그를 죽일 수밖에 없는 상황을 만들 가능성이 크다. 소문처럼 이 연속 사건들을 촉발한 것이 HIV 양성반응을 확인했던 일이라면, 그리고 그를 기다리는 대안이 에이즈로 인한 느리고 소모적인 죽음밖에 없었다면, 이 가능성은 한층 더 커진다. 하지만 그의 부검 기록이 공개되지 않았기 때문에

이 문제는 여전히 추측의 대상으로 남아 있다.

우리의 『월스트리저널』 논평이 실렸던 바로 그날 오후, 마이애미 비치의 인디언 크릭에 정박해 있던 2층짜리 선상가옥의 관리인이 침입자가 있음을 알아차렸다. 총소리를 한 발 들었다고 생각한 그는 경찰에 신고하고 경찰 특수기동대가 선상가옥을 둘러싸는 모습이 전국 방송에 잡혔다. 다양한 권위자와 나의 전 동료들이 토크쇼에 나와 침입자가 앤드루 커내넌인지 아닌지, 그가 평화롭게 그 집에서 나올 수 있을지 추측했다. 꽤 많은 사람이 앤드루 커내넌이 아닐 거라고 말했다. 자신들의 프로파일에 맞지 않는다는 것이었다. 아주 영리하고 재주도 많기 때문에 그렇게 취약한 입장에 스스로를 두지는 않았을 거라는 이야기다. 모든 가능성을 감안할 때 그는 오래 전에 마이애미 지역을 떠났고 워싱턴 DC의 FBI 턱밑을 포함해 전국에서 그를 봤다는 신고가 들어오는 것도 그렇게 설명할 수 있다. 그 방송을 보며 나는 그들이 자신들의 말을 부인할 때까지 시간이 얼마나 걸릴지가 궁금했다.

밤 9시 무렵, 몇 시간 동안 지켜보며 기다린 뒤 습격대가 최루탄을 먼저 터뜨리고 무기를 준비한 채 뛰어들었다. 대원들은 앤드루 커내넌이 사각 팬티만 입은 채 천장을 보며 이미 네 명을 죽일 때 사용했던 것과 같은 40밀리 권총을 입에 물고 발사한 상태로 누워 있는 것을 발견했다. 마지막 총알이었다. 더 이상 필요가 없어진 얼굴을 없애버린 것이다. 증거에 따르면 거기서 1주일 정도 머무른 것 같았다. 내가 예측했듯이 유서는 없었다.

잔니 베르사체가 커내넌에게는 자신이 의존해온 돈 많고 나이든 동성애자를 대변하고, 그 디자이너를 죽임으로써 자신을 이용했던 그들 모두에게 상징적으로 복수한 것이라는 추측은 심리학적으로 설득력이 있으며, 어느 정도는 진실이기도 할 것이다. 많은 범죄가 여러 가지 촉진제와 결정요소를 지닌다. 하지만 이런 유형의 범죄자에 대해 연구해온 내가 보기에, 이 살인에서 가장 중요한 요소는 베르사체가 커내넌은 절대 될 수 없었던 인물, 자신은 절대 얻을 수 없었던 유명세와, 자신의 능력으로는 절대 누릴 수 없었던 생활방식을 대변하는 인물이었다는 점이다. 베르사체는 창의적이고 성공한 인물이며, 그의 생활방식은 자신의 노력과 재능이 낳은 것이기 때문에 원하는 만큼 오랫동안 유지할 수 있었다. 커내넌은 말주변이 좋고 매력적이지만 공허한 빈껍데기였고, 이미 자신의 매력을 잃어가면서, 갈망해마지않던 생활방식으로부터 점점 더 멀어지고 있었다. 자신의 능력으로 감당할 수 있는 황량하고 누추한 생활은 너무나 비참해서 생각해볼 수도 없었다. 내 생각에 만약 베르사체가 1주일 정도 더 외국에 머물렀다면, 현금과 자원이 떨어지고 절박했던 커내넌은, 유명인들이 넘치는 사우스 비치에서, 세상을 떠들썩하게 만들 자신의 마지막 행동의 다른 목표물을 찾았을 테고, 또 다른 아름다운 사람이 대낮에 베르사체 대신 살해당했을 것이다. 그것 역시 **아마도** 대낮이었을 텐데, 이 범죄자에게 매력적으로 보였던 것은 자신의 행동이 떨칠 악명이었기 때문이다.

또한 나는 그가 리 미글린의 부유한 집에 들어갔을 때, 비록 두 남자 사이에 성적인 관계는 없었지만 미글린이 어떤 식으로든 베르사체의 예행연습이 되었을 걸로 생각한다. 커내넌은 그에게서 자신이 결코 가질 수 없는 모든 것을 갖춘 성공적이고 근면한 남자를 보았기 때문이다. 다시 말해, 그 나이대의 미글린은 커내넌이 결코 도달할 수 없는 미래를 상징했다. 수십 년간 열심히 일했고 아내와 자녀들도 있지만, 자신이 기대했던 것을 많이 성취하지는 못했다는 좌절감에 살인을 저지르는 사십대 중반의 범죄자들을 생각해보면, 커내넌은 애초부터 자신의 인생을 제대로 시작조차 할 수 없다는 사실을 깨닫고 이십대 중후반에 살인을 저지르는 스토커 살인범과 유사하다. 모든 직업에는 성공할지 실패할지를 깨닫게 되는 분기점이 있다. 커내넌 같은 범죄자들에게는 운동선수와 마찬가지로 그 분기점이 이십대 후반에 찾아온다.

동성애는 우연히도 커내넌의 성적 지향이었고 이는 베르사체도 마찬가지였기 때문에, 커내넌은 그를 성공적인 역할모델로 여겼을 수도 있다. 그것만 제외하면 동성애는 이 사건에서 단순히 우연적 요소일 뿐이다. 자신의 성적 지향에 상관없이 그는 스토커 그리고 궁극적으로는 암살범이 되었다.

또한 다른 스토커들과 달리, 그는 자신이 가장 소중히 생각하고 몹시 탐내던 대상을 파괴하기 시작하고 그를 통해 주목할 만한 **뭔가**를 성취한다. 스토커이면서 비정치적인 암살범들은 자신의 관심 대상 그리고/혹은 그 대상이 대변하는 것에 사로잡혀 있다. 존 레넌 암살범인 마크 데이비드 채프먼처럼 몇몇 경우에 그들은 철저하게 바로 그 사람이 되고 싶어 한다. 그리고 자신이 그렇게 될 수 없다면 그 누구도 될 수 없어야 한다고 결정한다. 나는 앤드루 커내넌과 잔니 베르사체 사이에는, 비록 베르사체가 그를 거의 몰랐다고 하지만 이런 면도 어느 정도 있었을 걸로 생각한다. 채프먼과 레넌, 존 힌클리와 그의 우상 여배우였던 조디 포스터 그리고 다른 스토커들처럼, 커내넌에게는 자신의 목표물과 영원히 이어지기를 바라는 마음이 일부 있었을 것이고 아마도 그렇게 될 것이다.

이런 종류의 연속살인을 다룰 때 동기와 행동에 대한 많은 연구가 분석에 할애된다. 다른 유형의 범죄와 마찬가지로 이 사건에서도 첫 번째 범죄가 가장 의미심장하다. 커내넌의 첫 번째 살인이 물리적으로 그가 편안함을 느끼는 공간, 그러니까 샌디에이고 힐크레스트 지역에서 벌어지지는 않았지만, 피해자들은 그와 가까운 사람들, 그가 감정적으로 편안함을 느끼는 공간 안에 있는 사람들이었다. 그들은 접근하기 쉬운 사람들이고 공격의 대상이 되기 쉬운 사람들이다. 첫 번째 살인과 아마도 두 번째 살인까지도 욕망에 따른 살인이다. 그리고 자신이 할 수 있다는 것을 깨닫고 나자 그는 폭력의 범위를 확장하고, 그렇게 연속살인이 벌어진다. 그리고 여기서 다시 그 모든 사건을 하나로 연결시킬 수 있는 단서를 커내넌이 제공하고 있다는 점이 얼마나 중요한지 알 수 있다. 예를 들어, 만약 리스 사건이 첫 번째 사건이었음을 암시하는 증거가 충분히 나왔더라면, 수사는 완전히 엉뚱한 곳으로 흘러갔을 것이다. 이 점이 일련의 범죄가 서로 공통분모가 없는 것처럼 보일 때에도, 당신이 파악한 첫 번째 사건이 정말로 그 범인의 첫 번째 사건인지 의문을 가져야만 한다고 내가 조언하는 이유다.

덧붙이자면, 나는 커내넌이 범죄의 대가라기보다는 부주의하고 분노에 휩쓸리는 아마추어일 거라고 믿고 있지만, 그렇다고 해서 그가 무의식적으로는 체포되기를 바라고 있었다고 주장했던, 그리고 계속 주장하고 있는 소위 전문가들에 대해서는 강하게 반박하고 싶다. 내가 보기에 그의 행동, 프로파일, 마지막 행동에서 이런 견해를 뒷받침하는 요소는 없다. 기회가 더 있었더라면 그는 다시 살인을 저질렀을 것이다. 그로서는 멈출 이유가 없었다.

각각의 범죄자를 대할 때는 그들의 어휘와 약점을 활용해 대처해야 한다. 올턴 콜먼은 앤드루 커내넌보다는 범죄에 훨씬 뛰어났고, 범죄의 시점이나 횟수를 봤을 때 훨씬 더 '성공적'이었다. 그는 경험이 더 많았다. 그리고 그는 공격을 자신에게 맞게 단순화했고 같은 범죄를 반복해 저질렀다. 그가 가지지 못했던 것은 자신이 편안함을 느끼는 공간에서 벗어나 세상으로 섞여드는 치밀함이었다. 커내넌에게는 그것이 있었고 그랬기 때문에 떠돌아다닐 수 있었다. 각각의 범죄자에 대해 아는 것이 많을수록 우리도 더 많은 것을 할 수 있다. 예를 들어 (물론 이 중 몇몇은 시도해보기도 했지만) 나는 수사 당국이, 나를 포함해 FBI도 커내넌에 대해 좀 더 주도적인 수사를 해볼 수 있었을 거라고 생각한다. 어디를 가든 그가 동성애자들의 밤 문화 주변을 어슬렁거렸을 거라는 점은 확실했다. 또한 우리에게는 그가 마이애미비치 지역에 있었고 오래 머물렀다는 강력한 증거가 있었다. 그리고 동성애자 집단 전체가 자신들 틈에 이 자가 있다는 사실을 우려했다는 것도 알고 있었다. 따라서 오랜 시간과 노력을 들여 식당이나 클럽에 그의 사진과 행동 특징을 돌리고 (이 또한 중요한데) 그를 봤다는 신고가 들어오면 즉시 대응할 수 있는 체계를 갖추는 것이 논리적인 대응이었다. 알게 됐듯이 일반적인 경찰 대응을 기다리는 것은 효과가 없었다.

대부분의 연쇄살인범들과 마찬가지로, 이 사건에서 첫 번째 살인을 막는 것은 대단히 어려웠을 것이다. 하지만 커내넌 사건에서 교훈이 있다면 그것은 우리가 『월스트리저널』에서 지적했던 내용이다. 법 집행기구들이 실시간으로 정보를 공유할 있는 조직적이고 전국적인 체계가 반드시 있어야 한다. 그렇다고 연쇄살인범이나 연속살인범이 범죄를 시작하는 것까지 막을 수는 없겠지만, 분명 도중에 그들을 멈추게 하는 데는 도움이 될 것이다. 그리고 일단 폭력적인 범죄자가 도주를 시작한 상황에서는, 즉시 그런 체계가 필요해진다.

7장　**총잡이의 그림자**

Shadow of a Gunman

Motive

 1966년 8월 1일 오전 11시 25분 경, 구름 한 점 없는 전형적인 중부 텍사스의 뜨거운 열기 아래 금발에 신장 182센티미터, 체중 90킬로그램인 전직 해병이자 건축공학과 학생이, 운동화와 청바지, 빨간색 셔츠 위로 파란 작업복을 걸친 채 오스틴의 텍사스대학 학교본부 건물 근처에 있는 94미터짜리 회색 석회석 시계탑 쪽으로 검은색 임팔라를 몰고 있었다. 차를 세운 그는 뒷좌석에서 국방색 군용 트렁크를 꺼낸 다음, 엘리베이터를 타고 27층으로 올라갔다. 거기서부터는 계단을 이용해 전망대가 있는 층으로 올라갔는데 그곳은 네 개의 커다란 시계 바로 밑, 지상 70미터 높이에서 탑 전체를 감싸고 있는 곳이었다. 그가 자신의 의지로 그곳에서 내려오려 했음을 알려주는 암시는 없다. 사실, 그날이 자기 인생의 마지막 날이 될 것으로 생각했음을 알려주는 강한 암시가 있다.

 플로리다 출신인 이 남자의 이름은 찰스 조지프 휘트먼이고, 그날 아침에 이 사실을 아는 자는 그의 가족과 가까운 친구 무리밖에 없었다. 이어진 1시간 반 동안 그의 선택과 행동에 따라 13명의 낯선 사람들이 무방비 상태에서 사망했고, 다시 그로부터 1시간 동안 그는 전 세계에 '탑 위의 저격수'로 알려졌다. 그의 이름은 영원히 무작위 공포와 동의어가 됐다.

또한 초반의 그 몇 시간 사이에 그의 범죄기록에 두 건이 추가되는데, 경찰이 그의 아내 캐서린과 어머니 마거릿의 시신을 발견한 것이다. 두 사람은 가슴에 대검으로 수차례 자상을 입은 채 각자의 집에 쓰러져 있었다. 뿐만 아니라 어머니는 뒤에서 머리에 총을 맞기도 했다. 휘트먼은 각각의 시신 옆에 둔 메모에서 두 여인에 대한 깊은 사랑을 고백했다. 그는 늦잠을 잘 거니 깨우지 말라는 내용의 메모를 어머니가 쓴 것처럼 꾸며 건물 관리인이 볼 수 있게 문틈에 끼워두는 용의주도함도 보였다. 그다음엔 아내가 일하는 전화회사 상사에게 전화를 걸어 그녀가 몸이 좋지 않아 그날은 출근을 못할 거라고 전했다.

시계탑까지 끌고 올라간 트렁크에는 믿을 수 없을 만큼의 탄약과 생존용 보급품이 들어 있었다. 그가 사용한 무기에는 총신을 잘라낸 12구경 장총, 루폴드사의 4배 망원경이 장착된 수동식 노리쇠의 6밀리 레밍턴 소총, 펌프 연사식 35밀리 레밍턴 소총, 30밀리 M-1 소총, 9밀리 루거 권총, 스미스앤웨슨 357 매그넘 그리고 700발 이상의 탄알이 있었고, 거기에 더해 사냥용 칼 세 자루, 마체테, 손도끼가 있었다. 생존용 보급품에는 라비올리 통조림, 소시지, 스팸, 과일, 물, 성냥, 휘발유, 고성능 쌍안경, 커피, 덱세드린, 엑세드린 그리고 자신이 예상하고 있는 뉴스를 확인하기 위한 라디오가 있었다.

휘트먼의 아내와 어머니를 제외하면 희생자들은 무차별적으로 선택되었다. 첫 희생자 세 명은 그가 탑 위에서 자리를 잡는 도중에 발생했다. 마흔두 살이자 두 아들의 엄마이며, 접수부에서 일하던 에드나 타운슬리가 전망대에서 그를 반갑게 맞아주었다. 휘트먼은 개머리판으로 그녀의 두개골이 함몰될 정도로 내려친 다음 그대로 총을 돌려 쐈다. 그녀의 시신을 끌고 가던 중 전망대에서 내려오던 젊은 연인 돈 월든과 셰릴 보츠가 잘생긴 청년이 피투성이 상태로 소총 두 자루를 들고 가는 것을 목격했다. 그들은 이상하다고 생각했지만, 청년이 친근하게 인사를 하자 그대로 계단을 내려가 엘리베이터로 향했다. 다음날 지역 미디어에서는 월든과 보츠를 "오스틴에서 가장 운이 좋은 연인"이라고 묘사했다.

하지만 휘트먼이 다음에 마주친 사람들은 그렇게 운이 좋지 못했다. 마틴 가버, 일명 마크는 텍사스주 텍사카나에서 온 열여섯 살의 고등학생이었고 열여덟 살인 형 마이크는 막 공군사관학교 1학년을 마친 상태였는데, 두 사람은 부모님인 M.J.와 메리와 함께 이모인 마거리트 램포트와 이모부 윌리엄을 만나기 위해 오스틴에 와 있었다. 그 여섯 명이 모두 그날 아침 텍사스대학을 찾았다. 27층에 도착한 그들이 엘리베이터에서 내려 전망대로 올라가는 계단에 이르기 전에, 휘트먼은 에드나 타운슬리의 책상을 계단 끝으로 옮겨 아무도 들어올 수 없게 해둔 상태였다. 메리는 청소부가 그 구역을 정리하고 있는 중이라고 생각했지만, 마크와 마이크는 직접 상황을 확인해보기로 했다. 둘은 책상을 옆으로 물리고 틈 사이로 들어가 상황을 알게 되었다.

휘트먼은 두 사람을 보자마자 몸을 돌려 소총을 발사했고 둘 다 맞혔다. 둘은 충격으로 계단에서 굴러 떨어졌고, 휘트먼은 층계참에서 나머지 가족들을 향해 계속 총을 쐈다. 총격을 마쳤을 때 마크 가버와 마거리트 램포트는 사망했고, 마이크 가버와 그의 어머니는 중상을 입었다.

전망대 바깥에 자리를 잡으려 했던 휘트먼의 계획에 방해가 되었던 사람들은 그들이 마지막이었다. 1.2미터 높이의 석재 흉벽은 보호막이 되어줄 것이고, 좁은 사각형의 세로 홈통은 총구를 내미는 틈으로 쓸 수 있었다.

그런 다음 아주 간단하게 그는 아래를 향해 총격을 시작했고, 네 블록에 이르는 지역을 자신만의 대학살의 장으로 만들었다. 지상에 있던 사람들은 옆 사람이 피바다에 쓰러지는 것을 보면서도 무력하게 고개를 들어 하늘을 볼 뿐이었고, 무슨 일이 일어나고 있는지는 알 수 없었다. 두려움에 휩싸인 사람들은 뭐든 몸을 가릴 수 있는 것(자동차, 가로등, 심지어 우체통과 쓰레기통) 뒤로 숨었다. 이미 부상을 입은 사람들은 어디에 있는지도 모르는 총격범이 자신들을 다시 쏘지 않도록, 지독하게 덥고 태양에 익어버린 것 같은 보도에서 꼼짝도 않고 있었다.

비상 전화가 울리기 시작하고 오스틴 경찰이 갑자기 죽음의 장이 되어버린 교정으로 미친 듯이 달려왔지만 즉각적인 해결책은 없었다. 군사 전략을 연구하고 요새와 고지대의 전략적 이점을 잘 이해하고 있었던 휘트먼은, 충분한 시간을 가지고 대학살을 이어갈 수 있었다.

가장 효과적인 방법은 하늘에서 접근하는 것이라고 신속하게 결정한 경찰은, 경비행기 한 대를 확보했다. 윌리엄슨 카운티의 기간제 부보안관 짐 바우트웰이 용감하게도 조종사에 자원했고, 공중에서 총격범을 제거하기 위해 오스틴 경찰의 메리언 리 경위가 저격수로 함께 탔다. 하지만 탑에 가까이 가자 보도와 콘크리트 건물에서 뿜어져 나오는 열기 때문에 동체가 심하게 흔들렸고, 리는 정확한 사격을 할 수 없었다. 총격범을 맞출 수 있다는 확신이 없는 상태에서, 다른 사람들을 다치게 하는 위험을 감수할 수는 없었다. 휘트먼은 경비행기를 향해 두 발을 쐈고 천으로 덮인 옆면이 찢어졌다.

리는 시계탑의 미상범을 조준할 수 없었지만, 그와 바우트웰은 그럼에도 휘트먼의 관심을 머리 위에 집중하게 함으로써 말할 수 없이 소중한 역할을 해주었다. 지상에 있던 사람들 중 일부가 안전한 곳으로 피신할 수 있었을 뿐 아니라, 스물아홉 살의 오스틴 경찰 소속 경관이자 다섯 살 쌍둥이 딸의 아빠인 라미로 마르티네스, 스물여섯 살의 휴스턴 맥코이가 경찰과 일반인 자원자로 구성된 소규모 습격 팀을 이끌고 전망대로 올라갔다. 모퉁이를 돌아 통로의 북쪽으로 접근한 두 경관은 휘트먼을 발견했다. 마르티네스가 권총을 발사했다. 휘트먼이 돌아서서 카빈 소총을 쏘기 시작했지만, 총탄이 석회석 벽에 맞으면서 생긴 먼지와 파편 때문에 목표물을 볼 수가 없었다. 덕분에 마르티네스를 바로 뒤따라왔던 맥코이가 총격범을 명확히 볼 수 있었다. 휘트먼이 두르고 있던 흰색 헤드밴드를 겨냥한 채 맥코이는 자신의 소총 방아쇠를 당겼고 휘트먼의 눈과 코 부분을 맞췄다. 그가 바닥에 쓰러졌다. 확실히 하기 위해 마르티네스는 맥코이의 소총을 받아서 아직 움직이고 있던 몸에 한 발 더 발사했다.

오후 1시 24분, 첫 총성이 시계탑 주위에 울리고 1시간 30분이 채 지나지 않은 시각이었다.

1966년 미국에서, 이런 종류의 범죄는 '가장 격분을 일으키는 사건'이라고는 할 수 없었지만, 그럼에도 거의 모든 이를 놀라게 할 만했다. 리처드 스펙이 시카고의 간호학교 학생들 아파트에 침입해 여덟 명을 살해한 지 한 달도 지나지 않은 시점이었다. 온 나라가 갑자기 설명할 수 없는 방식으로 무차별 공포가 지배하는 새로운 시기로 접어든 것 같았고, 적어도 범죄와 관련해서는 미국은 순수함을 잃어버렸다. 모두들 이유를 알고 싶어했다. 피할 수 없었던 조사가 시작되면서 수많은 예상 답안이 나왔지만 그중 어떤 것도 이런 행동에는 적합하지 않은 것 같았다.

찰스 휘트먼은 집단살인범이며, 스펙과 함께 많은 사람이 기억하게 될 살인자였다. 하지만 이 범죄와 그 동기를 파악하기 위해서는, 휘트먼을 우리 부서에서 부르는 '암살범 인성'의 관점에서 이해할 필요가 있다. 아마도 많은 이가 이런 평가에는 동의하지 않을 수 있겠지만, 최종 결과가 정치인이나 유명인을 표적 암살한 게 아니라 무의미한 대량 학살이라는 사실은, 범인이 최초의 범죄에 이르게 된 과정에 비해서는 덜 중요하다.

지금 여기서 하고 있는 이야기를 좀 더 살펴보고 그것이 찰스 휘트먼 같은 인물에게 어떻게 적용될 수 있는지 알아보자.

FBI 경력 내내 나와 긴밀하게 협업했던 비밀경호국 소속의 행동과학계 권위자 켄 베이커와 함께 진행한 연구에서, 우리는 이러한 인성 유형의 특징과 그들을 자극하는 요소들이 대단히 일관적이라는 것을 밝혀냈다. 암살범 유형은 백인 외톨이 남성으로 자존감 문제를 겪고 있는 경향이 있다. 놀랄 일은 없는 것이 이는 대규모의 폭력적인 약탈자 유형에 해당한다. 좀 더 구체적으로, 이들은 기능성 편집증을 보이는 경향이 있다. 이는 편집성 조현병과는 구분되어야 한다. 조현병은 손상된 인성을 보이는 심각한 정신이상이다. 하지만 지금 우리가 다루려는 사람들은 망상에 빠지긴 해도 환각 상태에 빠지지는 않는다. 오히려 이들의 편집증은 대단히 조직적이거나 질서정연한 망상 체계라서, 기본 전제만 받아들이면 설득력이 있을 수도 있다. 만약 모든 사람이 특정 개인을 잡으려 하고 그에게 해를 끼칠 준비가 되어 있다는 기본적인 (하지만 망상인) 전제를 받아들인다면, 이 개인이 공격에 나서서 적들이 자신에 맞서 행동하기 전에 먼저 그들을 제압하는 것은 설득력 있는 주장이 된다.

  종종 이 망상 체계가 핵심적 진실에 기반하고 있을 수도 있지만, 그렇게 정의된 문제와 그 문제를 해결하기 위한 행동 사이에는 전혀 관련성이 없다. 예를 들어, 나는 웨스트버지니아주 앨더슨 연방교도소에 수감 중인 맨슨 패밀리의 일원이자 제럴드 포드 대통령을 암살하려 했던 리네트 '스퀴키' 프롬을 인터뷰한 적이 있다. 그녀는 찰스 맨슨이 지적한 문제들은 모두 환경오염 및 부패와 관련이 있다고 했는데, 그 점에 대해서 나는 어떤 이의도 없다. 하지만 그런 문제와 대통령 암살 시도는 무슨 관계가 있을까? 분명, 그녀는 그런 문제들에 대해 "관심을 불러일으키려 했다"고 말할 수 있지만, 그보다는 훨씬 더 효과적인 방법이 많다. 하지만 아무리 상상을 해봐도 암살을 통해 프롬이 걱정하고 있다고 주장한 상황을 개선시킬 수는 없다. 그보다는 이런 식의 행동을 해야만 했던 욕구는 더 깊은 감정적 문제를 드러내준다. 대부분의 사건에서 정치적 요소는 그저 폭력적 행동을 정당화하는 장식에 불과하다.

분명, 스퀴키는 여성이라는 점에서 암살범 유형으로는 흔치 않은 경우다. 하지만 다른 여러 면모에서 그녀는 이 틀에 맞아들어간다. 그중에서도 가장 중요한 점은 자신의 인성이나 판단을 더 큰 집단에 종속시키고 권위 있는 지도자를 따른다는 것이다. 암살범들은 일반적으로 지도자가 아니며, 그들이 강력하고 카리스마 있는 사람들에게 끌리는 이유들 중 하나는, 의식적으로든 무의식적으로든 스스로 자신의 감정적 단점으로 여기고 있는 면을 보상하기 위해서다. 연쇄살인범과 마찬가지로 이들도 대부분 문제가 있는 어린 시절을 겪었다.

그들은 다른 방식으로 단점을 보상해보려고 여러 차례 노력한다. 흔한 것 중 하나는 짐작하시겠지만 총에 대한 페티시즘이다. 그들은 아버지를 따라 총이나 사냥에 입문하는 경우가 잦지만, 나이가 들면서 총에 대한 매혹은 증가하고 무기와 화약을 모으기 시작한다. 총은 이 부적격한 인성에 힘을 주는, 그들이 원할 때마다 조종, 지배, 통제라는 오래된 세 가지 지원군을 얻을 수 있게 해주는 수단이다.

암살범들이 보이는 또 다른 현저한 특징은 그들이 스스로를 표현하는 방식이다. 이들 중 대다수가 일기 혹은 일지를 쓰는데, 다른 사람들처럼 특정한 날에 있었던 일이나 느꼈던 감정뿐 아니라, 그들에게 가해진 사소한 일이나 상상 속의 음모 그리고 그런 것들에 어떻게 대처할지를 세세하게 밝히는 계획까지 기록한다. 이들에게는 친한 친구나 믿을 만한 사람이 없기 때문에, 사회적으로 고립된 이들은 그 비밀 소통수단을 통해 스스로**에게** 자신을 표현한다. 많은 경우 그들은 일기 쓰기를 통해 범죄를 저지를 준비를 하게 된다.

1972년 매릴랜드주 로렐에서 앨라배마 주지사이자 대통령 후보였던 조지 월러스를 암살하려 했던 아서 브레머도 세세한 일기를 적었다. 1968년 로스앤젤레스에서 로버트 케네디 상원의원을 암살한 시르한 비샤라 시르한도 그랬다. 브레머는 월러스 주지사에게 특별한 반감은 없었다. 실제로 그는 처음에는 리처드 닉슨 대통령을 암살할 계획이었는데, 그랬다면 자신은 더 큰 영광과 언론의 조명을 받을 수 있을 것이기 때문이었다. 하지만 대통령은 브레머가 접근하기에는 경호가 너무 삼엄했다. 습격 후에 FBI는 브레머의 세세한 일기를 발견했는데, 거기서 그는 스스로 부적격이라는 느낌을 강하게 느끼는, 데이트도 하지 못하고 친한 친구도 없는 인물임이 밝혀졌다. 그는 밀워키 은행을 털고 강물 위의 다리로 도주하는 환상을 적었다. 거기서 경찰을 마주치면 다리 위에서 뛰어내리고, 떨어지는 동안 자신의 머리에 총을 쏠 거라고 했다. 그렇게, 난생 처음으로 그는 그렇게 뭔가 화려한 행동을 할 생각이었다.

찰스 휘트먼도 암살범 인성이었을까? 한번 살펴보자.

겉으로 드러나는 모습만 보면 휘트먼은 국가대표 청년 같다. 얼굴이 잘 생겼고 매력적인 편이다. 교사가 될 예정인 금발의 아름다운 아내도 있었다. 전직 해병이며 자신은 엔지니어가 될 예정이었다. 하지만 혼란스러운 요소는 그런 표면 아래에서 진행 중이었다.

찰스 조지프 휘트먼은 1941년 6월 24일 태어났고 삼형제 중 첫째였다. 여섯 살이 될 때까지 그의 가족은 여덟 번 이상 이사했고 마침내 플로리다주 레이크 워스에 정착했다. 그는 가톨릭계 학교를 다녔고 웨스트 팜비치 고등학교의 1972년 졸업반에서 전체 7등으로 졸업했다. 가톨릭 교육은 신실한 어머니 마거리트의 영향이었는데, 그녀를 아는 사람들은 모두 그녀가 우아하고 너그러운 사람이라고 했다. 한때 그녀의 아들 찰리는 전 세계 최연소 이글스카우트였다. 그는 뛰어난 피아니스트였고 어릴 때부터 총기에 열광했다.

그의 아버지 찰스 아돌푸스 휘트먼, C. A.로 알려진 그는 조지아주의 고아원에서 보낸 어린 시절을 극복하고, 배관공사로 잘 나가는 성공한 사업가가 되었다. 정식 교육에서 얻지 못한 것들을 의지와 성실함으로 만회했다. 그는 마거리트를 자주 때렸으며, 세 아이들에게도 엄격한 훈육으로 가혹한 신체적 체벌을 하기도 했다. 훗날 노인이 된 휘트먼은 아내를 대했던 자신의 방식이 수치스럽다고 인정했지만, 아내에 대한 사랑은 여전하다고 이야기하면서도 그런 행동은 나쁜 성격과 마거리트의 고집 때문이었다고 했다.

자녀들을 다룬 방식에 대해서 그는 괜찮았다고 회상했다. 아들의 학살극 직후에 했던 『뉴스위크』와의 인터뷰에서 그는 이렇게 말했다. "아들 셋은 모두 '네, 아버님' 혹은 '아닙니다, 아버님'이라고 말해야 했습니다. 애들은 저를 경계했죠. 지금 돌아봐도 나는 매질을 했던 게 부끄럽지 않습니다. 사실대로 말하자면 매가 부족했던 것 같네요. 애들이 받았던 것보다 더 많은 벌을 받았어야 했다고 생각합니다."

어쩌면 C.A.만의 기억일 수 있지만, 열여덟 살 생일 직후에 찰리가 친구들과 술을 먹고 눈에 띄게 취해서 돌아온 적이 있었다. 아버지는 그를 심하게 두들겨 패고 그대로 뒷마당의 수영장에 던져버렸다. 몇몇 이야기에 따르면 찰리는 거의 익사할 뻔했다. 그게 그에게는 마지막 지푸라기였다. 그는 조지아테크에 가려던 계획을 버리고, 자신이 어떤 일이든 할 수 있을 만큼 강하다는 것을 아버지에게 보이기 위해 해병대에 입대했다.

어떤 면에선, 아버지 덕분에 찰리는 해병대에 들어가서도 유리한 점이 있었다. C.A.는 스스로를 총기광이며 '대단한 사냥꾼'이라고 했는데, 아들에게도 경험을 전해주는 바람에 찰리는 입대하고 오래 지나지 않아 명사수 판정을 받고 능숙한 저격수가 되었다. 민간인일 때와 마찬가지로 군대에서도 그는 자신의 무기를 대단히 자랑스러워했다.

휘트먼이 해병대에 입대한 동기는 스퀴키 프롬이 맨슨 패밀리와 엮이게 된 동기와 어느 정도 비슷하다고 해석할 수 있다. 두 사람 모두 자신들보다 크고 견실한 무엇으로부터 개인적 의미와 방향을 얻으려 시도했다. 하지만 아버지와의 관계에서와 마찬가지로, 찰리와 해병대의 관계에서도 문제가 생겼다.

그는 해군 및 해병대 장학금 시험에서 충분한 점수를 얻었으며, 덕분에 대학 교육을 받고 장교 임관 자격을 갖출 수 있었다. 1961년 9월 15일에 텍사스대학에 공학 전공으로 입학했다. 그때까지는 모든 것이 좋았지만, 이미 위험한 인성의 일부 조짐들이 나타나기 시작했다. 그는 포커를 즐겼지만 종종 도박 빚을 갚지 못했다. 밀렵을 심각하게 생각하는 주에서 불법적으로 사냥을 다녔다. 어떤 수업에서는 실수로 자신의 자리에 앉은 사우디아라비아 학생을 공격했다. 총으로 다른 차의 운전자들을 위협하기도 했다. 한번은 텍사스대학의 시계탑이 모든 군대를 피해서 사람들을 쏘기에 좋은 장소라고 친구에게 말한 적도 있었다. 성적인 연쇄 약탈 범죄가 환상에서 시작되듯 휘트먼도 그랬다. 교정을 지나며 시계탑을 올려볼 때마다 그 환상은 더욱 강화되었다.

첫해를 보낸 후 여름, 그러니까 1962년 8월에 그는 텍사스주 니드빌 출신의 연인 캐시 리스너와 결혼했다. 그녀는 그의 행동을 어느 정도 누그러뜨려주었다. 분명 두 사람은 근사하고 매력적인 부부로 보였다.

하지만 휘트먼에게 내리막길이 계속되었다. 학점은 그리 좋지 못했고, 해병대에서는 그의 장학금을 취소하고 노스캐롤라이나 레준 부대의 현역으로 복귀시켰다. 캐시는 오스틴에 남아 학위를 마쳤다. 그리고 1963년 11월, 휘트먼은 동료 해병 위협 및 불법 무기 소지 등 다양한 혐의로 군사법정에 섰다. 그는 중노동 30일, 구류 30일, 상등병에서 일등병으로의 강등을 선고받았다. 이 시기에 휘트먼은 일기를 자세히 적었는데 이는 암살범 유형의 또 다른 특징이다. 일기에서 그는 해병대에 대해 새로 생긴 증오를 기록했고(해병대는 또 하나의 벌주는 아버지였을 뿐일까?), 자신이 폭발하지 않게 막아주는 건 캐시에 대한 사랑밖에 없다고 했다. 그는 자신의 일기를 '찰스 J.

휘트먼의 일간 기록'이라고 불렀다.

그는 1964년 12월 해병을 제대하고 1965년 텍사스대학에 복학했다. 삶의 다른 면에서 그랬던 것처럼 새로운 학교생활에서도 무자비하고 강박적인 모습을 보였다. 처방약 암페타민인 덱세드린을 먹으며 며칠씩 잠을 자지 않기도 했다.

그리고 돌아보면 휘트먼의 삶에서 또 하나의 스트레스 요인이었음이 분명한 일이 있었다. 1966년 봄, 그의 부모가 별거했다. 마거리트가 마침내 자신을 대하는 C. A.의 행동이 지긋지긋해진 것이다. 찰리는 어머니를 오스틴으로 다시 데리고 오기 위해 플로리다까지 차를 몰고 갔는데, 아버지가 어머니를 죽일까 진심으로 두려웠다고 했다. 거의 즉시 C. A.는 전화를 걸어 마거리트에게 돌아오라고 간청했고, 다시는 그녀에게 손찌검을 하지 않겠다고 맹세했다. 하지만 찰리는 그 말을 조금도 믿지 않았다. 어머니의 행동이 마침내 자신의 두려운 감정에서 벗어날 수 있게 한 것처럼 보이며, 그는 어떤 교수에게 아버지를 죽이고 싶었다고 고백하기도 했다. 그가 한 번 찾아간 적이 있었던 교내 정신과 의사는 나중에 이렇게 말했다. "그는 적대감으로 가득했다."

이 소동을 겪는 동안 당연히 성적은 곤두박질쳤고, 휘트먼은 다시 한 번 낙제를 걱정했다. 그 모든 일에 더해 그는 아버지의 경멸할 만한 행동을 따라하기 시작했다. 말다툼 중에 적어도 두 번 이상 캐시를 때렸다. 소문에 따르면 한 번은 그녀가 집주인에게 안전을 위해 집에 있는 총을 치워버리고 싶지만, "남편이 다시 때릴 것" 같아서 그럴 수 없다고 말한 적이 있었다. 그녀는 친정 부모에게 남편이 불같은 성미를 못 이기고 언젠가 자신을 죽일 것만 같다고 고백한 적도 있는데, 이는 어머니에 대한 아버지의 행동을 걱정했던 찰리의 모습과 똑같았다.

찰리는 즉시 후회하며 더 잘할 것을 맹세하고 자신이 편안함을 느끼는 방식으로, 즉 자신에게 쓰는 일기 같은 글에 색인 카드를 붙이고 그 맹세를 기록했다. 오스틴 경찰에 의해 사살당한 후 공개된 그 일기에 "캐시와 관련해 명심할 점"이라는 제목 아래 다음과 같이 적혀 있었다. "1.잔소리하지 않을 것 2.아내를 바꾸려고 애쓰지 않을 것 3.비판하지 않을 것 4.감사하는 마음을 솔직히 전할 것 5.관심을 줄일 것 6.예의바르게 대할 것 7.**다정하게 대할 것**."

찰스 휘트먼이 자신을 정의하고 자신의 위치를 역사에 확고하게 남기게 될 마지막 행동을 계획하는 동안, 그가 그런 소통을 글로 남긴 것도 놀랄 일이 아니다. 그 글은 이렇게 시작했다. "나로 하여금 이 편지를 쓰게 만드는 것이 무엇인지 이해할 수 없다. 어쩌면 최근에 내가 했던 행동들에 대해 희미하게나마 이유를 남기려는 것인지도 모른다."

자신이 받은 스트레스에 대해 길게 적고 있는 첫 문단에 이어, 그는 두 번째 문단을 이어갔다.

많이 생각한 끝에 나는 아내 캐시를 죽이기로 결정했다. 오늘 밤 전화회사 일을 마친 아내를 태우고 와서 말이다. 나는 아내를 진정으로 사랑하고 그녀는 그 어떤 남자도 기대할 수 없을 만큼 근사한 아내였다. 나는 이렇게 하는 정확한 이유를 **이성저그로**[원문] 콕 집어 말할 수 없다. 그저 이기심인지, 아니면 나의 행동이 분명 아내에게 가져다 줄 **수취심**[원문]을 그녀가 느끼지 않도록 하기 위해서인지 모르겠다. 하지만 이것 한 가지, 머릿속에 있는 **학실한**[원문] 이유는, 나는 이 세상이 진정으로 살만한 곳이 아니라고 생각한다는 것, 나는 죽을 준비가 되어 있다는 것 그리고 아내 혼자 남아 고통스러워하는 것을 원하지 않는다는 것이다. 아내는 최대한 고통 없이 죽일 생각이다.

총검으로 가슴을 몇 차례 찔리는 것보다 덜 고통스럽게 죽음을 맞이하는 방식은 나도 생각할 수 있다. 그나마 배려한 부분은 그녀가 자는 동안 찔렀다는 점일 것이다. 흥미로운 점은 그는 자신이 아는 희생자를 죽일 때는 가까이 마주하는 상태에서 죽였다는 사실이다. 낯선 사람들은 대부분 비인격적인 거리를 유지한 상태에서 사망했다. 하지만 이 자는 자신의 이기심과 자기애를 '최선'이라고 합리화하는 인물이다. 존 리스트의 그림자가 느껴진다. 주된 차이는, 휘트먼은 아내와 어머니의 목숨을 앗은 후에 자신도 곧 뒤따를 것임을 알았다는 점이다. 그리고 바로 그것이 같은 글 세 번째 문단에 ― 어머니를 죽이는 비슷한 이유를 적은 부분이다 ― 담겨 있다.

그 편지는 경찰이 발견할 수 있게 그의 집에 캐시의 시신과 함께 놓여 있었다.

정치 암살범과 달리 찰스 휘트먼은 자신의 분노나 강박을 표출할 특정 목표를 찾지 못했고, 그 점이 8월의 뜨거운 여름날 그 모든 사람이 죽어야 했던 이유다. 내 생각에 동기는 자기 자신과 주변 사람들에 대한 자신의 생각을 공표하는 것, 오랫동안 하려 했지만 성공하지 못했던 그 일이었다.

3년 전, 존 케네디 암살 사건에서 자신 역시 암살당할 뻔했던 텍사스 주지사 존 코널리는 **왜?**라는 질문에 대답을 얻기 위해 위원회를 구성했다. 하지만 저명한 정신분석가와 과학자들로 구성된 패널들은 최종적으로 다음과 같은 결론을 내렸다. "찰스 J. 휘트먼의 최근의 정신의학적 감정이 없는 상태에서, 위원회가 공식적인 정신과적 진단을 내리는 것은 불가능하다."

휘트먼이 보인 행동의 동기가 되었을 수도 있는 또 다른 요소가 하나 있었다. 대학살 후 실시된 그의 시신에 대한 부검에서 콜먼 드 시나 박사는 "뇌의 가운데 부분, 그러니까 적핵 부분 바로 위, 회색 시상 아래 백질에서 작은 종양을 발견했다."

이 뇌종양은 지난 30여 년 간 끊임없는 추측의 대상이었으며, 폭력적이고 반사회적인 행동의 진원지에 대한 논쟁과 직접 관련이 있기도 하다. 폭력의 유기적이고 생리학적인 기원을 믿는 사람들은, 이것이 휘트먼이 '갑자기' 수많은 무고한 사람을 살해한 이유를 설명해준다고 여기고 있다.

이 문제에 대해 모두가 만족할 수 있는 해결책은 절대 얻을 수 없다. 전문 영역이 아니기 때문에 다른 전문가들의 작업을 바탕으로 내 의견을 말하자면, 이 종양은 우연한 발견일 뿐이며 진짜 대답은 우리가 묘사하고 있는 특정 인성에서 찾아야 한다는 것이다.

조지워싱턴대학 메디컬 센터의 신경학 교수 리처드 레스탁 박사는 국내 최고의 신경정신의학자 중 한 명이다. 그는 콴티코의 우리 부서에 자주 자문을 제공하며 이 분야에서 많은 업적을 냈다. 1996년 7월에 발간된 '뇌 손상과 법적 책임'을 다룬 학회지 **『임상신경정신의학 세미나』**의 특별편집자이기도 했던 레스탁은 서서히 진행 중이던 이 종양의 크기나 위치, 특징에 근거해 그것이 휘트먼의 행동에서 갖는 의미를 부정했다.

"전두엽 손상은 정신병리학적 반응과 관련이 있는 것으로 여겨져 왔다. 하지만 중뇌의 이 종양은 전두엽이 관여하는 정신병질로 볼 수 없다. 또한 이것은 충동 조절이나 계획에 영향을 미치는 종류의 종양도 아니다. 이런 활동에서는 자극과 반응 사이에 둘 이상의 시냅스가 필요하며, 많으면 많을수록 어떤 행동을 하기 전 스스로 검토할 가능성도 높아진다."

그리고 이 점에서는 사건의 진실 자체가 이미 스스로 말하고 있다. 휘트먼은 자신의 마지막 날들을 정교하게 계획했다. 전체 과정에서 우발적이거나 충동적인 부분은 전혀 없었다. 그는 적어도 1주일 전에 범행 장소를 조사했고, 중무장을 했으며, 상황이 닥치면 며칠 혹은 몇 주를 버틸 수 있는 식량과 물을 준비했다. 어머니의 아파트에 메모를 남기고 캐시의 직장 상사에게 전화함으로써, 시신이 발견되기 전에 효과적으로 시간을 벌었다. 하지만 브래드 비숍, 심지어 존 리스트 같은 자들과 달리 휘트먼은 도주를 시도하지는 않았다. 그는 단지 자신의 계획을 완수하기를 원했을 뿐이다.

기질적으로 유도된 충동성이 그의 문제였다면, 휘트먼은 사정권에 들어온 자동차들까지 쏘았을 것이다. 그는 오직 사람에게만 관심을 보였다. 그리고 신체 기능 역시 아무런 영향을 받지 않았다. 모든 면에서 볼 때 그는 해병대 저격수 훈련에서 사용했던 표적을 다룰 때와 마찬가지로 실제 사람들을 쏠 때도 효율적이었다. 그는 450미터 떨어진 곳에서 길을 건너는 남성을 맞췄다.

레스탁은 이렇게 말한다. "뇌종양을 겪는 사람은 꽤 있습니다. 하지만 그들이 그것 때문에 탑에 올라가 총을 쏘지는 않습니다."

다른 말로 하면, 단순히 작고 서서히 진행 중이던 종양을 하나 발견한 일은 특정 종류의 탈선 행동과 관련해서는 다리 골절 혹은 당뇨만큼의 영향도 미치지 못한다. 그것은 신체와 관련한 우연적인 발견일 뿐이다. 일종의 구체적인 설명을 얻는 일은 언제나 위안을 주지만, 이 사건에서는 내가 다루었던 수많은 사건과 마찬가지로 그런 시도가 대단히 부적절하다.

우리의 조사에 따르면, 순수하게 정신병과 관련해서도 심각한 정신이상을 겪고 있는 사람들은 자신들의 범죄를 수행하는 데 효율적인 모습을 좀처럼 보이지 못하는 것으로 드러났다.

앞서 언급한 레스탁의 학술지에서, 변호사이자 펜실베이니아대학 로스쿨 교수인 스티븐 J. 모스 박사는 「뇌와 비난 Brain and Blame」이라는 기사를 통해 인과성과 책임에 대해 흥미롭고도 통찰력 있는 입장을 취했다. 그는 이렇게 적고 있다.

예를 들어 휘트먼이 무고한 사람들을 집단적으로 살해함으로써 시상에 영원한 평화를 가져올 수 있다고 믿었다면, 그 망상적인 믿음이 병리학적 상태에 빠진 뇌 때문이든 혹은 어린 시절의 정신적 외상이나 그 어떤 것 때문이든 상관없이 그에게는 이유가 있다. 하지만 휘트먼이 단순히 화가 난 사람이고, 삶이 자신을 함부로 대했으며, 자신은 비참했던 그 삶에 의미를 주는 영광의 불꽃 속에 사라질 거라고 믿었다면, 그 믿음이 종양이나 어린 시절의 정신적 외상, 불행했던 인성 혹은 그 어떤 것의 결과든 상관없이, 그는 불운하지만 책임을 져야 하는 사람이다.

우리가 다루었던 대부분의 다른 폭력 범죄자들처럼, 찰스 휘트먼은 그 결과와 도덕적 의미를 충분히 염두에 둔 상태에서, 행동하기로 선택한 것이다.

1979년 4월 27일 오후 1시가 갓 지났을 무렵, 텍사스주 샌안토니오의 거리에는 '피에스타 꽃 전쟁 축제'의 시작을 기다리는 30만 명의 군중이 모여 있었다. 벤저민 해리슨 대통령이 도시를 방문했던 1891년부터 이어진 전통적인 시가행진이었다. 프랑스에 있는 비슷한 축제를 모방해서, 사람들이 서로에게 꽃을 던지는 '전쟁'을 하며 그를 맞이해줄 예정이었다. 그 최초의 시가행진은 비 때문에 망쳤다. 그럼에도 그것은 주州를 위해 희생한 텍사스인들을 기리는 연례 행사가 되었다. 그리고 1979년에는 비보다 훨씬 심각한 일 때문에 행사를 망치게 된다.

갑자기 그레이슨가와 브로드웨이가 만나는 교차로에 모여 있던 약 5000명의 사람이 몸을 피해야만 했다. 시가행진이 시작되는 지점에 주차되어 있던 이동식 주택, 녹색과 흰색이 섞인 위네바고에서 '중무장'한 총잡이가 군중을 향해 총을 쏘기 시작했다. 여성 2명이 사망하고 약 50명의 사람들이 부상을 입었다. 적어도 30명은 총상이었고, 나머지는 피신하는 과정에서 다친 것이었다. 피해자 조사에 따르면 첫 번째 목표는 교차로를 지키고 있던 6명의 경관이었다. 그다음으로 이 총잡이는 시가행렬의 구경꾼들을 공격했다. 목표물을 신중하게 골랐던 찰스 휘트먼과 달리, 한 목격자의 증언에 따르면 이 자는 "움직이는 건 뭐든" 쐈다.

자신의 이동식 주택에서 경찰을 향해 총을 쏘기 시작하면서 이 저격범은 "배신자들, 배신자들, 배신자들!"이라고 외쳤다.

한 여성과 딸, 그녀의 어린 아들을 어깨에 앉히고 달려가던 딸의 남자친구가 문제의 위네바고 옆을 지나가고 있었다. 저격범은 아이를 자동차 안으로 잡아당겼지만 일행이 간신히 빼낼 수 있었다.

총격은 30분 정도 이어졌다. 1시 45분, 갑자기 취소된 시가행진이 다시 시작되려던 무렵, 샌안토니오 경찰 특수기동대가 옆 건물 지붕에서 이동식 주택을 향해 총탄과 최루탄을 발사했다. 기동대가 들이닥쳤을 때 38밀리 권총으로 스스로 오른쪽 귀를 쏘고 사망한 예순네 살의 아이라 아테베리의 시신이 있었다. 경찰은 또한 15종의 화기를 발견했는데, 2연발 산탄총 한 자루, 반자동 권총 한 자루, 소총 아홉 자루, 38밀리 권총 네 자루였다.

경관 중 한 명이 기자들에게 말했다. "전쟁을 일으키기에 충분한 탄약을 가지고 있었습니다."

사망한 피해자는 스물여섯 살의 아이다 롱과 마흔여덟 살의 아말리아 카스티요였다. 카스티요 부인은 여섯 살 손녀를 보호하기 위해 아이 위로 몸을 던졌다. 각각 여덟 살과 열한 살이었던 카스티요 부인의 자녀들은 부상을 입었지만 회복되었다.

또 하나의 무감각하고 충격적인 집단살인이며, 찰스 휘트먼과 마찬가지로 아이라 아테베리 역시 편집증적 암살범을 대표하는 인물이다.(사실 그는 너무나 전통적인 부류라서 나는 콴티코의 수업 시간에 이 사건을 자주 활용한다.) 이는 샌안토니오 경관 출신으로 FBI국립교육원에서 수업을 들었던 학생이 알려준 사건이었다.

사망 직후에 밝혀진 바에 따르면, 아이라 아테베리는 퇴직한 트럭 기사였는데(이는 본질적으로 외로운 직업이다) 열네 살 어린 동생 로이는 형이 최근 몇 년간 규칙적인 일을 하지 못했다고 했다. 아이라는 과체중이었으며 심장질환 때문에 장애인 지원금을 받고 있었다. 제2차 세계대전 중에는 해안경비대에서 복무했다. 하지만 로이의 말에 따르면 사냥 이외에 특별히 총기 관련 훈련을 받은 적은 없다고 했다. 그의 가족은 그가 소유한 무기의 숫자를 듣고 충격을 받았다. 결혼은 한 번도 하지 않았다.

동생은 그가 늘 고집이 세고 신경질적이었으며, 아버지와 자주 싸웠고, 트럭 기사의 유목민 같은 삶을 추구하며 고등학교를 그만뒀다고 했다. 범죄가 있기 1년 전, 아테베리는 편집증적인 행동 때문에 트레일러 공원에서 쫓겨난 적이 있었다. 그는 경찰이 늘 자신을 감시하고 있고, 이웃들이 자신의 물건을 훔쳐간다고 주장했다. 그는 이웃 한 명이 자신의 차에서 배터리를 훔쳐갔다고 의심했다. 또한 경찰이 자신의 식수원에 독을 탔다고도 의심했다. 로이는 형이 최근 몇 년 사이에 점점 더 편집증적으로 되어갔다고 했다.

마지막으로 살았던 집의 주인은 그가 조용한 외톨이였고, 은행을 두려워했기 때문에 집세는 늘 현금으로 냈다고 했다. 또한 그는 아무도 집안을 볼 수 없게 창문을 가린 채로 지냈다. 주인에게는 시가행진 후에 잠시 집을 비울 거라고 이야기했다.

휘트먼과 마찬가지로, 아테베리 또한 계획을 세웠다는 증거가 있다. 1주일 전 그는 시가행진의 출발점 가까이 있는 타이어 상점에 자신의 이동식 주택을 주차할 수 있게 허락해달라고 요청했다. 전날에는 위네바고를 세차했다. 시가행진을 위한 무대를 준비하는 동안, 그 여가용 차량을 발견한 구경꾼들은 그렇게 좋은 자리를 차지하려고 애를 쓴 사람이 창문 가리개를 모두 내리고 있는 게 이상하다고 생각했다.

아테베리는 아칸소주 경계선 근처에 있는 미주리의 농가에서, 7남 2녀 중 한 명으로 자랐다. 사건이 있기 15년 전, 그는 오하이오에서 두 여성이 사망하는 교통사고에 휘말렸다. 여성들의 과실로 밝혀졌지만(여성들의 차가 빨간불에 달렸고 그의 트럭이 그대로 밀어버렸다) 그는 트럭 안에 갇힌 채 불길에 휩싸일까봐 두려워했다. 제대 군인 관리국에서 운영하는 병원에서 몇 달을 보냈지만 그의 건강 상태는 계속 나빴다. 그 사고로 트럭 운전 경력은 사실상 끝나버렸지만, 그는 저축과 연금, 장애인 지원금, 가족 소유 농장의 임대료 지분 덕분에 재정적으로는 자급자족할 수 있었다. 아테베리는 트럭 기사의 유목민 삶을 이동식 주택에 사는 퇴직자 삶으로 대체했다. 자신의 삶에 의미와 방향이 있다고 느낄 수만 있었다면 아무 문제가 없었겠지만, 일단 일을 할 수 없게 되자 시간이 많아지면서 그의 편집증적 경향은 점점 더 커지고 깨어 있을 때의 생각 전부를 잡아먹었다. 1975년 그는 자신의 묘표墓標를 구입했다.

"그 사고 이후로 상황이 달라졌습니다." 또 다른 형제 하워드가 AP통신에 말했다. "사실이 아닌 것들을 상상했어요."

여기서도 휘트먼의 종양과 유사한 요소가 있는 걸까? 교통사고가 뭔가 생리적인 변화를 일으킨 걸까? 활달하고 사람들과 잘 어울리는 어떤 사람의 인성이 갑자기 바뀐 경우라면 그런 가정은 확실히 가능하다. 하지만 그렇다고 해도, 그래서 다른 사람들이 자신을 공격하고 있다는 망상에 시달리게 되었다고 해도, 그것이 자신의 행동이 가지고 올 결과를 이해하지 못했다거나, 옳은 것과 잘못된 것을 구분할 수 없었다는 증거가 될 수는 없다.

여기서 우리는 전통적인 편집증적 외톨이를 구성하는 요소들, 즉, 배우자나 친구 없음, 홀로 지내는 생활, 다량의 총기 등을 확인할 수 있다. 심지어 그는 자신의 물건들이 시선을 벗어날 일이 절대 없는 이동식 주택에서 살고 있었다. 전하는 바에 따르면 그는 심지어 누가 노크를 해도 문을 열지 않았으며, 자신을 부르는 사람이 있으면 창문의 커튼 뒤에서 이야기를 나누었다고 한다.

아테베리는 자신의 편집증적 분노를 표출하고 이름을 알리기 위한 대상으로 왜 특정 유명인이 아니라 낯선 군중을 선택했을까? 자신의 '명분'을 지적으로 포장할 수 있을 만큼 치밀하지 못했을 수도 있다. 혹은 적어도 자신의 감정과 동기에 대해 충분히 인지하고 있었기 때문에, 그럴 필요 자체를 느끼지 못했을 수도 있다.

이런 부류는 심지어 교도소에서도 인터뷰가 어렵다. 이들은 눈을 맞추거나 상대를 바라보려 하지 않는다. 상대를 지극히 불신하는데,

나처럼 FBI를 대표하는 사람, 즉 자신들의 망상 체계에 쉽게 포함될 수 있는 사람에 대해서는 특히 그렇다. 이런 자를 인터뷰해보면 집단으로 일하는 것을 어려워하는 사람임을 금세 알 수 있다. 아무도 믿지 않기 때문에 음모에 가담하는 것은 사실상 불가능할 것이다. 거꾸로 그를 믿는 사람도 없는데, 그가 대단히 괴상해 보이기 때문이다. 아서 브레머를 인터뷰 했을 때, 나는 그에게서 많은 정보를 얻을 수 없었는데, 그가 나를 의심하고 내게 숨은 동기가 있을 거라고 확신했기 때문이었다. 대부분의 암살범 유형과 마찬가지로 그는 나를 똑바로 바라보지 않았고 내 쪽에서 자신을 똑바로 바라보면 눈에 띄게 불편해했다. 모순적이게도 당시 분리주의자였던 조지 월러스에 대한 암살 시도 후에, 브레머는 교정시설의 수많은 흑인 수감자들 사이에서 영웅 비슷한 존재가 되었다. 그는 남은 평생을 갇혀서 지내야 했지만 자신이 절박하게 원했던 지위는 어느 정도 획득할 수 있었다.

법 집행의 관점에서 볼 때 문제는 이런 부류를 어떻게 알아볼 것인가 하는 점이다. 단순히 누군가가 외톨이로 지낸다고 해서 암살범이 될 거라는 뜻은 아니다. 하지만 주변에서 그를 지켜보는 사람이 아무도 없다면 그가 위험해진다고 해도 알 수가 없다. 아이라 아테베리 같은 이들은 현대 생활에서 예측할 수 없는 위험이 되어버렸다.

이런 유형이 결혼을 하거나 좀 더 짜임새 있는 직업 혹은 사회적 상황에 놓여 있다면 알아볼 기회가 더 있겠지만, 그런 기회 역시 종종 놓쳐버리기도 한다.

제임스 휴버티는 공산주의의 위협에 불만을 표하고, 소련 첩자들에 불만을 표하고, CIA가 자신을 미행하고 있으며 군대가 자신이 취직을 할 수 없게 막고 있다는 사실에 불만을 표했다. 그는 지미 카터 대통령에 대해 불만을 표했고, 그다음엔 로널드 레이건 대통령에 대해 불만을 표했다. 이웃들은 그의 성미와 호전적인 태도를 걱정했고, 그가 문을 걸어 잠그고 블라인드를 내린 채 쏘곤 하는 다량의 총기와 "출입금지" 혹은 "개조심"이라고 적힌 경고판을 걱정했다.

1984년 7월 18일 수요일 오후 4시, 마흔한 살의 제임스 올리버 휴버티는 위장용 전투복 바지 차림으로 티후아나 인근 멕시코 국경 바로 위, 캘리포니아주 샌디에이고 카운티 최남단의 샌이시드로에 있는 자신의 아파트에서 한 블록 떨어진 맥도널드 매장으로 들어가, 펌프 연사식 12구경 윈체스터 소총을 발포했다. 그 총을 놓치고는 9밀리미터 우지 기관단총으로 근접거리에서 스물두 살의 점장 네바 케인을 쏘았다. 그녀는 몇 분 후 사망했다. 윈체스터와 우지 외에 휴버티는 9밀리미터 브라우닝 반자동 권총도 지니고 있었다. 약 1시간 15분 동안 이어진 대학살에서 휴버티는 21명을 죽이고 19명에게 부상을 입힌 후 경찰에 의한 자살을 택했는데, 특수기동대의 저격수가 가슴을 깨끗하게 관통시켰다.

조사 결과 섬뜩할 정도로 익숙한 세부사항들이 드러났다. 수많은 다른 암살범들처럼 제임스 휴버티는 아무 것도 제대로 해낼 수 없었던 것으로 보인다. 그는 1942년 10월, 오하이오주 캔튼에서 태어났다. 아버지 얼은 롤러 베어링 공장의 감독관이었지만 실제로는 농부가 되기를 원했다. 짐이 일곱 살 때 얼은 마침내 자신의 꿈을 실현

하는데, 여전히 공장에서 일하면서 도심에서 30킬로미터 떨어진 곳에 농장을 구입했다. 하지만 가족 내에서 지불해야 할 대가가 아주 컸다. 얼의 아내 아이클은 시내에서 벗어나기를 거부했고, 농장에서는 아무것도 하고 싶지 않다고 했다. 그녀는 전도에서 자신만의 미래를 찾기로 했는데, 그녀가 선교 활동을 위해 서부의 인디언 보호구역에서 떠나면서, 짐과 누나 루스를 돌보는 일은 얼의 몫이 되었다. 이미 소아마비를 앓아 다리에 부목을 달고 다니며 친구들의 놀림을 받고 있던 어린 짐은, 도대체 무슨 하느님이 그런 고통을 내리고 어머니가 집을 나가게 하는 것인지 이해할 수 없었다.

휴버티는 고독하게 세상을 등진 채 자랐고, 소아마비로 인한 부자연스러운 걸음걸이 때문에 늘 눈에 띄었다. 그는 총을 알게 되었고 난생처음으로 힘을 얻은 것 같은 느낌이 들었다. 자라면서 총에 대한 사랑도 커졌다. 마침내 그는 자신만의 무기고를 갖출 수 있게 되었다.

오하이오주 애플 크릭의 웨인즈데일 고등학교를 마친 후 그는 캔튼에 있는 말론대학에 진학했지만, 중퇴 후 장의 사업을 하기로 결심하고 펜실베이니아의 장례학교에 다녔다. 말론에서 만난 에트나 마크랜드와 결혼하고 캔튼에 있는 장례회사에 일자리를 얻었다. 2년 후 휴버티는 해고되었다. 업무는 문제가 없었지만 그는 살아 있는 사람과 관련해서 아무 기술이 없었고, 유족이나 다른 애도객들을 불편하게 했다. 어떤 사람이 살아 있는 사람보다 죽은 사람에게서 더 편안함을 느낀다는 것이 어떤 의미인지는 길게 분석할 필요도 없겠지만, 그가 다음으로 선택한 직업은 용접공이었고, 이는 철제 얼굴보호대 뒤에 숨어서 본질적으로 나머지 세상으로부터 등을 돌릴 수 있는 일이었다.

휴버티는 얼마 동안은 그 일을 문제없이 해냈고, 공공시설에서 일자리를 얻기도 했다. 그는 뭔가에 사로잡힌 듯 일했고 초과근무를 많이 했다. 다른 사람들과 이야기할 때면 종종 자신의 음모이론을 유창하게 늘어놓기도 했다. 그와 에트나는 도심에서 16킬로미터 떨어진 외곽에 오래된 집을 구입했다. 그 집에 들어가본 몇 안 되는 사람들에 따르면 어디에서든 총들을 볼 수 있었고 모두 장전돼 있었다고 했다.

휴버티에게는 두 딸 젤리아와 카산드라(사람들은 '바비'라고 불렀다)가 있었다. 가끔 화를 다스리지 못한 짐이 아내와 딸들을 때렸다. 에트나는 남편이 스트레스를 받지 않게 최대한 애를 쓰며 삶을 유지해보려고 노력했다. 일기를 쓰지는 않았지만 휴버티는 자신이 "빚"이라고 불렀던 꼼꼼한 기록을 남겼다. 자신과 가족에 대한 공격이나 무례함을 느낄 때마다 적어둔 것이었다. 그는 자주 경찰에 전화해 이웃들에 대해 불평했다. 또한 다른 방식으로 만족하지 못할 때면 직접 이웃들을 위협하기도 했다.

1982년 휴버티를 고용했던 공공시설이 문을 닫았고, 그곳에서 13년을 일했던 그는 실업자가 되었다. 이런 부류와 관련해 안정감을 주던 뭔가가 갑자기 빠져버리면(예를 들면, 에트나가 그를 떠나는 일도 그랬을 것이다) 이들은 어긋나기 시작한다. 실제로 그는 다른 해고 직원에게 더 이상 가족을 부양할 수 없다면, 자살을 하면서 다른 사람들도 함께 데리고 갈 거라고 말했다. 그는 간신히 다른 직장을 구했지만 한 달도 지나지 않아 그곳 역시 문을 닫았다. 분명, 휴버티의 머릿속에서는 사람들이 자신을 몰아붙이고 있었다.

이어진 8월, 휴버티는 교통사고를 당했고 그의 자동차 뒷부분이 망가졌다. 이 사고 때문에 기존의 신체적 문제가 악화되었고 그는 손을 떨기 시작했다. 아테베리의 사고처럼 이 또한 치명적인 일이었고 휴버티는 더 이상 용접공으로 일할 수 없을지 모른다고 걱정했다. 그는 자살을 고려했지만 에트나가 간신히 말릴 수 있었다. 그들은 실망스러운 가격에 집을 팔았고 이는 자신에 대한 음모가 있다는 느낌을 더욱 강화시켰다.

그는 생활비가 더 싼 멕시코로 이사해야겠다고 결심했다. 또한 어딘가 멀고 이국적인 곳에 가서 큰돈을 벌면, 자신에게 잘못한 사람들에게 보란 듯이 과시하고 싶어했다는 증거도 있다. 가족은 티후아나로 이사했다. 젤리아와 바비는 샌이시도르의 미국학교에 다녔다. 에트나는 매일 국경을 넘어 아이들을 태우고 다녔다. 하지만 석 달 후, 휴버티는 이사 후 계획이 예정대로 풀리지 않고 있다고 판단했다. 그는 스페인어를 할 수 없었고 돈을 많이 벌지도 못했다.

그래서 그들은 다시 국경을 넘어 샌이시드로 코튼우드가에 있는 침실 두 개짜리 아파트로 이사했다. 아파트 단지에서 유일한 비히스패닉계 주민이었다. 짐은 밤마다 발코니에서 총을 쏴서 이웃들을 깨우고 불안에 떨게 했다. 보안회사에 지원서를 냈지만, 면접 후 사장은 그가 불안정하고 지원서에 거짓말을 했을 거라 판단해 직원들에게 이 남자를 절대 채용하지 말라고 단단히 지시했다. 마침내 그는 공동주택 단지 야간경비원 일자리를 구했다. 그는 군사용품에 집착했고, 인생의 마지막 날에 입었던 위장용 전투복 바지도 잡지를 보고 주문한 것이었다.

하지만 전에 면접을 봤던 고용주와 마찬가지로, 관리인은 휴버티가 너무 불안정하다고 판단했고 그는 다시 일자리를 잃었다. 휴버티는 그 해고 배후에는 국방부가 있다고 생각했다.

그는 잠시 뭔가를 깨닫고 정신병원에 전화를 걸기도 했지만, 자신의 문제는 위기라고 할 만한 상태가 아니니 며칠 후에 다시 전화하라는 이야기를 들었다. 나중에 병원 관계자가 말한 바에 따르면, 만일 그가 자신은 무기를 가지고 있으며 계기가 주어지면 위험해질 수도 있다는 암시를 줬다면, 즉시 진찰을 받을 수 있었을 거라고 했다.

7월 18일 수요일 오전, 휴버티는 교통법규 관련 법정에 출석해야 했는데, 판사는 경고만 준 채 그를 풀어주었다. 그와 에트나는 시내 맥도널드에서 점심을 먹고 동물원 주변을 산책했다. 그녀는 그가 "세상이 운이 좋았네"라는 말을 했던 것을 기억하고 있었다.

둘은 집으로 돌아왔고, 에트나가 아이들 점심을 준비하는 동안 짐은 위장용 전투복 바지와 밤색 반팔 셔츠로 갈아입었다. "작별 키스를 하고 싶어"라고 그가 아내에게 말했다. 열두 살 젤리아에게 남긴 말은 훨씬 더 불길했다. "잘 있어, 아빠는 돌아오지 않을 거야"라고 그는 딸에게 키스하며 말했다. 그는 파란색과 흰색이 섞인 담요로 길쭉한 뭔가를 감싸서 들고 있었다. 걸어갈 수도 있었지만 짐이 많아서 낡은 검은색 머큐리 마키스에 그것들을 실었다. 경찰은 휴버티가 맥도널드 안에서 적어도 250발 이상을 쐈을 것으로 판단했다.

가장 어린 피해자는 8개월이었고, 가장 나이가 많은 피해자는 74세였다.

   공포가 지나간 후에, 샌디에이고 검시관은 뇌 안의 뭔가가 그런 폭발을 야기한 것인지 확인하기 위해 전체적인 부검을 실시했다. 이 사건의 경우 병리학자들은 아무 것도 찾아내지 못했다. 다른 이들은 각자 자신만의 가설을 주장했다. 그의 아버지 얼은 어린 시절부터 겪어온 신체 문제가 결국엔 그를 그렇게 툭 끊어지게 만든 거라고 생각했다. 에트나는 맥도널드를 고소했지만 패소했는데, 남편이 난동을 부린 건 햄버거나 치킨 맥너겟을 너무 많이 먹었기 때문이라고, 그런 음식에 다량으로 함유된 글루탐산 소다가 남편이 용접공 일을 하는 동안 체내에 축적된 납과 카드뮴 성분과 반응을 일으킨 거라고 주장했다. 나는 용접공이 미쳐 날뛰며 무고한 남성과 여성, 아이들을 살해한 다른 사건은 전혀 알지 못한다. 1978년 샌프란시스코의 조지 모스코니 시장과 집행관 하비 밀크를 살해한 전직 집행관 겸 경관 댄 화이트가, 자신은 당분이 많은 정크푸드를 너무 많이 먹어서 정신적 능력에 부정적인 영향을 받았다고 주장하며, 책임 능력 경감을 요구한 적은 있었다. 그 유명한 '트윙키 변호'다. 모순적이게도 화이트는 교도소에서 나오고 1년 반이 지난 1985년 10월 자살함으로써, 스스로 법의 실수를 바로잡았다.

   다들 뭔가를 지적할 수 있지만, 사악함의 원인을 찾으려 할 때 지도상에서 어느 지점을 정확히 집어내는 일은 어렵다. 그 모든 일은 내가 묻고 또 묻는 바로 그 질문으로 귀결된다. **이제 그 누구도 그 어떤 일에 대해서든 책임이 없다는 걸까?**

피해자 조사의 관점에서 보자면 어쩌다 잘못된 때에 잘못된 곳에 가는 것은 우연이지만, 나는 일반적으로 피해자나 목표물은 대단히 상징적이라고 생각한다. 미국 대통령은 어느 시대에나 납득할 만한 유명한 목표물이며 암살범의 머릿속에서는 국가를(그 국가의 좋은 점과 나쁜 점 모두를) 대변한다. 맥도널드 같은 곳도 마찬가지다. 코카콜라와 디즈니랜드, 국회의사당 건물(최근에 끔찍한 공격의 대상이 되었다)처럼, 맥도널드 역시 국가적인 상징이며 표지다. 휴버티는 그곳으로 들어가 즐거운 시간을 보내고 있는 가족들을 봤다. 함께 있는 것, 즐거운 시간 같은 것은 모두 그가 분개하고 불신하는 것들이었다. 반면 그는 위축된 환경에서, 신뢰할 수 없는 '외국인들'에 둘러싸인 채 모두의 박해를 받으며 살고 있었다. 어떤 면에서 그는 던블레인의 토머스 해밀턴과 비슷했다. 만약 자신의 몫을 받을 수 없다면, 순수한 존재, 어린이들을 앗아버릴 생각이었다. 또 하나의 어린이 친화적인 환경인 이곳에서 말이다. 대통령을 죽이려는 것처럼, 휴버티의 머릿속에서는 미국의 심장을 타격하고 있었다. 그 특정한 맥도널드 상점을 선택한 이유는 그곳이 자신의 집에서 가장 가까운 곳, 거의 완벽하게 답사를 했던 곳, 가장 가장 편안함을 느끼는 곳이었기 때문이다.

맥도널드는 샌이시드로점을 폐쇄하고 생존자들을 지원하기 위해 100만 달러를 기부했다. 그런 다음엔 상점 건물을 허물고 토지는 샌디에이고시에 기증해 공원으로 만들었다.

제임스 휴버티는 암살범 치고는 나이가 많은 편이다. 이들 대부분은 이십대 중후반, 자신들의 삶이 어디에도 이르지 못하고 있으며, 자신들의 삶이 의미를 가지고 알려지려면 대단한 어떤 일이 벌어져야만 한다는 것을 인식하는 그 시기에 행동을 벌인다.

새뮤얼 조지프 빅은 잠재적인 대통령 암살 시도 때문에 비밀경호국에는 너무 잘 알려진 인물이었다. 1972년, 그는 닉슨 대통령에게 불만사항 목록을 보내며 만약 자신을 만나주지 않으면 행동을 취하겠다고 협박했다. 이듬해에 그는 허가 없이 백악관 앞에서 자신의 헌법상의 권리를 돌려달라며 피켓 시위를 한 혐의로 공원 경찰에 두 차례 체포된 후 정신 감정을 받았다. 1973년 크리스마스이브에 이번에는 산타클로스 복장을 하고 다시 나타났다. 기자들에게는 "저들이 산타클로스를 체포할 배짱이 있는지 알고 싶습니다"라고 말했다.

이렇듯 엉뚱하고 편집증적인 경향이 있었음에도, 빅은 자신의 세계를 지지해주는 뼈대들, 즉 아내, 가정생활, 직업이 있는 동안은 제 역할을 해내는 사람이었다. 하지만 1974년 2월, 그의 세계는 산산조각났다. 결혼생활은 전 해에 파탄이 났고 영업사원 자리도 잃었으며 우울증 진단을 받았다. 마흔세 살의 그는 상황이 더 나아질 것처럼 보이지 않는 단계에 이르렀다.

휘트먼이나 휴버티 심지어 아테베리와도 다르게, 빅은 총기 사용 경험이 없고 익숙하지도 않았다. 하지만 그런 경험 부족도 그가 22구경 권총을 구입하고 2월 22일 이른 아침에 볼티모어-워싱턴 국제공항으로 달려가는 일을 막지는 못했다. 그는 텔레비전 프로그램만 보고도 총기를 잘 다룰 수 있을 거라고 짐작했다. 또한 휘발유 2갤런을 기폭장치에 연결한 간단한 폭탄을 만들어 자신이 들고 다니던 007 가방에 숨기기도 했다. 보안검색대에 이르자 그는 보안요원 조지 램스버그의 머리에 총을 겨누고 그대로 발사했다. 램스버그는 거의 즉시 사망했다. 그런 다음 빅은 7시 15분에 애틀란타로 출발할 예정인 델타항공 523편, DC-9기의 입구로 돌진했다.

빅이 권총을 휘두르며 기내에 들어갈 당시 이미 여덟 명의 승객이 타고 있었다. 그는 문을 닫으라고 한 후 조종실로 달려가, 더글러스 리즈 로프턴 기장에게 "당장 이곳에서 이륙해!"라고 지시했다. 로프턴은 아직 바퀴에 지지대가 있다고, 지지대를 치우기 전에는 아무 데도 갈 수 없다고 설명했다. 그런 반응이 만족스럽지 않았던 빅은 다시 객실로 돌아가 여성 한 명을 인질로 잡고 기장이 자기 말을 따르도록 했다.

조종실에 돌아왔지만, 로프턴은 다시 한 번 기체를 움직일 수 없다고 설명했다. 빅은 총을 쐈고 로프턴과 부기장 프레드 존스에게 부상을 입혔다. 그는 다시 객실로 와서 여성 인질을 다른 여성으로 바꿔 또 한 번 조종실로 향했다. 같은 지시를 반복했고, 로프턴과 존스는 다시 한 번 바퀴가 고정되어 있는 동안 기체를 움직이는 건 자신들의 영역 밖의 일이라고 설명했다. 빅은 다시 두 사람을 쏘았고, 이번에는 존스가 사망하고 로프턴은 치명적인 부상을 입었다.

그 사이에 램스버그가 총에 맞았다는 소식을 들은 찰스 트로이어 경관이 활주로로 달려가 38구경 권총으로 DC-9기의 타이어를 쏘려고 시도했다. 그 방법이 통하지 않자 그는 램스버그의 357구경 매그넘으로 한 번 더 시도했다. 좀 더 화력이 좋은 총이라 성공할 수 있었다. 하지만 그의 주된 목표는 납치범 본인이었고, 조종실 유리

너머로 빅의 모습이 나타나자마자 트로이어는 총을 발사해 그의 가슴과 복부를 맞혔다. 총상은 몇 분 안에 그를 치명적인 상태로 만들 수 있었을 것으로 밝혀졌지만, 총에 맞은 직후 빅은 자신의 총을 관자놀이에 대고 그대로 쏘았다. 그는 즉사했다.

이 사건은 매우 흥미로운 역학을 보여준다. 이 범죄가 절망에 대한 반응으로 어쩔 수 없이 벌어진 것이 아님을 보여주는 강력한 증거가 있다. 오히려 이 사건은 적어도 6개월 전부터 계획된 것이었다. 빅에게서 녹음테이프를 건네받은 탐사보도 기자 잭 앤더슨에 따르면, 범인은 비행기를 워싱턴으로 몰고 가 백악관에 충돌시킬 의도였다. 이는 궁극적인 영광의 불꽃이 되었을 것이다.

하지만 이런 면은 비행기 안에서의 그의 행동, 조종실과 객실을 반복적으로 오가고 뚜렷한 이유 없이 인질을 바꾼 행동과 대조적이다. 더 의미심장한 것은 그가 비행기를 조종할 수 있는 유일한 사람을 쏘고 나면 뭘 할 수 있을 거라고 생각했는가 하는 점이다. 이 자는 본질적으로 사람들이 보는 앞에서는 허물어지는 인물이다. 그는 여전히 자신의 할 일에 집착하지만 현실감각은 모두 잃어버렸다.

그의 정신 상태에 대해 깊은 통찰을 주는 내용은 그가 녹음한 또 하나의 테이프, 그날 아침 공항 주차장에 세워둔 그의 자동차에서 발견된 테이프에서 알 수 있다. 그는 그 테이프에 '판도라의 상자'라는 제목을 붙였다. 그 테이프는 그가 모든 것을 미리 생각했다는 점을 보여주는데, 필요한 경우에는 기장이 자신의 뜻을 따르게 하기 위해 부기장을 쏠 의도였다. 비행기가 백악관에 충돌하기 직전까지는 기장을 쏘지 않을 생각이었다.

하지만 그가 스스로에게 주입한 통찰과, 범죄를 저지르려는 동기 역시 마찬가지로 심각하다. 그는 자신이 해변의 수없이 많은 모래알 중 하나라는 느낌이 든다고 말했다. 또한 더 저렴한 장기주차장이 아니라 비싼 자리에 주차를 했다는 불평을 늘어놓기도 했다. 하지만 그는 그런 걱정이 사치임을 깨닫는데, 자신이 주차요금을 낼 일이 없고 아예 차로 돌아올 일이 없음을 알고 있기 때문이다. 그럼에도 그는 자신이 고른 주차장을 여전히 불편하게 생각했다. 그리고 자신이 신분증을 가지고 있지 않다고 언급하기도 했다.

나는 이렇게 어리석은 부조화처럼 보이는 것이 대단히 의미심장하다고 생각하는데, 그가 하고 있는 말은 본질적으로 다음과 같은 뜻이기 때문이다. "나는 여기에 차를 세워둔 채 비행기를 타고 여러 곳으로 다니는 돈 많고 중요한 사람들 무리에 속하지 않는다. 나는 해변의 모래알 하나에 불과하다. 나는 다른 사람만큼 가치 있는 존재가 아니다. 나는 그저 부적격의 아무것도 아닌 사람이며, 내가 중요해질 수 있는 유일한 방법은 이 모든 중요한 사람들에게 영향을 미칠 수 있는 대단한 일을 저지르는 것뿐이다." 맥도널드와 마찬가지로, 제트기 역시 현대 생활의 상징이다. 빅 같은 자는 그것이 성공한 사람들이 여행하는 방식이라고 여긴다. 만약 그가 비행기 한 대를 차지할 수 있다면, 그도 성공한 것이 된다. 마찬가지로 자신이 신분증을 지니고 있지 않다는 사실도, 자신은 아무것도 아닌 존재임을, 정체가 없는 존재임을 무의식적으로 스스로에게 밝히는 방식이다.

그리고 마지막으로, 그는 명분의 덫에 걸린 채 자신의 임무를 수행하며 그 일은 "인류를 위해 해야만 하는 책무"인 것 같다고 말했다.

그는 스스로를 현실세계의 론 레인저나 셰인으로 여기고 있었다[론 레인저와 셰인은 모두 서부 시대를 배경으로 정의를 실현하는 고독한 주인공임—옮긴이]. "나의 묘비에는 '그는 자신이 본 상황이 마음에 들지 않았고, 그런 상황에 대해 뭔가를 하려고 마음먹었다'라고 적으면 좋겠다."

하지만 동시에 "내가 미치광이나 제정신이 아닌 사람으로 알려지지 않기를 바란다"며 걱정하기도 했다. 자신의 설명에 따르면 그의 동기는 "(본인이) 약탈당하고 기만적으로 존엄성을 잃어버렸기 때문에, 눈앞에서 조국이 강탈당하고 짓밟히는 것을 보았기 때문에, 멍하니 서서 그런 일들이 벌어지는 것을 보고만 있을 수 없기 때문"이라고 했다.

이런 유형의 인성이 암살범이 될지 집단살인범이 될지, 그가 미국 대통령을 노릴지 혹은 전설적인 록스타를 노릴지, 이 모든 것은 특정 개인의 세부적인 감정 발달, 그가 계발하는 기술과 개인적 관심사에 따라 결정된다. 찰스 휘트먼처럼 저격수로서 탁월한 기술을 지니고 있었던 자는 그런 능력을 기반으로 자신의 범죄 환상을 키워나간다. 아테베리처럼 그런 기술이 없었던 자는 효과적인 범행을 위해 스스로 현장 한가운데로 들어가는 계획을 세워야만 했다. 만약 샘 빅이 대통령을 쏠 수 있을 정도로 가까이 접근할 방법을 생각해 낼 수 있었다면, 비행기를 납치하는 수고는 하지 않아도 되었을 것이다.

하지만 여기에 내가 강조하고 싶은 핵심이 있다. 구체적인 범죄나 소위 명분에 상관없이, 폭력적인 행동은 암살범 쪽에 깊이 자리

잡은, 자신이 부적격이라는 느낌의 결과라는 점이다. 더 고귀하고 심지어 이타적인 목적이 있었던, 예를 들면 아돌프 히틀러를 암살하려 했던 다양한 시도들처럼 드문 예들도 생각해볼 수 있다. 마찬가지로, 여러분은 너무나 망상에 빠진 나머지 현실과의 접점을 잃어버린 사람들을 종종 마주할 때가 있을 것이다. 앤드루 존스 대통령을 암살하려다 실패한 리처드 로런스는 앤드루 존스가 영국 왕이라고 믿었다. 하지만 이런 경우들은 너무나 드물어서 여기서 논의할 필요는 없다.

어떤 범죄자를 봐도, 우리는 자신을 마음에 들어 하지 않고 한 번도 그랬던 적이 없었던 개인(압도적으로 이십대 백인 남성들이 많다)을 만나게 될 것이다. 어떤 면에서 그는 그 폭력적인 행동을 자신의 문제에 대한 해결책으로 보고 있다.

두 명의 CIA 직원이 버지니아주 랭글리의 본부 건물에 도착 후 차에서 총을 맞고 쓰러지자, 이는 미 제국주의의 심장을 타격하는 정치적 동기의 사건처럼 보였다. FBI를 포함한 미국의 정보 및 법집행기구는 용의자인 서른세 살의 미르 아이말 카지를 쫓아, 파키스탄 출신인 그가 도망간 고향까지 전력을 다해 추격했다. 마침내 자신의 범죄에 대해 입을 연 그는, 그것이 "이슬람 국가에 대한 (미국의) 잘못된 정책"에 대한 반응이라고 주장했다. 하지만 나는 월러스 주지사의 목숨을 뺏으려 시도했던 브레머 사건처럼, 이 역시 자신의 가치를 높이기 위해 영웅이 되고 싶었던, 아무것도 아닌 부적격자의 활동이었을 거라 생각한다. 명분은 편리한 합리화일 뿐이었다.

범인의 부적격한 특징에 근거해 발생한 암살 사건(혹은 암살 시도 사건)의 전형적인 예는 마크 데이비드 채프먼의 존 레넌 살해 사건과, 존 히클리 주니어의 레이건 대통령 암살 시도 사건일 것이다.

마크 채프먼은 존 레넌을 우상으로 여기며 이 전직 비틀스 멤버의 모든 면을 따라 하려고 애썼는데, 심지어 레넌이 오노 요코와 결혼했다는 이유로 자신도 아시아 여성을 여자친구로 만들려고 쫓아다닐 정도였다. 그리고 4년 후, 과연 그는 자신보다 연상인 일본 여성과 결혼했다. 채프먼은 레넌이 되고 싶었지만, 그것이 불가능한 것임이 명백히 밝혀지자 자신은 부적격자라는 생각에 압도되었다. 하와이에서 일하던 중에 자살 시도를 하고 그 일로 병원에 입원하기도 했다. 그는 아내 글로리아에게 레넌을 죽일 생각이라고 말했지만 아내는 심각하게 받아들이지 않았다. 1980년 12월 8일, 맨해튼의 다코타 아파트에 있는 레넌의 집 앞에서 그를 쏜 후에 채프먼은 이제 더 이상 우러러볼 모델이 없어진 상황에서 총부리를 자신에게 돌릴 수도 있었다. 실제로 그는 교도소에서 내 비밀경호국의 동료 켄 베이커가 인터뷰했을 때 이를 인정했다. 하지만 실제로는, 이상하지만 내적으로는 논리적이라고 할 수 있는 방식으로, 채프먼은 레넌을 제거함으로써 자신의 문제를 해결할 수 있다고 파악했다. 방아쇠를 당기고 레넌이 쓰러진 순간 채프먼은 더 이상 아무것도 아닌 존재가 아니었다. 그의 이름은 영원히 그의 영웅과 연결될 것이었다.

흥미롭게도, 채프먼에게는 뉴욕 체류 중 레넌을 죽이지 못하는 경우에 대비한 대안도 있었다.

또 다른 흥미로운 점은 글로리아가 말해주었는데, 마크는 뉴욕 여행 전에 평소와 달리 아주 침착했다고 한다. 이는 휴버티와 휘트먼을 비롯해, 다른 많은 이들의 감정 상태에도 부합하는 것이다. 일단 행동 계획을 정하고 나면 스트레스와 갈등은 사라진다.

하지만 그렇지가 않았다. 다코타에서 몇 시간을 기다린 후에 채프먼은 레넌을 만났는데, 레넌은 대단히 너그럽게도 앨범에 서명을 해주기까지 했다. 채프먼은 그걸로 충분한 것이 아닐까 하는 생각이 들었다. 친필 서명, 레넌에게서 직접 무언가를 받았으니 그대로 집으로 돌아갈 수도 있었다. 하지만 자신의 임무가 최우선이었고, 그랬기 때문에 그는 레넌이 녹음을 마치고 돌아와 리무진에서 내릴 때까지 몇 시간을 더 기다렸다. 바로 그때 마크 데이비드 채프먼은 차터암즈 38구경 권총의 방아쇠를 당겼고, 존 레넌의 몸에 다섯 발의 총알을 발사했다. 나중에 전한 바에 따르면, 당시 그의 머리에 떠오른 생각은 총이 너무 잘 작동해서 만족스럽다는 것뿐이었다.

둘 다 이십대의 안쓰러운 백인 남성 외톨이였다는 사실 외에, 채프먼과 존 히클리 주니어에게는 또 하나의 공통점이 있었는데, 바로 청소년기의 환멸에 대한 J. D. 샐린저의 기념비적인 소설 『호밀밭의 파수꾼』에 빠져 있었다는 점이다. 히클리는 채프먼에 대한 정보를 바탕으로 그 책을 읽었는데, 어떤 면에서 보면 채프먼도 역할모델이 된 셈이다. 마치 그 책이 그들을 정당화해주었고, 주인공 홀든 콜필드가 그들의 삶을 정의해주고 의미를 준 것만 같다. 1981년 3월 30일, 히클리는 신임 대통령 레이건이 연설 후 워싱턴의 힐튼 호텔을 나설 때 공격했지만, 그의 범죄는 채프먼의 범죄만큼이나 정치적인 요소가 없는 것이다. 우리 모두 알고 있듯이, 오히려 그는 자신이 빠져 있던 대상인 여배우 조디 포스터에게 인상을 주기 위해 범행한 것이었다. 반면 현실에서는, 부유하고 유명한 여배우가 본질적으로 삶에서 아무것도 이룬 것이 없는 히클리처럼 보잘것없는 사람과 엮일 일은 없을 것 같다. 돌아보면 그녀가 예일대학에서 그의 전화를 받은 건 실수였다. 너그러운 모습을 보이기 위해 포스터는 무심결에, 그의 환상 속에서, 자신이 제대로만 하면 그녀를 얻을 수 있을 거라는 환상을 북돋아주었다. 정말 극적인 일을 해내기만 하면 그의 생각에는 그녀가 자신의 차지가 될 것이었다.

분명, 그런 일은 일어나지 않았다. 포스터는 배우와 감독으로 눈부신 경력을 쌓으며 아카데미상을 두 번이나 수상했다. 「양들의 침묵」을 촬영하는 동안 나는 기쁜 마음으로 우리 부서의 활동에 대해 그녀에게 조언해주었다. 반면 히클리는, 레이건과 언론비서관 짐 브래디 등을 쏜 혐의에 대해 정신이상을 근거로 무죄 판결을 받은 후 워싱턴DC의 세인트 엘리자베스 병원에서 거의 20년 동안 발을 동동 구르며 시간을 보내고 있다. 하지만 한 가지 면에서는 그의 계획은 성공했다. 이 청년은 자신의 여자를 얻지 못했지만, 더 이상 아무것도 아닌 미천한 존재는 아니었다. 채프먼과 마찬가지로 그의 이름은 자신을 사로잡았던 대상과 영원히 연결되었다.

이런 자들이 모든 면에서 완전히 부적격인 것은 아니다. 조지프 폴 프랭클린은 은행 강도에만 관심을 보였다면 계속해서 잘 살 수 있었을 것이다. 그 일에는 그 정도로 뛰어났다. 하지만 다른 암살범 인성의 소유자들과 마찬가지로 프랭클린은 다른 것들도 염두에 두고 있었다.

프랭클린은 미국 전역에 걸쳐 저격수/암살범 유형의 살인을 저질렀는데, 주로 남부와 중서부에서 사건을 일으켰지만, 서쪽으로는 유타, 동북쪽으로는 펜실베이니아에 이르기까지 '활동'했다. 그의 범죄는 대부분 흑인들을 대상으로 한 것이었는데, 그는 흑인들에 대한 병적인 혐오를 공공연히 드러냈다. 1977년 8월, 위스콘신주 매디슨에서 인종 간 커플을 살해했다. 두 달 후에는 미주리주 리치몬드 하이츠에서, 유대교 사원을 나서는 유대인을 두려움에 질린 두 딸이 지켜보는 가운데 살해했다. 1978년 7월, 테네시주 채터누가의 피자헛에서 나오는 또 다른 인종 간 커플을 살해했다. 1979년 9월, 버지니아주 폴스처치의 버거킹에서 흑인 점주를 살해했다. 1980년 1월, 인디애나폴리스의 처치스 프라이드 치킨에서 줄을 서서 기다리던 흑인을 살해했다. 이틀 후, 같은 도시의 시장에서 또 한 명의 흑인을 살해했다. 같은 해 4월, 아직 인디애나폴리스에 있던 그는 또 다른 인종 간 커플을 쏴 부상을 입혔다. 5월, 여성 히치하이커를 태운 그는 위스콘신의 주립공원에서 그녀를 살해했다. 6월, 신시내티의 본드 힐 도로에서 길을 걸어가던 흑인 청소년 두 명을 살해했다. 8월, 솔트레이크시티의 공원에서 백인 여성들과 함께 조깅을 하던 흑인 두 명을 살해했다. 그리고 같은 해, 웨스트버지니아주 루이스버그에서 히치하이킹을 하던 여성 두 명을 살해했다. 이것들은 그가 기소당하거나 인정했던 공격 행위에 불과하다. 그가 용의선상에 오르거나 여전히 혐의가 걸려 있는 사건은 훨씬 더 많다. 자신이 얼마나 많은 사람을 죽였는지 자신도 정확히 모르지만, 대면 살인을 저지르는 대다수의 다른 연쇄살인범들과 달리 그는 피해자들과 감정적으로 얽히지 않았다.

하지만 프랭클린의 가장 악명 높은 암살 시도 두 건은, 그가 목표를 죽이지 못했던 사건들이었다. 1978년 3월 6일, 프랭클린은 조지아주 로렌스빌에서 『허슬러』 잡지의 발행인 래리 플린트를 쐈고, 포르노그래피의 왕은 여생 동안 허리 아래가 마비된 상태로 끊임없는 고통에 시달리게 된다. 1997년 잡지 『갤러리』와의 인터뷰에서 그는 그 총격을 후회한다고 말했다. 1980년 5월 29일, 그는 인디애나주 포트웨인에서 호텔을 나서던 변호사이자 인권 지도자였던 전국도시연맹 의장 버넌 조던에게 총을 쏴 부상을 입혔다. 두 사건에서 프랭클린은 목표 인물을 각각 1년 이상 따라다녔다. 조던에 앞서 조지아주의 전직 주의원이자 인권운동가였던 줄리언 본드를 쏘려 했지만, 정작 본드의 집에 갔을 때 거기에 아무도 없었다. 한편, 신시내티에서 흑인 청소년 두 명을 살해한 동기는 조던의 암살 시도가 인종적인 동기를 가진 범죄임을 미디어가 심각하게 다루지 않은 점이 마음에 들지 않았기 때문이다.

이 글을 쓰고 있는 현재 그는 미주리주 미네랄 포인트의 포토시 교소도에서 사형수로 지내고 있다. 그곳에서 그를 짜증나게 하는 것들 중 하나는, 다른 연쇄살인범이나 암살범들, 자신이 보기에는 자신보다 이룬 것이 훨씬 적은 그런 자들보다 자신이 유명하지 않다는 사실이다.

그는 1980년 9월에 체포되었지만 5시간 반 동안의 취조 후에 경찰서 창문으로 간신히 탈출할 수 있었다.

10월 15일, 나의 FBI 경력 내내 좋은 친구였던 인권반 반장 데이브 콜이 프랭클린에 대한 도주자 파악을 요청했다. 나는 워싱턴의 본부로 가 사건 파일을 모두 검토했다.

그는 1950년 앨라배마주 모빌에서 태어난 제임스 클레이튼 본 주니어였다. 자신이 알코올 중독자인 아버지에게 학대를 당했고 과하게 엄격한 어머니의 미움을 받았다고 주장했다. 학교생활은 제대로 하지 못했고 파괴적 성향이 있는 것으로 여겨졌다. 고등학교를 중퇴했다. 십대 시절, 가족의 굴레에서 벗어나기 위해 그는 자신의 이름을 조지프 폴 프랭클린으로 바꿨다. '조지프 폴'은 나치의 공보 장관이었던 파울 요제프 괴벨스를 기리는 의미였다. '프랭클린'은 벤저민 프랭클린을 기리는 의미였다. 이 남자는 정신 착란에 빠진 모순적인 사람일까? 나는 그럴 가능성이 꽤 높다고 본다.

그는 옷에 나치 십자가를 붙이고 다녔고 전국사회주의자백인인민당이나 KKK 같은 백인우월주의 모임에 합류했다. 하지만 심지어 그런 모임들 안에서도 그는 본질적으로는 외톨이로 남아 있었다. 그는 대다수의 다른 회원이 진지하지 않다고 생각했다. 자신은 대의를 위해 행동할 준비가 되어 있었던 반면, 대부분의 회원이 원하는 건 이야기뿐이었다. 또한 그는 두 모임 모두에 FBI 정보원이 침투해 있다고 우려했다.

그는 유대인 사원과 유대교 지도자들에 대한 폭탄 공격을 시작했다. 하지만 그가 정말로 유능했던 분야는 저격이었다. 이 점이 의미심장한 것은 그가 부상의 여파로 한쪽 눈의 시력을 잃었기 때문이다. 전문가 수준의 사격술은 그 결점을 만회하기 위한 수단이었다. 사실 프랭클린의 배경에 있는 요소들(사격술, 개명, 증오 모임 합류)

을 살펴보면 모두 자신의 부적격함에 대한 보상과 관련이 있다. 부적격인 사람들은 자격이 있다는 느낌을 얻기 위해 노력해야만 하고, 자격이 있다는 느낌을 얻는 한 가지 방법은 자격이 없거나 열등한 다른 누군가를 찾는 것이다. 개인적인 자질의 면에서 자신보다 자격이 없는 누군가를 많이 찾을 수 없다면, 그때는 인종이나 신념을 기준으로 열등한 이들을 찾아야만 한다. 흑인과 유대인은 늘 그런 작업의 손쉬운 목표물이 되었다. 분명, 이는 나의 분석과도 맞아떨어지는데, 프랭클린은 『허슬러』에 실린 다른 인종끼리의 성행위 사진을 본 후 자기 인종의 명예를 지키는 것이 자신의 임무라고 결심하고, 래리 플린트를 목표로 삼은 것이다.

그의 생각은 자신이 흑인들을 충분히 죽이면, 다른 백인들도 그의 본보기를 따라 스스로 싸움에 나설 거라는 식으로 흘러갔다. 그는 찰스 맨슨의 '헬터 스켈터'에서 아이디어를 얻었다고 주장했다.[비틀스의 노래 제목이기도 한 '헬터 스켈터Helter skelter'는 '대혼란'이란 뜻이 있는데, 찰스 맨슨은 이를 '백인과 흑인 사이의 최후의 전쟁'이라는 의미로 사용했다—옮긴이] 프랭클린은 두 번 결혼했고 각각 1년 정도 유지했다. 그는 두 아내 모두 학대한 것으로 알려졌다. 암살을 저지르고 다니는 내내 프랭클린은 은행과 편의점을 터는 것으로 생활했다. 그는 그 일이 많은 생각과 계획을 필요로 하는 작업임을 알았고, 기꺼이 그 수고를 바쳤다. 내가 보기에 그는 분명 자신이 완벽하게 통제할 수 있는 상황에서만 편안함을 느꼈을 것이다. 그의 살인 범죄는 숨어서 기다리는 저격수 유형의 변종이었기 때문에, 나는 만약 그가 체포될 상황이 되면, 자신이 통제할 수 없는 물리적인 대치 상황보다는 자살을 택할 가능성이 높다고 생각했다. 또한 나는 그가 자신의 인생에서 진정으로 가졌던 것의 전부라고 할 수 있는 십대의 어린 아내와 딸을 보러 돌아올 수도 있다고 생각했다. 그리고 자신의 범죄를 떠벌리고 다니며 자아를 고양시킬 수도 있었다.

나는 그가 편안함을 느끼는 모빌로 돌아올 가능성이 높다고 믿었다. 당시 프랭클린은 경찰의 움직임을 아주 치밀하게 파악하고 있었고, 또한 경찰이 자신을 열심히 찾고 있다는 것도 알고 있었기 때문에 어딘가에 가만히 처박혀 있을지도 몰랐다. 하지만 나는 그가, 특히 북쪽 지역에 추위가 닥치는 동안은 걸프 연안 어딘가에 있을 가능성이 높다고 생각했다.

10월 28일, 그는 플로리다주 레이크랜드에 있는 혈액은행에 혈장을 기부하고 돈을 얻기 위해 나타났다. 간호사들이 문신으로 그를 알아보았다. 카터 대통령이 그 지역을 방문할 예정이었고 프랭클린은 과거에 카터 대통령을 위협한 적이 있었기 때문에, 수사관들이 그의 사진을 잔뜩 뿌려놓은 상태였다. 간호사들이 FBI에 신고했고, 요원들은 근처 상점에서 수표를 현금으로 바꾸던 그를 체포했다. 그는 자신이 다른 사람이라고 주장했지만, 지문으로 정체가 밝혀졌다. FBI의 탬파 지부로 연행되었고, 조사를 하던 요원들이 그에게 먹거나 마시고 싶은 것이 있는지 물었다. 프랭클린은 햄버거가 먹고 싶지만 '깜둥이들'이 만들거나 건네지 않은 것만 원한다고 했다. 그는 요원들 앞에서는 어떤 혐의도 인정하지 않았지만, 다음날 연방 집행관 사무실의 구치소 룸메이트에게 자신의 범죄를 거의 모두 떠벌리며 고백했다.

11월 초, 프랭클린은 솔트레이크시티로 송환돼 그곳에서 벌어진 범죄에 대한 재판을 받을 예정이었다. 우리는 일반 항공기가 아니라 전세기로 그를 이송하면, 그와 이야기를 나눌 좋은 기회가 될 것으로 파악했다. 또한 비행기 타는 것을 좋아하지 않았던 그의 스트레스가 높아지면, 누구든 함께 있는 사람에게서 감정적인 지지를 바랄 가능성이 높다는 점도 알고 있었다. 탬파 지부에서는 다시 한 번 내게 연락해 추가 조사에 대한 조언을 구했다. 나는 나이가 많고 권위 있는 요원이 FBI 복장(빳빳한 흰색 셔츠, 검은색 정장, 그 모든 진부한 것들)을 갖춰 입고 가라고 했고, 어떤 말도 먼저 꺼내지 말고 그가 스스로 입을 열게 하라고 제안했다. 일단 그가 이야기를 시작하면 그의 자아를 자극하고 그의 '역사적인 지위'를 만들어주는 게 좋을 거라고도 했다. 그 전략은 잘 통했다. 특수 요원 로버트 H. 드와이어는 쓰리피스 정장을 입은 채 무릎 위에는 프랭클린에 대한 기사를 포함한 사건 파일을 놓고 이야기를 했다. 프랭클린이 기사를 좀 보여달라며 대화를 시작하자 드와이어는 보여주었다. 프랭클린이 계속 이야기하기를 원하자, 드와이어는 녹음기를 켜야만 한다며 그에게 자신의 권리를 말해주었다. 프랭클린도 동의했다.

비행하는 동안 그는 드와이어에게 자신의 수법과 변장술을 상세하게 알려주었고, 심지어 범죄를 저지른 이런저런 도시들까지 모두 밝혔다. 드와이어는 흑인들에 대한 프랭클린의 강박에 놀랐는데, 어느 시점엔가 자신은 미시시피가 "깜둥이를 사랑하는 주"라서 너무 싫다고도 했다. 캐딜락이나 링컨은 "깜둥이 차"라서 타지 않는다고 했다. 그는 유대인들이 미국과 소련 정부를 동시에 통제한다는 음모론을 늘어놓았다. 그가 반응을 보이지 않은 사건은 버넌 조던 총격 사건뿐이었다. 그 사건에 대해 말하자면, 우리는 그가 그 사건에서는 '성공'하지 못했기 때문에 불쾌했을 거라고 생각한다. 역사 속에서 그의 지위가 의심받게 된다.

첫 조사에서 스트레스를 받은 후 구치소 룸메이트에게 이야기를 쏟아낸 점을 봤을 때, 나는 두 번째 인터뷰에서 충분히 압박감과 스트레스를 주면 비행 후 24시간 내에 더 많은 것을 끌어낼 수 있을 것으로 판단했다. 그래서 전세기가 쉽게 알아볼 수 있는 유타주 교도소 상공을 지날 때, FBI 요원은 그곳이 게리 길모어가 총살형을 당한 곳이라고 알려주었다.[게리 길모어는 두 건을 살인사건으로 1977년에 사형당한 인물. 자신의 사형을 빨리 집행해달라고 주장한 것으로 유명함—옮긴이] 부검을 통해 길모어의 심장에서 분쇄된 네 발의 총탄이 발견되었다. 프랭클린이 유죄로 판명되고 사형 선고를 받으면, 형이 집행될 장소가 바로 그곳이라고 알려주었다. 과연 24시간 내에 프랭클린은 솔트레이크시티 감옥의 몇몇 수감자에게 이야기를 쏟아냈다.

1990년대 초, 나는 켄 베이커와 함께 암살범들에 대한 비밀경호국과 FBI 공동 연구의 일환으로 일리노이주 매리언 연방교도소에 있는 프랭클린을 인터뷰했다. 그는 보호감동에 있었는데, 일반 수용자와 함께 지낼 경우 인종주의적 견해 때문에 빨리 살해될지도 모른다는 걱정 때문이었다. 초반에 그는 정서적으로 가라앉아 있고 별 반응을 보이지 않았다. 두꺼운 안경을 쓰고 있었는데, 눈으로는 켄과 나를 번갈아 노려보며 우리의 의중을 읽어내려 했다. 시간이 꽤 지난 후 우리가 그의 배경과 범죄에 대해 충분히 알고 있음을 분명히 전할 수 있었고, 그제야 그는 좀 더 반응을 보이며 활발해졌다. 어떤 면에서 봐도 대단히 영리하거나 생각이 깊은 자는 아니었지만, 그는 협조적이었고 또박또박 말했으며, 그 시점에서 나는 그가 제대로 된 신뢰를 얻고 우리에게 인상을 주려 했을 뿐임을 감지했다. 그는 후회나 참회의 기미는 조금도 보이지 않았다. 모든 것이 사무적이었다.

우리는 삶에 대한 프랭클린의 견해나 전망에는 전혀 공감할 수 없었다. 하지만 그의 솔직함이나 우리에게 협조하려는 태도는 인정했고, 그 자를 통해 많은 것을 알 수 있었다. 그 인터뷰와 나중에 찾아본 그에 관한 자료를 볼 때 그는 또박또박 말하고, 직설적이며, 대중적이지 않은 자신의 생각을 표현할 때는 용기를 보였다. 사실, 자신의 명성이나 자신이 범한 일들에 대해 정확하게 기록을 남기는 일에 대단히 신경을 쓰는 것처럼 보이면서도 '인기'를 얻는 것이나 다른 사람이 자신을 어떻게 생각하는지에는 전혀 신경 쓰지 않는 것 같았다. 흥미롭게도 그 점은 반복적으로 살인을 저지르는 자에게서는 꽤 보기 드문 태도다.

내가 버넌 조던 총격에 대해 묻자 그는 그저 미소를 지으며 "요원님은 어떻게 생각하세요? 나는 그저 정의가 실현된 거라고만 말하겠습니다"라고 대답했다. 그때까지 그는 그 사건에 대해 자신의 죄를 인정하지 않고 있었지만 자신의 자아 때문에 부정도 못하고 있었다.

다른 범죄에 대해서는 기꺼이 자유롭게 이야기했다. 위스콘신 매디슨에서 운전을 하던 중에 다른 차가 자신을 추월했다고 했다. 그는 쫓아갔고 그 차 안에 젊은 흑인 남성과 백인 여성이 타고 있는 것을 발견했다. 프랭클린은 분노하며 그 차가 쇼핑센터 주차장에 들어갈 때까지 따라갔다. 두 남녀가 그를 발견하고 차에서 내렸고 아마도 말다툼을 벌일 것 같았다. 그 시점에서 프랭클린은 그들을 죽이기로 결정했다. 그들이 다가오자 그대로 총으로 날려버렸다.

그는 종종 차를 타고 주변을 살피며 그저 돌아다녔다고 암시했다. 그건 사냥과 비슷했다. 일단 살인을 저지르기로 마음을 먹으면 얼마나 치밀하게 계획을 세우는지 설명했는데, 자신이 고른 장소에서 눈에 띄지 않기 위해 옷의 종류까지 정한다고 했다. 전날 밤에 가서 무기를 숨겨놓는데, 일련번호는 정성껏 지우고, 범죄가 완수되었음을 확인하면 그 무기는 바로 버렸다. 모든 것을 깔끔히 지우고 증거가 될 수 있는 물건을 만질 때는 장갑을 꼈다. 가끔은 증인들이 자신을 알아볼 수 없게 자신이 세워둔 차가 있는 곳까지 자전거를 타고 이동하기도 했다. 경찰의 무선 연락을 확인하기 위해 무전기도 가지고 있었다. 상황에 따라서는 공구점에서 18센티미터짜리 굵은 못을 사서 전봇대에 박고 천을 둘러서, 조준을 할 때 지지대로 썼다. 사냥할 때와 마찬가지로 기분이 내키는 대로 뭐든 쐈다. 인간이 아니라 사슴이었다고 해도 그것 역시 괜찮았다. 프랭클린에게는 언제나 사냥철이었다.

프랭클린의 감정을 불러일으킬 수 있는 대화 소재가 있다면, 그건 그의 딸 이야기일 거라고 나는 파악했다. 우리가 딸의 이름을 꺼내자 그는 전처가 자신과 딸의 연락을 제한한 사실에 크게 낙담했다고 말했다. 우리가 동의를 해주자 그는 이어서 여러 가지 무술 자세를 취해보였다. 아주 진지하고, 아주 남성적인 그런 동작들이었다. 다시 말하지만, 우리는 그의 딸 이야기를 하고 있었고 그것이 그가 드러내고 싶은 자신의 모습이었다.

아서 브레머와 달리, 조지프 폴 프랭클린 같은 자는 암살 시도를 하며 자신이 잡힐 거라고는 절대 예상하지 않았다. 하지만 그 역시 개인적 만족을 위해 분노를 표출하고 자신의 이름을 알리고 싶어 했다. 그런 일이 생기지 않자 그는 극도로 좌절했다.

전례가 없는 일은 아니었다. 링컨 대통령 암살로 이 나라 최초의 유명 암살범이 된 존 윌크스 부스는 일기를 썼는데, 거기서 자신의 행동을 통해 영웅이 되지 못한 것에 대해 충격과 실망을 표현했다. 존 히클리가 워싱턴을 방문했을 때, 그는 포드 극장을 찾아갈 것이고 과거 자신의 위대한 역할 모델과 교감할 거라는 나의 예측은 옳았던 것으로 밝혀졌다.[포드 극장은 링컨 대통령이 암살당한 역사적 장소임—옮긴이] 나는 이 두 사람은 받지 못했던 영예를 얻는 일이, 심지어 그것을 얻기 위해 처형당한다고 하더라도 조지프 프랭클린에게는 무엇보다도 기쁜 일이지 않았을까 생각한다. 그리고 내가 궁금한 점이 하나 더 있다. 링컨에 대한 부스의 정치적 감정과는 별도로, 만약 그가 자신의 형인 에드윈처럼 성공한 연극배우, 유명하고 충신한 배우였다면 그 암살을 계획하고 실행에 옮겼을까?(링컨 암살범인 존 윌크스 부스는 연극배우이며 아버지와 두 형, 누나와 매형 모두 유명한 연극인이었다.—옮긴이)

그렇다면 지금까지 암살범들에 대해 관찰한 것을 토대로, 사건 발생 후부터 온 나라를 사로잡고 있는 한 가지 범죄에 대해서도 뭔가 의미 있는 해석을 할 수 있을까? 당연히 1963년 11월 22일 오후 달라스에서 있었던 존 케네디 대통령 암살 사건 이야기다. 많은 독자가 실망하고 만족하지 못할 것임을 알고 있지만, 수사에 결함이 있었음에도 나는 주요한 행동 증거와 과학적 증거를 볼 때 리 하비 오즈월드의 단독 범행이었을 거라고 분석한다. 비밀경호국 요원 자격으로 이 문제를 포괄적으로 조사한 켄 베이커도 내 의견에 동의하고 있다. 그리고 만약 여러분이 비밀경호국 요원은 자신이 아는 바를 명확히 말하지 않을 거라고 주장한다면, 나는 여러분이 켄을 몰라서 하는 소리라고 말하겠다. 그는 대단히 성실한 사람이며 여러분은 단지 또 하나의 음모론을 생각하고 있는 거라고 말이다.

이런저런 차원에서 우리 모두는 음모론에 끌리게 된다. 음모론에 따르면 세상은 이상한 방식으로 납득할 만한 것처럼 보인다. 그것은 다른 식으로 보면 무작위적이고 혼란스러워 보이는 뭔가를 설명해준다. 힘 있고 치밀하며, 사악한 사람들로 구성된 조직이 역사의 흐름을 바꾸기 위해 했다는 쪽이, 제대로 된 일을 감당할 수 없는 얼간이가 길을 잘못 들었다고 하는 것보다는 훨씬 말이 될 것이다. 하지만 그건 증거가 가리키는 바가 아니다. 오즈월드가 우리가 밝힌 암살범 프로파일에 매우 고전적으로 맞아들어간다는 것은 있는 그대로의 사실이다. 그는 자신이 일원이 되기를 원했던 집단에 적합하지 않았던, 편집증적인 개인이었다.

정부의 거대한 음모라는 설에 대해서는, 나는 그저 웃기다고 생각한다. 나 또한 그렇지 않음을 증명하려고 애썼지만 그건 본질적으로 불가능하다. 정부, 심지어 정보기관에서 근무한 사람이라면 누구든 그 정도로 거대하고 널리 알려진 음모가 그렇게 오랫동안 비밀로 유지되는 일은 **전혀** 없다고 말할 것이다. 거대한 관료기구가 어떤 음모를 수행하면서 그것을 계속 감추는 일은 근본적으로 불가능하다.

오즈월드는 심지어 바보 역할로도 음모에 끌어들일 수 없는 인물인데, 왜냐하면 신뢰할 수가 없기 때문이다. 어떤 기관의 요원도 오즈월드 같은 자를 키우려 하지는 않을 것이다. 그는 너무나 믿을 수가 없고 예측할 수 없으며, 너무나 괴짜다. 개인적으로 문제가 너무 많고 그리 똑똑하지도 않다. 외톨이 암살범 프로파일에 완벽하게 맞아들어가는 그런 자를 자신들의 앞잡이로 세울 만큼 행동심리학에 정통한 사악한 비밀 단체가, 1963년 당시에 있었을 거라고는 믿을 수 없다. 그렇다면 그런 자에게 그 외의 어떤 역할을 맡길 수 있었을까? 그저 저격수로? 뭐, 그럴 수도 있겠지만 그것이 부적합하다는 핵심 주장 중 하나는, 그가 정해진 시간에 필요한 사격 횟수를 채울 수 있을 만큼 좋은 저격수가 아니었다는 점이다.

하지만 나는 이 점 역시 동의할 수 없다. 오즈월드는 해병대에서 훈련을 받았고, 최고는 아니었지만 괜찮은 저격수였다. 분명 그 시간 안에 그렇게 정확히 사격을 하려면 운이 따라야만 했다. 하지만 그런 묘기가 가능했고, 나는 실제 상황을 사후 시뮬레이션으로 재현하는 건 불가능하다고 생각한다. 성공한 암살범은 누구나 운이 좋아야만 한다. 오즈월드는 여러 면에서 운이 좋았는데, 그중 하나는 케네디가 대통령의 리무진에 투명한 방탄막을 두르지 못하게 지시했다는 점이다. 또 하나는 대통령이 불편한 허리 때문에 보호대를 차고 있었다는 점이었다. 그게 없었다면 그는 첫 총탄에 몸이 앞으로 꺾이면서 치명적인 사선射線에서 벗어날 수 있었을 것이다.

늘 관련 없는 우연들이 한 줄기로 뭉친다. 가브릴로 프린치프는 1914년 6월 28일, 보스니아의 수도 사라예보에서 오스트리아의 프란츠 페르디난트 대공과 그의 아내를 암살하고, 사실상 유럽을 제1차 세계대전으로 몰아넣은 열아홉 살의 세르비아 청년이었다. 같은 날 그보다 앞서 여섯 명의 다른 비밀조직 대원이 이런저런 이유로 프란츠 페르디난트의 암살에 실패했다. 대공이 이동 경로를 바꾸면서 프린치프는 암살에 필요한 근거리 접근이 힘들게 되었고, 스스로 세웠던 임무를 수행하는 게 불가능해지자 절망했다. 근처 술집에서 재정비를 하던 그는, 프란츠 페르디난트가 어떤 병원을 방문하기로 하면서 대공의 마차가 그 술집 앞을 지나는 것을 보고 놀랐다. 프린치프는 마차에 올라탔고 역사가 바뀌었다.

케네디 암살에 사용된 소위 '마법 탄환설'에 대해서 자세하게 이야기하지는 않겠지만, FBI 탄도 전문가와 비밀경호국의 전문가들이 많고 많은 탄환을 분석한 결과를 보면, 그 문제의 탄환이 형태가 망가지며 부드러운 조직을 휘저은 다음 멈추게 되었다는 사실이 엄청나게 예외적인 일은 아니다.

아니다. 이 짧은 논의로는 그 누구도 설득할 수 없을 거라고 예상하지만(이 점을 증명하기 위해 얼마나 많은 나무가 베어져서 책으로 만들어졌을까?) 나는 리 하비 오즈월드는 그저 또 한 명의 편집증에 빠진 패배자, 믿을 만한 무언가를, 자신을 중요한 인물로 만들어줄 무언가를 찾아 이런저런 직업과 이런저런 집단, 이런저런 대의를 기웃거리던 인물에 불과했다고 믿는다. 그리고 우리 모두에게는 안 된 일이지만, 그가 텍사스 교과서 창고의 6층에 자리를 잡고, 수동식 노리쇠가 있는 이탈리아산 자동장전식 만리허 카르카노 6.5밀리 소총으로 딜리 광장의 모퉁이를 돌아 나와 짧은 거리를 달려가던 자동차 행렬을 조준했을 때, 그는 역사를 따라잡고 결국은 추월해버렸다. 그리고 며칠 후 또 한 명의 편집증에 빠진 패배자 잭 루비, 대담한 행동 한 번으로 영웅이 될 수 있다고 생각했던 그가 또 다른 총격으로 영원히 그 이름을 남기게 된 것이다.(잭 루비는 오즈월드를 사살한 인물이다.—옮긴이)

8장

무차별 범죄

Random Acts of Violence

기술자를 알려면, 그의 기술을 연구하라.

나는 이 말을 내 경력 내내 자주 사용해왔지만, 지금까지는 범죄자가 범죄를 저지르기 전, 저지르는 동안, 저지른 후에 보인 행동을 분석하며 비유적으로 이야기해왔다. 이제 폭파범의 세계를 알아볼 텐데, 여기서는 이 개념이 문자 그대로의 의미를 지닌다.

어떤 남자가 가족을 살해한 방식을 보면 그의 기질에 대한 통찰을 얻을 수 있듯이, 폭탄이 구성된 방식과 — 정교하고 조심스럽게 많은 시간을 들여서 혹은 아무렇게나 여기저기 제작자의 지문을 묻힌 채 — 그것이 전달된 방식은 폭파범의 정체를 알 수 있는 열쇠다.

관련 사건을 보자. 1989년 우리 부서는 남부 일대에서 벌어지고 있던 우편물 폭탄 사건 수사에 지원을 요청받았다. 이미 두 명이 사망하고 세 명이 심각한 부상을 입었는데, 두 개의 폭탄을 사전에 발견하고 폭발 전에 해체했음에도 불구하고 그랬다. 폭탄이 우편을 통해 전달되었기 때문에 FBI도 개입했다. 우리는 여러 기관으로 구성된 대책본부(FBI, ATF, 우편조사관, 폭발이 일어난 네 도시의 지역 경찰, 연방 재판소 등)로부터 조언을 요청받고 미상범에 대한 프로파일을 작성했다.

일련의 사건들 중 첫 번째는 1989년 12월 16일 토요일 오후 두 시, 쉰다섯 살의 순회상소법원 판사 로버트 S. 반스가 앨라배마주 버밍엄 인근의 자택 주방에서 우편물을 열었을 때 발생했다. 스물일곱 살의 아내 헬렌은 옆에서 크리스마스 선물을 포장하다 잠시 쉬고 있었다. 포장지에 적힌 반송 주소에 따르면 그날 받은 우편물은 다른 판사가 보낸 것이었는데, 반스는 그것을 뜯으며 아마 말馬 관련 잡지인 것 같다고 말했다. 보낸 사람과 자신이 공유하는 취미였다.

하지만 잡지가 아니었다. 헬렌은 남편이 있던 식탁에서 1.2미터 정도 떨어져 있었는데, 이어진 폭발로 바닥에 쓰러지며 심각한 부상을 입었고, 폭탄에 추가로 들어 있던 못 때문에 폐와 간에 상처를 입고 2주 간 입원해 치료를 받았다. 남편은 그렇게 운이 좋지 못했다. 폭탄이 그의 몸통을 갈랐고 지원이 도착하기 전에 사망했다.

몇 시간 안에, 사법체계와 관련한 모든 사람은 수상한 우편물을 조심하고 발견될 경우 보고하라는 경고가 미 연방재판소 전체에 전달되있다. 반스 판사는 최근에 협박을 받은 적이 없었고, 그런 사악한 공격의 목표가 될 만큼 논란을 불러일으켰던 인물도 아니다. 따라서 그 일은 독립적인 무작위 사건일 수도 있었지만, 다른 곳에서 더 많은 폭탄이 터지는 경우를 가정해야만 했다.

다음 월요일, 애틀랜타의 제11순회상소법원(반스 판사가 일했던 곳이다)에서 엑스레이로 우편물을 확인하던 보안요원이 또 하나의 폭탄을 발견했다. 진정 영웅적인 작전으로 당국은 건물을 비우고, 우편물을 시내 중심부에서 이동시킨 후 아무도 다치는 일 없이 해체했다. 영웅적이었다고 말하는 건 이유가 있다. 그냥 애틀랜타 경찰의 처리장에서 터뜨려버리는 대신, FBI와 경찰, ATP는 오랜 시간을 들여(개인적으로 큰 위험을 감수하면서) 증거로 분석할 수 있게 폭탄을 해체했기 때문이다. 연구소에서는 파편을 가지고도 분석할 수 있지만 원래 형태의 '작품'에서 훨씬 많은 것을 얻을 수 있다.

같은 날 오후, 흑인 변호사이자 시의회 의원 로버트 '로비' 로빈슨은 서배너 시내의 사무실에서 우편물을 열고 있었다. 그는 갈색 포장지 위에 타자기로 작성한 빨간색과 흰색 주소 스티커와, 요세미티 국립공원에서 펄럭이는 성조기 그림의 우표가 붙어 있으며, 겉으로 보기에는 다른 두 개의 소포와 별반 달라 보이지 않는 그 우편물이 치명적인 장치를 담고 있다는 걸 알지 못했다. 폭발 직후에 마흔 한 살의 피해자는 커다란 체리목 책상이 있던 자리 앞에 무릎을 꿇고 쓰러졌다. 벽에는 폭탄에 담겨 있던 못과 그의 살점이 가득했다.

근처 사무실의 검안사 에머슨 브라운이 폭발음을 듣고 로빈슨을 도와주러 달려왔다. 예비군 소속으로 전투 중 부상병 치료 훈련을 받았던 그였지만, 현장은 압도적이었다. 로빈슨은 팔꿈치 부근에서 절단된 오른팔과, 뭉개진 살점으로 겨우 손과 이어져 있는 왼쪽 손목에서 피를 엄청나게 흘리고 있었다. 가슴 오른쪽이 열려 있었고 허벅지에는 폭탄이 뚫고 지나간 것처럼 구멍이 나 있었다. 벽에 붙어 있는 파편 중 일부는 실은 로빈슨의 머리칼과 뼛조각임이 분명했다.

놀라운 점은 그가 여전히 살아 있었을 뿐 아니라, 응급대원이 병원으로 이송하는 동안 소리를 지르는 등 원초적인 차원에서 상황에 맞서 싸우는 것도 가능했다는 것이다. 그는 응급 수술을 받았고 FBI 요원 프랭크 베넷이 동행했다. 프랭크는 로빈슨의 옆을 지키며 수술실에서 나오는 파편에서부터 로빈슨의 찢어진 옷감, 마지막으로 피해자의 몸에서 나오는 증거물들을 살피는 임무를 맡았다. 로빈슨은 폭발 후 약 3시간 반이 지난 오후 8시 30분에 사망했다.

같은 날, 잠재적인 피해자들이 우편물을 열어보지 않게 하는 강화된 경계 조치 덕분에 또 다른 비극을 막을 수 있었다. 전미유색인지위향상협회NAACP 잭슨빌 지부에 우편물이 배달되었고, 예순네 살의 지부장 윌리 데니스가 열어보기 전에 운명적으로 사고를 피할 수 있었다. 기자회견 후에 그녀의 차가 고장 났고, 견인차가 제대로 오지 않으면서 그녀는 지부에 돌아올 수 없었다. 이튿날 사무실에 출근하기 전, NAACP의 동료이기도 했던 가까운 친구가 전화로 경고를 전했다. 다른 폭탄들에 관한 소식을 뉴스에서 들었다는 것이다. 안전을 기하기 위해 데니스는 보안관서에 전화를 했다.

보안관서의 폭탄물 처리반 요원 존 셰던은 폭탄에 대한 설명을 듣기 위해 애틀랜타에 있는 ATP에 연락했다. 이야기를 들은 그는 폭탄이 진짜임을 확신했다. 적어도 제11순회법원에서 발견된 폭탄은 이미 해체된 상태였기에 그는 마주한 폭탄이 어떤 것인지 대략 짐작할 수 있었지만, 그렇다고 해서 눈앞의 폭탄을 무력화하는 작업이 더 안전해진 것은 아니었다.

그는 성공적으로 폭탄을 해체할 수 있었는데, 이전의 폭탄들과 일치하는 부분이 포장만이 아니었기 때문에 작업은 좀 더 수월했다. 장치 내부는 모두 만든 사람의 고유한 특징을 보여주었다. 파이프 폭탄이었지만 대부분의 수사관들이 그때까지 봐왔던 것들과는 달랐다. 먼저, 미상범은 고무밴드를 사용해 정성껏 못들을 파이프에 붙였는데, 폭발할 때 수많은 날카로운 파편이 피해를 최대화하도록 한 것이다. 그리고 이 '기술자'는 폭발력을 극대화하기 위해서도 공을 들였다. 그 이름이 암시하듯 전통적인 파이프 폭탄이 파이프에 폭발물 가루를 채우고 양쪽 끝은 상점에서 구할 수 있는 나사형 마개로 막은 형태였던 반면, 이 폭탄들은 양쪽 끝을 철판으로 용접해 붙인 종류였다. 거기에 더해, 철제 막대를 마개의 구멍으로 밀어넣은 다음 단단히 고정했다. 일반인들이 듣기에는 이렇게 기본적인 구조를 살짝 변경한 게 무슨 큰 의미가 있겠냐 싶겠지만, 이는 폭탄의 구조를 강화하고 점화 후 폭발을 1000분의 1초 단위로 살짝 지연시킴으로써 위력을 증가시키고, 소포를 열어보는 사람에게는 더욱 치명적인 장치로 만들어주는 것이었다.

이는 폭파범 자신에게도 엄청나게 위험한 작업이었다. 조심하지 않으면 조립하는 과정에서 폭탄이 터져버리기 쉬웠고, 그랬다면 주변의 증거에 따라서는 범인 자신이 피해자로 분류되는 결과가 나올 수도 있었다.

여기서 서명 요소라는 것은, 폭탄 제조범의 입장에서 범죄를 수행하는 데 꼭 필요하지는 않지만, 그 행동을 통해 자신이 얻을 수 있는 감정적 만족감의 차원에서는 중요한 어떤 것을 의미한다. 이 경우에는 정성껏 붙인 못, 끼워놓은 철심, 파이프 폭탄의 양쪽 끝에 용접해 붙인 마개다. 이런 서명 요소들이 없어도 폭탄은 치명적이었을 테지만, 그는 확실히 하고 싶었고, 이는 그의 분노와 원한, 증오의 수준에 대해 많은 것을 이야기해준다. 그는 사람들을 겁주거나 정치적 발언을 하기를 원하지 않았다. 그는 심지어 해를 입히는 것을 원하지도 않았다. 그는 피해자를 죽이기를, 적어도 고통스럽게 불구로 만들거나 파괴하기를 원했다.

FBI, ATF 등 관련 기관의 베테랑 수사관 **대부분**이 이런 파이프 폭탄은 처음 봤다고 언급했었다. 하지만 결과적으로는 폭탄 설계가 서명요소가 특이하고 너무 독특해서, 몇몇 지역 수사관은 수년 전의 폭탄 사건에서 이 특이한 요소들을 봤던 것을 떠올리고 용의자를 특정할 수 있었다. 당시 깊은 인상을 받았던 ATF의 한 폭탄 전문가는 그 자리에서 기억을 떠올려 폭탄의 스케치를 그려 보이기까지 했다. 오랫동안 수천 개의 폭탄을 봐온 요원이었지만, 그 폭탄에 대한 기억은 세세한 부분까지 아주 생생했고 — 또한 눈앞의 폭탄과 너무나 비슷해서 — 대책본부 첫 번째 회의에서 그림을 본 몇몇 요원은 실제 사건의 폭탄들 중 하나로 착각할 정도였다.

과거 1972년에 헤이즐 무디라는 젊은 여성이 집에 온 소포를 열어본 후 심하게 다치는 일이 있었다. 소포는 그녀와 남편이 구입하고 거의 잔금을 치른 MG사의 자동차를 압수해간 자동차상에게서 온 것이었지만, 그녀는 남편이 작업 중인 모형비행기의 부품일 거라고 생각했다. 하지만 안에는 폭파 장치가 들어 있었다. 폭발로 머리칼에 불이 붙었고, 헤이즐은 얼굴과 목, 왼쪽 팔에 1도, 2도 화상을 입었다. 왼쪽 눈에 심각한 부상을 입고 오른손이 뭉개졌다. 눈에서 화약을 제거하기 위해 의사가 상당한 시간과 노력을 들여야 했다. 헤이즐의 남편 월터 리로이 무디 주니어, 약칭 로이가 마침내 기소되었고 5년 징역형을 선고받았다. 형기를 마친 지 10년 이상 지났지만 무디는 여전히 항소를 하고 있다. 그가 겪은 최근의 좌절은 1989년 6월에 있었던 항소 기각 판결이었고, 담당은 제11순회상소법원이었다.

다시 1989년, 조지아주의 많은 사람은 이 미상범이 무디이거나 혹은 감옥에서 그와 오랜 시간 함께 지내며 수법을 익힌 사람이 틀림없다고 믿었다. 하지만 후자일 가능성은 낮았다. 이 폭탄들은 대단히 높은 수준의 기술과, 제작의 숙련도 그리고 그 구조에 숨은 화학과 공학에 대한 제대로 된 이해를 필요로 하는 것이었고, 평범한 범죄자가 배울 수 있는 것은 아니었다.

그리고 이 점이 수많은 폭탄 전문가와 프로파일러가 초반의 가설, 부정확하지만 지겹도록 끈질기게 제기되었던 그 주장을 받아들이지 않은 이유였다. 최근의 폭파 사건이 있기 넉 달 전, 애틀랜타의 NAACP 동남부 지부에 배달된 소포에서 최루탄이 터지는 사건이 있었다. 폭파 장치는 추적이 불가능했는데, 나중의 폭탄들과 마찬가지로 DNA와 지문은 어디에도 없었지만 이 장치는 생명에 위협적이지는 않았다. 당시 몇몇 수사관은 그것이 연습용일지도 모른다고 생각했다. 자신의 기술을 완벽하게 다듬고, 이 인권단체의 감시 및 방어 체계를 파악하려는 목적이었다고 말이다.

비슷한 시기에 펜실베이니아주 필라델피아, 미네소타주 세인트폴, 아칸소주 리틀록, 애틀랜타에 이르기까지 여러 방송국에 이상한 편지가 전달되었다. 편지 제목은 '선전포고'였지만 실제로는 NAACP에 대한 도전으로 읽혔고(이런 시점은 우연의 일치일 수 있을까?), 제11순회법원에 대한 반감은 더 컸으며, 미국 대중은 희생양이라고 했다. 편지를 쓴 이는 부당함을 호소하며 "법원이 공정하고 공평한 판결을 내리지 못하고 있는데 (…) 계급에 대한 편견과 잘못된 믿음 때문에 피해자들은 효과적으로 반격할 수도 없다"고 했다. 이 자는 이제 반격에 나설 준비가 된 것처럼 보였으며, "공포가 널리 퍼지고 법원이 모든 이에 대한 공정하고 공평한 처사를 최우선 과제로 체택[원문 오타]할 때까지" 사람이 많이 모이는 곳에 독가스 공격을 하겠다고 위협했다.

다행스럽게도 최루탄 공격은 이어지지 않았지만, 워싱턴에 있는 다른 수사기관의 지도자들은 피해자 조사를 통해 KKK나 기타 백인우월주의 혐오집단을 중점적으로 조사하기로 결정했다. NAACP 지부 두 곳, 인권 관련 사건 두 건(특별히 논란이 될 만한 사건은 아니었지만)에 대해 판결한 판사와, NAACP를 위해 법률 조언을 해주던 흑인 변호사가 공격을 받았다. 일부 사람에게는 우리가 흑인에 대해 반감을 지니고 있는 개인 혹은 집단을 상대하고 있는 것처럼 보일 수도 있었다.

이렇게 주목을 받는 사건, 특히 이번처럼 많은 수사기관이 권한을 공유하고 있는 사건에서는 여러 안건이 충돌하며 상황을 복잡하게 만드는데, 이번 사건도 예외가 아니었다. 백인우월주의 혐오집단설을 더욱 부채질한 것은 폭파범이 추가로 보낸 성명서였는데, 거기에 더해 안전하게 해체된 잭슨빌 소포와, 애틀랜타 CBS 지부의 유명 여성 앵커에게 보낸 소포에 포함된 편지도 있었다. 발신자는 이제 자신이 "적절한 연방사법체계를 위한 미국인들" 소속이라고 주장했는데, 미국 사법체계와 흑인 지도자들을 싸잡아 비판하며 "살고 싶으면 흑인 남성들이 백인 여성들을 강간하는 것을 막을 수 있는 조치를 취해야 할 것이다"라고 경고했다. 여성 앵커에게 보낸 편지는 특히 인종차별적인 어조를 띠고 있었는데, 흑인 남성들에게 강간-살인당한 논쟁적이고 유명했던 사건을 직접 언급했다. 편지에서 그는 사건에 대한 자신들 집단의 불만을 공개해줄 것을 요구하며 그렇지 않을 경우 '암살'당할 거라고 했다.

이 편지가 우리 대부분에게, 표면적으로 보이는 것과 달리 폭파범이 혐오집단일 거라는 가설을 곧장 증명해주지 못한 이유는 몇 가지가 있다. 우선 편지에서 언급된 강간-살인 사건의 흑인 가해자들은, 최초의 애틀랜타 NAACP 지부 최루탄 사건이 터진 이후까지 밝혀지거나 체포되지 않은 상태였다. 또한 대부분의 강탈이나 협박 사건에서와 마찬가지로, 이런 성명서를 볼 때는 '우리'를 '나'로 읽어야 한다. 이런 범죄자들은 초등학교 생활기록부에서 '다른 사람들과 잘 어울림' 평가를 받는 부류가 아니다. 대부분의 경우 이들은 외톨이다. 그리고 혐오와 수사학만 가득한 외톨이들 집단을 실제로 보면, 그들은 일반적으로 자신들의 불만을 이야기할 뿐 그것과 관련해 행동하지는 않는다. 폭발이 일어난 도시의 KKK 집단에 정통한 전문가들은, 그들이 충분히 조직적이지 못하며 이런 종류의 범죄를 실행할 수 있을 만큼의 기술을 갖추지 못하고 있다고 보고 있었다. 거기에 더해, 그런 행동을 할 수 있다면 조용히 입을 닫고 있을 리가 없다. 이 사건에서는, 가슴을 치며 자신의 '성취'에 대해 흥미진진한 세부사항을 알려주는 사람은 아무도 없었다. 이는 사법체제에 불만을 가진 외톨이가 자신의 정체를 숨기고 행동화를 합리화하며 심지어 자신의 대의에 대해 대중의 지지를 얻기 위해 인종차별적인 내용을 연막으로 활용했던 것으로 보였다.

하지만, 혐오집단이냐 아니냐 하는 것은 생각을 열어두는 것만큼 중요하지 않다고 나는 생각했다. 지휘권을 가진 누군가가 협소한 시야를 가짐으로써 수사가 엉뚱한 곳으로 가 체포와 기소가 지연되고 이어질 범죄를 막지 못하는 경우를 너무 많이 봤다. 기억하자, 애틀랜타 어린이 살인사건에서도 최초에는 범인이 백인 반동주의자 혹은 KKK 계열의 집단일 거라고 가정했다.

나는 빌 해그마이어를 현장 조언자로 애틀랜타에 보내 연락책으로 활용했다. 그는 종종 콴티코에 돌아오거나 전화를 해서, 수사지원부뿐 아니라 방화 및 폭파 프로그램에서 일하는 사람들과도 상의를 했다. 데이브 아이코브와 거스 게리가 자기 부서의 전문가들을 보내준 것이 고마웠다. 거스는 직접 가서 지역 수사관들을 만나기도 했다.

폭파 사건에 대해 알게 된 것을 기반으로 구성한 프로파일은, 백인 남성, 45세에서 50세 사이, 아마도 혼자 살고 자급자족하지만 마음을 털어놓을 수 있는 누군가가 있을 수도 있었다. 미상범은 폭탄 제조에도 반영되었듯이 단정하고, 깔끔하며, 규율이 있고, 세부사항에 아주 집착하는 인물이었다. 편지에 쓴 어휘나, 우리가 알고 있는 일반적인 폭파범 부류의 특징을 볼 때(칼이나 총을 들고 누군가를 직면할 수 있는 부류는 아니다) 그는 어느 정도 온화하고 '여성적'으로 보일 수도 있다. 미상범은 대학 교육과 어쩌면 그 이상까지 받았고, 지금 하고 있는 일이 자신에게는 수준이 낮은 것이라고 느낄 수 있다. 사회에서 따돌림 받은 그가 KKK 같은 집단의 회원일 거라고는 기대할 수 없다. 하지만 그는 다른 사람이 이해해주기를 바라는 자신만의 이념을 가지고 있을 수는 있고 그래서 성명서를 보냈다. 여성 앵커에게 보냈던, 인종차별주의를 언급했던 그 편지는 서둘러 쓴 것처럼 보이는데, 마치 자신이 접촉하는 언론사가 마음에 들지 않지만 자신의 명분에 대한 대중의 공감을 불러일으키기 위해 뭔가를 해야만 했던 것 같았다. 그리고 프로파일을 마무리하자면, 그가 타는 자동차는 픽업트럭 혹은 사륜구동이고 색깔은 짙은 색이었다.

빌은 수사가 개시되고 2주 후, 애틀랜타의 리처드 러셀 연방건물에서 열린 여러 기관 및 사법기구의 폭발대책 합동회의에서 프로파일을 제시했다. 나중에 많은 사람이 그 프로파일이 소름 끼칠 정도로 로이 무디와 일치한다며 놀라움을 표했다. 무디는 오십대 중반이었고, 훨씬 어린 두 번째 아내 수전과 사는 외톨이였다. 그는 대학에도 다녔는데, 알려진 바로는 신경외과의사가 될 계획이었지만 성적이 좋지 않았고, 로스쿨에도 진학했지만 1972년에 흉악 범죄로 기소되면서 변호사 활동이 금지되었다. 안정적인 직업을 갖기보다는 평생 여자들의 수입에 의존해 지내며 큰돈을 벌려는 궁리만 하는 경향이 있었는데, 우편 주문 사업을 하려다가 여러 번이나 우체국의 조사를 받기도 했다. 그는 세상이 돌아가는 방식에 대해서도 자신만의 생각이 있었고, 자신의 형제자매부터 전처, 거래하던 은행까지 다양한 상대를 대상으로 소송을 걸었다. 또한 그는 위험한 인물로 알려져 있었다. 1983년, 직원에게 '주요 간부' 보험에 들어준 후 살해하려 했다는 혐의로 기소되었지만, 불일치 배심 후에 기각되기도 했다. 1989년, 수사관이 오랫동안 그를 알고 지내던 사람들을 조사하기 시작했을 때, 자신들의 소재지와 자신들이 당국과 이야기했다는 사실을 무디에게 알리지 않는다는 조건으로 이야기하겠다는 사람이 많았다. 그들은 법적, 물리적 복수를 두려워했던 것이다.

그러니까 자신의 서명이라고 할 수 있는 장치 때문에 무디는 지역 경찰들 사이에 용의자가 되었고, 그런 의심은 우리의 프로파일 덕분에 더욱 강화되었다. 우리는 취조 및 기소 전략을 지원했고 당사자가 체포되었다. 이야기 끝, 그럴까? 그럴 리가. 안타깝게도 수사가 그렇게 간단하고 미리 준비한 대로 해결되는 경우는 거의 없고 이 사건도 예외가 아니었다. 이듬해에 법 집행 당국의 요원들이 무디를 기소할 정황증거들을 엄청나게 수집했는데, 예를 들면 그가 상점에서 폭탄에 쓰인 재료들을 사는 것을 목격한 증인들 등이었다. 동기에 대해서 말하자면, 그는 법원에 대한 불만을 수없이 쏟아냈고 특히 제11순회법정은 최근에 그의 항소를 기각했다. 하지만 조각들은 좀처럼 맞춰지지 않았고 마침내 그의 젊은 아내 수전 맥브라이드 무디가 안전해진 상황에서, 그러니까 남편에게서 벗어난 후에 자신이 아는 것을 이야기해주었다.

폭발 사건 당시 남편 나이의 절반 정도였던 수전은 매 맞는 여성 증후군에 시달리고 있었고, 자신에 대한 혐의(사법방해죄와 모욕죄 등이었다)를 묻지 않는 것에 대한 대가로 무디에 맞서 증언하기로 했다. 그리고 그가 그녀를 때리고 통제했으며, 그녀를 가족으로부터 떼어놓았고, 지배적인 가해자가 순응적인 피해자에게 하는 그 모든 고전적인 짓들을 했다고 법정에서 이야기하는 것에 더해, 그녀를 내보낸 후 침실 문을 잠그고 몇 시간 동안 무슨 작업을 했다고 증언했다. 그는 치명적인 폭탄에 쓰인 재료들을 그녀를 시켜 사오게 했다. 물건을 살 때는 변장하고 장갑을 낀 채 가명을 사용하고, 멀리 떨어진 상점에 가서 사야 한다고 했다. 그녀는 남편을 위해 주문했던 물품들 목록을 보지도 않고 술술 말했다. 그리고 한 번은 남편이 화학 실험을 하던 방에서 폭발음이 들렸고 그 후에 그 실험은 그만두었다고 했다.(그 때문에 경고했던 독가스 공격이 실행에 옮겨지지 않았을 수도 있다.) 그녀는 남편이 1989년 12월에 자신의 방을 재정비했는데, 오래된 카펫을 교체하고 바닥 마루와 벽도 새로 칠했다고 했다. 그녀의 증언은 세부사항으로 가득한 보고寶庫였다.

무디의 재판 이야기는 그의 배경만큼이나 다층적이었다. 그는 자신을 변호하는 변호사를 돕기도 했지만, 그와의 협력을 파기하기도 했고, '정신이상 변호'를 거부하는 등 이런저런 굴곡이 많았다. 내 동료 파크 디츠는 그를 몇 번 인터뷰한 후에 편집증적 인격 장애 진단을 내렸지만, 망상증으로 분류하지는 않았다. 그를 분석한 다른 정신과 의사는 이렇게 정리했다. "무디 씨는 판사의 머리가 두 개라고 말할 사람이 아닙니다. 판사가 자신을 사냥하려 한다고 말하는 사람입니다."

1997년 2월, 무디는 앨라배마에서 저지 판사 살해 혐의로 전기의자에 의한 사형을 선고받았다. 이미 폭파 사건에 대한 연방 재판에서 가석방 없는 종신형을 선고받고 7년째 복역 중인 상태였다.

월터 리로이 무디의 이야기는 '기술자'가 자신의 기술에 의해 들통날 수 있음을 잘 보여준다. 우리는 폭파범의 폭탄 제조 방식과, 전달 방법, 편지와 언론 상대, 선택한 피해자들 등을 통해 그가 영리하며 혐오에서 동기를 부여받고 있음을 알 수 있었다. 그리고 무디에 대해 알면 알수록 우리의 평가는 확실해졌다.

무디의 지능지수는 130 정도였다. 변호사와 판사는 그가 조리 있게 쓴 법률 문서들이 설득력이 있다고 판단했으며, 그는 분명 대단한 폭파 장치를 만들 수도 있었다. 하지만 그는 자신이 원했던 만큼 조종, 지배, 통제의 대가는 아니었고, 뛰어난 소송 전문가 혹은 폭탄 제조자도 아니었다. 결국 마지막에는 통제력(순종적이던 아내에 대한, 자신이 주장했던 법정에서의 전략에 대한, 궁극적으로는 자신이 만든 폭파 장치에 대한)을 잃으면서 스스로 망가졌다. 그는 자신의 작업에서 스스로를 포기해버린 것이다.

1963년 11월 22일 케네디 대통령 암살과 함께 미국인들이 국가적 이상주의를 잃어버렸고, 1966년 8월 1일 찰스 휘트먼 사건과 함께 집단을 대상으로 한 무작위 폭력에 대한 순진한 생각을 잃어버렸다는 가정을 여러분이 받아들인다면, 1995년 4월 19일에 있었던 사건 이후 미국 영토 내에서 벌어지는 테러리즘의 위협에 대한 안일한 생각까지 잃어버렸다는 것에도 동의를 할 것이다. 그날 오전 9시 2분, 오클라호마시티의 알프레드 P. 뮤러 연방정부청사가 폭탄 테러로 무너지며 168명이 사망하고 500명 이상이 부상을 당했는데, 그중에는 21명의 다섯 살 이하 어린이도 포함되어 있었다. 이전의 여러 사건과 그로 인한 정신적 외상과 마찬가지로 이 사건 역시 분기점이 되었고, 이후로는 우리 중 누구도 이전과 똑같을 수 없게 되었다.

하지만 그럼에도, 파편 가루들이 가라앉고 생존자들을 구출하고 사망자들을 묻은 다음 애도하고, 그 모든 소송과 자기 규명이 지난 후에 이 기념비적인 비극의 세세한 부분들은 결국 어떻게 정리된 것일까?

인간의 목숨이라는 차원에서 미국 역사 전체에서 가장 값비싸고 파괴적인 행위를 저질렀던 이 범인은, 쉽게 추적 가능한 빌린 트럭에 1815킬로그램이 넘는 연료용 기름을 소똥과 섞어서 싣고 달리는, 깡마르고 분노에 차 있는 젊은이였다. 악의 평범성 이야기가 생각난다.

방화범이나 특정 유형의 암살범과 마찬가지로 폭파범도 겁쟁이들이다. 그들은 직접적인 대면 없이 파괴를 자행한다. 피해자들은 완벽히 무작위적으로 생겨나며 이들과 범인 사이에는 그 어떤 직접적 접촉도 없었다. 대부분 범인들은 절대 스스로 위험을 감수하지 않는다. 그들이 위험을 감수한다면, 이는 본질적으로 불안정한 장치들을 조립할 때뿐인데, 무디의 경우에 보았듯이 그런 세부사항이 종종 서명 요소 역할을 하기도 한다. 비록 그들이 모두 겁쟁이라고 해도, 이 추악한 종자들 안에서도 차이점과 구분은 존재한다.

뮤러 건물 폭파 사건의 범인으로 기소되고 사형 선고를 받은 스물일곱 살의 티머시 J. 맥베이는 가장 기본적이고 직설적인 유형이다.

그는 강한 동기를 가지고 있었다. 혐오와 분노가 강했는데, 너무 강해서 아주 많은 사람이 죽게 될 것임을 알고도 폭탄을 설치했다. 그에게 부족했던 것은 치밀함, 범죄자로서의 기본적인 치밀함이었다. 그는 폭발 후 1시간 반 만에 현장에서 120킬로미터 떨어진 오클라호마주 빌링스 인근에서 체포되었는데, 주 경찰이 그의 1977년 형 머큐리에 번호판이 없다는 이유로 차를 세웠다. 자동차 안을 들여다보던 경관이 총을 발견한 후 그를 체포했고, 오클라호마주 페리에 있는 감옥에 송치했다. 이는 은행 강도가 도망갈 차를 다음 모퉁이에 이중 주차해 놓았다가 잡힌 것과 비슷하다고 할 수 있을 것이다.

이 지점에서 기억할 것은, 외국 테러 집단이 사건의 배후라는 설이 지배적이었기 때문에 맥베이는 그들이 찾고 있던 프로파일에 부합하지 않았다는 점이다. 가장 재능 있고 경험도 많은 관찰자들, 테러 전문가인 루이스 R. 미텔 주니어 같은 사람만이 사건 발생일자의 중요성을 알아차렸다. 애국일(콩코드에서 있었던 독립전쟁 전투를 기념하는 날이며, 민간무장단체에서 중요하게 생각하는 날이다)이자, 텍사스주 웨이코에서 있었던 다윗의 가지파 봉기를 무력으로 진압한 지 2주년이 되는 날이었다. 그 사이, 잔해들 틈에서 폭탄 운반에 사용된 라이더사 트럭의 차량번호를 복구한 FBI는, 그 차가 대여된 위치를 추적했다. 점원들이 차를 빌려간 사람에 대해 설명하고, FBI의 기술자가 스케치를 작성해 주변 지역에 뿌렸다. 정션시티의 드림랜드 모텔 주인이 스케치에 있는 얼굴을 알아보고 맥베이의 이름을 알려주었다. 전국범죄정보 컴퓨터로 검색하자 그가 폭파 사건과 관련이 없는 혐의로 페리에 수감되어 있으며, 곧 풀려날 예정이라는 것을 알게 되었다. 맥베이의 옷을 사후에 검사하자 기폭선에서 떨어진 잔류물이 셔츠에서 검출되었다.

그렇다면, 이 자는 누구이며 그를 움직이게 한 건 무엇이었을까? 그것이 수천 명의 고통 받고, 슬픔에 빠지고, 분노한 생존자들과 그 가족, 친구들이 알기를 원했던 것이다. 우리의 오래된 질문으로 귀결된다. 어떤 인간이 이런 짓을 할 수 있단 말인가?

팀 맥베이의 배경에는 오즈월드, 휘트먼, 프랭클린을 비롯한 다른 암살범 유형 범인들의 배경이 유령처럼 겹쳐 있는데, 이 점이 평생 그를 따라다녔던 동기에 대한 통찰을 제공해준다. 그는 1968년 4월 23일에 태어났고, 두 여자 형제 사이의 둘째였다. 그리고 뉴욕주 모퉁이, 버펄로-나이아가라 폭포 인근 펜틀턴의 온통 백인뿐인 동네에서 자랐다. 맥베이의 아버지 빌은 GM의 난방 및 에어컨 장치를 만드는 공장에서 일했고 볼링과 정원 가꾸기를 즐겼다. 댈러스 모닝 뉴스의 기사에 따르면, 빌 맥베이의 직장 동료나 볼링 친구들은 팀이 폭파 사건으로 체포될 때까지 빌에게 아들이 있다는 것도 몰랐다. 빌은 대단히 좋은 사람이라는 평을 받았지만 절대 자식 이야기는 하지 않았다.

같은 기사에 따르면, FBI 요원들이 잠재적인 증거를 찾으러 펜틀턴에 있는 빌의 집을 찾았을 때, 그는 거실에 앉아 차분하게 볼링 잡지를 읽고 있었다고 한다.

1978년 팀이 열 살, 누나 퍼트리샤가 열두 살이고 동생 제니퍼가 네 살일 때, 어머니 밀드레드는 빌과의 삶에 지루함을 느낀 듯 집을 나갔다. 2년 후 어머니는 텍사스로 이사하며 제니퍼를 데리고 갔다. 퍼트리샤가 남동생 돌보는 일을 대부분 맡았는데 팀은 그때부터 어머니를 원망했다. 몇 년 후 육군에 입대한 *그*가 어머니를 "전혀 도움이 안 되는 창녀"라고 불렀다고 군대 친구 중 한 명은 회상했다.

팀은 작고 마르고 바른 학생이었지만 누구와 말을 나누는 일은 거의 없었다. 고등학교 시절 그가 누군가와 데이트를 하는 모습을 기억하는 사람은 없었다. 하지만 이런 자들 대부분이 그렇듯 많은 동급생들, 심지어 선생님들도 그를 전혀 기억하지 못했다. 그는 이미 화가 나 있고, 편집증적인 프로파일에 맞아들어가고 있다. 반사회적, 무성無性적, 가정 해체, 낮은 성취도, 자신의 부적격성에 대한 왜곡된 감정 그리고 거기에 결합된, 자신을 무시한 사람에게 앙갚음하고 언젠가는 자신을 '증명'해 보이려는 욕망.

그의 부모는 1986년, 그가 뉴욕주 록포트의 스타 포인트 센트럴 고등학교를 졸업하던 달에 마침내 이혼했다. 여전히 아버지와 지내던 팀은 나이아가라 커뮤니티칼리지에 등록했지만 몇 주 만에 그만둔다. 제대로 풀리지 않았던 수많은 시도 중 첫 번째였다. 그는 동네 버거킹에 취직했고 이듬해에는 총기 소지 허가를 받고 버펄로로 나가 무장 차량 경호원으로 일했다. 총기에 대한 사랑이 커져갔고 돈이 생길 때마다 수집품들을 추가해 나갔다.

1988년 맥베이는 육군에 입대했고, 인생에서 처음으로 집에 있는 것 같은 감정이 들었다. 그는 훈육과 질서, 군사 전략 수업을 사랑했고 당연히 총도 사랑했다. 그의 꿈은 특수부대원이 되는 것이었다. 조지아주 포트 베닝에서 있었던 기초훈련 기간에, 그는 자신의 삶과 범죄에 핵심적인 역할을 하게 될 두 사람 테리 니컬스와 마이클 포티어를 만나게 되는데, 둘 다 폭파 계획에 동참했다. 니컬스는 감정적으로 빈곤한 배경을 지닌 또 한 명의 외톨이였다. 그와 맥베이는 서로의 부적격성을 양분 삼아 지내게 된다.

기초훈련 후 부대는 캔자스주 포트 라일리의 육군 제1보병사단('빅 레드 원')에 배치되었고, 맥베이는 브래들리 전차의 포수로 지정되었다. 여전히 맥베이가 여성과 함께 있는 모습을 기억하는 사람은 없다. 웃거나 미소 짓는 모습을 본 사람도 거의 없었는데, 이는 편집증 부류의 전형적인 특징이다.

그 사이에 맥베이는 1978년에 출간된 윌리엄 L. 피어스의 『터너 일기』라는 책으로 무장했다. 소설 형식을 빌린 이 책은 인종차별적이고, 반유대인적이고, 반정부적인 이야기로, 지하조직의 한 젊은이가 비료와 연료용 기름을 섞은 사제 폭탄을 트럭에 싣고 워싱턴 DC의 연방 건물을 폭파한다는 내용이다. 어느 건물이냐고 여러분은 궁금할 것이다. 그게, 당연히 FBI 건물이다. 그 폭파로 700명이 사망한다. 얼 터너는 비전투원 희생자가 발생할 것임을 알았지만, 그것은 전쟁의 결과임을 받아들이고 그 사건이 다른 사람들을 자극해 총기의 사적 소유를 금지하려는 정부에 맞서게 하는 계기가 되기를 희망했다. 『터너 일기』는 맥베이에게 성서 같은 책이 되었다. 그는 다른 이들에게 그 책을 추천했다. 몇몇 사람은 그가 히틀러를 우상화했다고 전했다.

1990년 말, 맥베이는 특수부대원으로서의 자질을 평가하는 프로그램에 등록했지만, 1991년 1월 제1보병사단은 사막의 폭풍 작전을 위해 걸프만에 투입되었다. 맥베이는 부대와 함께 이동했고, 복무 성적이 우수해 청동성장 훈장을 받았다. 그렇게 조직적인 환경에 있으면서 자신의 활동을 인정받는 한, 그는 상대적으로 안정적이었다. 이는 신중한 규제가 있는 교도소에서 '재활'하는 많은 범죄자에게서 볼 수 있는 현상과 유사하다. 나는 똑같은 이유로 맥베이가 지금은 모범수로 평가받고 있을 거라고 예상한다.

그는 3월에 걸프 지역을 떠나 노스캐롤라이나의 포트 브래그로 왔고 다시 한 번 특수부대원에 도전했다. 그는 지능과 적합도 검사에 모두 응시했지만, 며칠 동안의 거친 행군과 작전 훈련 후에 자신은 체력적으로 준비가 되어 있지 않다며 낙오했다. 그린베레$^{Green\ Beret}$(특수부대 대원―옮긴이)가 되겠다는 목표를 달성하지 못한 그는, 체제 내에 자신의 몫이 없다는 느낌이 들었을 수도 있다. 그의 인성의 다른 면 즉, 박탈감에 젖어 있고, 외롭고 편집적인 면이 이제 자유롭게 풀려나게 된다. 어떤 집단에서 영웅이 될 수 없다면 다른 집단에서 영웅이 되어야 했다.

걸프만으로 떠나기 전에 재입대한 그였지만, 특수부대원이 되겠다는 꿈이 사라진 후에는 군대 생활에 흥미를 잃어버렸다. 1991년 가을, 스물네 살의 그는 조기 전역 제안을 받아들였다. 이혼한 아내가 떠나고 일곱 살 아들 조시를 혼자 돌보는 곤경에 빠져 있던(맥베이 자신의 어린 시절 경험과 비슷했다) 군대 친구 니컬스는 이미 군을 떠난 상태였다. 맥베이는 아버지 집으로 돌아와 보안요원 일자리를 구했다. 나이아가라 폴스 컨벤션 센터에서 일했던 그의 상사는, 맥베이가 사람을 다루고 관계를 맺는 능력이 부족했기 때문에 뒷문에 배치했다고 전했다.

그는 지역신문에 분노에 찬 편지를 보내 인종 관계, 세금, 총기 규제, 범죄, 정치적 부패에 대해 불평했다. 군대 생활의 조직성이 사라진 상황에서, 그는 동일한 질서와 체계성을 제공하는 다른 집단을 찾거나, 살아남기 위해 매우 경직된 인성으로 돌아가야 했다. 얼마 후 그 경직성 때문에 고단해졌다.

1993년 1월, 맥베이는 모든 짐을 낡은 자동차에 쑤셔 넣고 집을 떠나 미국 전역을 배회했다. 얼마 동안 애리조나주 킹맨에 있는 군대 친구 마이클 포티어 집에 머물렀다. 미시간주 데커에 있는 농장에서 테리 니컬스와, 그의 동생이자 농장주인 제임스와 더 오래 지냈다. 극우적이고 생존주의적인 정치적 성향이었음에도, 맥베이는 전미총기협회와 공화당 외에 편집증적인 개인이 가입할 만한 다른 단체에는 정식으로 가입하지 않았다. 그리고 총기 잡지에 대한 맥베이의 집착은, S&M 포르노그래피에 대한 성적 연쇄살인범의 집착과 유사한 면이 있다.

발표된 기사에 따르면 그가 가장 좋아했던 영화는 존 밀리어스가 연출하고 패트릭 스웨이지와 찰리 쉰이 출연한 1984년 영화 「레드 던Red Dawn」이었는데, 소도시 십대들이 게릴라 전사로 변신해 자신들의 공동체를 침략한 공산주의 돌격대에 맞서 싸우는 내용이다. 맥베이 같은 유형은 '입으로만 떠벌리는' 식으로 얼마간 보상을 받을 수 있지만, 그러다 보면 이미 우리가 살펴보았듯이 이십대 후반이 되어 거울 속 자신이 제자리걸음을 하고 있다는 걸 깨닫는다. 바로 그때가 걱정해야 하는 시점이다. 그들이 람보가 되고 싶다는 환상을 시작하는 때다. 맥베이는 군 위장복과 검은색 전투화를 신고 다녔다. 그는 공격용 무기 금지 법안에 반대하는 입장이 충분히 강하지 않다는 이유로 전미총기협회에서도 탈퇴했다. 조지프 폴 프랭클린처럼 과격하지는 않았지만, 그는 흑인은 열등하며 유대인은 당연히 적이라고 생각했다. 여동생 제니퍼에게(그녀는 그의 견해를 많은 부분 공유했다) FBI가 그들의 전화를 도청하고 있다고 경고했으며, 다른 사람들에게는 육군에서 자신을 통제하기 위해 엉덩이에 컴퓨터 칩을 몰래 심었다고 이야기하기도 했다.

1993년 3월, 맥베이는 스스로 예언자라고 주장하는 데이비드 코레시의 광신자 집단과 정부가 대치중이던 웨이코로 여행을 갔다. 거기 있는 동안, 언론학과 소속으로 훗날 방송 기자로 활동하게 되는 어떤 대학생과 인터뷰를 하고 사진도 찍었다. 사진 속의 그는 '당신의 총을 두려워하는 정부를 두려워하라' '총기 금지는 정부가 길거리를 안전하게 접수할 수 있게 하는 일이다' '총을 가진 자는 시민이다. 총이 없는 자는 신민臣民이다' 같은 스티커를 팔고 있었다.

웨이코와의 만남은 결국 맥베이에게 방아쇠가 되었고, 분노와 좌절감을 표출할 명분이자 구실이 되었다. 그는 분노를 터뜨릴 수 있었고, 이는 진정한 적에 대한 복수로 여겨질 수 있었다. 폭력을 행사하더라도 책임은 다른 이에게 돌아갈 것이었다. 누군가 받아들일 수 없는 지점까지 그를 자극했다. 웨이코는 하나의 큰 플래카드였고, 그 아래서 그는 다른 이들이 자신의 뒤를 따르기를 희망했다.

그해 9월, 자주 참석하던 총기 전시회에서 맥베이가 조명탄을 개조해 'ATF 헬리콥터를 격추'할 수 있다고 이야기하는 것을 형사 한 명이 엿들었다. 코레시의 집단 거주지를 최초로 습격한 것이 ATF였다. 맥베이는 또한 1992년 8월, 아이다호주 루비 리지에서 벌어진 대치 상황에서 FBI가 백인 분리주의 운동의 상징적 인물 랜디 위버의 아내 비키와 아들 새뮤얼을 사살한 것, 그리고 브래디 총기규제법이 통과된 것에 대해 격렬한 분노를 품고 있었다. 1994년 8월 의회가 총괄범죄법을 통과시키고 19종의 공격 무기를 불법으로 규정하자, 맥베이는 두려워하던 신 세계질서가 용납할 수 없는 힘을 얻어가고 있다고 느꼈다.

맥베이와 테리 니컬스가 『터너 일기』를 참고로 거대한 폭탄을 제조하기로 계획을 세운 것은 그때쯤이었다. 질산암모늄과 기름을 기본 성분으로 해서, 거대하고 단순하되 상대적으로 비싸지 않고, 가격 대비 최대한의 폭발력을 가진 폭탄, 『터너 일기』에 묘사된 그런 건물을 날려버릴 수 있는 폭탄을 만들 수 있었다. 다른 폭파범들과 달리 그들은 폭파 장치 자체는 중요하지 않다고 생각했다. 중요한 것은 '임무'뿐이었다.

맥베이와 니컬스가 진공 상태에서 활동한 것이 아니라는 점을 명심해야 한다. 그들을 행동에 나서게 한 사건들, 루비 리지, 웨이코, 브래디법 그리고 신 세계질서를 명확히 보여주는 다른 조치들이 KKK나 신나치주의 같은, 나라 곳곳에 다양한 형태로 숨어 있던 민간무장단체와 생존주의 운동에 동력을 부여해주었다. 예를 들어, 그런 집단 중 가장 조직적이었던 미시간 밀리티아는 준군사조직을 시작하는 방법과 생존 기술, 무기 확보에 관한 정보를 담은 안내 책자도 발행하고 있었다.

하지만 여기서 우리는 말만 하는 자들과 행동하는 자들을 구분해야 한다. 맥베이의 재판에서 그의 여동생은 폭파 사건 다섯 달 전에, 오빠가 자신은 더 이상 '선전 단계'에 머물러 있지 않고 '행동 단계'로 넘어가야 한다고 이야기했다고 증언했다. 우리는 조지프 폴 프랭클린 사건에서도 비슷한 행동을 볼 수 있었는데, 행동에 나설 준비가 되어 있던 그는 단지 백인의 우월성을 떠들기만 하는 사람들을 더 이상 참고 봐줄 수가 없었다.

두 경우 모두, 화려한 수사修辭에 취해 있던 누군가가 이제 제대로 된 판에 끼어보기를 원하고 있다. 그는 화려한 수사는 말뿐임을 알게 되고, 제대로 된 판이 없음을 알게 되었다. 뭐, 집단적인 노력이 없다면 그는 혼자 나가서 그 이름을 남기면 된다. 우리는 맨슨 패밀리에서도 비슷한 현상을 볼 수 있었다. 찰스 맨슨은 자신의 추종자들에게 헬터 스켈터와 다가올 전쟁에 대한 온갖 헛소리를 주입했다. 하지만 그를 인터뷰하고 나서, 나는 듣는 사람들이 있는 한 그는 계속 이야기만 했을 것임을 확신했다. 그의 추종자 텍스 왓슨이 찰리의 비전을 실행에 옮기겠다고 결정하는 순간, 이 모든 헛소리가 갑자기 난장판이 되었다. 같은 이유로, 우리는 이런 집단들은 1989년의 우편물 폭탄 사건에 책임이 없다고 결론을 내렸다.

폭파 계획이 점점 더 임계치에 가까워지자, 팀 맥베이는 애리조나주 킹맨의 모텔 방에서 블라인드를 내린 채 온종일 앉아 있곤 했다. 니컬스와 포티어는 뒤로 빠졌다. 하지만 맥베이는 계속 나아갔다. 4월 12일 마침내 그는 모텔을 출발했고 시험 삼아 트루밸류 공구점에서 23킬로그램짜리 질산암모늄 비료 두 포대를 사보기도 했다. 4월 16일 부활절 일요일, 그와 니컬스는 목표 건물을 확인하고 지형을 살폈다. 하지만 부하 혹은 추종자 유형이었던 우둔한 니컬스는 더 이상 나아가지 않았다. 그런 일도 맥베이를 멈추게 하지는 못했다. 4월 17일, 자동차를 반납할 생각이 없었던 그는 가명을 사용해 2300킬로그램의 짐을 실을 수 있는 6미터짜리 라이더 트럭을 캔자스에서 빌렸다. 비료는 캔자스주 맥퍼슨에서 구입했다. 그리고 4월 19일, 그는 트럭을 뮤러 건물 앞에 주차한 후 점화 장치에 불을 붙였다. 배터리가 고장났으니 견인하지 말아달라는 메모를 자동차에 남겼다. 자신의 영웅인 가공의 인물 얼 터너와 마찬가지로, 그는 희생자가 나오는 것은 기꺼이 받아들이려 했다. 우리 나머지 사람들은 그렇지 않다는 사실, 자신의 행동 때문에 어떤 아이들은 절대 어른이 되지 못할 테고, 또 어떤 이들은 어머니와 아버지를 잃게 될 거라는 사실은 전혀 그의 관심사가 아니었다. 사실 그는 그런 종류의 관련성을 생각할 수도 없었다.

체포된 후에 그는 스스로 전쟁 포로라고 했다. 그것은 자신의 행동에 대한 책임을 지지 않으려는 궁극적인 태도였다.

티머시 맥베이가 스스로 경찰의 손에 떨어지지 않았다면, 이 사건을 해결하는 일은 상당히 어려웠을 것이다. 하지만 이는 무다가 자신의 1972년 폭탄과 다른 장치를 디자인했다면 생겼을 일을 상상해보는 것과 비슷하다. 두 경우 모두, 우리는 목표물의 의미, 폭파 장치의 종류, 범인이 피해자들과 함께 불꽃 속에 사라지기보다는 도망가기를 원했거나 의도했다는 사실을 기반으로 프로파일링을 시작했을 것이다. 거기에 맥베이가 선택한 범행일도 추가된다. 그리고 폭탄 제조에 경험이 거의 혹은 전혀 없는 사람이라면 보통은 도심 바깥에서 시험을 했을 것이 분명하고, 누군가 그것을 알아봤을 수도 있다.

폭파 사건을 수사할 때는 세 가지 본질적인 점을 고려하는데, 폭파범의 동기, 그의 자질과 특성 그리고 범죄 분석이다.

폭파의 동기는 인간의 온갖 부정적 충동을 총망라한다. 방화범들과 마찬가지로 권력은 주요한 동기들 중 하나다. 엄격하게 임무를 추종하는 사람들이 있는데, 이들은 폭탄을 제조하고 심는 행동에서 흥분을 느끼고, 모든 것에 우선하는 대의를 핑계로 제시한다. 우아한 디자인에서 만족감을 느끼는 기술자가 있다. 강탈범 혹은 이익을 목적으로 폭탄을 만드는 범죄 사업이 있다. 방화에서 봤던 것과 마찬가지로 정치, 종교, 인종, 노동과 관련한 주장을 전하려는 폭파가 있다. 복수를 위해 폭탄을 설치하는 사람들이 있다. 그리고 자신의 자살을 극적으로 만들기 위해 폭탄을 사용하는 사람들도 있다. 물론 동기들은 뒤섞이기도 한다. 티머시 맥베이는 권력, 임무 수행, 정치, 복수 분류에 쉽게 맞아 들어갈 수 있다. 본질적으로 우리는 지금까지 이야기한 다른 범죄들에서와 마찬가지로, **왜** 이 폭탄이 만들어지고, 설치되고, 폭발했는지를 알고 싶다.

폭파범 개인의 자질과 특성은 추측해야만 하는데, 종종 목격사가 없기도 하고 범인이 피해자와 직접적인 접촉이 없었기 때문이다. 하지만 조사와 연구, 인터뷰를 통해 우리는 몇몇 기본적인 가설을 마련했고, 그 가정들을 상황 혹은 수사 진행에 맞춰 조정했다. 폭파범들은 백인 남성, 평균 혹은 평균 이상의 지능을 가지고 있는(이는 이를 테면 암살범 유형과 가장 차이가 나는 부분이다) 경향이 있다. 그는 성취도가 낮지만 치밀한 음모를 꾸미고 계획을 세운다. 겁이 많고(암살범 유형보다도 더 많다) 사람을 직면하지 못하며, 활동적이지 않고, 인성이나 사교 관계에서 부적격임을 스스로 인식하고 있는 외톨이다.

맥베이 같은 인물을 보면, 우리는 이 프로파일이 썩 잘 맞아 들어간다는 것을 알 수 있다. 젊은 시절 혹은 군대에서 맥베이가 분명 활동적이었던 건 사실이지만, 최근 몇 년 동안 군대 시절의 단단한 몸은 무너졌다. 또한 그가 폭발적인 성격을 드러내는 일이 몇 번 있기는 했지만, 군에서 제대한 후에는 대부분 혼자 지냈다. 따라서 실제 폭탄 제조 시점에 가까워지면 질수록, 그는 우리가 구축한 프로파일에 점점 더 근접했음을 알 수 있다.

마지막으로 수사 시에 고려해야 할 점은 범죄 분석인데 여기에는 폭파 장치 자체에 대한 면밀한 평가가 포함된다. 이 정도 수준으로 만들려면 얼마만큼의 경험 혹은 훈련이 필요한가? 특이한 부품이나 기술 혹은 디자인 요소가 있는가? 타이머 식인가? 리모트 컨트롤러가 있는가 혹은 지뢰형 폭발물인가? 폭파 장치와 범죄를 연결해서 봤을 때 폭탄을 만든 이와 설치한 이는 같은 인물인가 혹은 둘 혹은 그 이상의 사람이 공모한 흔적이 있는가? 폭파 장치를 분석하면 미상범이 그저 불장난이나 하다가 나중에 군대에서 폭발물을 다루게 된 것인지, 아니면 그보다 더 '이상한' 경우인지 판단하는 데 도움이 된다.

피해자 조사는 어떨까? 우연한 피해자인가, 아니면 목표가 되었던 피해자인가? 무작위 피해자인가, 예측 가능한 피해자인가? 피해자가 그 특정한 시간에 특정한 장소에 있었을 가능성은 어느 정도였는가? 그리고 폭탄을 제조하고 설치하는 과정에서 미상범이 감수했어야 할 위험은 얼마나 컸는가? 무디가 자신의 폭탄을 조립할 때의 위험과, 맥베이가 거름으로 가득한 트럭을 몰고 다닐 때의 위험을 비교하면 어떤가?

목표가 된 물리적인 건물이 쉽게 접근이 가능한가 아니면 멀리 떨어져 있는가? 개인 소유인가 지자체 소유인가, 회사 소유인가 정부 소유인가? 폭발은 그 장소에 피해자들이 있을 거라고(혹은 없을 거라고) 합리적으로 예상 가능한 시간에 일어났는가? 단독 사건인가 아니면 연속 사건의 일부인가?

이 모든 질문이 **누가?** 와 **왜?** 를 판단하는 데 도움이 된다.

1955년 11월 1일, 오리건주 포틀랜드로 가던 유나이티드 에어라인 629편, DC-6B기가 덴버 스테이플턴 공항을 이륙한 지 11분 만에 콜로라도주 북부 상공에서 폭발하면서 승객 39명과 승무원 5명이 사망했다. 알다시피 항공기 테러는 당시에는 들어보지 못한 일이었고, 연방항공국과 FBI 수사관들은 세 가지 가능성을 의심했다. 기술직 결함, 조종사의 실수, 고의적 방해 행위였다. 하지만 미국의 민간 항공기를 상대로 고의적 방해 행위가 이루어진 적은 그때까지는 한 번도 없었다.

아직 열기가 식지 않은 추락 지점에서, 요원들은 자신들이 의심했던 최악의 상황을 확인해주는 증거들을 발견했다. 탄산나트륨 침전물이 담긴 철제 용기 파편과, 질산염 및 황 잔여물, 즉 다이너마이트 폭발의 부산물들이었다. 연구실 분석에서는 다이너마이트 점화에 쓰인 배터리에서 나온 이산화망간의 흔적도 감지되었다. 이는 FBI연구실에서 잔여물을 통해 폭파 물질을 밝혀낸 최초의 사례이기도 하다.

수사관들은 승객 명단을 샅샅이 조사하며 동기를 살폈다. 데이지 킹이라는 승객이 3만7000달러짜리 여행자보험에 가입해 있었고, 신청자는 덴버에서 그녀를 비행기에 태워주었던 스물세 살의 아들이었다. 존(잭으로 알려져 있었다) 길버트 그레이엄은 자신을 보험금 수령자로 해두었다. FBI 요원들이 그레이엄의 집을 수색했고, 그의 셔츠 주머니에서 폭파 현장에서 발견된 점화 장치에 쓰인 전선과 동일한 노란색 절연선이 붙은 구리선을 발견했다. 상점 점원은 그에게 다이너마이트와 뇌관을 팔았던 것을 기억했고, 아내 글로리아는 어머니가 짐을 풀 때 발견할 수 있게 존이 선물 상자를 어머니의 짐에 넣었던 것을 기억하고 있었다.

그레이엄은 자백을 했다가 나중에 철회했다. 그는 1급살인 혐의로 유죄 판결을 받았고, 폭파 사건이 있고 14개월 후 콜로라도 주립 교도소 가스실에서 처형당했다.

이는 기념비적인 사건이었고, 이런 유형의 범죄 중 최초의 사건이었지만, 안타깝게도 마지막은 절대 아니었다. 검사가 제시하고 판사가 인정한 동기는 대단히 직설적인 것, 탐욕이었다. 그것은 본질적으로 사업형 범죄 사건이었다. 하지만 나중에 밝혀졌듯이, 어쩌면 또 하나의 복합적 동기에 의한 사건일 수도 있다. 그레이엄이 처형된 후, 정신 감정을 위해 콜로라도 사이코패스 병원에서 그를 검사했던 정신과 의사들이, 그레이엄과 그가 돈을 위해 살해한 여인 그리고 모든 다른 승객과의 관계에 대해 알게 된 것들을 발표했기 때문이다.

그레이엄의 아버지는 잭이 아직 소년일 때 사망했다. 엄마 데이지는 재혼했지만, 새출발하는 장소에 아들을 데리고 가지 않고 덴버에 있는 복지시설인 클레이튼 소년학교에 보내버렸다. 잭은 이 '배척'을 결코 극복하지 못했다. 두 번째 남편이 사망한 후 아들을 대하는 데이지의 태도는 독재적이었다고 전해진다. 폭발이 있었던 그달에, 그는 어머니에게 추수감사절을 자신과 글로리아, 두 아기와 함께 보내자고 말했다. 그녀는 알래스카에 갈 거라고 했다. 이 마지막 거절이 잭에게는 다른 모든 거절을 상징하는 것이었다. 그는 더 이상은 안 되겠다고 판단했다.

10년이 넘도록 미국에서 가장 잡히기를 바랐던 연쇄살인범은, 그 희생자들이(살아 있든 죽었든 상관없이) 한 번도 본 적 없는 인물, 너무나 신비에 싸여 있고 파악이 어려워서 FBI가 붙여준 암호명으로만 알려진 인물이었다. 유나바머Unabomber라는 그 암호명은, 초기에 그의 폭파 범죄가 대학과 항공사를 대상으로 이뤄졌기 때문에 붙은 것이다. 팀 맥베이처럼 한 번에 거칠게 터뜨리는 것도 아니고, 무니처럼 거의 동시에 여러 곳에서 산발적으로 터뜨린 것도 아니었다.

이 폭발 사건들은 틈을 두고 벌어졌으며, 이 자는 기다릴 줄 알았고 오랜 시간에 걸쳐 행동했다. 그는 좀 더 구체적으로 움직였다. 그는 영리하고 극악무도했으며, 동기는 몇 겹의 수수께끼에 싸여 있었다.

나는 1980년 봄, 네 번째 폭파 사건 후에 호출되었다. 디트로이트에서 나와 함께 신입 요원이었고, 당시는 시카고 지부에서 일하고 있던 톰 배럿이 콴티코에 있는 내게 전화했다. "레이크 포레스트에서 폭파 사건이 있었거든. 6월 10일, 퍼시 우드에서 말이야. 유나이티드 에어라인 사장이 집으로 배달된 소포를 열다가 부상을 입었어." 톰은 이것이 첫 번째가 아니라 네 번째 사건임을 합리적으로 설명했다.

나는 항공사가 협박을 받은 적이 있었는지 물었다.

"아니," 톰이 대답했다. "몸값 요구나 그런 건 전혀 없었어. 표면적으로는 동기가 없다고. 자네가 성적인 살인사건 관련 연구나 범인들의 프로파일 작성을 많이 했다고 알고 있는데, 이런 부류에 대해서 뭔가 도와줄 만한 게 없을까?"

당시 우리의 연구 단계에서 나는 이미 머릿속으로 방화범과 암살범들의 관계를 파악하고 있었고, 곧 상품 훼손범에 대한 결과물도 내놓을 예정이었다. 폭파 역시 피해자와의 직접 접촉 없이 이루어지는 범죄였기 때문에 거기서도 어느 정도의 진전은 이룰 수 있을 걸로 짐작했다.

잠재의식 단계에서 내게 영향을 미친 또 다른 고려사항도 있었다. 그 주제에 대해 많이 작업하지는 않았지만, 간접적으로나마 FBI 내에서 프로파일링 훈련 과정이 생기게 된 계기가 일련의 폭파 사건들이었다. 1940년대 후반부터 1950년대 중반까지 뉴욕 시내에서는 30건 이상의 공공건물 폭파 사건이 있었고, 거기에는 그랜드 센트럴, 펜실베이니아역, 라디오시티 뮤직홀도 포함된다. 브루클린에서 자란 나로서는 신문에서 범인을 '미친 폭파범'이라고 불렀던 것을 기억하고 있다.

달리 어찌할 바를 몰랐던 경찰은 제임스 A. 브러셀이라는 그리니치빌리지의 정신과 의사에게 의존했다. 그는 폭파 현장의 사진을 연구하고, 폭파범이 신문사에 보낸 조소의 편지를 분석한 후 몇 가지 결론에 도달했다. 지금 보면 밋밋하고 직접적인 분석이지만, 당시로서는 행동과학계에 엄청난 돌파구를 마련해준 분석이었다. 브러셀은 그 미상범이 자신의 아버지를 증오하는 편집증자이며, 어머니에게 집착하고, 시의 전력 공급을 담당하던 콘 에드에 불만을 지닌 직원이거나 전직 직원일 거라고 했다. 콘 에드는 그가 편지에서 신랄하게 비판한 대상이었다. 브러셀은 또한 미친 폭파범은 코네티컷에 살고 있으며 심각한 심장 문제를 안고 있다고 했다. 그가 경찰에게 했던 다음과 같은 마지막 조언은 지금은 아주 유명한 문장이 되었다. "뚱뚱한 남자를 찾으세요. 중년. 외국 태생. 로마 가톨릭 교도. 독신. 형제 혹은 여자 형제와 함께 삽니다. 그자를 발견했을 때 단추가 두 줄 달린 정장에 단추를 모두 채우고 있을 가능성이 큽니다."

두툼한 콘 에드의 기록물을 모두 살펴보던 수사관들은 우연히 조시 메테스키라는 이름을 발견했다. 그는 부상 때문에 회사에 불만을 제기했는데, 자신은 그 부상이 영구적이라고 주장했지만 의사들은 그렇지 않다고 했다. 아무튼 경찰이 독신에 뚱뚱하고, 중년이며, 외국에서 태어난 로마 가톨릭 교도이고, 심장에 문제가 있는 그를, 두 명의 결혼하지 않은 여자 형제와 함께 살고 있는 코네티컷 워터베리의 집으로 찾아갔을 때, 그는 잠옷 차림이었다. 수사관들이 옷을 입고 나오라고 했고, 몇 분 후 다시 나타났을 때 그는 단추가 두 줄 달린 정장 차림이었고 당연히 단추를 채우고 있었다.

FBI 교육원의 선구자적인 교관이었던 하워드 테텐은 브러셀 박사를 찾아갔고, 그의 원칙을 범죄 해결의 정보로 활용하기 시작했다. 그것이 나의 작업을 포함해 최초의 연쇄살인범 연구가 시작된 경위다.

돌아보면, 바로 그 점이 내가 옛 친구 톰 배럿에게, 자신이 담당하고 있는 사건에 우리 팀이 뭔가 도움을 줄 수 있을 거라고 말한 이유와 꽤 관련이 있었던 것 같다.

유나밤UNABOM 이야기는 여러 방식으로 해볼 수 있으며, 흥미로운 세부사항들은 여러 권의 책을 메울 수 있을 만큼 많다. 우리는 대책본부의 관점 혹은 범인의 관점에서 쉽게 보여줄 수도 있다. 하지만 동기를 탐구하는 이 책에서 이 사건에 접근하는 가장 유익하면서도 간결한 방법은, 콴티코에서 우리가 사건을 다룬 방식을 따라가는 것이다. 일련의 사건들을 겪으며 단계별로 우리의 지식과 이해, 그리고 해석이 조금씩 늘어갔다. 서서히 우리 부서와 대책본부 양쪽에서 다른 요원들이 합류했고, 그들이 새로운 최신 분석을 더해주었다. 하지만 나는 FBI를 떠날 때까지 줄곧 이 사건에 조언했고, 적극적인 관심을 갖고 있었다. 그때까지도 유나바머는 여전히 위험한 미상범으로 남아 있었다.

배럿이 내게 건넨 사건 파일에 따르면, 유나이티드 에어라인의 퍼시 A. 우드 사장은, 집으로 온 소포를 열다가 양손과 얼굴, 허벅지에 부상을 입었다. 폭탄과 함께 소포에는 '**얼음 형제**'라는 제목의 소설이 들어 있었다.

나는 이 사건과 앞선 세 건의 사건들 사이의 정보를 서로 이어보려 애썼다. 첫 번째 사건은 1978년 5월 26일, 시카고 북부 에번스턴의 노스웨스턴대학에서 일어난 것으로 꽤 흥미로웠다. 소포는 뉴욕주 트로이에 있는 렌슬레어 폴리테크닉 인스티튜트의 어떤 공학 교수에게 보낸 것이었고, 시카고에 있는 일리노이대학 공대 건물 주차장에서 전날 발견되었다. 그런 다음 발송인에 적혀 있는 노스웨스턴대학 테크놀로지컬 인스티튜트의 버클리 크리스트 교수에게 전달된 것이었다. 크리스트 교수는 자신은 그런 물건을 보낸 적이 없다며 대학 경찰에 소포를 건넸다. 경찰이 소포를 여는 순간 폭발했고, 대학 경관 테리 마커가 가벼운 부상을 입었다. 폭파 장치는 성냥 머리로 만든 파이프 폭탄이었고 나무 상자에 담겨 있었다.

우리는 크리스트 교수가 원래의 목표였다고 생각했는데, 우선은 이런 식으로 폭탄을 '두 번 뒤틀어서' 전달하려 했던 미상범의 영리함에 감탄했고, 이 뛰어난 학자(알려진 바로는 적이 없었다)의 어떤 면이 누군가로 하여금 그를 날려버리고 싶게 만든 것인지 궁금했다.

두 번째 폭탄은 좀 더 직접적이었다. 노스웨스턴 테크놀로지컬 인스티튜트 2층의 연구실 사이에 있는 탁자에, 밀봉된 담뱃갑이 놓여 있었다. 토목공학과 대학원생 존 G. 해리스가 상자를 열었다. 폭탄이 터졌고 그는 상대적으로 가벼운 자상과 화상을 입었다. 파편을 통해 성냥 머리와 전선, 손전등 배터리로 만든 폭파 장치임이 밝혀졌는데, 또 하나의 단순하고 투박한 폭탄이었다. 하지만 이번에는 폭파범이 특정 인물을 목표로 했다는 증거는 없었다.

세 번째 사건에서는 목표가 바뀌었다. 1979년 11월 15일, 시카고에서 워싱턴 DC로 가던 아메리칸 에어라인 444편이, 기내에 연기가 가득 찬 상태로 버지니아의 덜레스 국제공항에 임시로 착륙했다. 보잉 727기에 타고 있던 열두 명은 연기 흡입에 대한 치료를 받았다. 폭탄은 시카고에서 부친 수하물에 숨어 있었고, 기내 압력이 일정 수준에 이르면 폭발하도록 되어 있었다. 폭발은 기체에 구멍을 낼 정도로 강력하지는 않았지만, 수하물 칸에서 화재가 발생했다. 화재로 소포의 수신인 부분이 타버리면서 목표가 누구였는지는 밝혀낼 수 없었다. 하지만 첫 번째 폭탄과 마찬가지로 수신인은 계략에 불과했는데, 폭탄이 대기 중에서 폭파하도록 치밀하게 제조되었기 때문이다.

그러니 우리는 기술적인 치밀함뿐 아니라 목표도 점점 높아지는 누군가를 상대하는 셈이다. 이 폭파 장치는 단순히 운이 없는 교수나 공대 학생을 불구로 만들고, 손이나 팔을 날려버리기 위해 만들어진 것이 아니었다. 미상범은 이제 큰물로 나왔다. 24년 전 잭 그레이엄이 그랬던 것처럼, 이 자도 항공기 전체를 날려버리기를 원했다. 다만 자신의 기술을 완성하지 못했을 뿐이다.

평균 이상의 지능을 가진 이십대 후반에서 삼십대 초반의, 강박-망상증에 빠진 백인 남성 외톨이라는 기본적인 프로파일에 더해, 폭탄의 진화 및 의도에 담긴 사악함의 정도가 증가하는 것을 볼 때, 범인은 높은 수준의 기술적 능력과 치밀한 범죄 수행능력을 지닌 인물일 것이다. 이런 진화가 이어지지 않을 거라고 믿을 만한 근거도 없었다. 반대로, 우리는 범인이 경험을 쌓으면 쌓을수록 더 솜씨가 좋아질 것으로 예상했다. 나는 다른 유형의 연쇄 범죄들을 통해 얻은 믿음, 즉 범인이 자신의 작업에 지나치게 능숙해지기 전의 초기 범죄들이 가장 많은 것을 말해준다는 기본적 신조를 버릴 이유를 찾지 못했다. 나는 미상범이 초기의 범죄는 어느 정도 편안함을 느끼고 익숙한 장소에서 벌였을 거라고 감지했다. 그 말은 범인이 시카고 지역 출신이며 학자이거나 대학과 관련이 있는 인물이라는 뜻이었다. 노스웨스턴대학이 아닐 수도 있지만(이는 단순히 가까이 있는 편리한 상징이었을 수 있다), 시카고 및 학계와의 관련성에 대해서는 나는 꽤 확신을 가지고 있었다.

목표가 바뀌고 폭탄 자체의 치밀함도 증가하면서, 일부 수사관은 항공사들이 원인일 거라고 생각하기 시작했다. 어쩌면 우리는 불만을 품은 항공사 직원 — 아마도 기술직일 것이다 — 을 상대하고 있고, 초반의 폭탄들은 '연습'이었다는 것이다. 범인은 자신의 소포가 아메리칸 에어라인에 실릴 것을 예상하지 못했으니 그 폭탄은 아마 전반적인 업계 전체를 향한 것이었고, 네 번째 폭탄, 유나이티드사 사장 본인에게 보낸 것이 더 의미심장한 것이라는 이야기였다. 개인적으로 나는 우드 씨가 폭탄을 받게 된 이유는 확신할 수 없었지만, 그럼에도 학계와 관련이 있다는 나의 생각을 유지했다.

네 번째 폭파 이후 대책본부가 구성되고 FBI에서는 사건을 암호명 '유나밤'으로 지칭했다.

다음 폭발은 1년 이상 나타나지 않았다. 솔트레이크시티의 유타 대학 경영학과 교실에 있었던 소포 폭탄은 부상자 없이 해체되었다. 나는 해결할 사건이 너무 많아 유나밤에 대한 생각은 잠시 접어두었다. 하지만 이 사건이 발생했을 때 사실들을 검토했고, 미상범이 학계에 배경을 지니고 있고 그쪽에 경도되어 있다고 한층 더 확신하게 되었다. 이 폭파 시도는 또한 범인이 이제 이동을 시작했고, 자신의 주된 구역, 즉 시카고 인근을 벗어나서도 편안함을 느끼게 되었다는 것을 보여주었다. 이동성이 있으면 프로파일 대상의 나이가 조금 올라가는 경향이 있는데, 왜냐하면 이동 수단이 생겼다는 것 외에 범죄적인 면에서도 미상범이 좀더 확신을 가지게 되었음을 뜻하기 때문이다.

나는 동기에 대해서도 감이 잡히기 시작했다. 이 사건에서도 목표는 특정되지 않았지만, 명백히 대학을 향하고 있었다. 폭파범의 분노는 고등교육기관 일반, 교수, 교실, 특히 항공사 간부 등 권위를 향한 것이었다. 핵심은, 폭파범이 시카고의 편안한 구역을 벗어나는 모험을 시도하기는 했지만, 대학이라는 환경이 그에게는 또 하나의 편안한 구역을 대변한다는 점이었다. 이 자는 폭탄을 설치하며 강의실 주변을 돌아다니는 것이 편안한 인물이었다. 그는 그런 곳에 스며들었고, 대단히 편집증적인 인물일 가능성이 크지만, 그곳에서는 자신을 의식하거나 눈에 띨 것을 걱정하지 않았다. 내 생각으로 이 자는 불만을 품은 항공사 기술직이 아니었다. 이 정도로 지적인 인물이 폭탄 제조법을 배우는 편이, 블루칼라의 기술전공자가 지적인 분위기에 젖어드는 것보다 수월했을 것이다.

우리 쪽 폭탄 전문가들은 그 폭파 장치가 여전히 상대적으로 정교하다고는 할 수 없지만, 폭파범이 그걸 만드는 데 상당한 시간을 들인 것은 분명하다고 했다. 어느 날 아침에 갑자기 '폭파범이 되는 게 좋겠어'라고 말하지는 않는다. 실험을 해야 하고 연습을 해야 한다. 나는 시카고 인근 사람들에게 이 자의 범죄 전 행동 유형을 알리고, 누군가 연습 삼아 폭탄을 터뜨렸다는 사실을 알리면, 분명 뭔가를 아는 사람이 나타날 거라고 확신했다. 나는 또한 이런 유형의 범죄자는 다른 폭력적 연쇄범죄자의 행동 특성을 따를 테고, 따라서 당시에는 이미 자신의 언론 기사를 확인해가며 거기에 영향을 미치려 할 거라고 생각했다.

이듬해 봄인 1982년 5월 5일 펜실베이니아주립대학 패트릭 피셔 교수 앞으로 온 소포 하나가, 테네시주 내슈빌 밴더빌트대학에 있는 그의 사무실로 전달되었고, 비서 제닛 스미스가 여는 순간 폭발했다. 그녀는 심각한 열상을 입고 밴더빌트대학에 후송되었다. 다른 폭탄들과 마찬가지로 이번 것도 나무 상자에 든 파이프 폭탄이었다. 파이프 내부는 무연 화약과 성냥 머리로 채워져 있었다. 피셔 교수는 2년 전 밴더빌트대학으로 옮긴 상태였지만, 그의 이름과 주소는 그저 위장에 불과했을 수도 있다. 폭탄을 보낸 사람은 소포가 발신인에게 반송되기를 원했는데, 4월 23일 유타주 프로보에서 부칠 때부터 이미 우편 소인이 취소된 상태였기 때문이다. 반송 주소는 브링엄영대학의 전기공학과 교수인 리로이 비어슨 앞으로 되어 있었다.

하지만 우리는 뭔가 다른 것을 생각하기 시작했다. 어쩌면 너무

나간 것일 수도 있지만 그렇다고 무시할 수도 없었다. 비어슨 교수의 가운데 이름은, 유나이티드 에어라인 사장의 성과 같은 우드Wood였다. 폭탄을 담은 상자는 나무Wood 상자였다. 이것이 단서가 될 수 있을까? 우리는 궁금했다.

미상범은 자신이 수법, 즉 전달 방식을 바꿀 만큼(다시 우편을 사용했다) 유연한 인물임을 보여주었다. 아마도 직접 폭탄을 설치했던 지난번 사건은 아슬아슬한 순간이었을 것이다. 그리고 그의 기술적 능력만은 알아줘야 했다. 이 폭탄들은 우편을 통한 이동 도중에 우연히 폭파하지 않을 만큼 안정적일 필요가 있었다.

내 생각에는, 좀더 주도적으로 나갈 수 있는 기회들이 더 있었다. 폭파 장치를 우편으로 보냈다는 것은 범인이 폭파 현장이 있는 지역에는 살지 않는다는 뜻이었다. 하지만 자신의 만족감을 위해, 그는 미디어의 기사들을 확인하고 싶었을 것이다. 대학에서 발생한 소규모 폭발 사고는 지역신문에만 실릴 테고, 이는 그가 자기가 사는 지역 바깥에서 발행되는 신문에 접근할 필요가 있었다는 의미이다. 나는 시카고 인근의 도서관 확인 작업을 시작해야 한다고 생각했다. 타이레놀 용의자를 찾을 때 그랬던 것처럼 말이다.

7월 2일, 마지막 사건 후 채 두 달이 지나지 않았던 시점에 범인이 다시 공격했다. 이번에는 버클리의 캘리포니아대학 코리홀 4층 교수 휴게실에서, 전기공학 및 컴퓨터과학 교수 디오게네스 앙겔라코스가, 학생 혹은 작업 인부가 두고 간 것으로 보이는 깡통을 발견했다. 그가 깡통을 집어드는 순간 폭발했다. 앙겔라코스 교수는 중상을 입었다.

또 하나의 소형 파이프 폭탄이었는데, 이번에는 우편으로 전달된 것이 아니라 사람이 갖다 놓은 것이었다. 그러니까 미상범은 다시 움직이기 시작했고 이곳에서 돌아다니는 것이 편안했다. 역시 목표가 특정되지는 않았지만, 다시 한 번 대학의 기술 관련 학과를 향한 공격이었다. 이 폭탄은 더 위험했고 우리는 미상범이 그 점에 있어서는 다시 과거로 돌아가고 있다고 의심했다.

그리고 거의 3년 동안 아무 일도 일어나지 않았다. 우리는 폭파범이 자살했거나 스스로 폭파 사고를 당하는 실수를 했거나 혹은 다른 범죄로 어딘가에 수감되었을 걸로 짐작했다. 하지만 1985년 5월 15일, 버클리 코리홀에서 또 다른 폭발이 있었다. 폭탄은 컴퓨터실의 3공 바인더에 끼워져 있었다. 공대 대학원생이자 항공기 조종사였던 존 E. 하우저가 그걸 집어 들었다. 폭발로 오른손 동맥 두 개가 끊어지고 손가락 몇 개가 손상됐다. 그는 한쪽 눈의 시력도 부분적으로 잃어버렸다. 폭탄은 이전 것들보다 더 강력했고, 질산암모늄과 알루미늄 화약의 혼합물을 담고 있었다.

한 달도 지나지 않은 6월 13일, 캘리포니아주 오클랜드에서 보낸 우편물 폭탄이 워싱턴주 오번에 있는 보잉 항공기조립공장에 전달되었다. 원래는 버클리 폭탄보다 먼저 부친 것이었지만, 보잉의 내부 우편 체계 때문에 중간에 잠시 사라졌던 것이다. 이 폭탄은 폭탄 전담반을 통해 부상자 없이 해체되었다. 이 폭탄이 직전의 폭탄이 놓인 시간과 거의 동시에 부쳐졌기 때문에, 우리는 이것이 초점을 흐리려는 유나바머의 주도적 전략의 일부가 아닐까 의심했는데, 그는 수사팀이 분명 버클리에 집중할 것임을 알고 있었을 것이기 때문이다. 그럼에도 베이 에이리어라는 연결점은 있었고, 우리는 그가 편안함을 느끼는 곳이 어디인지 알 수 있었다.

그해 11월 15일, 미시간대학 심리학 교수 제임스 V. 매코널의 앤아버 외곽 자택에 소포 폭탄이 배달되었다. 솔트레이크시티의 우편 소인이 찍힌 한 장짜리 편지가 곁에 붙어 있었고 이렇게 적혀 있었다. "이 책을 읽어주셨으면 합니다. 선생님 같은 지위에 있는 분들은 모두 이 책을 읽어야 합니다." 젊은 조교 니클라우스 쉬노가 매코널의 주방에서 소포를 열었고 두 사람 모두 부상을 입었다. 쉬노는 팔과 다리에 파편이 박히고 화상을 입었다. 매코널은 청력을 일부 상실했다.

여기서 다시 한 번 구체적인 목표물, 행동 조절에 대한 학설로 학계에서 유명한 학자가 등장한다. 그리고 미상범은 자신의 대학망을 한 층 더 넓히고 있다. 다시 집안에 있는 목표물로 돌아갔다는 점 역시 그가 적응력이 있다는 것, 진화하고 계속 수사관들보다 앞서가는 능력이 있음을 보여준다.

한 달도 지나지 않아 판돈이 엄청나게 커졌다. 1985년 12월 11일, 캘리포니아 새크라멘토의 컴퓨터 상점 주인 캠벨 스크러튼은 종이봉투 하나를, 상점 뒤에 있는 주차장에서 나온 건축물 폐자재인 줄 알고 집어들었다. 봉투 안에는 못이 가득 있었고, 손을 대자마자 파편들이 가슴을 찢고 심장을 찌르며, 그는 사망했다. 유나바머는 더 치명적인 유형의 폭탄을 다시 직접 전달하는 방식으로 돌아갔고, 이제 그는 살인자였다. 그는 이곳저곳을 돌아다녔고 환한 대낮에 돌아다니는 것에도 편안해졌다. 나는 컴퓨터 상점도 여전히 학계와 관련이 있을 수 있다고 생각했는데, 왜냐하면 컴퓨터는 교육과 관련이 있고 대학에서 널리 쓰이고 있었기 때문이다.

다음, 그러니까 열두 번째 목표 역시 또 다른 컴퓨터 상점이었는데, 사건은 1987년 2월 20일에야 일어났지만 수법이 비슷했고, 장소는 다시 솔트레이크시티였다. 캠스 컴퓨터 상점의 주인 게리 라이트는 주차장에 쌓여 있는 못 박힌 각목 파편 더미를 치우려다 부상을 입었다. 하지만 이번에는 폭파 1시간 전에 누군가 목재를 주차장에 버려둔 채 떠나는 모습을 본 목격자가 있었다. 경찰은 그 유명한 유나바머 합성사진을 제작했다.

그는 여전히 익숙한 영역에서 활동했지만, 이때만은 어쩌면 실수를 한 것인지도 모른다. 만약 그 점을 알아차렸다면, 누군가 자신을 봤을 수도 있음을 알았다면, 겁쟁이인 그는 당분간은 활동하지 않고 숨어 지낼 것이다. 그리고 그 시간 동안 더 강력하고 정교한 장치를 실험할 것이다. 그는 이미 살인을 저질렀고 또 다른 살인을 위해 돌아올 것이다. 아무런 요구도 하지 않았고, 뭔가를 전하려는 노력도 하지 않았다. 따라서 오래지 않아, 만약 제압당하지 않는다면 그는 돌아올 것이다. 절대 스스로는 멈추지 않을 것이다.

우리의 예측대로 한동안 유나바머로부터 아무 소식이 없었다. 어쩌면 초반 사건들 사이의 공백 기간에 짐작했던 이유들 중 하나로, 그가 완전히 활동을 그만두었을지도 모른다는 희망이 있었다. 하지만 1993년 6월 22일, 캘리포니아주 새크라멘토 소인이 찍힌 소포 폭탄이, 샌프란시스코의 캘리포니아대학 유전학 교수인 찰스 엡스타인 박사의 티뷰론 자택에 배달되었다. 소포를 열려던 엡스타인 박사가 중상을 입었다.

  범죄가 진화하면 진화할수록 우리는 과거의 패턴이 반복되고 있으며, 실패 위험이 높은 기술들은 버려지고 있음을 알게 되었다. 이제 유나바머는 우편 체제의 안정성과 익명성으로 돌아갔고, 자신이 지리적으로 편안함을 느끼는 영역 안에서 전문가라는 목표물을 고수했다.

  우리 중 일부는 유나바머가 다시 돌아오기로 한 결정에는 다른 이유가 있을 걸로 생각했다. 이 자는 분명 자신의 그런 모습을 즐겼고, 오랜 시간 전국 및 지역의 법 집행기구를 좌절시킬 수 있었던 그 능력은 분명, 그의 인생에서 있었던 개인적 결핍이나 실망들을 모두 보상해주었을 것이 틀림없다. 오직 자신만 아는 사실이었지만, 그는 대단한 인물, 역대 최고의 폭파범이었다. 그러던 중에 누군가 그의 불기둥을 훔쳤다. 1993년 2월 26일, 이슬람 테러리스트들이 로어 맨해튼의 거대한 세계무역센터 건물을 날려버리려 했고, 그 사고로 6명이 사망하고 1000명 이상이 부상을 입었다. 갑자기 유나바머는 그 영역에서 대장이 아니게 되어버렸다.

  어쨌든 유나바머의 마지막 공격이 있고 고작 이틀 후인 6월 24일, 예일대학의 컴퓨터공학자 데이비드 J. 겔렌터가 코네티컷주 뉴헤이븐에 있는 사무실에서 소포 폭탄을 받았다. 폭발로 그는 복부와 가슴에 중상을 입었고, 오른손 일부가 잘려나갔으며 한쪽 눈 시력과 한쪽 귀 청력을 잃었다.

  우리 쪽 폭탄 전문가들은 사건에 쓰인 폭파 장치들이 이제 상당히 복잡하고 정교한 수준이어서, 조립에만 100시간 이상이 들었을 거라고 했다. 이 자는 꽤 명석하고 꽤 집중력이 있는, 그리고 자신이 뭘 하는지 남에게 설명할 필요 없이 많은 시간을 쓸 수 있는 인물이었다.

이 무렵 정부에서는 유나바머를 체포하거나 기소할 수 있는 단서에 대해 100만 달러의 포상금을 걸었다. 대책본부의 24시간 무료 신고전화 1-800-701-BOMB에는 도합 2만 건 이상의 제보가 쏟아졌다.

1994년 12월 10일, 영 앤 루비콘 광고대행사의 부사장이자 총괄 매니저였던 노머스 모서가, 뉴저지주 노스칼드웰에 있는 자택에 배달된 소포 폭탄이 터지며 즉사했다. 비디오테이프만한 소포는 샌프란시스코 베이 에어리어에서 온 것이었다. 송신인 부분에는 샌프란시스코주립대학의 가공의 교수 이름이 적혀 있었다. 패트릭 피셔 교수 사건에서와 마찬가지로 미상범은 최신 정보를 알지 못하는 것 같았는데, 모서를 1년도 더 전에 그만둔 전 직장, 버슨 마스텔러 홍보사의 옛 직위로 칭하고 있었다. 폭파 현장을 뉴저지로 옮긴 것은, 시카고와 샌프란시스코에 집중하고 있던 수사에 혼선을 주려는 시도처럼 보였다.

이 사건의 동기는 명확하지 않았지만 그러던 중 이듬해 4월 24일 『뉴욕타임스』가 편지를 한 통 받았고, 거기에 모서의 광고대행사가 목표가 된 것은 '사람들의 의식을 조종'했기 때문이라는 설명이 적혀 있었다. 폭파범은 이러한 반기술적인 이념을 내세웠지만, 나는 이것이 자신의 분노와 좌절을 가리는 지적인 연막이라고 생각했다. 일단 그가 그런 소통을 시작한 이상, 나는 그를 잡는 건 시간문제임을 알았다.

결국 마지막 범죄가 되는 사건이 『뉴욕타임스』와 1993년에 중상을 입은 겔렌터 교수에게 편지가 도착했던 날에 발생했다. 당연히 난폭한 행동이었지만 이는 유나바머가 계속 소통하고 있다는 의미였고, 그건 좋은 소식이었다.

편지에서 미상범은 컴퓨터가 사생활 침해부터 "과도한 경제성장을 통해 환경의 질을 떨어뜨리는 것"까지 다양한 문제를 일으킨다며 공격했고, 이어서 유전공학으로 넘어갔다.

아마도 겔렌터에게 보낸 편지에서 가장 모욕적이고 시사적인 부분은 다음 문단일 것이다. "높은 학위를 가진 사람들은 스스로 생각하는 것만큼 영리하지 않습니다. 만약 당신에게도 뇌가 있다면, 당신 같은 기술바보들이 세상을 변화시키는 방식에 몹시 분개하는 사람이 많이 있다는 것을 깨달았을 테고, 그랬다면 모르는 사람이 보낸 알 수 없는 소포를 열어보는 어리석은 짓도 하지 않았겠지요."

『뉴욕타임스』에 보낸 편지는 몇 쪽이나 되었고, 모서를 살해한 이유를 설명하며 살인자는 어떤 정치 단체의 일원이지만 "보안상의 이유 때문에 회원 수는 밝힐 수 없다"는 낡은 계략을 썼다. 무디 때와 마찬가지로 우리는 이 '우리'가 헛소리임을 알았다.

하지만 같은 날, 아직 지옥이 남아 있었다. 캘리포니아 삼림협회 회장 길버트 P. 머리가 새크라멘토의 협회 본부 사무실에서 우편물 폭탄을 열다 사망했다. 여기서도 '나무'와의 연관성은 강하다. 머리는 불운한 피해자였다. 소포는 그의 전임자 윌리엄 데니슨에게 온 것이었다.

우리는 이러한 시기 선택은 전혀 우연적이지 않다는 느낌이 강하게 들었다. 불과 닷새 전에 오클라호마 시티의 뮤러 연방건물이 파괴되며 엄청난 희생자들이 나왔다. 사용된 폭탄은 대단히 투박했지만 그 동안 유나바머가 했던 일들을 너무 작아 보이게 만들어버렸다. 하지만 유나바머는 자신이 더 예술적이고 더 헌신적이며 더 성공적이었다고 생각해야만 했다. 어쨌든 그는 10년 이상 활동을 해왔지만 아직 잡히지 않은 것이다. 무대의 중심에서 밀려나는 건 그로서는 견딜 수 없는 상황이었을 거라고 우리는 확신했고, 그는 자신이 아는 유일한 방법, 즉 난폭한 편지를 보내고 사람을 죽이는 것을 통해 다시 조명을 받아야만 했다. 이제 우리는 그의 자아를 밝혀낼 수 있다는 합리적인 확신을 가질 수 있었다.

그의 다음 소통은 6월 27일에 나왔다. 이번에는 『샌프란시스코크로니클』의 사설란 편집자 제리 로버츠에게 보낸 것이었는데, 그는 자신이 테러리스트 집단, 스스로 FC라고 밝힌 그 집단이 6일 안에 로스앤젤레스 국제공항을 폭파할 거라고 경고했다. 실행에 옮기지는 않았고, 우리는 그럴 거라고 생각하지도 않았지만, 이 경고 때문에 미국 내 민간 항공사들은 7월 4일 휴일이 지날 때까지 보안을 강화하느라 대혼란에 빠졌다. 그가 원했던 것이 바로 그것이었을 것이다. 나중에 그는 『뉴욕타임스』에 보낸 편지에서 그 협박은 가짜였다고 인정했다. 편지에 적힌 발신인은, 어쨌든 캘리포니아주 우드레이크, 우느 사 549번지의 프레더릭 벤저민 아이작 우드였다.(알아차리셨는지? F. B. I. 우드다)

그 시점부터 유나바머는 『뉴욕타임스』와 『워싱턴포스트』, 그리고 또 다른 버클리 교수에게 비교적 정기적으로 편지를 보냈다. 그런 다음 최종적인 요구를 제시했다. 만약 전국의 대형 신문들, 특히『뉴욕타임스』와『워싱턴포스트』가 자신의 3만5000단어짜리 '선언문', 현대 기술사회에 대한 불만을 지극히 장황하고 학문적으로 정리한 그 글을 실어주면 폭파를 그만두겠다고 한 것이다. 그는 너그럽게도 그 글에 대한 저작권을 풀어줄 테고, 원하는 사람은 누구나 출간할 수 있다고 했다.

이 선언문은 이 자가 인생을 망친, 대단히 영리하지만 실패한 학자이며 반기술주의라는 명분을 걸친 채 사실은 사회 일반, 특히 대학 사회에 대한 분노를 표출하고 있는 인물이라는 믿음을 확인해주었다. 대책본부의 많은 수사관은 그런 폭탄들을 만들려면 기술자, 그들이 보기에는 항공사 기술자여야 한다는 가설에 집착했지만, 바로 이 문서가 우리의 범인이 어떤 자인지 혹은 어떤 괴물인지 아주 잘 대변해주었다.

문서 내내 그는 자신의 인성에 대해 시사하는 면모를 많이 드러냈다. 자신의 테러리즘과 파괴행위를 정당화하기 위해 그는 반복해서 모든 사람(자신이 상정한 적들, 사회 일반, 실은 자신을 제외한 모두)을 반복해서 비인격화할 필요가 있었다. 이 자는 아주 부적격이고, 부적격이 아닌 사람이라면 누구에 대해서든 분개하기 때문에, 다른 사람들을 모두 비인격화하지 않으면 상대적으로 자신이 아무것도 아닌 존재가 된다.

이 문서에서 그는 기술을 다스리지 못하는 우리의 무력함을 이야기한다. 그가 실제로 하고 있는 말은 자기 자신의 무력감이다. 첫 번째 폭탄에서부터 그는 자신의 분노와 적대감, 박탈감을 표현하고 있었다. 그 외의 것들, 반기술적인 장식이나 현대적 가치에 대한 거부감은 계속 범죄를 저지르던 와중에 자신의 행동을 정당화하기 위해 발전시킨 것들이다.

신문들이 이 협박을 받아들이고 그의 허영에 굴복해야 하는지를 놓고 엄청나게 골치 아픈 논쟁이 있었다. 이 질문에 쉬운 대답은 없지만, 행동과학 분야의 우리 대부분은(이제 나는 FBI에서 퇴직한 상태였기 때문에 논쟁에 참여할 수는 없었다) 이 자가 자신의 패를 보여주면 보여줄수록, 누군가 그를 알아볼 가능성도 높아질 거라고 생각했다.

그리고 당연히 그런 일이 일어났다. 9월 중순 『워싱턴포스트』와 『뉴욕타임스』가 선언문이 실린 특별호를 내자, 뉴욕주 북부의 사회복지사 데이비드 카진스키는 선언문의 내용과 표현이, 기이하고 사이가 소원한 자신의 형 테오도르의 그것과 유사하다는 생각에 사로잡혔다. 곧 쉰다섯 살이 되는 테오도르는 실패한 학자로 몬태나주 링컨 외곽에 있는, 전기도 들어오지 않는 작은 오두막에서 은둔자처럼 살고 있었다. 데이비드는 그 비정상적인 철학뿐 아니라 "케이크를 먹어버리면 계속 가질 수는 없다" 같은, 테드가 특히 즐겨 쓰던 표현들에 충격을 받았다. 그는 어머니 완다가 시카고에 있는 집을 팔고 자신과 아내 린다의 집 근처에 이사올 때 챙겨둔 테드의 편지들과, 신문에 실린 선언문을 비교해 보았다. 보면 볼수록 그는 점점 더 불안해졌다.

데이비드는 테드에게 연락해 만나러 가겠다고 했다. 데이비드와

린다는 그다음엔 린다의 오랜 친구이자 사설탐정으로 일하고 있는 수전 스완슨과 상담했다. 수전은 증거들을 살펴본 후 데이비드와 마찬가지로 충격을 받았지만, 또다른 전문가 의견을 들어보기로 했다. 그녀는 퇴직한 FBI 요원 클린트 반 잔트에게 전화했는데, 클린트는 인질 협상 전문가이자 FBI 경력 막판에는 콴티코에 있는 우리 부서에서 프로파일러로 일하기도 했다. 클린트는 편지들과 선언문을 비교한 후 같은 인물이 썼을 가능성이 적어도 60퍼센트라고 결론을 내렸다. 그리고 다른 전문가에게 부탁해 자신의 분석과 일치하는지 여부를 물었고, 두 번째 전문가가 한층 더 확신 있게 말하자, 스완슨 혹은 그녀의 의뢰인이 FBI에 신고하지 않는다고 해도 자신은 도덕적으로 그렇게 할 수밖에 없다고 전했다.

이제 데이비드는 분명 그의 인생에서 가장 어려웠을 결정을 내렸다. 그의 형이 내렸던 선택이 생명을 앗아가고 망가뜨렸던 것만큼이나, 그의 선택은 생명을 구하는 것으로 이어진 선택이었다. 데이비드와 린다 카젠스키에 대한 존경심은 아무리 강조해도 지나침이 없다. 상충하는 신의信義들 사이에서 그들은 어렵지만 영웅적인 결정을 내렸고, 그렇게 함으로써 도덕과 시민 정신의 본보기가 되었다.

여기서, 마침내 테오도르 카진스키의 정체가 밝혀지고 정의의 심판에 세워지는 과정에 대해 조금 말하는 것이 중요하다고 생각한다. FBI와 법집행당국은 결국 그 오랜 시간 정말로 '중요한' 일은 하나도 하지 못했고, 카진스키가 잡힌 건 순전히 '요행'이었다는 비판들이 쏟아졌다. 나는 그러한 비판에는 전혀 동의하지 않으며, **이런 방식이 정확히 우리가 범인을 잡는 방식이어야 한다**고 강력히 주장하는 바다. 수사 과정에 대해 비판을 한다면(나는 물론 비판적이다) 수사 초반에 주도적 방식으로 충분히 접근하지 않았다는 점이다. 그랬더라면 훨씬 일찍 유사한 결론에 이르렀을 것이다.

폭파범의 경우, 로이 무디 사건처럼 우연히 범인의 이전 작업과 그의 정체를 알고 있는 경우가 아니라면, 엄격히 감식 증거만으로 사건을 해결하는 것은 대단히 어렵다. 예외가 있다면 폭탄을 설치하는 광경을 직접 본 목격자나 현장에 남은 지문 정도다. 따라서 이 범인을 잡는 최선의 방법은 언제나 대중에게 도움을 요청하는 것이다. 그 어떤 유형의 폭력적 범죄자들보다 폭파범들은 더 많은 행동 증거를 남긴다. 내가 줄곧 FBI에 촉구했던 것도, 이 자에 대한 이야기를 구성하고 예상 가능한 행동과 우리가 예측한 학계 내에서 그의 위치 등을 알리고, 알아보는 사람이 있는지 확인하자는 것이었다.

유나바머가 몬태나의 작은 오두막에 숨어 지내고 있을 거라고 우리가 예측할 수 있었을까? 절대 불가능했다. 하지만 그가 시카고 인근 출신이며, 과학 혹은 공학 분야의 명석한 학자 유형이고, 가까운 친구나 여성과의 접촉이 없는, 어느 시점에선가 대학 세계에서 낙오해 촉망 받는 미래에서 멀어진 인물일 거라고 예측할 수 있었을까? 실제로 우리는 그렇게 예측했다. 테드 카진스키는 유나바머 활동을 하기 전이나 하는 동안에도 많은 사람과 접촉했다. 만일 그들 중 누군가를 찾을 수 있었다면 좀 더 일찍 그를 잡을 수 있었을 것이다.

FBI 요원들과 우수한 인질 구출팀이 테드 카진스키가 살고 있는 몬태나주 시골의 링컨으로 몰려들었다. 그의 오두막 주변 구역을 확보했다. 1996년 4월 3일 수요일, 특수요원 도널드 새흐틀벤과 법무부 소속 변호사가 헬레나 연방법원에 수색영장을 신청했다. 영장을 받은 그들은 16킬로미터를 달려 링컨으로 돌아왔다. 새흐틀벤은 다른 요원들과 함께 오두막에 다가가 문을 두드렸다. 카진스키가 대답하자, 그들은 신속히 그를 제압했다. 폭발물 처리반이 작고 비좁은 방을 수색하고 지뢰가 설치되어 있지 않음을 확인했다.

오두막에 있던 물건을 모두 검사하고 목록을 만드는 데 꼬박 며칠이 걸렸다. 요원들이 찾은 물건들 중에는 폭파 장치의 상세한 설계도와, 작약을 만드는 데 활용된 화합물을 적은 메모, 실험 기록 등이 적힌 노트, 파이프 폭탄 제조에 쓰인 파이프, 폭탄에 쓰인 화학물질이 담긴 용기, 배터리와 전선, 장비 일속, 선언문 초안, 타자기, 그 외에 카진스키와 유나바머를 연결시켜주는 우편물 등이 있었다. 또한 그는 부분적으로 완성된 파이프 폭탄 하나를 가지고 있었고, 목표물이 될 후보들 목록도 있었다. 선언문이 발표되면 더 이상 폭발물을 보내지 않겠다는 맹세도 거기까지였다.

그는 스크러튼과 머리 살인 사건이 발생한 캘리포니아주 새크라멘토의 감옥에 수감되었고, 독방을 배정받았다. 이어진 조사에서 지난 몇 년 동안 카진스키의 동선과 폭파 사건의 장소들 사이의 연관성이 밝혀졌다. 증거들이 계속 쌓여갔다. 그의 인생에서 있었던, 촉발제가 될 수 있었던 감정적 사건들과의 관련성도 찾았다. 그리고 그러는 내내 카진스키는 데이비드 혹은 어머니와는 그 어떤 접촉도 거부했다.

테오도르 카진스키는 우리가 예측했던 인물과 대단히 유사한 것으로 밝혀졌고 훨씬 명석했다. 그는 고립되고 외로운 아이였다. 여성들과의 일상적 관계는 전혀 없었다. 하버드에 진학했고, 버클리에서 수학 교수 자리를 얻을 참이었다. 그러던 중에 어느 시점에서 평범한 생활의 압력을 견딜 수 없었던 그는 그냥 낙오했다.

테오도르 카진스키를 티머시 맥베이 혹은 조지프 폴 프랭클린 같은 인물과 비교해보면, 우리는 유사한 감정적 문제가 있지만, 아주 다른 배경과 지적 능력을 지닌 인물을 보게 된다. 이런 차이는 이들 각각이 폭력적이고 테러리스트 같은 유형의 범죄를 저지르지만, 그 방식이 달라지는 이유를 설명해준다. 세 인물 모두 고립되고 비사교적인 성장과정을 겪었다. 테드와 팀은 단 한 번도 여자친구가 없었다. 둘 다 학교 친구들이 기억하지 못하는 인물이었다. 테드는 심지어 하버드에서도 눈에 띄지 않았다. 그가 체포된 후 같은 수업을 들었던 많은 이는 왜 그가 도무지 생각도 나지 않는지 고민해야 했다.

프랭클린과 맥베이는 둘 다 총에서 위안과 권력감을 느꼈다. 카진스키는 무디와 마찬가지로 폭탄에서 그랬다. 무디는 젊고 매력적인 아내, 자동차, 비행기, 근사한 집, 잘 나가는 사업 등 겉보기로는 성공한 삶의 장식을 많이 지니고 있었다. 하지만 자신의 삶의 모든 부분을 통제할 수 없다면, 무디 같은 범죄자에게 그런 것들은 큰 의미가 없었고, 미국의 법원 체계는 그가 이전에 목표로 삼았던 자동차상처럼, 그의 장악력과 지적 우월성, 다른 사람들에게 영향을 미치는 법률에 대한 고려 없이 자신이 원하는 대로만 일들을 처리할 권리를 인정하지 않았다. 다른 사람들과 비교했을 때, 테드는 인종이나 종교적 편견을 가지기에는 지나치게 지적이었다. 그는 자신의 원한을 기술사회 일반에 품어야 했고, 이는 새로운 세계 질서에 대한 편집적인 두려움을 지녔던 맥베이와 비슷하다. 보도된 기사들에 따르면 카진스키는 개인 생활이나 습관의 면에서는 돼지와 다름없었지만, 지적 생활에서는 대단히 꼼꼼했는데 (이는 맥베이나 프랭클린은 훨씬 허술했던 영역이다), 법률과 관련한 문구, 그것도 가끔씩만 조리가 맞았던 그 문구로 자신을 치장했던 무디와 비슷했다. 극단적이지만 여전히 상징적인 예라면, 자신에게 생일 선물로 책을 보내주겠다는 데이비드의 말에 그렇게 하라며 보낸 답장이었다. 하지만 테드는 책의 폭이 17센티미터를 넘으면 안 된다고, 그렇게 되면 따로 우체국에 가야만 한다고 엄중하게 경고했다. 또한 테드가 원한다면 그 책을 다른 책으로 바꿀 수 있다는 점에 대해서도 데이비드는 동의해야만 했다.

가족이 테드에게 급히 연락을 취해야 할 경우에는 편지 봉투에 특별한 표시를 해야만 했다. 그런 경우가 아니라면, 그는 몇 주 혹은 몇 달 동안 편지를 뜯어보지 않는 일도 있었다. 아버지가 돌아가셨다는 말을 전하기 위해 데이비드가 봉투에 표시를 했을 때, 테드는 그럴 만한 일이 아닌 상황에서 표시를 했다고 화를 냈다.

카진스키는 자신이 폭탄으로 어떤 짓을 저질렀으며, 그 결과는 어땠는지를 기록한 일기를 쓰고 있었다. 예를 들어 1985년, 그는 새크라멘토의 어떤 컴퓨터 상점에 폭파 장치를 설치한 일에 대해 "목재 쓰레기처럼 위장한 폭탄을 놓고 왔다"고 적고는, 이어서 상점 주인이 "폭파로 조각났다"고 사실적으로 결과를 기록했다. 그 일기 어디에도 후회의 기미나, 자신이 아닌 다른 사람에게 초점을 맞춘 문단은 없다. 1980년 어느 날에는 이런 문장도 있다. "치밀하게 준비해서 유나이티드 에어라인 대표에게 부상을 입히는 데 성공했다. 하지만 그는 직간접적으로 제트기에 대해 책임이 있는 수많은 사람 중 한 명에 불과하다."

동기에 관해서라면, 테드 카진스키는 단지 다른 사람들을 죽이거나 다치게 해서, 자신만큼 불행하게 만들겠다는 욕망밖에 없었다. "내가 하게 될 일들의 동기는 단지 개인적 복수뿐이다"라고 그는 1971년에 적었다. 또한 그는 다음과 같이 인정할 만큼 자의식도 지니고 있었다. "당연히, 만약 나의 범죄가 (…) 대중의 관심을 끈다면, 사람들이 기술적 문제에 관심을 갖게 하는 데 도움이 될 것이다. (…) [하지만] 나는 이타적인 목적으로 혹은 인류의 선(그게 뭐든)을 위해서 행동한다고 주장하지 않는다. 나는 단순히 복수에 대한 욕망으로 행동할 뿐이다."

1966년 미시간대학의 대학원생일 때부터, 그는 이미 이런 일을 생각했다. 일기에 이렇게 적고 있다. "처음 생각은 미워하는 누군가를 죽인 다음 경찰이 나를 잡기 전에 자살하는 것이다." 하지만 그는 "그렇게 쉽게 인생에서 사라질 준비가 되지 않았다. 그래서 생각했다, 살인은 하지만 잡히지 않기 위해 노력할 것이다. 그래서 다시 살인할 수 있게"라고 생각을 바꾸었다.

비정기적으로 주고받았던 가족과의 연락들도 마찬가지로 시사점이 많다. 1991년 여름, 그는 어머니에게 편지를 썼다. "오랫동안, 예를 들어 바나나만 건드리면 강한 전기 충격을 받았다고 가정해보세요. 그런 일을 겪고 나면 바나나 주변에만 가도 예민해지겠죠, 바나나에 전선이 연결되어 있지 않다는 걸 안다고 해도요. 그러니까 마찬가지로 수많은 거절이나 모욕 혹은 제가 성장기에 집이나 학교, 하버드에서 받았던 고통스러운 영향들 때문에 저는 사람들을 두려워하게 된 거예요."

다른 자들과 마찬가지로, 깊이 뿌리내린 부적격이라는 감정이 그의 안에서, 마찬가지로 강력한 장대함이나 우월함에 대한 감정, 자신이 그 누구보다 뛰어나며 자격이 있다는 감정과 경쟁했다. 그는 자신이 "인류의 나머지 대다수보다 우월하다. (…) 내가 특별한 존재라는 감정은 내게는 숨을 쉬는 것만큼이나 자연스럽다"고 스스로 인정했다.

그는 계속해서 이렇게 말했다. "나는 여성과의 사랑을 경험해볼 기회를 한 번도 가져보지 못했던 것을 후회하며 고통 받고 있다." 그런 다음엔 자신이 사람들과 관계를 맺을 수 없도록 키운 어머니를 비난하며 문단을 마쳤다. 그는 어머니를 증오한다며 "어머니가 제게 미친 해악은 절대 회복할 수 없는 것이니까요"라고 적었다.

하지만 테드의 부모님 완다와 테오도르 R. 카진스키가 그를 학대하거나 방치했다는 증거는 없다. 그들은 아들 둘을 키웠고 그중 한 명은 악명 높은 범죄자가 되었지만, 다른 한 명은 사회복지사가 되어 주변 사람들을 도와주는 일을 했다. 사실 1970년 아직 상심 전이었던 테드는 부모님에게, 두 분은 자신에게 최고의 부모님이었다고 편지를 쓰기도 했다.

어떤 의미에서는 모범 병사였고 군대에서 가족의 대체재를 찾았던 맥베이와 달리, 유나바머는 폭발물 전문가가 될 수 있는 논리적인 과정이라고 할 수 있는 군에 입대한 적이 한 번도 없었다. 이런 자는 군대에서 정말로 힘든 시간을 보냈을 것이다. 집단에 적응하지 못하고 불명예제대 혹은 일반제대를 했을 테고 일찌감치 정체를 들켰을 것이다. 또한 그가 보여준 나무에 대한 집착은 군인들에게는 어울리지 않는 것이었다. 군인이었다면 좀 더 기능적인 소재, 가능하다면 플라스틱 같은 것을 폭탄으로 활용했을 것이다.

1997년 12월 22일, 새크라멘토에서 5주 동안 배심원 선정이 끝났다. 카진스키는 4건의 유나밤 사건과 관련해 모두 10건의 재판을 받았다. 1998년 1월 5일, 그는 변호사들을 해고하지 않은 채 직접 변론을 하기로 합의했다. 그리고 직후, 감방에서 목을 매 자살을 시도했다. 그에게 자살방지 감시가 붙었다.

1월 둘째 주, 그는 법원에서 지정한 정신과의사 셸리 C. 존슨에게 감정을 받았고, 의사는 다양한 정신질환에도 불구하고 그가 재판에 설 수 있다고 판정했다. 다시 한 번, 카진스키는 정신이상을 호소하는 변호 전략에 반대한 후 스스로 자신을 변호하게 해줄 것을 요청했다. 지방법원 갤런드 E. 버렐 주니어 판사와 몇 차례 만난 후, 모두 진술과 함께 재판 일정이 시작되기 하루 전 결국 스스로 변호할 권리를 얻어냈다.

자살 시도, 법적인 절차에 대한 실랑이, 정신감정을 거부하다가 승낙한 과정까지 모든 것은, 내 생각에는 단지 조종, 지배, 통제를 위한 지속적인 시도였을 뿐이다.

1998년 1월 22일, 배심원들이 사건 청취를 기다리고 있는 동안, 테오도르 카진스키는 법무부와의 합의 하에 새크라멘토에서 있었던 10건의 재판과 뉴저지에서 있었던 3건의 기소에 대해 유죄를 인정했다. 합의에 따르면 그는 사형을 피하는 대신 가석방 없는 종신형을 받았다.

   법정에서 테드와 데이비드는 거의 10년 만에 처음으로 서로를 마주했다. 테드가 어머니와 어떤 식으로든 접촉했던 것은 16년 전이었다. 데이비드가 FBI 요원과 인터뷰했을 때 언급했던 편지, 테드가 어머니에게 보냈다는 편지를 떠올리게 하는 상황이었다. 그 편지에는 이렇게 적혀 있었다. "당신들이 얼른 죽어서 그 시신에 침을 뱉어주고 싶어 못 견디겠습니다."

9장

여러분의 판단

You Make the Call

Motive

 범죄 행동 프로파일은 삶을 모방하는 기술의 한 가지 예라고, 이 개념은 실생활의 전문가가 아니라 에드거 앨런 포나 윌키 콜린스, 아서 코넌 도일 같은 과거의 대가들에게서 시작된 거라고 말하곤 한다. 또한 프로파일러로 사는 동안 나는 종종 과거에 있었던 유명한 실제 살인사건을 분석해달라는 요청을 받곤 했다. 짐작하시겠지만 가장 자주 물어보는 사건은 잭 더 리퍼와 리지 보든이지만, 멀리는 1483년 런던탑에서 두 명의 조카 왕자를 암살한 것으로 알려진 리처드 3세에 대한 질문을 받은 적도 있고, 심지어 카인과 아벨 사건에 대한 이야기를 여기저기서 한 적도 있다.
 FBI에서 퇴직한 후, 나는 프로파일 작업에만 온전히 매진했다. 처음으로 나는 일어난 적 없는 사건, 위대한 대가들의 상상에서 나온 살인사건들을 분석해달라는 요청을 받았다.
 고전문학이나 연극에는 조예가 없다. 나는 늘 수의사가 되고 싶었다. 공군이나 대학에서는, 내가 원하는 게 뭔지도 몰랐다. 그다음에는 FBI 수사관이 되고 싶었다. 나의 교육과 훈련 과정은 대부분 그 방향에서 이루어졌다. 하지만 나의 공동저자 마크 올셰이커는 이런 종류의 문학적 배경지식이 있고 관심도 있다. 사실 그는 연극에 열정이 있었고 우리가 만났던 초기에 배우와 형사가 하는 일이 매우 비슷하다는 견해로 나의 호기심을 불러일으켰다. 양쪽 다 '장면/현장scene'에 나타나서, 그 장면/현장에 있는 '인물'들 사이에 실제로 무슨 일이 벌어지고 있는지를 파악하려 애쓴다. 형사들은 그것을 단서 혹은 증거라고 부른다. 배우들은 맥락이라고 부른다.

패트릭 스튜어트는 성공한 유명 영국 배우로, 로열 셰익스피어 컴퍼니 단원이자 「스타트렉: 넥스트 제너레이션」의 장뤼크 피카르 선장을 비롯해 만만찮은 다양한 배역을 맡았던 인물이다. 그는 마크의 좋은 친구이며 우리 부서를 소재로 마크가 대본을 쓰고 PBS에서 제작한 「노바」 시리즈, 「연쇄살인범의 정신세계」에서 내레이션을 맡기도 했다. 그런 그가 1997년 가을 워싱턴 DC에서 공연되는 「오셀로」의 주연을 맡아 우리 지역에 왔을 때, 마크는 그를 만나 가정폭력 사건을 수사하고 연구했던 경험을 바탕으로 인물에 대한 해석을 전해줄 수 있겠느냐고 내게 부탁했다. 「오셀로」는 궁극적으로 가정폭력에 대한 이야기이며, 스튜어트는 어떤 남자가 겉보기로는 온 마음을 다해 사랑하는 아내를 죽이게 만드는 것이 무엇인지 알고 싶어 했다.

나는 그런 유명한 배우라면 기꺼이 만나보겠지만, 연극에 대해서는 아는 게 없기 때문에 얼마나 도움이 될지는 모르겠다고 했다. 마크는 실은 그래서 더 좋다고, 마치 실제 사건인 것처럼 객관적으로 접근할 수 있을 거라고 말했다.

마크가 그 연극에 대한 정보를 조금 알려주었다. 아프리카 출신의 무어인 오셀로는 중세 베네치아의 전쟁 영웅이자 군대 고위 장교로, 귀족의 딸인 아름다운 데스데모나와 결혼한다. 연극이 진행되면 그는 부하이자 가까운 친구로 생각했던 이아고의 간계로, 아내 데스데모나가 이아고의 상관 마이클 캐시오와 불륜을 저지르고 있다고 믿게 된다. 마지막에, 질투와 비통함에 사로잡힌 오셀로는 침실에서 아내를 살해한다. 나는 그 이야기가 O. J. 심슨 사건과 너무나 유사한 것에 놀랐다. 심슨 사건의 민사 재판에서 나는 골드먼의 가족 변호사 대니얼 페트로첼리의 자문으로 활동하기도 했다.

마크의 집에서 스튜어트와 점심을 함께 했을 때, 내가 연극에 대해 아는 것은 그 정도였다. 스튜어트는 따뜻하고 매력적이었으며, 지적이면서 동시에 본능에 충실한 것 같았고, 자신이 이전부터 맡아왔던 인물의 신비를 풀어보려는 열망으로 가득했다. 내가 이야기를 하는 동안 그는 대본 뒤쪽에 메모를 했다. 나는 마치 사건 정보를 가지고 온 지역 형사에게 하듯 이야기하겠다고 말했다.

이 '사건'과 관련해 내게 가장 먼저 떠오른 생각은 이아고 자신이 오셀로의 매혹적인 아내를 차지하기를 원했다는 것이었는데, 거기에 대해 패트릭과 마크는 둘 다 아니라고 했다.

"그렇다면 이아고의 동기는 뭘까요?" 내가 물었다.

"그는 자기가 받아 마땅한 승진 기회를 오셀로가 캐시오에게 줬다는 분노로 가득 차 있습니다." 패트릭이 대답했다. "그래서 오셀로에게 아내가 불륜을 저지르고 있다는 생각을 심어서 그를 파멸시킬 계획을 세운 거죠."

우리는 오셀로가 자신이 사랑해마지않는 아내를 파멸시키는 것이 유일한 방법임을 확신할 때까지 거쳐야만 했던 과정들에 대해 이야기했다.

패트릭은 내 생각에 오셀로의 행동과 관련한 핵심적인 질문을 던졌다. "존, 아내에 대해 그런 이야기를 들었을 때 오셀로는 어떤 느낌이 들었을까요? 믿었을까요? 아내의 명예를 지켜주려 노력했을까요?"

패트릭과 마크에게 듣고 인물에 대해 이해한 바를 바탕으로, 나는 오셀로가 아내의 명예와 정절에 오점이 생긴 것에 분노했다기보다는, 이아고의 모함 때문에 자기 자신의 불안정성과 부적격성, 무가치함에 대한 감정이 되살아난 거라고 설명했다. 물론 아내가 그에게 충실하지 않았을 수도 있는데, 마음 깊은 곳에서 그는 자신이 아내에게 충분히 좋은 상대가 아니라고 걱정하고 있기 때문이다. 아내의 아버지는 결혼에 강하게 반대했고 그 생각이 맞았을 수도 있다. 오셀로는 외국인이고 인종적 소수이며 베네치아 지배층의 일부로 여겨질 수 없는 인물이었지만, 위대한 전사가 됨으로써 그런 면을 만회했고, 모두들 그에게 안전을 의존하고 있었기 때문에 사람들의 존경을 받았다. 하지만 이아고는 약탈적 인성을 지닌 다른 많은 사람처럼, 자신이 훌륭한 프로파일러였고 대장에게 어떻게 접근하면 좋을지를 알고 있었다.

연극이 진행됨에 따라 오셀로는 어떤 생각을 하게 되는 거냐고,

즉 그의 범행 전 생각과 행동은 어떤 거냐고 패트릭이 물었을 때, 나는 오셀로가 스스로 그런 일을 준비하고 있었고 서서히 그 생각에 편안함을 느꼈을 거라고 했다. 궁극적으로는 범행을 저지르기 전에 그는 '내가 그녀를 가질 수 없다면, 아무도 가져서는 안 된다'는 고전적인 수용 단계에 이르렀을 거라고 했다.

"범죄현장 이야기를 좀 해주시죠." 내가 말했다.

"성 안에 있는 데스데모나의 침실입니다." 패트릭이 대답했다.

"어떻게 살해합니까?"

"침대에서 목을 조릅니다. 우리 공연에서 데스데모나는 아주 아름답고 연약한 여성입니다. 저보다 한참 작은데 제가 그녀의 허리에 올라타서 목을 조릅니다."

손으로 목을 조르는 건 '합리적'인 것으로 들렸다. 이는 개인적 이유에 따른 가정 내 살인이고, 얼굴을 맞대고 직접 살해하는 이런 유형은, 수사관들이 보기에는 가해자와 피해자가 서로를 아주 잘 아는 사이임을 암시하는 것이다. 나는 패트릭에게, 예를 들어 이런 범죄를 저지르려면 오셀로 같은 인물은 그 순간에 그녀를 비인격화해야 한다고, 감정적으로 스스로를 분리해야만 한다고 말해주었다. 따라서 그녀의 목을 조를 때는 눈을 감고 시선을 돌리라고 조언했다. 우리는 이런 사건을 '부드러운 살인'이라고 부른다.

이런 상황에 놓인 사람은, 적어도 초반에는 범죄를 숨기고 도망치려고 시도하는데, 왜냐하면 자신의 행동이 옳고 정당했음을 스스로에게 확신시켜야 하기 때문이다. 내가 페트로첼리에게 했던 조언, O. J. 심슨은 거짓말탐지기를 통과할 거라고 이야기했던 것도 똑같은 이유에서였다고 나는 설명했다. 나는 심슨은 자신이 아내를 '죽어야만 했다'고 확신하고 있었을 거라고 믿었다.

그날 오후에 셰익스피어의 프로파일링 능력에 대해 깊은 존경심을 느끼며 돌아왔다. 비슷한 상황에 놓인 현대의 실제 범죄자들에 대한 모든 것을, 이 극작가는 400년 전에 이미 예측했던 것이다.

"그가 잡혔습니까?" 내가 물었다.

데스데모나의 하녀이자 이아고의 아내이기도 한 에밀리아가, 오셀로가 아내를 목 졸라 죽인 직후에 두 사람을 발견한다. 그런 다음 이아고와 다른 베네치아 군인들이 현장에 나타난다. 에밀리아는 목 졸려 죽은 주인을 보고 비명을 지른다. 이 시점에서 이아고의 계획에 담긴 의도는, 오셀로는 물론 다른 사람들에게 분명히 밝혀진다.

나는 감정적으로는 그곳이 오셀로에게는 가장 위태로운 장소가 될 거라고 '경고'했다. 아마도 오셀로에게는 군에 대한 유감이 가장 클 텐데, 이제 그는 체면을 잃게 되었고 캐시오와 다른 이들에 대한 도덕적 권위를 잃게 되었다. 그의 인생에서 군대가 전부였는데, 이제 자신의 부관 이아고에 의해 그는 자신이 가장 믿었던 무엇으로부터 배신을 당한 것이다.

"이 장면에서 진짜로 자살 위협이 생기는 겁니다." 내가 말했다.

패트릭의 눈이 반짝였다. "정확히 그런 상황이 발생합니다!" 무장 해제당한 오셀로는 방안에 숨겨둔 단도로 자신을 찌른다. 오셀로 같은 사람은 심지어 죽음의 상황에서도 자신이 통제해야만 한다.

범죄 수사 분석관으로서 나의 일은, 살인사건을 시각화할 수 있는 정신 상태에 나를 놓고 피해자들이 자신들이 죽고 있음을 깨달

앉을 때 머릿속에 어떤 생각을 했을지를 상상해보는 것이다. 따라서 몇 주 후 아내와 아이들과 함께 극장에 앉아, 처음으로 연극 관람을 한 것은 흥미롭고도 감동적인 경험이었다. 연극은 마크의 집에서 이미 시각화해본 살인 장면에서 정점을 맞이했다. 패트릭 스튜어트가 범죄 수사 분석을 행동으로 해석해내고, 이론을 생생하게 몸으로 보여주는 모습을 보는 건 특히 매혹적이었다.

여러분도 지금까지 우리의 영역에서 이뤄지는 생각들이나 작업 방식을 보면서 '동기의 해부'에 대해 알아보았으니, 이제 몇 개의 사건을 보도록 하자. 뛰어난 배우가 셰익스피어의 살인사건을 내게 가지고 왔던 것처럼, 내가 여러분을 콴티코의 프로파일러라고 생각하고 몇 건의 '사건'을 제시하겠다. 물론 이 제한된 지면에서는 간단한 사실들의 패턴만 보여줄 수 있을 뿐이다. 하지만 각각의 사건에는 프로파일러들(여러분)이 동기와 관련해 확실한 결론을 내릴 수 있도록 하는, 범인을 밝혀낼 수 있게 하는 요소들이 하나 이상 포함되어 있을 것이다.

사건#1

애틀랜타 경찰 소속 형사가 전화를 해 제품 훼손 사건에 대해 이야기한다.

지역 프레시 페어 슈퍼마켓의 점장 해리 엘리슨은, 상점의 어린이 식품 병 하나에 독이 들었으며, 다음 주에는 다른 제품이 오염될 거라는 익명 편지를 받았다. 자신은 진지하고 협박을 실행에 옮길 수 있다는 것을 증명하기 위해, 발신인은 훼손된 병 아래쪽에 X 표시가 되어 있을 거라고 했다. 해당 편지의 복사본은 지역 ABC 방송국의 여성 진행자에게도 배달되었다.

편지를 받자마자 엘리슨은 어린이 식품 부문을 폐쇄하고, 당시 계산대 앞에 있던 손님들의 카트에 담긴 어린이 식품도 모두 회수한 다음 애틀랜타 경찰과 슈퍼마켓 체인의 지역 관리자에게 전화했다.

경관들이 도착해 엘리슨의 안내에 따라 진열장들을 검사했고, 한 곳에서 편지에 적힌 대로 빨간색 X 표시가 된 오염된 복숭아 병을 발견했다. 이때쯤 방송국 사람들이 도착해 촬영을 시작했다. 이 소식은 6시 뉴스에 방송되었고 작은 불안증을 불러일으켰는데, 수백 명의 부모가 지역 내 상점에 온갖 종류의 어린이 식품을 반납했다.

훼손된 병을 검사한 결과 진공 포장 부분이 손상되었음이 밝혀졌다. 진열장에 있던 다른 병들은 물론 창고에 있는 제품까지 엄격히 검사했지만, 불순물이 든 다른 제품은 없었다. 지역 관리자가 다른 대리점이 보유하고 있는 제품들도 전량 조사하라고 했지만, 다시 한 번 다른 문제는 발견되지 않았다.

연구실에서 훼손된 병을 분석한 결과 쥐약 알갱이가 들어 있었던 것으로 밝혀졌다. 알갱이는 병 안에 든 식품과 구분할 수 있었다. 해당 쥐약은 같은 슈퍼마켓에서 구할 수 있는 것이었다.

여기까지는 아무도 다치지 않았지만, 협박범은 다음 주에 다른 제품에 독을 타겠다고 협박했고 지역 공동체는 두려움에 휩싸였다.

누가 이런 짓을 할 수 있냐고 여러분은 물을 것이다. 왜 이런 일들이 벌어지는가? 여러분이 생각하기에 이런 범인들은 얼마나 위험한 걸까?

협박편지는 상점 점장에게 쓴 것이냐고 여러분은 물어본다. "네, 맞습니다. 심지어 가운데 이름, K까지 적혀 있습니다." 현장에서 수사한 형사가 말한다.

그 이름이 상점 어딘가에 붙어 있었을까?

"그렇지 않습니다, 제 기억으로는 아닙니다. 하지만 한 번 살펴보고 말씀드리겠습니다." 다시 전화한 그는 엘리슨 씨의 이름이 붙어 있지는 않다고 확인해준다.

이런 사건에서 프로파일링으로 미상범을 확정할 수는 없다고 형사에게 말해준다. 하지만 어떤 부류의 사람이 이런 짓을 하는지, 왜 하는지, 어디서 찾을 수 있는지 또 그의 협박이 얼마나 진지한 것인지는 말해줄 수 있다.

마지막 사항부터 한번 보자. 병에는 편지에 적힌 것처럼 표시가 되어 있었다. 상점과 미디어가 사전에 경고를 받았다. 그리고 문제의 제품 단 한 개만 진열장 뒤쪽에 놓여 있었다. 이런 점을 볼 때 타이레놀 범인과 달리 이 미상범은 누구도 다치는 것을 원하지 않았다. 그는 아무도 그 특정 병을 들고 나가는 일이 없도록 꽤 긴 시간을 들여 확인했다. 또한, 이는 전혀 치밀한 독극물 투여가 아니었다. 대부분의 엄마와 아빠들은 이런 병을 하루에 몇 번씩 여는 데 익숙해져 있었고, 뚜껑을 비틀어 열 때면 뭔가 다르다는 것을 알아차렸을 것이다. 그 단계에서 놓쳤다고 해도 한 숟갈 뜨자마자 낯선 알갱이를 발견했을 것이다. 그렇다면 비록 아이들이 먹었다면 치명적일 수 있을 정도로 불순물이 섞여 있기는 했지만, 실제로 그 단계까지 이를 가능성은 미미했다고 할 수 있다.

편지에서 돈에 대한 요구는 없었고 이는 이윤을 목적으로 한 제품 훼손은 아니라는 의미다. 편지를 통해 미상범이 진지하고 능력도 있음을 보여주었지만, 이어질 독극물 주입과 관련해서는 요구조건이 있어야 했다. 편지가 슈퍼마켓 본부가 아니라 특정 지점에 왔다는 사실도 의미심장하다. 그리고 더 구체적으로는, 일반인들은 알 수 없는 점장 개인에게 보낸 것이었다. 편지가 점장에게, 특히 가운데 이름까지 적어서 보냈다는 사실은, 미상범이 이 특정 지점과 이 특정 점장에게 불만이 있다는 것을 강하게 암시한다.

동기? 범인은 무고한 사람이 다치는 것은 원하지 않았다. 돈도 원하지 않았다. 그가 원하는 건 만족감이었다. 그는 이 특정 소매점의 운영을 훼방 놓고 싶었다. 그는 엘리슨 씨를 당혹케 하고 이 점장이 자신의 상점을 통제할 수 없음을 보여주려 했다. 범인은 점장의 평판을 떨어뜨리고 어쩌면 일자리를 잃게 함으로써, 점장이 했던 어떤 짓에 대해 벌을 주려 했다. 미상범이 텔레비전 방송국에 상황을 최대한 노출한 것도 그런 이유 때문이다.

여러분은 형사에게 말한다. 경찰이 할 일은 엘리슨에게 최근에 있었던 인사 문제에 대해 묻는 것이다. 미상범은 최근에 그 인사 문제로 영향을 받은 사람 혹은 그 과정에서 부당한 대접을 받은 사람일 가능성이 높다. 사실 뉴스가 방송된 후 범인이 상점을 방문해 엘리슨에게 인사하고, 정중하게 안부를 물어볼 수도 있다. 그는 "피곤해 보이시네요"라든가 "괜찮아요?" 같은 말을 할 수 있다. 자신의 음모를 만족스럽게 마치려면, 그는 자신이 목표물에 끼친 영향을 평가해야만 한다.

형사는 조언대로 했고, 엘리슨은 최근에 그 지점에서 인원 감축이 있었다고 했다. 상점의 매출 규모를 볼 때 교대 근무를 하는 직원이 그렇게 많이 필요가 없다고 지역 본부에서 판단한 것이다. 근무조마다 세 명씩 전직을 시켜야 했고, 엘리슨은 직접 그 대상자를 골랐다. 이동에 대해 가장 요란하게 불평했던 직원이 실제로 상점을 지나다 해리 엘리슨에게 인사를 했다. 경찰은 그를 조사했고 이내 범죄 사실을 자백받았다.

사건 #2

신시내티 경찰 소속 형사가 유난히 말도 안 되는 증오 범죄처럼 보이는 사건과 관련해 전화를 한다. 프레더릭과 마샤 돌링은 어느 날 밤 귀가 후 자신들의 집이 엉망으로 망가져 있는 것을 발견했다. 가구와 옷들이 조각났고 거실에는 잔해들이 흩어져 있다. 침실에는 서랍이 빠져나온 채 내용물이 뿌려져 있고 벽에는 반유대인, 반흑인 문구들이 매직으로 적혀 있었다.

프레드는 흑인이고 마샤는 유대인이었으며 둘은 동네에서 유일한 타 인종간 부부였다. 두 사람에게는 자녀가 없었다. 반려견인 수컷 로트와일러 맥스도 범죄가 진행되는 때에는 부부와 함께 외출 중이었는데, 이는 그런 짓을 저지른 사람이 누구든 그 집안의 세세한 사정을 잘 알고, 그들이 드나드는 모습을 지켜보고 있었다는 의미였다. 사건은 작은 미디어의 관심을 끌었고 덕분에 경찰 간부들이 해결을 독촉할 만큼은 되었다.

그 비방들이 정확히 어디에 적혀 있었습니까? 여러분이 묻는다.

"대부분은 침실 벽이었지만, 현관문을 열고 들어오면 보이는 거울에도 있었습니다."

"밖에는요?"

"없는 것 같습니다."

"피해는 어떤 종류입니까?"

"가구에 댄 천들을 부엌칼로 찢었고, 돌링 씨의 정장과 돌링 부인의 원피스도 마찬가지입니다. 작업실에 있는 대형 텔레비전이 바닥에 떨어져서 박살이 났습니다. 같은 방에 있는 전축도 바닥에 던져 산산조각 났고요. 벽에 걸려 있던 오래된 가족사진은 그대로인 게 다행입니다."

"없어진 물건은 있습니까?"

"최대한 세세하게 말씀드리자면, 귀금속 조금이랑 시계 두 개가 없어졌고, 현금 약간으로 500달러가 안 됩니다. 아, 그리고 비디오카메라요. 부부는 비디오카메라는 크게 신경 쓰지 않는 것 같습니다. 마샤가 진심으로 걱정하는 건 어머니에게 물려받은 골동품 은 식기였다고 합니다. 그것들은 보관 중이던 자기 장식장이 아니라 주방 바닥에 버려져 있었는데 사라진 건 없습니다."

조금 이상하다는 느낌이 들지만, 보험과 관련해서도 기본적인 질문을 해야만 한다.

"주택 소유주 관련 규정에 따르면 청소와 벽채 및 가구 수리는 되겠지만 확인해봐야 합니다. 이 사건으로 부부가 재정적 피해를 입는 일은 없습니다."

그렇다면, 좋다. 여러분은 이렇게 물어야 한다. '부부가 협박을 받은 적이 있는가? 편지든 전화든?'

"뚜렷한 건 없습니다, 없어요. 하지만 이 동네에서 편안했던 적이 없었다고 합니다. 예를 들어 동네 사람 모두가 초대받는 파티에 초대받은 적이 한 번도 없었습니다. 슈퍼마켓에서 이웃들을 만나도 냉담한 대우를 받는 느낌이었다고 하고요. 그러니까, 다른 사람들은 아무도 두 사람의 결혼을 인정하지 않는 것 같았다고 합니다. 이웃들 중 누군가 저지른 짓이 아니기를 바라고 있지만 걱정이 된답니다."

음, 사고 후에 이웃들은 두 사람을 어떻게 대하고 있을까?

"훨씬 나아졌다고 합니다. 그 점에 대해서는 두 사람이 만났던 사람들이나, 제가 만났던 사람들도 모두 자신들의 동네 한가운데서 그런 일이 벌어졌다는 걸 대단히 수치스럽게 여깁니다. 몇몇 이웃이 자발적으로 야간 순찰대를 조직하기도 했어요. 아주 인상적입니다."

그런 말을 들어서 기뻤다. 이런 상황, 그러니까 모두가 다른 모두를 보살피는 상황은 모든 사람에게 권하고 싶은 것이다.

"그렇다면 제가 말씀드린 걸 바탕으로 이런 사건에서는 어떤 부류의 개인 혹은 집단을 찾아봐야 하는 걸까요?"

수사를 더 깊이 진행하기 전에 당신은 그에게 조언한다. 돌링 부부를 좀 더 확인해봐야 한다고.

"알겠습니다." 형사가 말한다. "다시 연락드리겠습니다."

1주일도 지나지 않아 그 형사가 다시 전화해서는, 이전보다 더 놀란 목소리로 돌링 부부를 따로 불러서 장시간 조사했다고 말한다. 마침내 부부는 자신들이 그런 난장판을 꾸민 거라고 자백했다.

범죄 현장에 대한 묘사 중 어느 부분이 부부를 의심하게 만들었을까?

가정 내 재물 손괴나 방화사건을 다룰 때마다 나는 먼저 피해자 조사를 하고 그다음엔 범죄현장에 대해, 구체적으로 사라진 물건, 못쓰게 되거나 망가진 물건이 없는지 자세히 알아보려 한다. 나는 보통은 충동적으로 벌어지는(종종 십대들이 범인인 경우도 있다) 이런 범죄가, 우연히도 반려견이 집에 없는 동안 벌어졌다는 점, 주택 외부에는 훼손 행위가 전혀 없었다는 점이 조금 의심스러웠다. 하지만 내가 보기에 결정적인 요소는 모든 것이 망가지는 와중에 피해를 입지 않은 두 개의 품목이 작업실에 있는 가족사진과 은 식기라는 점이었다. 다른 말로 하면 감정적 가치를 지닌 것과 돈으로 바꿀 수 없는 것들이었다.

동기는? 부부가 이웃 사이에서 편안함을 느끼지 못했다는 말은 있는 그대로 받아들여야 한다. 인정을 받을 수 있는 다른 전통적인 방식에 지친 부부는, 뭔가 극적인 방법에 호소할 필요가 있었고, 미디어와 일반인들이 혐오에 집중하게 함으로써 이웃의 다른 사람들에게 수치심을 주고 그런 자극을 통해 자신들을 받아들이게 만들려 했다.

이런 사건을 볼 때면 안타깝고 안쓰럽지만, 정말 이런 사건들이 있다.

사건 #3

캘리포니아의 ATF 요원이 파이퍼-빅서 주립공원에서 발생한 연쇄방화 사건에 대해 조언을 얻기 위해 전화한다. 지난 3주 동안 네 건의 화재가 발생했다. 다행스럽게도 모두 이른 아침에 발생했고 걷잡을 수 없이 번지기 전에 진화되었다. 하지만 당국에서는 방화범이 멈추지 않을 것임을 알고 있었고 대자연을(그리고 방문객을) 안전하게 지키는 일을 운에만 의존하고 싶지는 않았다. 그 요원은 미상범을 찾는 데 도움이 될 만한 지침을 얻고 싶어했는데, 이번 주에 돌파구가 될 만한 일이 있었다고 했다. 아직 언론에는 밝히지 않았지만 공원 관리인들이 실패한 다섯 번째 방화 시도의 증거를 찾아낸 것이다.

그녀가 지금까지의 사건을 정리한다. 첫 번째 화재는 공원에서 가장 울창한 숲 바로 앞에 있는 바위산 언덕에서 발생했다. 덤불이 충분치 않아 불이 잘 일어나거나 번지기 어려웠기 때문에 숲은 구할 수 있었다고 그녀와 관리인들은 믿고 있다. 연기는 관리인들의 감시탑에서 쉽게 눈에 띄었다.

"범인이 아주 영리한 자는 아닌 것 같습니다." 요원이 덧붙였다.

어째서 그럴까?

"뭐, 그 화재에서 많이 배우지 못한 것처럼 보입니다. 다음 화재도 엉뚱한 곳에서 일어났어요. 이번에는 바위가 아니라 흙먼지와 모래만 있는 곳이었는데 상상하실 수 있겠지만 주변에 마른 통나무도 아주 많거든요. 이 화재가 일어난 장소를 봤을 때, 범인은 불이 잘 날 일어날 것 같은 장소를 가로질러 등산을 한 것으로 보이는데, 스스로 일을 힘들게 만든 것 같습니다. 뿐만 아니라 연기를 분간하기 어렵고 근무하는 관리인 수도 적은 저녁때까지 기다렸다면 더 큰 효과를 볼 수 있었을 겁니다."

세 번째와 네 번째 방화에서 방화범은 횟수를 늘린 것으로 보이는데, 지난 몇 주 사이에만 두 건이 있었고 실패한 것까지 더하면 세 건이었다.

"그리고 다음 주가 아니라 이번 주에 그렇게 바쁘게 움직인 건 잘 한 겁니다." 요원이 덧붙였다.

왜 그럴까?

"음, 의회에서 공원 예산을 감축하려고 하고 있고, 관리인들 일부가 도끼를 집어들려고 하고 있거든요. 말장난이 아니라 정말로요. 관리인들이 정말로 격분하고 있습니다. 사람들은 자기들이 감시탑에 앉아서 한가하게 쌍안경으로 올빼미나 보고 있는 줄 안다고 불만이 많습니다. 다음 주에 예산 감축에 항의하는 연좌시위가 있을 예정이고 그래서 그 계획은 보류되었습니다."

이번 주에 발견되었다는 새로운 증거는 뭘까?

방화 빈도가 증가하기는 했지만 방화범의 수법은 일관적이었는데, 화재가 발견된 시간대나 관리인이 현장에 도착했을 때 발견한 잔해들의 관점에서 보면 그랬다. 이번에 발견된 발화 장치는 완전히 온전한 상태였다. 작은 갈색 종이봉투였는데 (아이들이 학교에 갈 때 도시락을 담아가는 종류였다) 바닥에 모래를 깔아 고정시켰다. 그 안에 쓰러지지 않게 모래에 꽂아둔 초가 하나 있었고, 초 주위에는 잘게 찢은 종이 조각들이 있었다. 초가 타면서 종이 조각에 불이 붙고 거기서부터 모든 게 시작이었다. 다섯 번 중 네 번은 성공이었다. 이번에도 성공할 수 있었지만, 그날은 어쩌다 아침 일찍 하이킹을 나온 방문객이 한 명 있었고, 산책로 주변에서 초가 타는 냄새를 맡았다. "이 남자도 조사를 해봤는데 하필이면 그 시간에 혼자서 그 발화 장치를 발견했으니까요. 하지만 남자는 2주 동안 동부에 출장을 다녀왔더라고요. 그러니까 다른 화재 사건이 일어났을 때는 이곳에 없었던 거죠."

"우리가 정말 관심 있는 건 선생님이 이 서명과 관련한 부분을 어떻게 생각하시느냐 하는 겁니다." 요원이 강조했다. "봉투와 초가 무슨 의미라고 보시나요? 상상하시겠지만, 3주 만에 화재가 이렇게 많이 발생했는데 이 지역에서 산불은 큰 문제라서 관심을 끄는 사건이 되었습니다. 범인을 잡으라는 압력이 아주 많습니다. 한 가지 말씀드리자면 이번 증거가 발견된 뒤 관리인들 중 한 명이 어쩌면 기이한 종교 의식일지도 모른다는 가설을 제시했습니다. 그분은 그 소식을 다른 관리인에게도 알려서 최근 몇 달 동안 있었던 이상한 등산객들과 비교해 보라고 하더군요."

하지만 그건 여러분이 수사해야할 방향이 아니다.

왜 아닐까?

몇 가지 이유 때문에 그 관심을 보인 공원 관리인에게 집중해야 할 것이다. 먼저 피해자 조사부터 해보자. 이 경우에 '피해자'는 자연이지만 말이다. 화재가 모두 큰 피해를 입힐 것 같지 않은 구역에서 발생했다는 점이 의미심장하다. 미상범은 대자연을 파괴하려는 동기는 없다. 오히려 그는 피해를 최소화하려는 쪽으로 움직였다. 이 사람은 자연을 아끼는 사람, 자연 안에서 혹은 그 주변에서 편안함을 느끼는 사람이지 자신이 망친 폐허를 지켜보며 성적 희열을 느끼는 사람은 아니다.

방화를 저지른 방식도 이 미상범에 대해 많은 것을 말해준다. 그는 효율적이고, 조직적이며, 현장에 필요한 것만 정확히 가지고 왔다. 그는 바보가 아니다. 그의 방법을 따르면 도망갈 시간이 충분해서 화재가 발견될 시점에 그는 다른 사람들과 함께 있을 수 있지만, 그렇다고 그 시간 동안 화재가 번지지도 않는다. 심지어 방화를 저지른 시간대도 자신이 필요로 하는 것(현장에서 깔끔하게 떠날 수 있는 시간)을 얻으면서, 불이 실제적인 위협이 되기 전에 발견될 수 있어야 한다는 점을 고려했음을 보여준다. 그는 숲을 활용해 자신의 뜻(이는 그가 아주 중요하다고 생각하는 것이다)을 전하려 했지만 그렇다고 나무들을 희생시키는 일은 피하려 했다.

예산 감축의 위협이 있고 공원 관리인들 사이에 좌절감이 팽배한 상황에서, '좋은' 화재 몇 건이 발생하면 이들이 얼마나 중요한 사람들이고 그들의 일자리가 잠재적으로 얼마나 위협받고 있는지를 보여줄 수 있을 것이다. 이 방화범이 여전히 잡히지 않은 상태에서, 결근을 하지 않고 자신들의 일자리 걱정보다 공원과 납세자들의 안전을 우선시하는 모습을 보이면, 그들을 고마워하는 마음도 조금 더 생길 것이다.

마지막으로 여러분은 내가 스스로 수사에 관여하려는 사람들을 종종 의심한다는 것을 알고 있을 것이다. 궁극적으로는 이 관리인의 사건 후 행동이 나에게는 확실한 경고 신호였다. 이 자는 자신의 불안함에서 벗어날 방법을 찾고 있다. 바보 같은 광신자가 방화범이 아니라는 점은, 여러분이나 나만큼이나 그도 잘 알고 있다. 그는 이렇게 생각했다. '젠장, 경찰이 초에서 지문을 찾으면 어떻게 하지?' 그는 의심을 불러일으키지 않으면서도 수사관에게서 정보를 알아내려고, 즉 그들이 어디까지 아는지 밝히려고 시도했다.

행동분석 관점에서 요원에게 조언하면서, 우리는 이 미상범이 할 법한 범죄 전 행동들을 알려주었다. 그는 예산 감축안에 대해서 목소리를 높이고 분노했을 것이다. 그리고 화재 사건이 발생하고 나서부터는 매번 화재가 발견될 때마다 누군가와 함께 있었고, 그 화재에 대응하면서 자신과 사건 사이의 연관성을 지워버리는 기회로 활용했을 것이다. 올라 템플의 집으로 돌아가 집이 완전히 불타고 자신의 흔적이 제대로 지워졌는지 확인했던 에디 리 애덤스의 경우와 비교해보자. 이제 미상범의 방화 시도 한 건이 너무 일찍 들켜버린 상황에서, 하루하루 지날수록 그의 걱정이 점점 더 커질 거라고 짐작할 수 있다. 그는 계속 확인하려 할 것이고 거의 수사관을 쫓아다니는 단계까지 이를 것이다.

수사 당국에서 그 의심되는 관리인을 불러 사건에 대해 이야기했다. 그에게 화재가 발생한 지점에 붉은색 점을 찍은 공원 지도를 보여주었다. 마지막, 불발이 된 장치가 놓여 있던 현장을 여러 각도에서 찍은 사진을 벽에 잔뜩 붙여놓았다. 조사관들은 그에게 체면을 살릴 구실을 주었다("당신이 진짜로 숲을 망가뜨릴 생각이 없었다는 건 압니다. 어쨌든, 그 숲을 지키는 일을 평생 해오신 분이니까요.")

수사진의 엄청난 노력이 그를 압도하기까지는 오래 걸리지 않았다. 따지고 보면 연쇄범이기는 해도 그는 직업적 범죄자는 아니었다. 그는 자기가 한 일을 즐기지도 않았다. 그는 자신의 일자리를 지키고 사람들이 그와 그가 하는 일을 당연한 것으로 여기지 않도록 하기 위해 행동에 나섰다. 사건 #1의 범인,

너무나 불안정해서 더 이상 식품 관련 산업의 일자리를 믿고 맡길 수 없는 그 자와 달리, 이 관리인은 제대로 된 상담과 안내를 통해 '회복'할 수 있다. 비록 연쇄범이지만 나는 그가 재범을 일으킬 위험은 없다고 생각한다.

사건 #4

오리건주 포틀랜드 FBI지부의 프로파일 담당자가 유괴사건과 관련해 전화를 한다. 이런 사건은 언제나 우리 법 집행기구 직원들에게는 가장 어렵고 감정적으로 속을 태우는 사건이다. 우리 가족이 이런 사건에 휘말리면 어떻게 될까 하는 생각을 피할 수 없다.

1월 둘째 주 일요일 오전, 스물한 살의 니콜 싱어는 두 달 된 딸 엘리자베스, 엘지로 알려진 그 아이에게 코트를 입히고 모자에 장갑까지 챙겨준 다음 새로운 남자 친구 토미 로완을 만나러 갔다. 스물여덟 살의 토미는 성공한 건설업자이자 열정적인 뱃사람이었다. 정원 딸린 아파트의 주방을 지날 때 그녀는 싱크대 옆 건조대의 식기함에 껍질 벗기는 칼이 삐져나와 있는 것을 발견했다. 칼을 제대로 치우지 않으면 엘지가 칼을 쥐고 다칠 수도 있을 것 같아서, 니콜은 그 칼을 서랍 안에 넣어야겠다고 생각했고, 칼을 쥐는 순간 손이 미끄러지며 손바닥을 베었다.

상처는 깊지 않았지만 길었고 즉시 눈에 띄게 피가 났다. 니콜은 날카로운 목소리로 엘지에게 거실에서 기다리라고 했고 욕실로 달려가 상처를 치료했다. 욕실 문을 잠그지는 않았지만 엘지가 피를 보고 당황하지 않게 문을 닫았다. 욕실에 있는 동안 적어도 두 번 이상 엘지에게 괜찮냐고 물었고, 두 번 모두 엘지는 그렇다고 대답했고, 두 번째 대답할 때는 덥다고 가볍게 불평하기도 했다. 니콜은 모자와 장갑을 벗고 코트 단추를 풀어도 되지만 벗지는 말라고 했는데 이미 약속시간에 늦어지고 있었기 때문이다.

니콜이 지혈하고 상처를 씻은 다음 손에 붕대를 감을 때까지, 20분에서 25분 정도 지난 것 같았다. 그녀는 엘지를 불렀지만 대답이 없었다. 아파트를 모두 돌아다니며 딸을 찾아보았다. 아이는 없었다. 이제 공황에 빠진 그녀는 밖으로 나가 복도를 뛰어다니며 이쪽저쪽 살폈다. 계단과 로비까지 확인했지만 엘지는 어디에도 없었다.

그녀는 다시 계단을 뛰어 올라와 911에 전화했다. "아이가 유괴되었다"라고 말할 때는 거의 히스테리에 가까운 상태였다. 니콜이 격앙된 상태였음에도 접수원은 그녀를 진정시키려 애쓰는 한편 능숙하게 필요한 정보를 확보했다. 정복 차림의 경관이 출동했고 신고 전화 후 6분 만에 현장에 도착해서 즉시 아이를 찾는 작업을 시작했지만 아무 것도 발견하지 못했다. 경관들 중 한 명이 현관문이 살짝 열려 있는 것을 발견하고 니콜이 응급처치를 하고 아이가 기다리는 동안 그 문이 닫혀 있었는지 열려 있었는지, 잠겨 있었는지 물었다. 싱어 부인은 여전히 아주 격앙된 상태였지만 문은 확실히 잠근 상태였고 자신은 문이 닫혀 있다고 생각했지만 나갔다 들어오며 혹시 열어두었을 수도 있다고, 확신할 수 없다고 했다. 다른 경관이 누군가 아파트에 들어와 아이를 데려갔거나, 엘지가 지루함을 참지 못하고 스스로 밖으로 나갔을 수 있다고 말하자, 니콜은 다시 히스테리 상태가 되었다. 경관들이 그녀를 가장 가까운 병원 응급실에 데려다주었고, 거기서 그녀는 손을 다시 소독하고 다섯 바늘을 꿰맸다.

대규모 수색대(경찰, 보안관, 많은 자원봉사자)가 주변을 빗질하듯 뒤졌지만, 엘지의 흔적이나 증거는 하나도 나오지 않았다. 다음날 FBI가 수사에 합류했고, 요원들은 경찰에서 싱어 부인과 남자친구 로완 씨에게 거짓말탐지기 검사를 해보자고 조언했다. 두 사람 다 기꺼이 검사에 응했다. 로완 씨는 싱어 부인의 정신 건강에 대한 깊은 걱정을 표하며, FBI 요원과의 대화중에는 자신과 니콜은 이미 결혼 이야기도 시작했다고 말했다. 로완은 이전에는 결혼한 적이 없었다. 두 사람 모두 거짓말탐지기를 통과했고 싱어 부인의 검사를 맡았던 담당자는 그녀가 검사 내내 대단히 감정적이었으며, 아이를 그렇게 오랫동안 혼자 내버려둔 것에 대해 분명 죄책감을 느끼고 있었다고 전했다.

그러던 수요일, 니콜 싱어가 사건 담당 형사에게 전화를 했다. 그날 우편함에 갈색 포장지로 싼 작은 소포가 도착한 것이다. 발신인 부분은 비어 있었다. 니콜이 소포를 열자 엘지의 벙어리장갑 한 쪽이 들어 있었다. 형사와 FBI가 물었을 때 그녀는 확실히 엘지의 장갑이며 복제품이나 비슷해 보이는 물건이 아니라고 했다. 손목 부분에 찢어진 곳이 있어서 고쳐줘야겠다고 생각하고 있었기 때문에 알 수 있다고 했다.

벙어리장갑 안에는 어떤 쪽지나 메모도 없었다.

그 시점에서, 여러분은 프로파일 담당자에게 니콜 싱어에게 다시 한 번 거짓말탐지기 검사를 해보라고 조언한다. 이는 유괴사건이 아니기 때문이다. 여자아이는 죽었고 살인자는 니콜이다.

왜 여러분은 그녀의 말을 의심하는가?

의심을 불러일으키는 요소는 두 가지다. 먼저, 어머니가 안전할 수도 있고 그렇지 않을 수도 있는 아파트에 아이를 혼자 두었다. 하지만 일단은 그녀의 설명을 받아주기로 한다. 두 번째는 911에 전화했을 때 그녀가 "아이가 유괴되었다"고 말했다는 점이다. 이는 부모로서는 생각만 해도 끔찍한 상황이기 때문에 의식적으로든 무의식적으로든 최대한 입에 담지 않는 표현이다. 보통 이런 극단적인 스트레스에 빠진 부모는 아기 혹은 아이가 사라졌다든지 찾을 수가 없다든지 어디 가버렸는지 길을 잃어버렸다든지…… 유괴라는 생각을 피할 수 있는 어떤 표현을 쓴다. 말했듯이 이는 모순적인 상황이 아니라 생각해보면 알 수 있는 것이다.

우리는 싱어 부인이 처한 상황에도 집중했다. 그녀는 젊은 싱글맘이고 아이가 없는 미혼 남성과 점점 관계가 깊어지고 있다.

하지만 결정적으로 사건을 무너뜨린 단서는 우편으로 배달된 벙어리장갑이다. 잠깐 멈추고 생각해보면 그건 어떤 의미도 없는 일이다. 아이가 낯선 사람에게 납치되는 사건은 사실 세 가지밖에 없다. 첫 번째는 이윤을 노린 유괴사건이다. 두 번째는 변태적인 성적 만족이나 구체적 혹은 개인적 복수라는, 자신들의 목적에 따라 아이에게 해를 끼치기 위해 유괴하는 사건이다. 세 번째는 자신들의 아이를 가지기를 원하는 불안정하고 병적인 사람들이 저지르는 유괴사건이다. 첫 번째 유형의 범인들은 자신들의 요구사항을 전달하고 돈을 받을 방법을 알리기 위해 부모에게 연락한다. 두 번째와 세 번째 부류는 부모에게 원하는 것이 아무것도 없다. 정말 아주 드문 경우, 그러니까 범인이 정말로 제정신이 아니거나 가학적인 인물인 경우에만 그런 소통의 시도를 볼 수 있을 것이다. 하지만 그건 정말로 드문 경우이고 정말 예외적인 상황이다.

아이의 납치범은 자신이 아이를 데리고 있다는 것을 증명하기 위해서가 아니라면 벙어리장갑을 보낼 이유가 없다. 그리고 그런 경우라면, 어떤 요구사항이나 몸값에 대한 언급이 있었을 것이다. 유괴범은 필요 이상으로 인질을 데리고 있고 싶어하지 않는다.

실제 상황은 유괴범이라면 어떻게 할지를 생각해서 어머니가 연극을 꾸민 것인데, 사실 그녀는 아무 생각이 없었고 자신의 정체만 들켰을 뿐이다.

거짓말탐지기는 부정확하고 불완전한 기구이며, 어떤 의심도 없이 무조건 받아들여서는 안 된다. 이 경우에 검사 담당자가 의심을 하지 않았던 데는 두 가지 확실한 근거가 있다. 우선, 니콜은 자신이 한 짓이 '옳고' '필요한' 일이었음을 확신하고 있었기 때문에 거짓말탐지기 검사를 통과할 자신이 있었다. 그리고 더 가능성이 높은 설명은 담당자가 니콜의 '죄의식' 표현을, 아이를 혼자 내버려둔 것에 대한 책임을 인정하는 모습으로 해석했다는 것이다.

두 번째 거짓말탐지기 검사가 실시되었고, 이번에는 검사 담당자가 자신이 예상했던 것과 다른 종류의 죄의식을 감지했고 검사 결과도 달랐다. 검사를 통과하지 못했다는 이야기를 들은 니콜은 이제 유력한 용의자였고, 경찰이 미란다 원칙을 고지하자 그대로 무너져내렸다. FBI 요원이 냉혈한 살인자처럼 대하지 않은 채 '설명'할 수 있는 기회를 주었고 그녀는 자백했다. 그녀는 엘지를 목 졸라 죽이고 매장했을 뿐 아니라 연극을 위해 일부러 자신의 손바닥에 상처를 냈다.

동기는? 동기는 그녀의 상황에서 비롯되었고, 안타깝게도 아주 흔하지 않은 일도 아니다. 그녀는 젊은 싱글맘으로 아이 때문에 십대 후반에 누릴 수 있는 즐거움들을 모두 놓쳐버렸다. 그녀는 토미 로완을 만났고, 그는 결혼해서 자신들만의 가정을 꾸리고 싶다고 이야기했다. 하지만 그가 분명히 말했든 그녀가 스스로 알아차렸든, 니콜은 로완이 생각하는 함께 하는 삶에 아이를 위한 자리는 없다고 굳게 믿었다. 따라서 니콜이 꿈꾸는 삶을 얻기 위해서 엘지는 사라져야만 했다. 니콜은 병적인 범죄자이며 그녀가 한 행동은 심리학적으로 설명이 가능하다.

하지만 그렇다고 해서 그 행동이 용서를 받을 수 있는 것은 아니다.

이 사건들은 꽤 단순하다. 책을 집중해서 읽었다면 여러분도 모두 풀 수 있었을 것이다. 하지만 여러분은 내가 준 사실들을 바탕으로 해서만 판단할 수 있다. 마찬가지로 우리가 평가를 할 때도, 그것은 우리에게 주어진 정보와 의견, 어떤 경우에는 직접 관찰한 내용에 따라 그 결과가 달라질 것이다.

FBI의 프로파일러와 마인드헌터로 일하면서 배운 것이 있다면, 우리 모두는 자신의 과거의 산물이라는 것이다. 우리가 지상에서 겪은 경험뿐 아니라 생물학적 유산과 '인생 행로^{hardwiring}'가 우리 각각을 독특한 개인으로 만들어온 것이다. 그런 요소들을 연구함으로써 우리는 자신의 프로파일을 구축할 수 있다. 한 부류의 이십대 백인 외톨이 남성이 특정 유형의 범죄에 끌리게 되고, 표면적으로는 같아 보이는 또 다른 부류가 다른 범죄에 끌리거나 혹은 아예 범죄를 저지르지 않게 되는 이유가 그것이다. 그러니까 내가 이 모든 것에서 진정으로 배운 것은, 엄격히 표면적인 세부사항만으로는 평가를 내릴 수 없다는 사실이다. 그러기에는 인간은 너무 복잡하다.

우리 인간들 한 명 한 명에 대해 말할 수 있는 것은 삶에서 패턴을 만들어간다는 것이다. 장기적인 목표를 달성하기 위해 하루하루 지나기 위해 그런 패턴이 필요하다. 만약 그런 패턴을 깬다면 거기에는 특정한 이유가 있다.

왜 그런 일이 벌어진 걸까? 증거는 **무엇**을 말하는가? **누가** 그런 일을 한 걸까? 그것을 밝히는 것이 '동기의 해부학Anatomy of Motive'이 하는 일이다.

옮긴이의 말

언제부턴가 '이상한 사람들은 왜 이상할까?'라는 질문을 계속 생각하고 있다. 그리고 내 나름대로 내린 이상함에 대한 정의는, '타인과 공유할 수 없는 자신만의 동기에 따라 행동하는 것'이다. 그러니까 당사자로서는 그런 행동을 해야 할 이유가 있지만, 그 이유를 다른 사람은 납득할 수 없는 것이 내가 실감하는 이상함이었다.

소설가 오가와 요코는 이야기란 '받아들일 수 없는 현실을 자신의 마음의 모양새에 맞게 변형해서 받아들이는 것'이라고 했다. 그러니까 범죄자든 범죄자가 아니든 누구나 자신의 '마음의 모양새'에 맞게 변형해서 현실을 받아들인다. 이 책에 등장하는 많은 범죄자도 삶에서 있었던 일들을 엮으며 자신의 이야기를 만들어갔다. 그들이 겪은 일들 중 어떤 건 안타까웠고, 어떤 건 그 자체로 이미 범죄처럼 보이기도 했다. 그리고 그들 모두, 자신의 이야기에만 빠진 채 현실 감각을 잃어버렸을 때 범죄를 저질렀다. 나는 그렇게 '개인의 이야기'가 현실에서 벗어나 망상이 되는 순간 혹은 계기들이 궁금했다.

  그 이상함도 분류할 수 있다고, 저자는 이야기한다. 방화범의 서사가 있고, 연쇄살인범의 서사가 있고, 범죄 후 사라져버리는 사람들의 서사가 있다. 중간 중간 머리가 아플 정도로 잔혹하고 무감각한 이들의 범죄 세부 사항을 읽다보면, 어떤 이상한 사람들은 그저 피하는 게 상책이라는 생각도 들고, 그 정도로 이상한 사람들을 마주치지 않은 내가 운이 좋았다는 생각도 든다. 그리고 작업하는 내내, 우리가 그런 범죄자의 이유까지 알아야 하는 걸까? 하는 질문을 생각했다. 옮긴이의 말을 쓰는 지금 정리해보자면 두 가지 정도 대답이 떠오른다. 먼저, 특정 유형의 범죄자들이 공통된 어떤 패턴을 보인다는 건, 그 범죄에 범죄자들 한 명 한 명을 넘어서는 사회·문화적 요소가 있다는 의미일 것이다. 그런 공동체의 영역을 살핌으로써 우리는 범죄에 대비하고 어쩌면 예방할 수도 있다. 덧붙여 개인적 차원에서, 누구나 자신만의 서사를 만들어가며 그 안에서 현실을 받아들이는 거라면, 내가 만들어가고 있는 '나의 이야기/동기'에 이상한 면이 없는지 자주 자문했다. 범죄까지 이어지지 않더라도 개인들의 이야기는 충분히 이상할 수 있다. 여러 차원에서 나의 이야기에 이상한 부분이 없는지 살피고, 주변 사람들의 동기를 생각해본 것이 내가 얻은 소득이었다. 이 책이 독자들에게도 주변의, 그리고 '내 안의' 이상함을 알아보는 계기가 될 수 있기를 바란다. 알아볼 수 있다면 대처할 수도 있다.

  늘 역자의 작업을 응원해주시는 글항아리 강성민 대표에게 감사의 말을 전한다.

김현우

동기의 해부
이상한 자들의 이유

초판인쇄 2025년 12월 5일
초판발행 2025년 12월 12일

지은이 존 E. 더글러스·마크 올셰이커
옮긴이 김현우
펴낸이 강성민 이은혜
마케팅 정민호 박치우 한민아 이민경 박진희 황승현 김경언
브랜딩 함유지 박민재 이송이 박다솔 조다현 김하연 이준희
제작 강신은 김동욱 이순호

펴낸곳 (주)글항아리│출판등록 2009년 1월 19일 제406-2009-000002호

주소 경기도 파주시 문발로 214-12, 4층
전자우편 bookpot@hanmail.net
전화번호 031-955-2689(마케팅) 031-941-5161(편집부)
팩스 031-941-5163

ISBN 979-11-6909-478-8 03300

잘못된 책은 구입하신 서점에서 교환해드립니다.
기타 교환 문의 031-955-2689, 3580

www.geulhangari.com